녹문집

한국고전번역원 한국문집번역총서

녹문집 3

鹿門集

임성주 지음
任聖周

이상현 옮김

일러두기

1. 이 책의 번역 대본은 한국고전번역원에서 간행한 한국문집총간 228집 소재《녹문집(鹿門集)》으로 하였다. 번역 대본의 원문 텍스트와 원문 이미지는 한국고전종합DB(http://db.itkc.or.kr)에서 확인할 수 있다.
2. 내용이 간단한 역주는 간주(間註)로, 긴 역주는 각주(脚註)로 처리하였다.
3. 한자는 필요한 경우 이해를 돕기 위하여 넣었으며, 운문(韻文)은 원문을 병기하였다.
4. 맞춤법과 띄어쓰기는 한글 맞춤법과 표준어 규정을 따랐다.
5. 이 책에서 사용한 부호는 다음과 같다.

   ( ) : 번역문과 음이 같은 한자를 묶는다.

   〔 〕: 번역문과 뜻은 같으나 음이 다른 한자를 묶는다.

   " " : 대화 등의 인용문을 묶는다.

   ' ' : " " 안의 재인용 또는 강조 부분을 묶는다.

   「 」: ' ' 안의 재인용을 묶는다.

   『 』: 「 」 안의 재인용을 묶는다.

   《 》: 책명 및 각주의 전거(典據)를 묶는다.

   〈 〉: 책의 편명 및 운문·산문의 제목을 묶는다.

차례

녹문집 제10권

서 書

녹문집 제11권

서 書

녹문집 제12권

잡저 雜著

경의 經義

녹문집

제9권

書서

송정심[1]에게 답하는 글 무자년(1768, 영조44) 7월

答宋靜深 戊子七月

송시연(宋時淵)이다.

행장(行狀)에 대해서 말하자면 비록 내 마음이라 하더라도 어찌 빨리 작성하고 싶지 않겠는가. 다만 생각건대, 이와 같은 문자는 그야말로 덕학(德學)을 모사(摹寫)하여 후인에게 전해 보여 주기 위한 것이니, 그냥 아무렇게나 엮어서 지을 수는 없는 일이다. 주자(朱子)의 행장이 완성된 것도 역책(易簀 서거)한 지 수십 년이 지나서였고, 우옹(尤翁 송시열(宋時烈))이 사계(沙溪 김장생(金長生))의 행장을 지은 것도 그러하였다. 더군다나 나는 무식한 데다 글솜씨도 없는데, 어떻게 단시일 내에 후딱 지어낼 수가 있겠는가. 만약 장례의 시기에 맞춰서 묘지(墓誌)를 묻으려고 한다면, 유사(遺事)를 가지고 급급히 미호(渼湖 김원행(金元行))에게 달려가서 청할 것이요, 행장은 우선 기한을 늦춰야 할 것이다. 그리하여 종용히 생각하며 마음을 다해 소상하게 해서 미진하다는 탄식이 없도록 하는 것이 어떻겠는가?

그리고 빈소(殯所)를 차리고 나서 장례를 행하기 전까지 주인(主人)은 단지 섬돌 아래〔階下〕의 자리에 있어야 하니,-바로 지금의 여막(廬幕)이

1 송정심(宋靜深) : 정심은 송시연(宋時淵)의 자이다. 그는 송준길(宋浚吉)의 현손인 송문흠(宋文欽, 1710~1752)의 둘째 아들로 태어나 백부 송명흠(宋明欽, 1705~1768)의 후사로 나갔는데, 관직은 목사(牧使)에 이르렀으며 찬성(贊成)에 추증되었다. 송명흠은 녹문보다 6년 연상의 이종형(姨從兄)이니, 송시연은 녹문에게 이종질(姨從姪)이 되는 셈이다.

다.- 반곡(反哭)을 하고 우제(虞祭)를 지낼 때에 와서야 비로소 마루에 오르고 방에 들어갈 수가 있는 것이다. 그런데 저번에 성복(成服)하는 날에 보니 주인이 방 안에 자리를 잡았던데, 섬돌 아래가 비좁아서 그렇게 한 것 같기는 하나, 예(禮)의 본의(本意)는 그렇지 않으니 고치는 것이 좋겠다.

송정심에게 보내는 글 8월

與宋靜深 八月

방금 금백(錦伯)[2]의 글을 보건대 "대소(臺疏)를 인하여 관례에 따라 치부(致賻)[3]하고 초선(抄選)을 복구하기로 했다.[4]" 하였는데, 혹시 경서(京書)를 통해서 이런 사실을 이미 들었는가? 그러나 지금은 명정(銘旌)과 제주(題主)를 모두 '옥과(玉果)'로 쓰는 것이 마땅하겠다. 왜냐하면 대개 평생토록 출각(出脚)한 것이 단지 이 관직일 뿐이고, 계미년(1763, 영조39)에 부소(赴召)할 때에도 옥과의 품직(品職)으로 입대(入對)하였으니, 그렇다면 지금도 이에 따르는 것이 마땅할 것이기 때문이다. 윤용서(尹龍西)의 명정과 제주에 대해서도, 우옹(尤翁)이 '징사(徵士)'로 하는 것이 마땅하다고 했다 한다.[5]

2 금백(錦伯) : 충청도 관찰사의 별칭인데, 여기서는 이유수(李惟秀, 1721～1771)를 가리킨다. 송명흠(宋明欽)이 죽은 해 7월에 녹문이 그에게 보낸 글이 《녹문집》 제7권에 〈이심원에게 보내는 글〔與李深遠〕〉이라는 제목으로 실려 있다. 심원은 그의 자이다.

3 치부(致賻) : 신하가 죽었을 때 임금이 부의(賻儀)를 보내는 것을 말한다.

4 초선(抄選)을 복구하기로 했다 : 송명흠은 1755년(영조31)에 옥과 현감(玉果縣監)으로 나아갔다가 모친상을 당해 사직하였고, 1764년에 경연관이 되어 정사를 논하다가 파직되었는데, 이때 조정에서 이 경연관의 직위를 복구해 주었다는 말이다.

5 윤용서(尹龍西)의……한다 : 용서는 윤원거(尹元擧, 1601～1672)로, 용서는 그의 호이다. 그는 김장생(金長生)의 문인으로, 인조 때 생진(生進) 양시(兩試)에 합격했으나, 병자호란이 일어나 부친 윤전(尹烇)이 강화(江華)에서 순절(殉節)한 뒤로 은거하였다. 징사(徵士)는 조정의 징소(徵召)에도 응하지 않고 숨어 사는 선비라는 뜻이다. 우옹(尤翁) 즉 송시열도 김장생의 문인이다.

송정심에게 답하는 글

答宋靜深

〔문〕 상중(喪中)에 후사(後嗣)를 세우고, 연상(練祥)[6] 뒤에 영좌(靈座)를 거두고, 상인(喪人)[7]이 수제(受除)[8]하는 것에 대하여

〔답〕《예기(禮記)》〈상복소기(喪服小記)〉에 이르기를 "기년(期年) 만에 제사를 지내는 것은 예이고, 기년 만에 제상(除喪)[9]을 하는 것은 도이니, 제사를 지내는 것은 제상하기 위해서가 아니다.〔期而祭禮也 期而除喪道也 祭不爲除喪也〕"라고 하였다. 이는 대개 초종(初終) 때부터 생(生)과 사(死)에 날을 계산하는〔生死與日〕 조건이 각각 다르기

6 연상(練祥) : 소상(小祥)과 대상(大祥)을 말한다. 소상은 죽은 뒤 1년, 정확히는 13개월 만에 지내는 제사를 말하는데, 연복(練服)을 입기 때문에 연제(練祭)라고도 한다. 대상은 죽은 뒤 2년, 정확히는 25개월 만에 지내는 제사이다.

7 상인(喪人) : 상중(喪中)에 있는 사람이라는 뜻인데, 보통 상주(喪主)를 가리키는 말로 쓰인다.

8 수제(受除) : 수복(受服)과 제복(除服)을 병칭한 것이다. 수복은 슬픔이 감쇄함에 따라 상복을 거친 중복(重服)에서 고운 경복(輕服)으로 바꿔 입는 것을 말한다. 제복은 상복을 벗는 것이다.

9 제상(除喪) : 상복을 벗는 것이 아니라, 수복(受服) 즉 가벼운 상복으로 바꿔 입는 것인데, 여기서는 연복(練服)으로 갈아입는 것을 말한다. 대개 추모하는 정이 지극해서 제사를 드리는 것이고, 슬픔이 감쇄하기 때문에 제상을 하는 것이다.《예기정의(禮記正義)》〈상복소기〉의 주(註)에 "기년이 되면 천도가 한 번 변하는 만큼, 슬픈 감정이 더욱 줄어들게 마련인데, 줄어들면 당연히 제상을 해야 하는 것이니, 제사를 드리는 것과는 상관이 없는 것이다.〔期 天道一變 哀惻之情益衰 衰則宜除 不相爲也〕"라는 말이 나온다.

때문이니,-〈곡례(曲禮)〉에 이르기를 "생인(生人)의 일은 죽은 다음 날부터 계산하고, 사인(死人)의 일은 죽은 그날부터 계산한다.〔生與來日 死與往日〕"라고 하였는데, 여(與)는 세다〔數〕라는 뜻이다. 성복(成服)은 죽은 다음 날부터 세기 때문에 '삼일성복(三日成服)'이라고 하니, 이것이 이른바 '생여내일(生與來日)'이라는 것이다. 그리고 빈렴(殯斂)은 죽은 날까지 합쳐서 세기 때문에 또한 '삼일이빈(三日而殯)'이라고 하니, 이것이 이른바 '사여왕일(死與往日)'이라는 것이다.- 제사를 지내는 것과 제상(除喪)을 하는 것이 상관이 없는 것도 그 뜻이 이와 같다. 6년 동안이나 궤연(几筵)을 유지하는 것에 대해서는 선유(先儒) 모두가 깊이 의심하였다. 심지어 도암(陶庵 이재(李縡))의 경우는 제목(題目)을 지어 놓고서 사람을 만나면 반드시 물어보곤 하였지만 끝내 정론(定論)을 세우지 못하였으니, 지금도 감히 무턱대고 설을 세울 수는 없는 노릇이다. 그러나 나의 생각으로는, 〈소기(小記)〉의 설이 너무도 명백한 만큼, 대상과 소상은 단지 어버이가 돌아가신 날〔親亡日〕을 기준으로 계산하되 궤연을 삼년이 지난 뒤에까지 연장해서는 안 되고, 상인(喪人)이 수복(受服)하는 것은 단지 복상(服喪)하는 날-즉 공문(公文)이 도착한 날이다.-을 기준으로 계산하되 슬픔이 밀려오면 아무 때나 곡하는 것〔哀至之哭〕은 영좌의 철거 여부에 구애받을 필요가 없다고 여겨진다. 이와 같이 한다면 일마다 모두 순탄해져서 막히는 곳이 없을 터인데, 감히 질언(質言 확실하다고 단언하는 것)하지는 못하겠으니, 오직 당사자가 재택(裁擇)해서 행하는 데에 달려 있다고 하겠다.-궤연을 철거하더라도 중문(中門) 밖에서 여막(廬幕)에 거한다면 자연히 장애가 없을 것이다. 그리고 만약 그만둘 수 없다면 여묘(廬墓)를 해도 좋을 것이다.-

송정심에게 답하는 글
答宋靜深

〔문〕 망처(亡妻)의 연제(練祭 소상(小祥))에 관한 일을 예법상 종정(終丁 하순의 정일(丁日))에 추행(追行 추후에 행하는 것)해야 합니다. 그런데 제가 직접 주관할 경우에는 예를 갖추는 것〔備禮〕이 부당할 듯한데, 연제는 다른 제사와는 다른 만큼 만약 축(祝)이 없다면 또한 매우 애매할 듯합니다. 혹자는 "복이 가벼운 사람으로 하여금 대행하게 하는 것이 마땅하다."라고 하는데, 모르겠습니다만 어떻게 생각하십니까?

〔답〕《예기》〈잡기(雜記)〉에 "부모의 삼년상이 겹쳤을 경우에는 마질(麻絰)을 경질(潁絰)로 바꾸고 나서 연제와 상제(祥祭 대상(大祥))를 모두 거행한다.〔三年之喪旣潁 其練祥皆行〕"라고 하였는데, 그 주(註)에 말하기를 "'금상에서 경질을 입은 뒤에는 바로 전상(前喪)의 삼년복을 위해 수제하고 연제와 상제를 지낸다.'라고 한 이것은 '먼저 부모의 복을 입고 있었는데 지금 또 장자를 잃은 경우'를 주로 말한 것이지만, 먼저 장자의 복을 입고 있었는데 지금 또 부모를 잃은 경우의 예도 역시 그러하다.〔言今喪旣服潁 乃爲前三年者受除而練祥祭也 此主謂先有父母之服 今又喪長子者 其先有長子之服 今又喪父母 其禮亦然〕"라고 하였고, 소(疏)에 말하기를 "먼저 부친상을 당하고 나서 모친이 죽었을 경우에는 연제와 상제를 또한 그렇게 하는 것이다. 그리고 먼저 모친상을 당하고 나서 부친이 죽었을 경우에는, 모친상이 비록 기년복에 해당하는 점이 있더라도 부친상에서 이미 경질로 바꿨으면 모친의 연제와

상제를 또한 모두 거행한다.〔若先有父喪而母死 練祥亦然 若先有母喪而後父卒 母喪雖有期 父喪旣穎 母之練祥亦皆行也〕"라고 하였다. 이에 의거하면 삼년상이 겹쳤을 경우에는, 후상(後喪)의 졸곡(卒哭) 뒤에 전상(前喪)의 연제와 상제를 모두 거행해야 하는 것은 의심할 것이 없다. 처(妻)의 상(喪)이 비록 경(輕)하다고 하더라도 이 또한 삼년의 체(體)를 갖췄기 때문에 예경(禮經)에서 매양 처상(妻喪)을 '부친이 계실 때의 모친상〔父在母喪〕'과 병칭하는 것이다. 그렇다면 부재모상(父在母喪)의 연상을 후상의 졸곡 뒤에 이미 행하는 이상에는 처상에도 당연히 차이를 두지 말아야 할 것이다. 그리고 내시(來示 보내온 글)에서 '비례(備禮)……' 하였는데, 연제와 상제에는 원래 예를 갖추지 않고 행하는 것은 없고, 또 복이 가벼운 사람으로 하여금 대행하게 하는 것도 없다.

〔문〕《예기》〈상대기(喪大記)〉의 소(疏)에는 "담월[10]에 길제를 지냈으면 길제가 끝난 뒤에는 복침(復寢)[11]을 한다.〔禫月吉祭則吉祭訖而復寢〕" 하였고,《예기》〈간전(間傳)〉의 소(疏)에는 "만약 길제가 담월에 있으면 아직도 순길(純吉 완전히 길한 것)한 것이 아니니, 담제를 지낸 다음 달이 되어서야 평상의 생활을 회복한다.……〔若吉祭在禫月 猶未純吉 至禫之後月乃復平常……〕" 하였으며, 우옹(尤翁 송시열

10 담월(禫月) : 담제(禫祭)를 지내는 달이라는 말이다. 담제는 대상(大祥)을 지낸 뒤에 한 달을 건너서 지내는 제사이다. 대상을 치른 뒤의 다음다음 달〔中月〕로, 초상부터 윤달을 따지지 않고 27개월이 되는 달 하순의 정일(丁日)이나 해일(亥日)에 지내는 제사를 말한다.

11 복침(復寢) : 평상시의 침실로 돌아간다는 뜻으로, 부인과 잠자리를 같이하는 것을 말한다.

(宋時烈))은 김문중(金文仲)에게 답하면서 "예에서 이미 길제 뒤에 복침을 허락했고 보면, 관례와 혼례를 행하지 못할 이유를 발견할 수 없다.……〔禮既許吉祭後復寢 則冠與婚禮未見其不可行也……〕" 하였습니다.

〔답〕〈간전〉의 소(疏)가 이미 이와 같다면 이를 준행(遵行)하는 것도 물론 종후(從厚)[12]하는 도리에 비추어 볼 때 해로울 것은 없다고 하겠다. 하지만 《예기(禮記)》의 경문(經文)에는 단지 "담제를 지내고 나서는 부인을 거느리고, 길제를 지내고 나서는 복침을 한다.〔禫而從御 吉祭而後復寢〕"라고만 하였을 뿐, 달을 넘긴다거나 달을 넘기지 않는다거나 하는 구별이 원래 없고, 문의(文義)로 말하더라도 〈대기(大記 상대기)〉의 소(疏)의 설이 본래 간직(簡直)해서 의심할 것이 없다. 더군다나 고인(古人)은 혼인의 시기를 잃는 것을 중난하게 여겼으며, 담제를 끝내고 길제를 지낸 뒤에는 장신구(裝身具)를 착용하지 못하는 것이 없었다.[13] 따라서 공사(公私)의 길사(吉事)에 모두 구애받을 것이 없는데, 또 무엇을 구애받아 혼례를 행할 수가 없겠는가. 우옹이 "이미 상례처럼 하게 된 이상에는 길사에 관계된 모든 일에 구애받을 것이 하나도 없다.〔既如常禮則凡係吉事 皆無拘礙〕"라고 한 것이 실로 명확한 근거가 될 터인데, 어떻게 생각할지 모르겠다.

12 종후(從厚) : 예가 의심스러울 때에는 후하게 하는 쪽을 따른다〔禮疑從厚〕는 뜻으로, 《주자어류(朱子語類)》 권89 〈예(禮) 6 관혼상(冠昏喪)〉의 상(喪)에 이 말이 나온다.

13 담제를……없었다 : 《예기》 〈간전(間傳)〉에 "담제를 지냈으면 섬을 입고 장신구를 착용하지 못하는 것이 없다.〔禫而纖 無所不佩〕"라는 말이 나온다. 섬(纖)은 가로와 세로로 검은색과 흰색의 올을 넣은 천을 말한다.

송정심에게 답하는 글 계사년(1773, 영조49) 7월

答宋靜深 癸巳七月

요즈음 벼슬살이하는 심정이 계륵(雞肋)[14]과 같았는데, 남들에게 짓눌리며 배척을 받았으니, 정말 나의 소원을 제대로 들어주었다고 할 만하다. 돌아와서 나의 오두막에 누우니 연월(煙月)이 의구(依舊)한 가운데 산 밖의 온갖 괴이한 것들이 모두 얼씬 못하니, 남들이 나에게 선물해 준 것이 크다고 말할 만하다. 나를 찾아오겠다는 뜻을 알고 나서는 기쁜 마음으로 고대하고 있다. 그동안 오래도록 격조(隔阻)해서 하고 싶은 말이 너무도 많으니, 속히 도모하기 바란다.

14 계륵(雞肋) : 닭의 갈빗대라는 뜻으로, 버리기는 아까워도 먹을 것은 없는 그것처럼, 벼슬살이 역시 몸담을 만한 가치는 없어도 차마 그만두지 못하는 심정을 비유한 것이다.

송정심에게 답하는 글 병신년(1776, 정조 즉위년) 8월

答宋靜深 丙申八月

〔문〕 혼례(昏禮) 때에 신부가 재배(再拜)를 하면 신랑이 답하면서 일배(一拜)를 하고, 신부가 또 재배하면 신랑이 답하며 일배를 하는 것에 대하여

〔답〕 예(禮)에 의하면, 부인(婦人)이 장부(丈夫)와 예를 행할 때에는 협배(俠拜)를 하는 것으로 되어 있다. 협배라는 것은, 부인이 먼저 재배하면 장부가 답하면서 재배를 하고 그러면 부인이 또 재배를 하는 것이다. 고례(古禮)는 어느 경우나 이와 같고, 《가례부주(家禮附註)》[15]에서도 협배로 말을 하였으니, 지금은 단지 이에 의거하여 행해야 할 것이다. "신랑이 답하면서 일배를 한다……"라는 말이 비록 《어류(語類)》에 보이기는 하나 이는 분명히 기록이 잘못된 것이니, 준행하기는 어려울 듯하다.

〔문〕 "시부모는 당 위에 앉아서 동쪽과 서쪽에서 서로 마주 본다……〔舅姑坐於堂上 東西相向……〕" 한 것에 대하여

〔답〕 시부모〔舅姑〕의 자리를 설치하는 것은 《가례(家禮)》처럼 하고, 신부가 알현하는 것은 고례처럼 한다면, 시아버지에게 절할 때에는 문득 시어머니를 등지게 되고, 시어머니에게 절할 때에는 문득 시아버

15 가례부주(家禮附註) : 주희의 제자 양복(楊復)이 지은 《가례잡설부주(家禮雜說附註)》를 말한다.

지를 등지게 되니, 어찌 미안한 일이 아니겠는가. 그러니 형세상 일체 《가례》의 예문(禮文)을 따라야 할 것이다. 그리고 신부가 시아버지와 예(禮)를 행할 때에는 또한 협배(俠拜)를 하니, 먼저 재배(再拜)하고 나서 폐백을 올린〔奠贄〕 뒤에 또 재배를 해야 한다. 그러나 시어머니에게 절을 할 때에는, 고례에서는 단지 한 번만 사배(四拜)를 하고 폐백을 올린 뒤에 다시 절을 하지 않으니, 이는 대개 부인(婦人)이 서로 예를 행할 때에는 협배를 하지 않기 때문이다. 하지만 지금은 이미 답배(答拜)를 하는 것이 없고 중간에 폐백을 올리는 하나의 절목만 있으니, 시아버지나 시어머니를 막론하고 전채(奠菜)[16]의 예에 의거하여 모두 앞뒤로 재배만 하는 것이 타당할 듯싶다.

〔문〕 "이날 시부모가 먼저 시자로 하여금 세 개의 음식상을 차리게 한다.……〔是日舅姑先令侍者設三饌案……〕" 한 것에 대하여

〔답〕 시자(侍者)가 시어머니 좌석의 동북쪽에 남향으로 자리를 마련하고, 미리 음식상을 좌석 앞에 갖추어 둔다. 신부가 자리 오른쪽에 나아가 남쪽을 향하면, 시아버지가 잔을 잡고 술을 따라서 시자로 하여금 신부에게 주게 하고 시어머니는 포해(脯醢)를 준다. 신부가 사배(四拜)를 하고 자리에 올라가 남쪽을 향하고는 무릎을 꿇고 술을 받고서 포해를 제(祭)하고 술을 제(祭)한 뒤에 쵀주(啐酒)를 한다.[17] 신부가

16 전채(奠菜) : 채소 위주로 제사 지내는 것을 말하는데, 보통 쑴바귀〔菫〕를 사용하는 것으로 되어 있다. 전채는 신부가 시집온 지 3개월 되는 달에 행한다.

17 포해를 제(祭)하고……한다 : 제(祭)는 "덜어 내다〔除〕"라는 뜻이다. 음식과 술을 들기 전에 그 음식과 술을 처음으로 만든 자에게 감사한다는 뜻으로 음식을 조금 덜어 내고 술을 기울여 땅에 조금 붓는 것을 말한다. 쵀주(啐酒)는 술을 마시지는 않고 잔을 입에 대고서 조금 맛보는 것을 말한다.

일어나서 자리 서쪽으로 내려가 잔을 시자에게 주고 다시 절을 한다. 시부모가 먼저 서쪽 계단을 통해서 내려가면, 신부가 조계(阼階 동쪽 계단)를 통해서 내려간다. 조(俎)를 부씨(婦氏)에게 보낸다.[18] -신부를 대접할 때에는 본디 일헌(一獻)의 예(禮)를 쓰는 것이 마땅하다.[19] 《구의(丘儀)》[20]에서 삼찬(三饌)을 말한 것은 두찬(杜撰)[21]의 혐의가 있을 듯하다.-

〔문〕 세숫대야〔盥盆〕와 수건〔帨巾〕 운운한 것에 대하여

〔답〕 세숫대야 두 개와 수건 두 개를 모두 실(室)의 동쪽 모퉁이에 두어야 하는데, -수건은 대야 동쪽에 둔다.- 하나는 북쪽에 두고 하나는 남쪽에 둔다. 〈사혼례(士昏禮)〉를 살펴보면 세(洗)[22]에는 두 개가 있다. 하나는 조계 아래에 있으니 바로 경(經)에서 "세를 조계 동남쪽에 둔다.〔設洗于阼階東南〕"라고 한 것이 이것이고, 하나는 북당(北堂)에 있으니 바로 기(記)에서 "신부의 세는 북당에 있다.〔婦洗在北堂〕"라고 말한 것이 이것이다. 이 밖에 다시 세(洗)를 설치하는 일은 없고, 잉(媵 신부의 종자)과 아(御 신랑의 종자)가 물로 손을 씻을 때 교대로 물을 부어 주는데, 잉은 남쪽 세(洗)에서 신랑의 세숫대야에 물을 붓고, 아는

18 조(俎)를 부씨(婦氏)에게 보낸다. : 조는 신부를 대접하기 위해 희생을 잡아서 마련한 음식을 말한다. 부씨는 신부 측 사람들을 말한다. 《의례》〈사혼례(士昏禮)〉에 "신랑 측에서 신부를 대접한 음식을 신부 측에게 보낸다.〔歸婦俎于婦氏人〕"라는 말이 나온다.

19 신부를……마땅하다 : 《의례》〈사혼례〉에 "시부모는 모두 일헌의 예로 신부를 대접한다.〔舅姑共饗婦以一獻之禮〕"라는 말이 있다.

20 구의(丘儀) : 명나라 구준(丘濬)이 지은 《가례의절(家禮儀節)》을 말한다.

21 두찬(杜撰) : 전거를 밝히지 않고 아무렇게나 사용하는 것을 말한다.

22 세(洗) : 관세위(盥洗位)의 준말로, 손을 씻고 잔을 씻는 자리를 말한다.

북쪽 세에서 신부의 세숫대야에 물을 붓는다. 그러고 보면 신랑과 신부가 실(室)에 들어갔다가 다시 나와서 신랑은 섬돌을 내려와 남쪽 세에서 손을 씻고, 신부는 방(房)에 나아가 북쪽 세에서 씻은 다음에 다시 실에 들어가는 것이 분명하다.-《서의(書儀)》에서는 섬돌을 내려간다는 예문(禮文)이 없다면서 먼저 손을 씻고 올라가게 하고 또 두 개의 세를 모두 조계(阼階)의 동남쪽에 두게 하였는데, 이는 잘못일 듯싶다.- 다만 일단 실에 들어갔는데 다시 나와서 손을 씻는 것은 불편하여 행하기 어려울 듯하기에, 《가례》에서 다시 두 개의 세숫대야를 실 동쪽 모퉁이의 남쪽과 북쪽에 두었으니, 지금은 여기에 따르는 것이 마땅하겠다.

〔문〕 "신랑이 신부의 부모를 뵙는다.……〔壻見婦之父母……〕" 한 것에 대하여

〔답〕 신랑이 뵙는〔壻見〕 예(禮)는 본래 친영(親迎)을 하지 않는 자에게 해당하는 일이니, 대개 친영을 하면 그날에 벌써 신부의 부모를 뵙게 되기 때문이다. 따라서 《가례》에서 친영을 한 뒤에 또 이 예를 행하게 한 것은 끝내 미안하게 될 듯싶은데, 다만 세상 풍속을 따라서 평일에 사적(私的)으로 만나는〔燕見〕 의례처럼 한다면 물론 그렇게 해도 좋을 것이다. 이른바 '친영하지 않는다'는 것으로 말하면, 옛날에도 친영을 하지 않고서 남을 시켜 신부를 맞게 한 경우가 있었으니, 가령 《시(詩)》에서 "나를 문간에서 기다렸다.〔俟我於著乎而〕"[23]라고 말한 종류가 이

23 나를 문간에서 기다렸다 : 《시경(詩經)》 〈제풍(齊風) 저(著)〉에 나오는 구절인데, 제나라 풍속은 친영(親迎)을 하지 않기 때문에, 신부가 신랑 집에 와서야 신랑이 자기를 기다리는 것을 보았다는 뜻이다.

것이다. 전첨(前籤 앞서 붙인 찌)은 그냥 《가례》를 따라서 그렇게 한 것인데, 지금에 와서 처음으로 나의 견해를 밝히는 바이다.-이 설을 일찍이 백고(伯高)[24]에게서 들었는데, 지금 다시 생각해 보아도 더욱 의심할 것이 없으니, 전첨은 응당 없애야 할 것이다.-

24 백고(伯高) : 김종후(金鍾厚, 1721～1780)의 자이다.

송정심에게 답하는 글 경자년(1780, 정조4) 단옷날

答宋靜深 庚子端陽日

백록(白鹿)의 낙성(落成)도 창주(滄洲)의 예(例)와 같았다.[25] 그리고 그 선성(先聖)의 사당으로 말하더라도, 처음에는 《개원례(開元禮)》를 모방하여 단지 빈 예전(禮殿)을 만들어 두었다가 석전(釋奠)과 석채(釋菜)를 행할 때를 만나면 임시로 신주(神主)를 세워서 일을 거행하려고 하였는데, 뒤에 그 지방을 다스리는 전자언(錢子言)이 불가하다고 하여, 마침내 주현(州縣)의 학제(學制)와 같이 소상(塑像)을 만들게 되었으니,[26] 이는 《주자연보(朱子年譜)》를 보면 상고해 볼 수가 있

25 백록(白鹿)의……같았다 : 주희가 백록동서원(白鹿洞書院)을 낙성하면서 거행한 의식과 창주정사(滄洲精舍)를 세우고 행한 의식이 같았다는 말이다. 백록동서원은 송(宋)나라 4대 서원의 하나로, 강서성(江西省) 여산(廬山) 오로봉(五老峯) 동남쪽에 있는데, 주희가 남강군(南康軍)을 맡아 다스릴 적에 학규(學規)를 정해 그곳에서 학생들을 가르친 적이 있다. 《宋史 卷429 道學列傳3 朱熹》 창주정사는 주희가 건양(建陽)의 고정(考亭)에 서당을 세우고 강학하던 죽림정사(竹林精舍)를 고쳐 부른 이름으로, 낙성식을 거행하며 석채(釋菜)의 예를 올렸는데, 이때 공자(孔子)의 좌우로 안자(顔子)・증자(曾子)・자사(子思)・맹자(孟子)를 배향하고, 주돈이(周敦頤)・정호(程顥)・정이(程頤)・소옹(邵雍)・장재(張載)・사마광(司馬光)・이통(李侗) 등을 종사(從祀)하였다. 《朱子年譜》

26 처음에는……되었으니 : 《회암집(晦菴集)》 권68 〈궤좌배설(跪坐拜說)〉에 "전년에 마침 전자언이 백록의 예전을 짓기에, 내가 《개원례》에 의거하여 소상을 만들지 않고 제사 때에 임하여 신위(神位)를 설하려고 하였으나, 자언이 동의하지 않으면서 반드시 소상을 묻곤 하였으므로, 내가 바로 간략하게 예(禮)를 상고하여 위와 같이 말하였다.〔頃年 屬錢子言作白鹿禮殿 欲據開元禮 不爲塑像 而臨祭設位 子言不以爲然

다. 그런데 "임시로 신주를 설한다.……〔旋設主……〕" 한 것으로 살펴보건대, 낙성하고 석채를 행할 때에도 지방(紙榜)을 쓴 것 같은데 이것을 자세히 상고할 수는 없지만, 만동묘(萬東廟)에서 지방을 쓴 것도 여기에서 나온 것이 아닌가 한다.

而必以塑像爲問 予卽略爲考禮如前之云〕"라는 말이 나온다. 자언(子言)은 전문시(錢聞詩)의 자이다. 생몰 연대는 미상이다. 송나라 효종(孝宗) 순희(淳熙) 8년(1181)에 지남강군(知南康軍)으로 있다가 임기가 만료되어 지엄주(知嚴州)로 관직을 옮겼다. 《송원학안보유(宋元學案補遺)》 권49에 그에 대한 기록이 보인다.

송정심에게 답하는 글 신축년(1781, 정조5)

答宋靜深 辛丑

〔문〕 관례(冠禮)의 의식 중 초가(初加)[27]에서 "가운데 계단에서 서로 주고받는다.……〔中等相授……〕"[28] 한 것에 대하여

〔답〕 초가할 때에 빈(賓)이 한 계단 내려가면 두 번째 계단에 있게 되고, 관계(冠笄)를 잡은 자가 한 계단 올라가면 세 번째 계단에 있게 되니, 같은 계단이 아닌 것이 분명하다. 이것을 가지고 유추하건대, 재가(再加)할 때에 빈(賓)이 두 계단을 내려가서 세 번째 계단에 있으면 관계를 잡은 자는 땅에 있어야 마땅하고, 삼가(三加)할 때에 빈이 내려가서 땅에 이르면 관계를 잡은 자도 똑같이 땅에 있어야 마땅하다. 그리고 빈이 계단을 내려갈 때에는 남쪽을 향해야 하니, 관계를 받을 때에도 그 방향 그대로 받아야 할 듯하다. 왜냐하면 〈곡례(曲禮)〉의 '왼발을 먼저 하고 오른발을 먼저 하는〔先左足 先右足〕' 뜻[29]으로 추리

27 초가(初加) : 관례(冠禮) 때 1차로 치포관(緇布冠)을 씌우는 것을 말한다. 시가(始加)라고도 한다. 2차로 피변(皮弁)을 씌우는 것을 재가(再加)라고 하고, 3차로 작변(爵弁)을 씌우는 것을 삼가(三加)라고 한다. 이 세 가지를 합쳐서 삼가(三加)라고 칭하기도 한다.

28 가운데……주고받는다 : 《의례》 〈사관례(士冠禮)〉의 "빈(賓)이……일어나서 서계를 한 계단 내려가면, 관을 잡은 자가 한 계단 올라가 동향(東向)을 하고 빈에게 건네준다.〔賓……興 降西階一等 執冠者 升一等 東面授賓〕"라는 내용에 대해서, 정현(鄭玄)의 주(註)에서 "한 계단 내려오고 한 계단 올라가고 보면, 가운데 계단에서 서로 주고받는 것이다.〔下一等 升一等 則中等相授〕"라고 하였는데, 녹문은 이 주가 잘못이라고 답하고 있다.

하건대, 주인을 등지고 서쪽을 향하지 않을 것이 분명하기 때문이다.

〔문〕 초조(醮條)의 "물러나 자리 끝에 나아간다.……〔退就席末……〕" 한 것에 대하여

〔답〕 〈곡례(曲禮)〉를 살펴보면, 자리가 남향이나 북향일 때에는 서쪽을 위〔上〕로 하는데, 지금 이 경우는 〈향음주(鄕飮酒)〉에 의거하여 동쪽을 위로 하고-주인(主人)이 동쪽에 있으니, 주인에게 통솔되는 것이다.- 서쪽을 끝〔末〕으로 해야 한다. 또 자리에 오를 때에는 반드시 아래로부터 오르고 내려갈 때에는 반드시 위에서부터 내려가는데, 지금 이 경우는 역시 〈향음주〉의 췌주(啐酒 술을 맛보는 것)를 하고 나서 '편리함을 따르는 것〔由便〕'에 의거하여 서쪽 끝에서 내려가야 한다. 또 살펴보건대, 자리가 동향이나 서향일 때에는 남쪽이 위가 되는데, 종자(宗子)는 관초(冠醮)[30]를 할 때부터 자리가 서향이고 보면 자리의 북단(北端)이 끝이 되어야 마땅하다.

〔문〕 "삼가에 모두 빗질을 한다.……〔三加皆櫛……〕" 한 것에 대하여

〔답〕 삼가(三加)에 모두 빗질을 하는 것 속에는 대개 깊은 뜻이 들어

29 왼발을……뜻 : 《예기》 〈곡례 상(曲禮上)〉에 "주인이 동쪽 계단을 올라갈 때에는 오른발을 먼저 해서 서쪽을 향하여 빈객을 응시하고, 빈객이 서쪽 계단을 올라갈 때에는 왼발을 먼저 해서 동쪽을 향하여 주인을 응시한다.〔上於東階則先右足 上於西階則先左足〕"라는 말이 나온다.

30 관초(冠醮) : 관례(冠禮)에서 삼가(三加)를 행할 때마다 한 번씩 초(醮)를 따르는 것이다. 이것을 삼초(三醮)라고 한다. 반면에 삼가를 다하고 나서 예(醴) 즉 단술을 한번 주는 것을 관례(冠醴)라고 한다.

있다. 이와 같이 한 뒤에야 삼가가 각각 예(禮)를 이루고 절차가 분명해지니, 이는 바로 그 예를 중하게 하기 위해서이다. 《가례(家禮)》는 모자를 벗기는 것〔撤帽〕과 복두를 씌우는 것〔加幞頭〕이 서로 이어지면서 조금도 한계가 없는데, 이것이 비록 《서의(書儀)》를 그대로 이어받은 것이라고 하더라도, 끝내는 미안하게 될 듯하다. 지금 비록 고례(古禮)를 죄다 적용하지는 못했다고 하더라도, 자리에 나아간〔卽席〕 뒤에 바로 관모(冠帽)를 벗겨서 다시 빗질을 하려는 것처럼 해 놓고는, 빈(賓)이 내려가서 손을 씻고 자리에 복귀한 뒤에 축사(祝辭)를 하고 관을 씌우게 하였으니, 이는 대개 조금이라도 고의(古意)를 보전하려는 뜻에서 그렇게 한 것이다.-머리싸개를 바루는 한 절목을 첨가하면 더 좋을 것이다.- 그리고 맨상투〔露髻〕로 오래 앉아 있는 것으로 말하면, 초가(初加) 때 이미 그렇게 하였으니, 이는 혐의로 여길 일이 아닌 듯하다. 대개 빗질을 하고 나서 머리싸개를 두르고, 머리싸개를 두르고 나서 용모를 바루고, 용모를 바루고 나서 축사를 하고, 축사를 하고 나서 관을 씌우는 등, 점차적으로 진행하여 여유 있게 하며 급박하지 않게 하고, 곡진하게 정리(情理)가 있으면서 매우 정중하게 하는 것을, 정녕 허술하게 보아 넘겨서는 안 되는데, 모르겠다만 이에 대해서 어떻게 생각하는가? 만약 《가례》를 따라서 그대로 하고 싶다면, 그것도 근거가 없는 것은 아니다마는, 오직 잘 생각해서 진퇴(進退)를 하기 바란다.

〔문〕 단가(單加)[31]의 의례를 행하는 것이 아예 행하지 않는 것보다는

31 단가(單加) : 세 차례 관을 씌우는 삼가(三加)의 의례를 축소하여 한 차례만 관을 씌우는 것을 말한다.

그래도 낫겠기에, 이에 대해서도 품정(稟定)하여 뒷날의 쓰임에 대비하고자 합니다.

〔답〕 '단가(單加)' 운운하는 이것이야말로 내가 평소에 혐오해 오던 바이다. 대개 고례(古禮)가 간생(簡省)하여 행할 수 없는 점이 없으니, 행하려면 행하고 행할 수 없으면 그만두면 될 뿐이다. 그런데 지금 고례 이외에 따로 단가의 의례라는 것을 만들어 내다니, 이는 옛날의 것도 아니고 지금의 것도 아니며 찬 것도 아니고 뜨거운 것도 아니라서, 그저 구차하게 얼른 해치우려는 세속의 마음을 깊이 맞추기에 족할 따름이다. 이는 바로 이른바 '예가 아닌 예〔非禮之禮〕'로, '수(手)가 세계 속에 나누어 몸을 바꿔 출현하는 것〔手分世界中 現化出來〕'[32]이라고나 할 것이니, 우리 당〔吾黨〕의 선비로서는 이를 거부하고 물리쳐야 하는데, 오히려 거꾸로 이를 강명(講明)하면서 조성(助成)해서야 되겠는가.

32 수(手)가……것 : 천수관음(千手觀音)이 세계 속에 자기 몸을 나누어 화신(化身)으로 나타내는 것이라는 뜻으로, 원래는 임기응변하여 중생을 구제한다는 대승불교의 뜻이 들어 있으나, 여기에서는 근거 없이 만들어 내는 신통력을 발휘하여 제멋대로 날조(捏造)한다는 부정적인 뜻으로 사용하였다. 이 말은 주희가 고례(古禮)를 왜곡하여 두찬(杜撰)한다는 뜻으로 예관(禮官)을 비난하면서 쓴 표현인데, 대본의 '現化'가 《회암집(晦菴集)》 권46 〈답황상백(答黃商伯)〉에는 '化現'으로 되어 있다.

홍태화[33]에게 답하는 글 계사년(1773, 영조49) 5월

答洪太和 癸巳五月

홍원섭(洪元燮)이다.

도암(陶庵 이재(李縡))이 일찍이 사람들이 문장(文章)을 좋아하는 것을 경계하면서 그런 것을 허락(虛樂 가짜 즐거움)이라고 하였는데 그 말이 지극히 좋습니다. 그대와 같은 영재(英才)가 만약 좋아하는 것을 이 일에 옮겨서 추환(芻豢)[34]의 진짜 의미를 저작(咀嚼)해 낼 수 있다면, 자신도 모르게 손으로 춤추고 발로 구르며 뛰게 되는 것[35]이 저 허락(虛

33 홍태화(洪太和) : 홍원섭(洪元燮, 1744~1807)으로, 태화는 그의 자이다. 호는 태호(太湖)이다. 본관은 남양(南陽)으로, 유학(幼學) 홍현규(洪顯圭)의 아들이다. 영조 때 사마시(司馬試)에 입격하고, 음보(蔭補)로 참봉(參奉)이 되었다. 1790년(정조14)에 황주 목사(黃州牧使)를 거쳐 사복시 정(司僕寺正)과 수원 판관(水原判官) 등을 역임하였고, 1801년(순조1)에 찬집랑(纂輯郞)으로 《화성성역의궤(華城城役儀軌)》를 편찬한 공을 인정받아 통정대부(通政大夫)에 가자(加資)되기도 하였다. 고문(古文)을 잘 지었으며, 연암(燕巖) 박지원(朴趾源)과 친교가 있었다.

34 추환(芻豢) : 추와 환은 각각 초식 가축과 잡식 가축으로 요리한 맛있는 음식을 뜻하는데, 여기서는 의리가 사람의 마음을 즐겁게 하는 것을 비유하는 말로 쓰였다. 추환(芻豢)이라고도 한다. 《맹자》 〈고자 상(告子上)〉의 "사람들이 마음속으로 똑같이 옳다고 여기는 것은 무엇인가? 그것은 즉 의리이다. 성인은 사람들이 마음속으로 똑같이 옳다고 여기는 것을 먼저 알았다. 따라서 의리가 우리의 마음을 즐겁게 하는 것은 마치 고기 음식이 우리의 입을 즐겁게 하는 것과 같다고 할 것이다.〔心之所同然者 何也 謂理也義也 聖人先得我心之所同然耳 故理義之悅我心 猶芻豢之悅我口〕"라는 말에서 나온 것이다.

35 자신도……것 : 정이(程頤)가 《논어집주(論語集註)》 서설(序說)에서 "《논어》를 읽고 나서 너무도 좋은 나머지 곧장 자신도 모르게 손으로 춤추고 발을 구르며 뛰게 되는 자도 있다.〔有讀了後 直有不知手之舞之足之蹈之者〕"라고 말한 것을 인용한 것이다.

樂)에 비해서 어찌 천만리 정도만 멀다고 하겠습니까. 깊이 아끼는 심정에서 붓을 들고는 우연히 언급하게 되었으니 모쪼록 유념하여 들어 주셨으면 합니다. 날이 무더운 것이 비록 이와 같으나, 서로 떨어진 거리가 매우 가까운 데다 뱃길은 또 육로(陸路)로 다니는 것과는 다르니, 혹 다음 달 사이에 한번 노를 저어서 찾아와 줄 수 있을는지요.

송백인[36]에게 답하는 글 무자년(1768, 영조44) 7월

答宋伯仁 戊子七月

송수연(宋守淵)이다.

〔문〕 사복(師服 스승에 대한 복)이 몸에 있으면, 다른 사람에게 서찰을 보낼 때 복(服)의 이름을 쓰는 것 같습니다.

〔답〕 스승의 상중에 자기를 칭할 때에는 심상인(心喪人)이라고 말해야 옳을 듯하다. 다만 선배들이 행한 것이 어떠했는지는 모르겠다.

〔문〕 사복은 질(絰)과 대(帶) 차림으로 석 달이 지나면 벗습니까?

〔답〕 가마(加麻)[37]는 석 달이 되면 벗는 것이 예(禮)이다. 그러나 심상(心喪)은 가마를 벗는 여부와 관계가 없다.

〔문〕 사복을 벗을 때 혹 절하는 예가 있습니까?

〔답〕 그 복(服)을 입고 들어가서 곡을 하고, 복을 바꿔 입고 다시 들어가 곡을 하되 절하는 것은 없다.

36 송백인(宋伯仁) : 송수연(宋守淵)으로, 백인은 그의 자이다. 송정흠(宋鼎欽)의 아들인데, 송문흠(宋文欽)의 아들인 송시연(宋時淵)과 마찬가지로 녹문에게는 이종질(姨從姪)이 되는 것으로 보인다.

37 가마(加麻) : 마질(麻絰)과 마대(麻帶)를 착용하는 것을 말한다.

송중고에게 답하는 글 임인년(1782, 정조6)

答宋仲高 壬寅

송후연(宋厚淵)이다.

존종씨(尊從氏 남의 종형제에 대한 존칭)의 담제(禫祭)에 관한 일은 이미 행하기로 결정했을 것이니, 나의 답장을 기다릴 것도 없으리라고 생각한다. 대개 이 상(喪)에 이미 포최(抱衰)[38]의 아이가 있고 보면, 백종씨(伯從氏)가 주상(主喪)하는 것은 섭주(攝主)[39]하는 예(例)에 불과할 따름이다. 그렇다면 섭주가 유고(有故)하다고 해서 행해야 할 담제를 폐할 수 없다는 것이 명백하다. 다만 아이의 이름으로 이미 제주(題主)[40]하지 않았고 보면, 아이를 가지고 제사를 주관하기는 어려울 듯하니, 축사(祝辭)는 우선 주원양(周元陽)[41]의 《제록(祭錄)》에 의거하여 주부(主婦)가 현벽(顯辟)[42]하는 예(例)를 쓰는 것이 타당하지 않을까 싶다. 《문해(問解)》를 보면 백강문답조(白江問答條)의 위에 답월당문

38 포최(抱衰) : 상주(喪主)가 어린 아들일 경우에 누군가가 그 유아(幼兒)를 상복(喪服)에 싸서 안고〔以衰抱之〕 유아 대신 빈객을 상대하며 절을 하는 것을 말하는데, 《예기》 〈상대기(喪大記)〉에 그 내용이 나온다.

39 섭주(攝主) : 대리하여 일을 주관하는 사람, 혹은 그렇게 하는 것을 말한다.

40 제주(題主) : 신주(神主)에 글자를 써넣는 것을 말한다.

41 주원양(周元陽) : 당나라 사람이다. 《신당서(新唐書)》 권58 〈예문지(藝文志)〉에 그의 저술로 《제록(祭錄)》 1권이 소개되어 있다.

42 현벽(顯辟) : 신주(神主)나 축문(祝文)에서 아내가 죽은 남편을 일컫는 말이다. 어린 아들이 장성하여 어미 대신 제사를 받들 수 있게 되면, 현벽이라는 말을 바꿔서 현고(顯考)라고 칭한다. 벽(辟)은 군(君)의 뜻이다.

(答月塘問)이 있는데, 금일에 그것을 참조해도 좋을 것 같다. 대개 선생(先生)의 장부(長婦)가 만약 집에 있으면 필시 그렇게 행하도록 허락했을 것 같으니, 한번 검토해 보는 것이 어떻겠는가?

맹직경에게 답하는 글

答孟直卿

맹의대(孟義大)이다.

부인(婦人)이 제사를 주재(主宰)하는 것은 본래 정례(正禮)가 아니니, 고인(故人)의 방제(傍題)를 부인으로 짓는 것은 더더욱 말이 되지 않습니다. 과연 급급하게 입후(入後)할 방도가 없다면, 우선 존장(尊丈)의 이름으로 방제(旁題)를 하여, 효(孝) 자를 제거하고 섭주(攝主 임시로 주관하는 것)를 하는 것으로 다시 봉안(奉安)해도 무방할 듯합니다. 세상 사람들은 매양 주공(周公)이 섭정(攝政)한 그 섭(攝)에 근거하여 "주인(主人 상주)이 어려서 타인이 대행할 경우에는 섭(攝)이라고 칭할 수 있어도, 주인이 없는 경우에는 섭이라고 칭할 수 없다."라고 합니다만, 〈상복소기(喪服小記)〉의 "사의 상에는 대부를 섭주(攝主)로 할 수 없다.〔士不攝大夫〕"라는 예문(禮文)에 의거하면, 후사를 이을 상주가 없는 경우에도 바로 섭이라고 칭하니,[43] 의심할 것이 없을 듯합니다.

43 상복소기(喪服小記)의……칭하니 : 《예기》 〈상복소기〉에 "사의 상(喪)에는 대부를 섭주(攝主)로 할 수 없다. 사가 대부를 섭주로 할 수 있는 경우는 그 사가 종자일 때뿐이다.〔士不攝大夫 士攝大夫 惟宗子〕"라고 하였는데, 그 소(疏)에 "사(士)의 상에 상주가 없더라도 감히 대부가 상주를 겸하여 섭주하지 못하게 한 것은 사의 지위가 낮기 때문이다. 그러나 종자가 사인데 후사를 이을 상주가 없을 경우에는 대부가 섭주하게 할 수 있으니, 종자는 존귀하기 때문에 섭주할 수가 있는 것이다.〔士喪無主 不敢使大夫兼攝爲主 士卑故也 若宗子爲士 無主後者 可使大夫攝主之 宗子尊 可以攝之也〕"라는 말이 나온다.

성사범에게 답하는 글 정해년(1767, 영조43) 2월

答成士範 丁亥二月

성낙주(成洛疇)이다.

종이 가득 누누이 말한 내용을 통해서, 발분(發憤)하여 유익함을 구하려는 성의(盛意)를 볼 수 있었으므로, 받들어 읽으면서 뛸 듯 기쁜 심정을 스스로 가눌 수 없었습니다. 그러나 도(道)에 나아가는 요체로 말하면, 또한 신기(新奇)한 것이 따로 없고, 단지 뜻을 독실하게 하여 학문을 근실히 하면서 생각을 정밀하게 하고 실천에 힘쓰는 것일 뿐이니, 만약 서권(書卷)에 나아가서 점차 의미를 터득하면 자연히 의사(意思)가 즐거워져서 그만두려고 해도 그만둘 수가 없게 될 것입니다. 그리고 안빈(安貧)하는 하나의 일에 대해서는 쉽게 이야기할 수 없습니다만, 주자(朱子)가 일찍이 학자에게 훈계하기를 "빈궁한 것은 모름지기 참아야 한다. 참는 것이 익숙한 경지에 이르게 되면 저절로 태연해질 것이다."[44]라고 하였는데, 이 말이 실로 요법(要法)이 되니, 힘들여서 한번 시험해 보면 절로 그 의미를 알게 될 것입니다.

44 빈궁한……것이다 : 《회암집(晦菴集)》 권62 〈답여국수(答余國秀)〉에 "빈궁한 것은 모름지기 참아야 한다. 참는 것이 익숙한 경지에 이르게 되면 저절로 근심하는 생각이 없어질 것이다.〔窮須是忍 忍到熟處 自無戚戚之念矣〕"라는 말이 나온다.

이영이에게 답하는 글 정미년(1787, 정조11)

答李永而 丁未

이규창(李奎昶)이다.

〔문〕 "하늘의 운행이 건실하다.〔天行健〕"라고 한 것에 대하여 본의(本義)에서는 '상(象)은 주공(周公)이 붙인 말'이라고 하였는데, 주자(朱子)의 다른 설을 보면 '공자(孔子)가 지은 것'이라고 하였으니, 어떤 성인(聖人)이 지은 것인지 모르겠습니다. 만약 실제로 공자가 지은 글이라면, 본의에서 '주공이 붙인 말'이라고 한 것은 어째서입니까?

〔답〕 〈건괘(乾卦)〉를 가지고 말해 보건대 "건은 원하고 형하고 이하고 정하다.〔乾元亨利貞〕"라고 한 것은 문왕(文王)이 붙인 단사(彖辭)이고, "잠긴 용이니 쓰지 말라.〔潛龍勿用〕"라고 한 것은 주공이 붙인 효사(爻辭)이고, "크도다 건원이여.〔大哉乾元〕"라고 한 것은 공자가 단사에 전을 낸 것〔彖傳〕이고, "하늘의 운행이 건실하다.〔天行健〕"라고 한 것과 "잠긴 용이니 쓰지 말라고 한 것은 양이 아래에 있기 때문이다.〔潛龍勿用 陽在下也〕"라고 한 것은 공자가 효사에 전을 낸 것〔象傳〕입니다. 내유(來諭)에서 인용한, 천행건(天行健) 아래에 있는 본의(本義)의 "상자괘지상하양상급양상지육효……(象者卦之上下兩象及兩象之六爻……)" 한 것[45]으로 말하면, 본래 고역(古易)의 상 상전(象上傳) 아래

45 본의(本義)의……것 : 본의의 "象者卦之上下兩象及兩象之六爻周公所繫之辭也"라는 말에 대해서, 보통은 "상(象)은 괘의 위아래의 두 상과 두 상의 육효(六爻)이니,

에 있었던 본의(本義)의 설인데, 지금은 나눠 갈라서 여기에다 붙였기 때문에 문득 이해하기 어렵게 된 것입니다. 대개 '괘지상하양상(卦之上下兩象)'의 여섯 글자는 그 자체로 하나의 구(句)가 되어야 마땅하니, 이 글은 아래에 이어지는 것이 아닙니다. 그리고 '상하양상(上下兩象)'이라고 한 것은, 건(乾)의 경우는 위아래가 모두 천(天)이고, 곤(坤)의 경우는 위아래가 모두 지(地)이며, 둔(屯)의 경우는 아래는 뇌(雷)이고 위는 운(雲)이며, 몽(蒙)의 경우는 아래는 수(水)이고 위는 산(山)인 것과 같은 종류가 바로 그것입니다. 여기에 처음에는 문자가 있지 않았는데, 공자가 단지 이에 나아가서 전(傳)을 지은 것일 뿐이니, 그것이 바로 '천행건(天行健)'이나 "땅의 형세가 곤의 상이다.〔地勢坤〕"와 같은 것으로, 세상에서 대상(大象)이라고 칭하는 것입니다. 만약에 이 여섯 글자를 하문(下文)에 붙여 읽어서 "괘(卦)의 위아래 두 상(象)과 두 상의 육효(六爻)가 모두 주공이 붙인 말이다."라고 말한다면 잘못입니다.

〔문〕 삼재(三才)의 재(才)는 무슨 뜻입니까?
〔답〕 재(才)는 능(能)이고 신(神)입니다. 천(天)이 음양(陰陽)으로 만물을 낳고, 지(地)가 유강(柔剛)으로 만물을 이루고, 인(人)이 인의(仁義)로 화육(化育)을 돕는 이 모두가 단지 하나의 능(能)이고 하나의 신(神)일 뿐이니, 나누면 셋이 되고 합하면 일이 되는 것입니다.

주공(周公)이 붙인 말이다."라고 해석하는데, 녹문은 원래 이 본의가 고역(古易)의 상 상전(象上傳) 아래에 붙어 있었던 것을 근거로 하여 "상은 위아래 두 상이다. 그리고 위아래 상의 육효는 주공이 붙인 말이다."라고 해석하는 것이 옳다고 하였다.

〔문〕〈곤괘(坤卦)〉 이하는 단(彖)과 상(象)이 모두 효사(爻辭)의 위에 있어서 건(乾)과 같지 않은 것에 대하여

〔답〕《역(易)》은 상경(上經)·하경(下經)과 공자가 지은 십익(十翼)이 본래 각자 편(編)을 이루어서 모두 12권이었습니다. 그러다가 정현(鄭玄)과 왕필(王弼)에 이르러 처음으로 전(傳)을 경(經)에다 붙여 갈라놓고는 종류대로 소속시켰는데, 〈건괘(乾卦)〉는 그래도 경(經)과 전(傳)을 나누어 각자 독립된 글이 되게 함으로써 갈라놓는 중에서도 조금 옛것을 보존해 두었으니, 이는 어쩌면 후인(後人)에게 고역(古易)의 면목(面目)을 조금이라도 알려 주려 해서인지도 모르겠습니다. 그런데 정자(程子)는 왕필본(王弼本)을 가지고 정전(程傳)을 지었고, 주자(朱子)는 동래(東萊 여조겸(呂祖謙))가 경정(更定)한 고역을 가지고 본의(本義)를 지었는데, 《영락대전(永樂大全)》을 편찬할 적에 그만 왕필본을 사용하면서 정전과 본의를 한데 끌어다 붙였으니, 이렇게 해서 주자가 고역의 뜻을 발휘한 것이 은폐되어 볼 수 없게 되었습니다. 지금 사람들의 집에 더러 당본(唐本)의 고역이 있기도 한데, 어쩌면 아직 보지 못했을 수도 있겠습니다.

〔문〕상괘(上卦)가 '건이 위이고 곤이 아래〔乾上坤下〕'면 하괘(下卦)는 곤상건하(坤上乾下)이고, 상괘(上卦)가 감상이하(坎上離下)면 하괘(下卦)가 이상감하(離上坎下)인데, 이와 같이 된 것에는 무슨 뜻이 들어 있습니까?

〔답〕《역(易)》의 64괘 가운데 56괘는 모두 반대되는 2괘끼리 서로 따르니, 예컨대 둔(屯)과 몽(蒙)은 바로 보면 둔(屯)이 되고 거꾸로 보면 몽(蒙)이 되며, 사(師)와 비(比)는 바로 보면 사(師)가 되고 거꾸로

보면 비(比)가 되는 것이 이것입니다. 그리고 그 밖에 건(乾)과 곤(坤), 감(坎)과 리(離), 이(頤)와 대과(大過), 중부(中孚)와 소과(小過) 등 8괘는 착대(錯對)되는 괘끼리 서로 따르는 것입니다. 《주역》의 〈잡괘(雜卦)〉에서 "건은 강하고 곤은 부드러우며, 비는 즐겁고 사는 근심스럽다.〔乾剛坤柔 比樂師憂〕"라고 한 것이나 소자(邵子)가 '삼십육궁(三十六宮)'[46]이라고 한 것이 모두 이것을 두고 말한 것입니다.

46 삼십육궁(三十六宮) : 소옹(邵雍)이 〈관물음(觀物吟)〉에서 "이목 총명한 남자의 몸으로 태어났으니, 천지조화가 부여한 것이 빈약하지 않도다. 월굴을 찾아야만 물을 알게 되는 법, 천근을 밟지 않으면 사람을 어떻게 알겠는가. 건괘가 손괘를 만난 때에 월굴을 보고, 지괘가 뇌괘를 만난 때에 천근을 보는도다. 천근과 월굴이 한가히 왕래하는 중에, 삼십육궁이 모두 봄이로구나.〔耳目聰明男子身 洪鈞賦與不爲貧 須探月窟方知物 未躡天根豈識人 乾遇巽時觀月窟 地逢雷處見天根 天根月窟閒往來 三十六宮都是春〕"라고 읊은 시구에서 추출한 것이다. 삼십육궁에 대해서는 해설이 많으나, 녹문은 64괘 가운데에서 둔(屯)과 몽(蒙)처럼 교역(交易)하는 56개의 번괘(翻卦)는 괘의 상하가 서로 거꾸로 된 것으로서 2괘가 합하여 1궁(宮)이 되는 만큼 모두 28궁이 되고, 건(乾)과 곤(坤), 감(坎)과 리(離), 이(頤)와 대과(大過), 중부(中孚)와 소과(小過) 등 변역(變易)하는 8개의 전괘(顚卦)는 각각 1궁으로서 모두 8궁이 되니, 이를 합치면 36궁이 된다는 설을 따르고 있다.

이지경에게 답하는 글 병신년(1776, 정조 즉위년)

答李止卿 丙申

이정재(李定載)이다.

〔문〕 장자(長子)의 처지에서 부친이 있으면 자기 처(妻)를 위해서 압강(壓降)[47]하여 상장(喪杖)을 짚지 않는데, 자기 아들을 위해서는 연제(練祭)를 지내고 담제(禫祭)를 지내는 것을 어떻게 해야 할지 모르겠습니다.

〔답〕 그의 모친 때문에 삼년(三年)의 뜻을 펼 수 없는 것만도 이미 눌러서 굽힌〔壓屈〕 것입니다. 그런데 또 부친이 상장을 짚지 않는 복을 입는다고 해서 11개월 뒤의 연제와 15개월 뒤의 담제를 행할 수 없다면, 이는 누른 것을 또 누르고 굽힌 것을 또 굽힌 것이 되는데, 경(經)에서 말하지 않은 것을 누가 감히 의기(義起)[48]하겠습니까. 그리고 연(練)은 소상(小祥)인데, 만약 소상이 없다면 장차 대상(大祥)도 없을 것이니, 이미 대소상이 없게 된다면 삼년의 체(體)를 갖추는 것이 어디에 있겠습니까. 또 하나의 설이 있습니다. 적손(嫡孫)의 상을 당했을 때 부친은 죽고 조부가 있으면 조부가 주상(主喪)을 해야 하는데, 연제

47 압강(壓降) : 존자(尊者)에게 눌려서 정해진 예법보다 등급을 낮추어 행하는 것을 말한다. 압굴(壓屈)이라고도 한다.

48 의기(義起) : 예문(禮文)에는 없지만 의리에 입각해서 예를 행하는 것을 말한다. 《예기》 〈예운(禮運)〉의 "선왕의 예법에는 그러한 예가 없을지라도, 의리에 입각해서 적절하면 새로 일으킬 수도 있는 것이다.〔禮雖先王未之有 可以義起也〕"라는 말에서 유래하였다.

와 상제(祥祭)와 담제를 행하고 행하지 않는 것은 실로 주상을 하는 자에게 달려 있는 것입니다. 그런데 조부가 복을 벗은 뒤에는 바로 영좌(靈座)를 철거해야 하는데, 그렇다면 그를 위해서 상제를 지내고 담제를 지내지 않겠습니까. 이에 대해서 분명히 착안을 하면 절로 의심이 없어질 것입니다.

이지경에게 답하는 글 정유년(1777, 정조1) 3월

答李止卿 丁酉三月

〔문〕 연제(練祭)와 상제(祥祭)를 무슨 일 때문에 물려서 행한다면, 강일(剛日)[49]을 써야 합니까, 유일(柔日)을 써야 합니까?

〔답〕 무릇 제사 지내는 일은 내사(內事)라서 유일을 쓰기 때문에, 소뢰(少牢 소뢰궤식례(少牢饋食禮))의 날을 택할 적에도 반드시 정(丁)・기(己)를 쓰는 것입니다. 그러나 또 정・기만 쓸 필요는 없고, 을(乙)이나 신(辛)이나 계(癸)의 날은 모두 쓸 수가 있습니다.

〔문〕 상이 겹친 경우〔幷有喪〕에, 전상(前喪)의 우졸(虞卒 우제(虞祭)와 졸곡(卒哭)) 뒤에 후상(後喪)을 만났으면, 성복(成服)을 하기 전에는 상식(上食)을 폐해야 하겠지만, 성복을 한 뒤에는 상식에 고기를 써야 하는지요?

〔답〕 예(禮)에, 우제를 지낸 뒤에는 귀신으로 대한다는 글이 있습니

49 강일(剛日) : 천간(天干) 중에서 갑(甲)・병(丙)・무(戊)・경(庚)・임(壬)을 만나는 날을 말하는데, 이 5일은 양강(陽剛)의 기수(奇數)에 속하기 때문에 그렇게 칭한다. 단일(單日)이라고도 한다. 반면에 우수(偶數)에 속하는 을(乙)・정(丁)・기(己)・신(辛)・계(癸)의 5일은 유음(柔陰)에 속하기 때문에 유일(柔日) 혹은 우일(偶日)이라고 한다. 《예기》 〈곡례 상(曲禮上)〉에 "외사(外事)는 강일에 하고, 내사(內事)는 유일에 한다.〔外事以剛日 內事以柔日〕"라고 하였는데, 외사는 치병(治兵)・순수(巡狩)・조빙(朝聘)・맹회(盟會) 등의 일을 말하고, 내사는 관혼상제(冠婚喪祭) 등의 일을 말한다.

다.[50] 그래서 사계(沙溪 김장생(金長生)) 선생이 "상중(喪中)에 죽었을 경우에 장사 지내기 전에는 소찬(素饌)을 쓰고 우졸(虞卒) 이후에는 상찬(常饌)을 쓰는 것이 마땅하다.……" 한 것입니다. 우옹(尤翁 송시열(宋時烈))이 비록 "상식(上食)은 상생(象生)[51]을 한다."라는 설을 내놓았지만, 사옹(沙翁)의 설이 끝내 근거가 있다고 느껴지니, 이를 준행하는 것이 옳을 듯합니다.

〔문〕 상이 겹친 경우〔幷有喪〕에, 후상(後喪)의 졸곡(卒哭) 전에 아직 전상(前喪)의 상사(祥事)를 행하지 못했다면, 이날에 응당 고유(告由)하고 약설(略設 간략히 설행하는 것)하되, 일체 삼년 안에 삭전(朔奠)을 행하는 체단(體段)과 같이 하는 것이 온당할 것 같다는 말에 대하여

〔답〕 동궁(同宮 주거를 같이하는 것)의 경우에는 약설하는 것이 또한 미안하긴 하지만, 상시(常時)의 기제(忌祭)와는 차이가 있기 때문에 부득이 약설하는 의논이 있게 된 것입니다. 그러나 제례(祭禮)를 갖출 필요는 없고, 그냥 내유(來諭 보내온 글)에서 '삭전(朔奠)……' 한 설처럼 행하기만 하면 온당할 것 같습니다.

50 예(禮)에……있습니다 : 《예기》 〈단궁 하(檀弓下)〉에 "장사를 끝내고 우제(虞祭)를 지낼 때에는 시동씨(尸童氏)를 세우고 귀신이 의지할 결상과 자리를 마련한다. 졸곡(卒哭)이 되면 이름을 휘(諱)한다. 이때부터 산 사람으로 대하는 일이 끝나고, 귀신으로 대하는 일이 시작되는 것이다.〔虞而立尸 有几筵 卒哭而諱 生事畢而鬼事始已〕"라는 말이 나온다.

51 상생(象生) : 살아 있을 적의 일을 본떠서 한다는 뜻으로, 죽은 자를 아직까지는 살아 있는 것으로 여겨서 모든 의식 절차를 이에 준하여 행하는 것을 말한다.

성효승과 성사명에게 답하는 글

答成孝繩士明

각각 성준(成浚)과 성낙연(成洛淵)이다.

소사(蕭寺)[52]에 함께 거하면서 강마(講磨)하는 유익함이 있었다는 소식을 듣고는 매우 기쁘게 생각하였다. 강독(講讀)하는 일은, 17일에 제사가 있기 때문에 16일은 안 되고, 19일이나 20일로 물리면 좋을 듯하니, 날짜를 정한 뒤에 근처의 여러 사우(士友)에게 통고하는 것이 좋겠다. 강독할 책은, 이번에는 《격몽요결(擊蒙要訣)》만 윤독(輪讀)을 하고, 그 뒤에 계속해서 《소학(小學)》과 《대학(大學)》을 읽을 것이니, 천문(泉門)[53]에서 강독하는 규례가 이와 같다.

52 소사(蕭寺) : 불교의 사원을 가리킨다. 양 무제(梁武帝) 소연(蕭衍)이 절을 짓고 나서 소자운(蕭子雲)을 시켜 비백(飛白)의 서체(書體)로 자기의 성씨인 소(蕭) 자를 크게 써서 붙이게 한 고사에서 유래한 것이다.

53 천문(泉門) : 한천(寒泉)의 문정(門庭)이라는 뜻으로, 이재(李縡, 1680~1746)의 학파를 뜻한다. 한천은 그의 호이다. 그는 조선 후기 성리학(性理學)의 대가로서, 인물성동론(人物性同論)을 주장한 낙학파(洛學派)의 이론을 뒷받침하였는데, 녹문이 그를 스승으로 모시면서 학문 형성에 적지 않은 영향을 받았다.

성효승에게 답하는 글

答成孝繩

나에게 보여 준 의문점이 무엇인지 잘 알았다. 대개 성인(聖人)의 중용(中庸)이 아니라면, 비록 군자(君子)라 하더라도 더러 지나친 대목이 없을 수 없으니, 이에 대해서야 의심할 것이 뭐가 있겠는가. 관중(管仲)과 제갈량(諸葛亮)은 또한 천하와 나라와 집안을 고르게 다스릴 수 있는 인물이라고 말할 만하고, 소광(疏廣)과 전약수(錢若水)는 또한 작위와 봉록을 사양할 수 있는 인물이라고 말할 만하고, 육신(六臣)과 삼학사(三學士)는 또한 흰 칼날을 밟고 죽을 수 있는 인물이라고 말할 만하다.[54] 이 몇 사람이 행한 일이 어렵기는 어렵다고 할 수 있으나, 어떻게 곧장 중용이라서 한 터럭도 인욕(人欲)의 사(私)가 없었다고 말할 수야 있겠는가. "자질이 가깝다.〔資之近〕"라고 한 것은 이 세 가지 일에 품부받은 자질이 각기 서로 근사한 점이 있음을 말한다. 연비어약(鳶飛魚躍)[55]은 단지 이 이(理)가 천지를 가득 채워서 어디라

54 관중(管仲)과……만하다 : 《중용장구(中庸章句)》 제9장에 "천하와 나라와 집안을 고르게 다스릴 수도 있으며, 작위와 봉록을 사양할 수도 있으며, 흰 칼날을 밟고 죽을 수도 있지만, 중용의 도는 제대로 행할 수가 없는 것이다.〔天下國家可均也 爵祿可辭也 白刃可蹈也 中庸不可能也〕"라는 공자의 말이 나온다. 그리고 이를 풀이한 주희의 주석 중에 "이 세 가지 일은, 자질이 이에 가깝고 역량이 힘써 할 수 있는 자는 모두 해낼 수 있다.……〔資之近而力能勉者 皆足以能之……〕"라는 말이 나온다.

55 연비어약(鳶飛魚躍) : 솔개가 날고 물고기가 뛴다는 뜻으로 천지간에 약동하는 만물의 실상을 비유한 말이다. 《중용장구》 제12장에 "《시》에 이르기를 '솔개는 날아서 하늘에 이르고, 물고기는 못에서 뛴다.'라고 하였으니, 이는 천지의 도가 높은 하늘이나

도 그렇지 않음이 없는 것을 형용한 말이니, 이는 바로 상문(上文)에서 "필부필부(匹夫匹婦)가 알 수 있고 행할 수 있는 것으로부터 시작해서 성인(聖人)과 천지(天地)도 다할 수 없는 것까지 이르는 것이니, 거시적인 면을 이야기하면 실어 담을 수가 없고, 미시적인 면을 이야기하면 쪼개어 나눌 수가 없다."[56]라고 말한 그 뜻이라고 하겠다.

낮은 못이나 모두 똑같이 행해지고 있음을 말한 것이다.〔詩云鳶飛戾天 魚躍于淵 言其上下察也〕"라는 말이 나온다. 솔개 운운의 시는 《시경》〈대아(大雅) 한록(旱麓)〉에 보인다.

56 필부필부(匹夫匹婦)가……없다 : 연비어약을 말한 구절 바로 위에 있는 "군자가 추구하는 도는 그 용(用)이 광범위하다. 그래서 필부필부의 어리석은 수준으로도 다 함께 알 수가 있지만, 그 도의 지극한 차원에 이르면 비록 성인이라도 알지 못할 면이 있다. 필부필부의 불초한 수준으로도 행할 수가 있지만, 그 도의 지극한 차원에 이르면 비록 성인이라도 행할 수 없는 면이 있다. 천지처럼 위대한 것에 대해서도 오히려 치우친 점이 있다고 사람들은 유감스럽게 생각하지만, 군자가 추구하는 중용의 도는 그렇지 않다. 그렇기 때문에 군자가 그 도의 거시적인 면을 이야기하면 천하에서 그것을 실어 담을 수가 없고, 군자가 그 도의 미시적인 면을 이야기하면 천하에서 그것을 쪼개어 나눌 수가 없다.〔君子之道 費 夫婦之愚 可以與知焉 及其至也 雖聖人亦有所不知焉 夫婦之不肖 可以能行焉 及其至也 雖聖人亦有所不能焉 天地之大也 人猶有所憾 故君子語大 天下莫能載焉 語小 天下莫能破焉〕"라는 내용을 요약해서 소개한 것이다.

성효승에게 답하는 글
答成孝繩

나에게 말한 뜻을 잘 알았다. 경(敬) 자에 매우 유의(留意)하는 듯하니, 실로 그 말을 듣고서 기뻐하는 바이다. 공부가 '중도에 끊기는 것〔間斷〕'은 원래 누구나 걱정하는 일인데, 더군다나 초학(初學)의 경우야 더 말할 나위가 있겠는가. 오직 중도에 끊기는 것을 깨달으면 그 즉시로 제철(提掇)[57]해야 할 것이니, 그렇게 오래 하면 할수록 자연히 점점 익숙해질 것이다. 대저 '정제엄숙(整齊嚴肅)'이라는 네 글자가 가장 긴절하고 가장 중요하니, 여기에 심력(心力)을 오롯이 쏟아서 한 생각이 일어날 때마다 잊지 않으면 마음이 절로 보존되어 잡념이 일어나지 않을 것이다. 여기에 한 번 더 뜻을 가해 보도록 하라.

57 제철(提掇) : 손으로 잡고서 들어올리고〔提〕, 손으로 집어낸다〔掇〕는 뜻으로, 열심히 경계하며 단속하는 것을 말한다. 원래는 주인이 비복(婢僕)을 깨우치면서 감독해야 한다는 뜻으로, 횡거(橫渠) 장재(張載)가 말한 것인데, 여기서는 마음을 다잡는다는 뜻으로 사용하였다.

이백경에게 답하는 글 병신년(1776, 정조 즉위년) 7월

答李伯擎 丙申七月

이광주(李光胄)이다.

〔문〕 논맹(論孟 논어와 맹자)은 집주(集註)라고 하고, 용학(庸學 중용과 대학(大學))은 장구(章句)라고 하는데, 장구의 뜻이 무엇인지 알려주실 수 있습니까? 그리고 서(序)는 《대학》의 서가 아니고 바로 장구의 서입니까?

〔답〕 용학은 원래 한 통의 문자였을 뿐인데, 선생(先生 주희)에 이르러서 비로소 장(章)을 나누고 구(句)를 바루었습니다.-예컨대 "이상은 제몇 장이다."라고 하는 것들입니다.- 그리고 이에 따라서 약간 훈석(訓釋)을 가하였는데, 장구에 비중을 두었기 때문에 장구라고 이름을 붙였으니, 논맹의 집주와는 체단(體段)이 원래 같지 않습니다. 서(序)는 장구의 서입니다.

〔문〕 선유(先儒)가 성(性)은 이(理)이고 정(情)은 기(氣)라고 하면서도 심(心)과 같은 것에는 다른 논설이 없습니다. 주자(朱子)는 단지 기(氣)의 정상(精爽)이라고 말하였는데, 이 정상이라는 것에 대해서 상세히 들려주실 수 있습니까?

〔답〕 성(性)과 정(情)을 이(理)와 기(氣)에 나누어 소속시키는 것은 온당하지 않습니다. 성(性)은 이(理)이고 정(情)은 이(理)의 용(用)이며, 이 이(理)를 갖추고서 이 정(情)을 행하는 것은 기(氣)입니다. 심(心)은 바로 이 기(氣)의 정영(精英)인데, 정영은 신명(神明)이라고

말하는 것과 같습니다.

〔문〕 소주(小註)를 보면, 황씨(黃氏)가 "텅 비고 신령스러우며 어둡지 않은 것〔虛靈不昧〕이 명(明)이고, 모든 이치를 구비하여 온갖 일에 대응하는 것〔具衆理 應萬事〕이 덕(德)이다."라고 하였습니다.[58] 주자(朱子)가 이미 "허령불매(虛靈不昧)한 것이 바로 심(心)이다."라고 말했고 보면, 허령불매는 심(心)의 전체(全體)가 본래 밝은 것에 대해서 말한 것이니, 구중리(具衆理)는 심(心)의 체(體)에 대해서 말한 것이고, 응만사(應萬事)는 심의 용(用)에 대해서 말한 것입니다. 만약 황씨의 설대로라면, '구중리 응만사'하는 것을 덕(德)이라고 하고, 허령불매를 광명(光明)이라고 말하는 것이 될 뿐이니, 주자의 설과 같지 않습니다. 모르겠습니다만 이에 대해서 어떻게 생각하십니까?

〔답〕 황씨의 설은 자질구레해서 변론할 필요를 느끼지 않습니다.

〔문〕 '명덕을 밝힌 것〔明明德〕'이 '지선에 그치는 것〔止於至善〕'은 공부(工夫)입니까, 공효(功效)입니까?

〔답〕 그치려 하면 그것은 공부이고, 이미 그쳤다면 그것은 공효입니다.

58 황씨(黃氏)가……하였습니다 : 황씨는 면재 황씨(勉齋黃氏)로, 면재는 주희의 문인인 황간(黃榦)의 호이다. 그는 주희가 《대학(大學)》 삼강령(三綱領)의 첫 번째인 명명덕(明明德)의 명덕을 풀이하면서 "명덕은 사람이 하늘에서 얻은 것으로서, 텅 비고 신령스럽고 어둡지 않아, 모든 이치를 구비하여 온갖 일에 대응하는 것이다〔明德者 人之所得乎天 而虛靈不昧 以具衆理 應萬事者也〕"라고 한 데 대해서 다시 주석을 가하였다.

〔문〕 물격(物格)의 주(註)에서 주자(朱子)가 운운(云云)하였는데, 이에 대해서 사계(沙溪 김장생(金長生))는 "'수신(修身) 이상은 명명덕(明明德)의 일이요, 제가(齊家) 이하는 신민(新民)의 일이다.'라고 한 이 주석은 '고지욕명명덕(古之欲明明德)'의 1절(節)을 해설한 것이고, '물격(物格)과 지지(知至)는 그칠 바를 아는 것이요, 의성(意誠) 이하는 모두 그칠 바를 얻는 차례이다.'라고 한 이 주석은 '물격이지지(物格而知至)'의 1절을 해설한 것이다."라고 하였고, 우복(愚伏 정경세(鄭經世))은 "위에서 역추(逆推)한 팔조목(八條目)의 공부를 나누어 경문(經文) 제1절에 소속시키고, 아래에서 순추(順推)한 팔조목의 공효를 나누어 경문 제2절에 소속시킨 것이다."[59]라고 하였고, 율곡(栗谷 이이(李珥))은 "이 주석은 상하(上下)의 두 설을 통틀어 결론지은 것이니, 조목을 나누어 해석할 필요가 없다."라고 하는 등, 제설(諸說)이 같지 않습니다.

59 위에서……것이다 : 위에서 역추(逆推)한 팔조목이란 《대학》의 '고지욕명명덕어천하자(古之欲明明德於天下者)'에서부터 '치지재격물(致知在格物)'까지를 말하고, 아래에서 순추(順推)한 팔조목이란 '물격이후지지(物格而後知至)'에서부터 '국치이후천하평(國治而後天下平)'까지를 말한다. 역추는 역행해서 밀고 나아가는 것이고, 순추는 순리적으로 추진해 나아가는 것인데, 《대학장구》 '물격이후지지……(物格而後知至……)'의 소주(小註)에 쌍봉 요씨(雙峯饒氏)의 "위의 한 구절은 팔조목을 역추하는 공부이고, 뒤의 한 구절은 팔조목을 순추하는 공효이다.〔上一節就八目逆推工夫 後一節就八目順推功效〕"라는 설이 소개되면서부터, 역추와 순추가 각각 공부와 공효를 가리킨다는 주장이 널리 퍼지기 시작하였다. 쌍봉 요씨는 송유(宋儒)인 요로(饒魯)를 가리킨다. 어려서 주희의 문인인 면재(勉齋) 황간(黃榦)에게서 배웠는데, 그가 거했던 석동서원(石洞書院) 앞에 산봉우리 두 개가 서 있는 것을 보고는 쌍봉(雙峯)이라고 자호(自號)하였으므로, 세상에서 보통 쌍봉 요씨라고 부르게 되었다. 녹문이 다음 글에서 말하는 후유(後儒)가 바로 이 쌍봉 요씨이다.

〔답〕 이 세 개의 설이 병행해도 서로 어긋나지 않습니다. 대개 어구(語句)에 각자 내력(來歷)이 있긴 하지만 뜻은 실로 하나로 통하니 융통성 없이 보아서는 안 될 것입니다.

〔문〕 순추(順推)와 역추(逆推)에 대하여

〔답〕 주자(朱子)는 단지 상문(上文)의 뜻을 '반복해서 설했다.〔覆說〕'라고 말한 것일 뿐입니다. 순추·역추와 공부·공효(功效)는 바로 후유(後儒)가 내놓은 설인데, 이와 같이 말을 해도 원래 무방합니다만, 복설(覆說)이라는 두 글자가 바른 뜻이라는 것만은 알아야 할 것입니다.

〔문〕 〈태갑(太甲)〉의 주(註)에서 "항상 눈 안에 그것을 둔다.〔常目在之〕"라고 하였는데,[60] 이것은 동(動)입니까 정(靜)입니까?

〔답〕 동정(動靜)을 겸해서 말한 것입니다.

〔문〕 성덕 지선(盛德至善)[61]에 대하여

60 태갑(太甲)의……하였는데 : 《대학》 명명덕장에 '하늘의 밝은 명을 돌아보며 살핀다.〔顧諟天之明命〕'라는 《서경》 〈태갑〉의 말이 인용되었는데, 이에 대해 주희가 해설하면서 "고(顧)는 항상 눈 안에 그것을 두는 것을 말한다.〔顧謂常目在之也〕"라고 하고, 또 "하늘의 밝은 명이란, 바로 하늘이 나에게 부여해 주어서 내가 덕으로 삼게 된 것이니, 항상 이것을 눈 안에 두게 되면 어느 때이고 밝지 않은 경우가 없을 것이다.〔天之明命 卽天之所以與我 而我之所以爲德者也 常目在之 則無時不明矣〕"라고 하였다.

61 성덕 지선(盛德至善) : 《대학장구(大學章句)》 전(傳) 3장에 나오는 《시경》 〈위풍(衛風) 기욱(淇澳)〉의 시구를 해설하는 대목 중에 "'문채 나는 군자여 끝내 잊을 수 없도다.'라고 한 것은, 성덕 지선을 백성이 잊을 수 없음을 말한 것이다.〔有斐君子終不可諠兮者 道盛德至善 民之不能忘也〕"라는 말이 나온다. 언해(諺解)에서는 '성덕과 지

〔답〕 인(人)의 측면에서 말하면 성덕(盛德)이라고 하고, 이(理)의 측면에서 말하면 지선(至善)이라고 하는 것이니, 사실은 하나입니다.

〔문〕 "이것을 일러 근본을 안다고 하는 것이다.〔此謂知本〕"[62]라고 하였을 때의 이 지(知) 자는 경(經) 1장(章)의 "먼저 할 것과 뒤에 할 것을 안다.〔知所先後〕"라고 할 때의 그 지(知)입니까?
〔답〕 그렇습니다.

〔문〕 "이것을 일러 자겸이라고 한다.〔此之謂自慊〕"[63]라고 하였는데, 이것은 공부입니까 공효입니까? 그리고 하문(下文)의 심광체반(心廣體胖)[64]과 다른 점은 무엇입니까?
〔답〕 자겸(自慊)은 공부이고, 심광체반은 효험입니다.

〔문〕 "마음이 거기에 있지 않으면〔心不在焉〕"의 주(註)에 "반드시 이것을 살펴야 한다.〔必察乎此〕"라고 하였는데, 이에 대해서 퇴계(退溪 이황(李滉))는 "마음이 있지 않은 병통을 가리킨다.〔指不在之病〕"라고 하였고, 율곡(栗谷 이이(李珥))은 "마음을 가리켜 말한 것이다.〔指心而言〕"라고 하였고, 우복(愚伏 정경세(鄭經世))은 "위의 글을 가

선'이라고 하였는데, 녹문은 성덕이 바로 지선이요, 지선이 바로 성덕인 만큼, 둘로 나눌 것이 아니라는 입장을 취하고 있다.

62 이것을……것이다 : 《대학장구》 전 4장 청송장(聽訟章)에 나온다.

63 이것을……한다 : 《대학장구》 전 6장 성의장(誠意章)에 나온다. 자겸(自慊)은 스스로 뿌듯하게 여기는 것을 말한다.

64 심광체반(心廣體胖) : 마음속이 널찍하게 관대해지고 신체가 여유 있게 펴진다는 뜻으로, 부끄러울 것이 하나도 없는 군자의 모습을 표현한 말이다.

리킨다.〔指上文〕"라고 하였습니다. 어느 설이 옳습니까?

〔답〕 퇴계의 설을 따르는 것이 마땅합니다.

〔문〕 소주(小註)에 교봉 방씨(蛟峯方氏)[65]가 "위의 1절(節)은 유심한 것의 병통이고, 심부재언(心不在焉)의 1절은 무심한 것의 병통이다.〔上一節有心者之病 心不在一節無心者之病〕"라고 하였는데, 이 설은 어떻습니까?

〔답〕 '그 바름을 얻지 못하면〔不得其正〕' 곧장 마음이 거기에 있지 않게 되는데, 어떻게 유심(有心)과 무심(無心)으로 나누어 소속시킬 수 있겠습니까. 말학(末學)의 교요(繳繞)[66]한 언설이 사람으로 하여금 염증이 나게 합니다.

65 교봉 방씨(蛟峯方氏) : 남송(南宋)의 정치가이며 교육가인 방봉신(方逢辰, 1221~1291)을 가리킨다. 그의 호가 교봉이었으므로, 학자들이 그를 교봉 선생이라고 칭하였다. 원래 이름은 몽괴(夢魁)였으나, 이종(理宗)이 친히 시험하여 그를 진사제일(進士第一)로 뽑고 봉신이라는 이름을 하사하자 그 이름으로 고치고 자(字)를 군석(君錫)이라고 하였다. 관직은 이부 시랑에 이르렀으며, 예부 상서를 제수했으나 부임하기 전에 송나라가 망하였다. 원나라 세조(世祖)가 그를 기용하려고 하였으나 거절하였고, 세조 지원(至元) 28년(1291)에 71세의 나이로 죽었다. 《효경해(孝經解)》, 《역외전(易外傳)》, 《상서석전(尙書釋傳)》, 《학용주석(學庸註釋)》, 《격물입문(格物入門)》 등의 저서가 세상에 전한다. 본문에 인용된 그의 말은 《대학장구대전(大學章句大全)》의 전(傳) 7장 '심부재언……(心不在焉……)'의 소주(小註)에 나온다.

66 교요(繳繞) : 대체(大體)를 알지 못한 채 공연히 용어를 남발하여 얽어맴으로써 실정을 교란하는 것을 말한다. 《사기(史記)》 〈태사공자서(太史公自序)〉에 "명가(名家)는 지나치게 사물을 분석하여 교요함으로써 사람들이 자기 생각을 돌이켜 볼 수 없게 만든다.〔名家苛察繳繞 使人不得反其意〕"라고 하였는데, 그 주(註)에 "교요는 이리저리 얽어매는 것과 같으니, 대체에 통하지 못한 것이다.〔繳繞猶纏繞 不通大體也〕"라고 하였다.

〔문〕 6장(章)과 7장에 특별히 장하주(章下註)가 있는 것은 어째서입니까?

〔답〕 무릇 전문(傳文)의 기두(起頭)는 으레 상문(上文)과 연결되고 하문(下文)을 이어 주는데,-예컨대 "몸을 닦음은 그 마음을 바룸에 있다.〔修身在正其心〕"라든가 "그 집안을 가지런히 함은 그 몸을 닦음에 있다.〔齊其家在修其身〕"와 같은 종류입니다.- 유독 성의장(誠意章)만은 단순히 성의(誠意)만 설하였을 뿐이요, 위로 치지(致知)와 연결되지도 않고 아래로 정심을 잇지도 않고 있습니다. 그래서 주자(朱子)가 성의와 정심(正心) 두 장(章)의 아래에 특별히 부주(附註)를 지어서 연속시켰으니, 이는 전문(傳文)의 미비한 점을 보완하기 위한 것입니다.

〔문〕 정심(正心)과 수신(修身)의 두 장(章)에서 병통만 말하고 그 병통을 치료하는 처방을 말하지 않은 이유는 무엇입니까?

〔답〕 병통을 말했으면, 처방은 그 안에 있습니다.

〔문〕 혈구(絜矩)[67]를 앞의 몇 장(章)에서는 말하지 않다가 이 장에 와서 비로소 말한 것은 무엇 때문입니까?

〔답〕 혈구는 급인(及人)[68]을 하는 일인데, 천하(天下)라면 인(人)에

67 혈구(絜矩) : 혈(絜)은 헤아린다는 뜻이고 구(矩)는 곡척(曲尺)을 의미하는 것으로, 윗사람이 입장을 바꿔 생각해서 아랫사람을 배려하는 유가(儒家)의 도덕규범을 말하는데, 《대학장구》 전 10장 치국평천하장(治國平天下章)에 혈구지도(絜矩之道)에 대한 언급이 처음 나온다.

68 급인(及人) : 추기급인(推己及人)의 준말로, 내가 그 처지에 있었으면 과연 어떻게 했을까 하는 생각으로 남의 처지를 이해해 주려고 노력하는 것을 말한다.

대해서 다한 것입니다. 그리고 천하를 말했으면 가(家)와 국(國)도 그 안에 들어 있는 것입니다.

〔문〕 주(註)에 말하기를 "이 세 가지의 효험이 그림자와 메아리보다도 빠르니, 이른바 집안이 가지런해지매 나라가 다스려진다는 것이다.〔三者捷於影響 所謂家齊而國治也〕"라고 하였습니다. 이것은 치국평천하장(治國平天下章)인데 또 가제(家齊)의 일을 말한 것은 무엇 때문입니까?

〔답〕 사랑의 도리를 세우되 친한 이로부터 하며, 공경의 도리를 세우되 어른으로부터 하는 것〔立愛惟親 立敬惟長〕[69]이니, 예로부터 다스림을 논하는 것이 모두 이와 같아서, 이로써 수신(修身)을 하고 이로써 제가(齊家)를 하고 이로써 치국평천하(治國平天下)를 하였습니다. 이것이 주자(朱子)가 "근본과 말단이 실로 한 개이고, 처음과 끝이 실로 한 몸이다.〔本末實一箇 首尾實一身〕"[70]라고 말한 이유이니, 깊이 음미해야 할 것입니다.

69 사랑의……것 : 《서경》 〈이훈(伊訓)〉에 "사랑의 도리를 세우되 친한 이로부터 하며, 공경의 도리를 세우되 어른으로부터 하여, 집과 나라에서부터 시작해서 사해에까지 이르게 해야 한다.〔立愛惟親 立敬惟長 始于家邦 終于四海〕"라는 말이 나온다.

70 근본과……한 몸이다 : 《대학혹문(大學或問)》에 나온다. 대본에는 '本末實一箇 首尾實一身'으로 되어 있는데, 《혹문》에는 '一箇'가 '一物'로 되어 있다.

이백경에게 답하는 글 8월

答李伯擎 八月

별지(別紙)에 수문(垂問 하문)한 것을 통해서 요즈음 독실하게 학문이 진전된 것을 볼 수 있었기에 매우 기뻤습니다. 무릇 책을 읽을 때에는 굳이 어려운 것을 골라서 물어보려 하지 말고,[71] 처음부터 하나하나 익숙히 반복하고 하나하나 세밀히 강구하여 전편(全篇)이 융회(融會) 관통(貫通)하게 할 것이요, 그런 뒤에 또 다른 책으로 바꿔서 또 그렇게 해야 하니, 이와 같이 누적(累積)하여 오래오래 해이해지지 않게 한 뒤에야 이른바 물격(物格)과 지지(知至)에 대해서 비로소 말할 수 있게 될 것입니다. 가령 지금 주서(朱書)를 읽고 있다면 이는 곧 큰 공부라고 할 것인데, 만약 섭렵(涉獵)하기만 하고 건성으로 끝내 버린다면 읽지 않은 것이나 마찬가지이니, 바라건대 모쪼록 일과(日課)를 정해 놓고서 한 글자도 그냥 넘어가지 말고, 읽으며 생각하고 생각하며 다시 읽어서, 그 전체(全體)와 대용(大用)이 한 글자나 한 구절도 빠짐없이 융석(融釋)되지 않음이 없게 해야 할 것입니다. 그리하여 뒷날

71 굳이……말고 : 유정부(游定夫)가 이천(伊川) 정이(程頤)에게 "음과 양의 헤아릴 수 없음을 신(神)이라고 한다.〔陰陽不測之謂神〕"라는 《주역》 〈계사전(繫辭傳)〉의 말을 묻자, 이천이 "그대는 의심스러워서 묻는 것인가, 아니면 어려운 것을 골라서 묻는 것인가?〔賢是疑了問 是揀難底問〕"라고 힐난하고는 바로 대답해 주지 않은 고사가 전한다. 《近思錄 卷3 致知類》 유정부는 정이의 문하생이었던 유작(游酢, 1053~1123)으로, 사양좌(謝良佐)·여대림(呂大臨)·양시(楊時)와 함께 '정문 사선생(程門四先生)'으로 일컬어지는데, 건안 유씨(建安游氏)로 칭해지기도 한다. 정부는 그의 자이다.

서로 만날 때를 기다려서 서로 터득한 것을 가지고 하나하나 상세히 토론한다면, 피차 모두 유익함이 있어서 종신토록 수용(受用)을 해도 다함이 없게 될 것입니다. 이렇게 하는 것이 어떻겠습니까?

김양지에게 답하는 글 임인년(1782, 정조6)

答金養之 壬寅

김재경(金在敬)이다.

질문하신 뜻을 잘 알았습니다만, 이것은 '정(鼎)과 조(俎)를 이미 벌여 놓고, 변(籩)과 두(豆)를 이미 진설한 경우〔鼎俎旣陳 籩豆旣設〕'[72]와는 다른 점이 있으니, 비록 가벼운 복〔輕服〕이라 하더라도 《비요(備要)》의 율옹(栗翁 이이(李珥))의 설에 의거하여 성복(成服) 전에 제사를 그만두어야 하는 것은 의심할 여지가 없습니다. 이미 그만두어야 한다고 말했으면 그만둘 따름이니, 어찌 또 밥과 국〔飯羹〕을 올릴 수가 있겠습니까. 정(情)이 비록 무궁하다 해도, 변통하기는 어려울 듯합니다.

72 정(鼎)과……경우 : "대부(大夫)의 제사에 정(鼎)과 조(俎)를 이미 벌여 놓고, 변(籩)과 두(豆)를 이미 진설했지만, 예를 이룰 수 없어서 중지하는 경우는 몇 가지인가?〔大夫之祭 鼎俎旣陳 籩豆旣設 不得成禮 廢者幾〕"라고 묻자, 공자가 아홉 가지가 있다고 대답하고는, 그 말미에 "사(士)의 경우에 이와 다른 것은 시마(緦麻)의 상을 당해서도 제사를 중지한다는 것이다. 그러나 제사를 받는 이가 죽은 자에게 복이 없으면 제사를 지낸다.〔士之所以異者 緦不祭 所祭 於死者無服則祭〕"라고 말한 내용이 《예기》 〈증자문(曾子問)〉에 나온다. '제사를 받는 이가 죽은 자에게 복이 없으면 제사를 지낸다'고 한 것에 대해서, 소(疏)에서는 "사(士)가 조묘(祖廟)와 예묘(禰廟)에 제사 지낼 적에, 죽은 자에 대해서 자기는 비록 시마복을 입더라도, 조묘와 예묘는 죽은 자에게 복이 없으니, 정(鼎)과 조(俎)를 이미 늘어놓았다면 제사를 지내는 것이다.〔士祭祖禰 而死者已雖爲緦 祖禰於死者無服 鼎俎旣陳 則祭也〕"라고 하였다.

김정택에게 답하는 글 병오년(1786, 정조10) 8월

答金正宅 丙午八月

김기서(金基胥)이다.

이전에 고하며 기수(氣帥)[73] 운운한 것에 대해서 이렇게 가슴에 새기겠다는 답변을 듣고 보니 기쁘기 그지없습니다. 그러나 또 여기에만 전적으로 의지해서도 안 될 것이니, 발원(發願)이 이미 진절(眞切)하다면 곧바로 급급(汲汲)하게 박약(博約)[74]의 공부에 착수해야 할 것입니다. 그리하여 이의(理義)가 날로 밝아지고 의미(意味)가 날로 자라나며,

73 기수(氣帥) : '뜻은 기의 장수〔志 氣之帥〕'라는 말을 줄인 것으로, 심지(心志)를 굳게 하여 객기(客氣)를 단속하는 것을 비유할 때 쓰는 말이다. 《맹자》 〈공손추 상(公孫丑上)〉에 이에 대한 내용이 나오는데, 관련 부분을 소개하면 다음과 같다. "고자는 말하기를 '말을 하다가 막혔을 경우에는 그 원인을 마음속에서 찾지 말고, 마음속으로 이해되지 않을 때에는 그 원인을 기(氣)의 발동에서 찾지 말라.'라고 하였는데, 후자의 말은 그래도 괜찮지만 전자의 말은 옳지 못하다. 대저 마음이 향하는 지(志)는 기(氣)를 이끄는 장수요, 기(氣)는 몸을 꽉 채우고 있는 것이니, 지(志)가 가장 중요하고 기(氣)가 다음으로 중요하다. 그래서 나는 말하기를 '심지(心志)를 확고히 견지하면서도 기의 발동인 언동(言動) 역시 함부로 해서는 안 된다.'라고 하는 것이다.〔告子曰 不得於言勿求於心 不得於心勿求於氣 不得於心勿求於氣 可 不得於言勿求於心 不可 夫志 氣之帥也 氣 體之充也 夫志至焉 氣次焉 故曰 持其志無暴其氣〕"

74 박약(博約) : 박문약례(博文約禮)의 준말로, 스승에게 배워 식견을 넓히고, 그 지(知)를 예(禮)로 요약하여 행(行)으로 실천하는 것을 말한다. 안연(顔淵)이 스승인 공자의 도에 대해서 감탄하며 술회한 뒤에 "선생님께서는 차근차근 사람을 잘 이끌어 주시면서, 학문으로 나의 지식을 넓혀 주시고 예법으로써 나의 행동을 단속하게 해 주셨다.〔夫子循循然善誘人 博我以文 約我以禮〕"라고 말한 《논어》 〈자한(子罕)〉의 내용 중에서 발췌한 것이다.

천기(天機)가 날로 깊어지고 기욕(嗜欲)이 날로 얕아지게 한다면, 자연히 지기(志氣)가 날로 강해져서 소소한 음사(陰邪)가 저절로 침노하지 못하게 될 것입니다. 《대학(大學)》 한 책이 가장 긴급하고 가장 절실하니, 이 책에 통한다면 다른 책은 저절로 칼을 대는 대로 해체될 것입니다.[75] 모쪼록 지금 즉시 읽기 시작해서 의문 나는 곳이 있으면 그때마다 글로 써서 보여 주는 것이 어떻겠습니까?

75 칼을……것입니다 : 어떤 문제든지 손쉽게 해결되는 것을 비유하는 말이다. 《진서(晉書)》 권34 〈두예열전(杜預列傳)〉에는 "대나무를 자를 때 몇 개의 마디만 지나가면 모두 칼을 들이대는 대로 곧장 쪼개진다.〔破竹 數節之後 皆迎刃而解〕"라는 말이 있고, 《장자(莊子)》 〈양생주(養生主)〉에는 포정(庖丁)이 소를 잡을 때 칼을 놀려〔遊刃〕 부위별로 능란하게 해체한다는 이야기가 전한다.

김정택에게 답하는 글 12월

答金正宅 十二月

별지(別紙)에 대략 답장해 드렸습니다. 그런데 나름대로 괴이하게 여겨지는 점이 있으니, 그것은 즉《대학(大學)》중에 명덕(明德) 지선(至善)·격물(格物) 치지(致知)·자기(自欺) 신독(愼獨) 및 명명덕어천하(明明德於天下)와 같은 대목이야말로 대절목(大節目)이요 대의리(大義理)로서 정말 완색(玩索)하기에 좋고 정말 강론(講論)하기에 좋은 곳들인데 모두 흘려버리고, 그만 긴요하지도 않은 소소하고 지엽적인 곳에 나아가서 억지로 의단(疑端)을 일으켜 이야기를 많이 허비했다는 점입니다. 이런 식으로 도를 구하는 것은 마치 남쪽의 월(越)나라에 가면서 북쪽으로 수레를 향하는 것과 같아서, 깊이 구하면 구할수록 더욱 얻을 수 없게 될 것이니, 정밀히 생각하여 통렬히 경계하기 바랍니다.

청송장(聽訟章)은 물론 의심쩍은 문장 같기도 합니다. 그러나 일찍이 생각해 보건대, 이 장은 '물유본말(物有本末)'의 1절(節)과 크게 관계가 있다고 여겨졌습니다. 이 1절은 상문(上文)을 마무리한 것만이 아니기 때문에, 하문(下文)에서 재차 본말(本末)의 글자를 거론하여 중언부언하였으니, 그 정녕한 뜻이 어떠한지를 볼 수 있습니다. 그리고 전(傳) 9장(章)의 결사(結辭)가 다른 장과는 특별히 다른 것도 깊은 뜻이 있는 것 같습니다. 청송(聽訟)의 한 항목이 매우 고단(孤單)하다고 하더라도, 이미 상하(上下)의 제장(諸章)에 소속된 곳이 없고, 여기에 또 지본(知本)이라는 두 글자를 통해서 이 장이 '물유본말(物有本末)'의 결론 부분이라는 것을 알 수 있었으므로, 이렇게 판단을 한 것입니다.

'사유종시(事有終始)'에 대해서 해석하지 않은 것은, 일단 '본말(本末)'을 해석했으면 종시(終始)는 자연히 그 안에 들어 있다고 할 것입니다. 그리고 본래는 그 해석도 있었는데 함께 망실(亡失)된 가운데에 포함되었는지 또 어떻게 알겠습니까. 내유(來諭 보내온 글)에서 "구차(苟且)하다.……" 한 것은 깊이 생각하지 않은 것인 듯합니다.

내가 일찍이 혼자서 생각하기를 '주자(朱子)가 격치(格致 격물치지(格物致知))의 전문(傳文)이 빠진 것을 간파하고서 이를 보충하여 완성한 것은, 《시경(詩經)》과 《서경(書經)》의 소서(小序)를 없애 버린 것과 더불어 똑같이 천고의 탁견이다.'라고 하였습니다. 그런데 후유(後儒)가 혹 지지(知止)와 본말(本末)과 청송(聽訟) 등 네댓 항목을 합쳐서 격치의 전(傳)으로 만들려 하고는 본래 망실되지 않았다고 운운하였으니,[76] 이는 참으로 아동의 소견이라서 그저 웃음만 나올 뿐입니다.

〔문〕 의(意)에는 선(善)도 있고 불선(不善)도 있으니, 범칭(泛稱)하여 "뜻을 성실히 한다.……" 해서는 안 될 것입니다.

76 후유(後儒)가……운운하였으니 : 송나라 여조겸(呂祖謙)의 문하인 노재(魯齋) 왕백(王柏)이 "《대학》에 착간(錯簡)은 더러 있어도 애초에 빠진 것은 있지 않았다."라면서 주희의 보망장(補亡章)을 반대하고는, 경문(經文)의 '지지이후유정(知止而后有定)'과 '물유본말(物有本末)' 및 청송장(聽訟章)의 구절을 취하여 격치(格致)의 전문(傳文)으로 삼았는데, 그 이후로 동괴(董槐)·섭몽정(葉夢鼎)·오징(吳澄)·채청(蔡淸)·방효유(方孝孺) 등과 조선의 이언적(李彦迪) 등이 여기에 동조하였다.

〔답〕 의(意) 자를 범범하게 말하면 물론 선(善)과 불선(不善)이 있으나, 성의(誠意)의 의(意)와 같은 것은 바로 선을 행하고 악을 제거하는 뜻이니, 어찌 악을 아울러 설할 수 있겠습니까.

김정택에게 답하는 글
答金正宅

《중용(中庸)》은 몇 번이나 읽었습니까? 그런데 다시 생각해 보니, 《논어(論語)》가 《중용》에 비해서 더욱 긴급하다고 여겨집니다. 대개 학문을 하는 것은 전적으로 일상생활 가운데에 들어 있습니다. 따라서 "말이 충성스럽고 믿음직하며, 행실이 독실하고 공경스러워야 한다.〔言忠信 行篤敬〕"[77]라든가 "집에 거처하기를 공손히 하고, 일을 행하기를 조심스럽게 하며, 남을 대할 때 성의를 다해야 한다.〔居處恭 執事敬 與人忠〕"[78]라는 등의 성훈(聖訓)을 항상 새기고 익혀서, 피부에 젖어 들고 골수에 스며들어 습관이 천성처럼 굳어지게 해야 합니다. 그런 뒤에야 근기(根基)가 확고해지고 의미가 농후해지면서, 향상하여 진보하는 곳이 비로소 있게 될 것입니다. 이렇게 하지 않으면 심신(心神)이 휘날리고 나부껴서 조용히 안정되는 일이 도무지 없을 것이니, 또 무슨 학문과 사변(思辨)을 말하겠습니까. 깊이 기대하는 나머지 나도 모르게 말을 늘어놓았으니, 모쪼록 양해해 주기 바랍니다.

77 말이……한다 : 《논어》 〈위령공(衛靈公)〉에 "말이 충성스럽고 믿음직하며, 행실이 독실하고 공경스러우면, 어떤 오랑캐 나라라도 가서 제대로 행할 수가 있다.〔言忠信 行篤敬 雖蠻貊之邦 行矣〕"라는 공자의 말이 나온다.

78 집에……한다 : 번지(樊遲)가 인(仁)을 묻자, 공자가 "집에 거처하기를 공손히 하고, 일을 행하기를 조심스럽게 하며, 남을 대할 때 성의를 다해야 한다. 이 세 가지는 비록 오랑캐의 땅에 가더라도 버려서는 안 된다.〔居處恭 執事敬 與人忠 雖之夷狄 不可棄也〕"라고 답한 내용이 《논어》 〈자로(子路)〉에 나온다.

김정택과 김대우에게 답하는 글 정미년(1787, 정조11) 7월

答金正宅大宇 丁未七月

대우의 이름은 기유(基有)이다.

분잡하고 요란한 가운데에서도 과업(課業)을 중단하지 않을 수 있었다고 하니 기쁩니다. 하지만 그저 이런 정도로만 하면서 크게 발전하기를 기대한다면 결코 성취할 수가 없습니다. 매양 병중에 그대를 위해서 곰곰이 생각해 보지만, 끝내 좋은 도리를 찾을 수 없으니 안타깝기만 합니다. 만약 산사(山寺)로 나와서 거처할 수 없으면, 관아 안의 깊이 외진 곳에 방 하나를 구해서 대우(大宇)와 함께 책상을 마주하고 강독을 하면서, 일용(日用)의 한가하고 잡된 일은 모두 간여하지 말 것이요, 대서(代書)하는 일은 감당할 만한 문객(門客) 한 사람을 얻어서 그에게 위임해야 할 것입니다. 그리고 어버이에게 조석 문안을 올릴 즈음에 이런 뜻을 여쭈어서 말미를 얻는 은혜를 받는다면 그런대로 괜찮지 않겠습니까. 그리고 일용의 일은 본래 백씨(伯氏)가 할 일이니 그가 담당하는 것이 좋을 듯합니다.

이 몸이 자주 병이 드는 상황에서 노인의 일은 어떻게 될지 알 수 없는 점이 있는데, 하루아침에 이 몸이 없어지면 나의 말을 듣고 싶어도 그럴 수가 있겠습니까. 가을이나 겨울 사이에 만약 한 마리 말을 타고 표연(飄然)히 찾아와서 수십 일 정도 머물러 있으면서, 크게 힘을 쏟지는 못하더라도 1부(部)의 《대학(大學)》을 읽고 돌아갈 수 있다면, 근기(根基)가 확립되어 다른 경(經)은 저절로 통할 수 있을 터인데, 혹 여기에 유의하여 도모해 볼 수 있겠습니까? 이것은 더할 나위 없이 중대한 일인데, 비상하게 운용하지 않고 단지 범범하게 시간만 흘려보낼 뿐이라면 크게 성취할 희망이 전혀 없을 것입니다. 오늘날 향학(向學)하는 선비가 없다고 말할 수는 없어도, 자품과 역량 면에서 앞으로 추진해 나갈 수 있는 이를 찾는다면, 그런 사람은 정말 구하기가 어렵습니다. 이것이 우리 정택(正宅)에게 진정으로 간절히 기대하는 소이(所以)이니, 다시 모쪼록 뜻을 가다듬고 자중하여 쇠후(衰朽)한 나의 소망에 부응해 주기 바랍니다.

김정택에게 답하는 글 10월
答金正宅 十月

체증(滯症)에 괴롭게 시달리다 보면 독서를 중단하는 걱정이 반드시 있을 것입니다. 그동안 조섭을 잘못한 것이 없었을 텐데, 무슨 까닭으로 병세가 더치는 것이 이렇게까지 심하게 되었단 말입니까. 우리의 진덕(進德) 수업(修業)하는 그 공부는 모두가 전적으로 독서에 달려 있다고 할 것인데, 독서가 만약 뜻대로 되지 않는다면 어떻게 크게 성취할 수가 있겠습니까.

지수(志帥)[79]에 대한 설을 예전에 고하여 동의를 얻었는데, 지금도 달리 해 드릴 말이 없으니, 다시 생각을 가다듬어 분발하고 면려하여 혹시라도 뒤로 물러서지 말고 장수(將帥)가 되는 뜻을 확립하기 바랍니다. 그리하여 적절히 일과를 정하고 힘닿는 대로 정진하여 물조물망(勿助勿忘)[80]하며 종용(從容)히 우유(優遊)하기를, 주 선생(朱先生)이 "빨리 이루려 하지 말고 서서히 하며, 감히 나태하지 말고 급급히 해야 한다.〔徐徐乎毋欲速 汲汲乎毋敢惰〕"[81]라고 말한 것처럼 한다면, 뜻〔志〕

79 지수(志帥) : '뜻은 기의 장수〔志 氣之帥〕'라는 말을 줄인 것이다. 67쪽 주73 참조.

80 물조물망(勿助勿忘) : 마음속으로 조장(助長)하지도 않고 잊지도 않는 것을 말한다. 농사에 비유하면, 잊는 것은 농부가 아예 밭을 돌보지 않는 것이며, 조장하는 것은 밭에 자라는 곡식을 빨리 자라게 하기 위하여 고갱이를 뽑아 올리는 것〔揠苗〕과 같다는 말이 《맹자》 호연장(浩然章)에 나온다.

81 빨리……한다 : 대본에 인용된 주희의 말은 전거가 불분명하다. 그 대신 "급급하게 하되 감히 빨리 이루려고 욕심내지 말고, 차근차근 하되 감히 게으르지 말아야 한다.〔汲

이 있는 곳에 기(氣)가 반드시 절로 따르고 기(氣)가 일단 법도를 따르면 병도 순종하여 물러날 것이니, 절대로 이 때문에 저상(沮喪)하지 말고서 더욱 척추뼈를 곧게 세우고 태아(太阿)의 손잡이를 넘겨주지 말 것[82]을 천만번 간절히 축원합니다. 설 문청(薛文淸)이 "나의 마음이 참으로 학문에 뜻을 둔다면, 하늘은 정녕 나의 소원을 들어줄 것이다.〔吾心誠有志於學 天其遂吾願乎〕"라고 하였는데,[83] 예로부터 성현(聖賢)은 원래 병 때문에 학문을 중단하여 성공하지 못한 경우가 없었습니다. 이 사리가 진실하고 핍절하니 절대로 의심하지 말아야 할 것입니다.

체증이 여기에 이른 것은 위(胃)가 탈이 나서 담증(痰症)이 도진 것에 불과합니다. 영남(嶺南)에는 임태후(任泰垕) 일파의 의학(醫學)이 많으니, 모쪼록 널리 자문을 구하고 고명한 이를 초치해서, 비위(脾胃)를 보(補)하며 담증을 해소하는 약을 많이 복용한다면, 성장(盛壯)의 나이에 또 어찌 끝내 낫지 않을 리가 있겠습니까. 이것이 바로 내외

汲焉而毋欲速也 循循焉而毋敢惰也〕"라는 말이 《회암집(晦菴集)》 권75 〈논어훈몽구의서(論語訓蒙口義序)〉에 나온다.

82 척추뼈를……것 : 지절(志節)을 굳게 지켜 객기(客氣)에 휩쓸리지 않는 것을 말한다. 척추뼈와 태아(太阿)라는 보검은 기(氣)의 장수(將帥)에 해당하는 지(志)를 비유한 것이다.

83 설 문청(薛文淸)이……하였는데 : 문청은 명(明)나라 설선(薛瑄)의 시호(諡號)이다. 영종(英宗)이 복위하자 예부우시랑 겸 한림원학사(禮部右侍郎兼翰林院學士)로 입각(入閣)하여 기무(機務)에 참여하였다. 그의 학술은 일체 정주(程朱)에 뿌리를 두고 복성(復性)에 힘쓰면서 함양(涵養)을 위주로 하였는데, 주자(朱子)가 나온 이후로 사도(斯道)가 크게 밝아졌으니 굳이 저작(著作)을 할 필요가 없다고 말하기까지 하였다. 《明史 卷282 儒林列傳1 薛瑄》 본문에 인용된 말은 그의 《독서록(讀書錄)》 권7에 나온다.

(內外)로 상호 보양(補養)하는 술법인데, 어찌 생각할지 모르겠습니다.

나는 죽을병을 겪은 뒤로부터는 진원(眞元)이 여지없이 손상된 나머지, 음식을 전폐(全廢)한 채 신기(神氣)가 나른해져서 누워 일어나지 못한 지가 벌써 며칠이나 되었습니다. 꼭 위급하다고 할 수는 없어도 결국은 납월(臘月) 30일이 점점 다가오면서 그런 것이니, 또 더 이상 어떻게 하겠습니까. 날은 저물고 갈 길은 머니 더욱 급급하게 앞으로 나아가야 할 터인데, 왕왕 정신이 혼미하고 기운이 달려서 책을 보는 것도 의미가 없어졌으니, 이것이 가장 안타깝습니다. 《춘추(春秋)》의 과업도 이 때문에 다락 위에 묶어 놓은 지가 오래되었습니다.[84]

무이(武夷)의 《소학(小學)》이 대체는 광주본(廣州本)과 서로 같지만 약간 다른 점도 있습니다. 따라서 모름지기 제설(諸說)을 고증한 뒤에야 비로소 후인의 의혹을 면할 수 있을 것이니, 바라건대 일체 이 본(本)에 의거하여 글씨를 잘 쓰는 사자관(寫字官)으로 하여금 이것을 쓰게 함으로써 후학의 공부를 돕게 하기를 바라 마지않습니다. 그리고 서사(書寫)하는 일을 끝낸 뒤에도 십분 정밀하게 교정(校正)한 뒤에야 비로소 어그러져서 그릇되는 일을 면할 수 있을 것이니, 이렇게 하는 것이 어떻겠습니까? 대우(大宇)는 유산행(遊山行)을 시작했다고 들었는데, 사실입니까? 병 없이 원유(遠遊)할 수 있다는 것이 기쁘기도 합니다만, 글을 보지 못하는 것이 매우 아쉽습니다.

84 춘추(春秋)의……오래되었습니다 : 《춘추》에 대한 녹문의 견해를 정리하는 작업을 오랫동안 중단했다는 말이다. 한유(韓愈)의 시에 "《춘추》 삼전을 다락 위에 묶어 놓는다.〔春秋三傳束高閣〕"라는 표현이 나온다. 《韓昌黎集 卷5 寄盧仝》 삼전(三傳)은 《춘추》 해설서인 《좌씨전(左氏傳)》과 《공양전(公羊傳)》과 《곡량전(穀梁傳)》을 가리킨다.

김정택과 김대우에게 보내는 글

與金正宅大宇

무신년(1788, 정조12) 2월 20일이 지나고 별세하기 10여 일 전에 지은 것이다.

나의 병이 비록 이와 같긴 해도, 인편이 있는데 글을 전하지 않는다면 인정(人情)이 아니겠기에 대략 몇 자 써서 부칩니다.

이 병이 이미 7, 8분(分)의 지경에 이르렀으니, 이 글이 고결(告訣 영결을 고함)하는 것이라고 한다면 과장된 듯도 하지만, 고결이 아니라고 한다면 그것도 완만한 말일 듯합니다. 만에 하나라도 마침내 일어나지 못한다면, 다시 여러분과 도(道)를 강하고 학문을 논하지 못할 것이니, 참으로 족히 슬퍼할 만합니다. 그러나 정신이나 여러 정황을 스스로 헤아려 보건대 그 지경에까지 이르지는 않을 듯한데, 조화옹(造化翁)의 처분이 끝내 어떨지는 모르겠습니다.

하려고 하다가 아직 못 한 것에 대해서는 지난해 여름의 시(詩) 가운데에서 차례로 언급하였습니다만, 그중에서도 경차(經箚)가 가장 절급합니다. 《대학(大學)》은 다행히도 이미 글을 완성해 놓은 상태입니다. 그런데 《중용(中庸)》의 경우는, 수장(首章)의 대의론(大議論)과 그 뒤의 정론(定論)이 같지 않고 그 밖에도 더러 미비한 곳이 있기 때문에, 다시 처음부터 이해해 보려고 예전 것을 바탕으로 좀 더 정리를 하여 별본(別本)을 작성해서 《대학》과 짝이 되게 하였는데, 이것이 만약 완성되지 않는다면 참으로 탄식할 일입니다. 그러나 《의의(疑義)》가 그래도 남아 있으니, 완전히 빠뜨렸다고는 말할 수 없습니다. 논맹(論孟)은 소소한 곳이야 특별히 말할 것이 없지만, 몇 군데의 대절목(大節目)과 대의리(大義理)에 대해서는 자못 나의 의견을 표명하고 싶은 데가 있었는데 미처 하지 못했습니다. 그러나 《맹자(孟子)》의 경우는 집주(集註)와 관련해서 또한 의문을 제시한 것이 있는데, 이것은 서독(書牘) 및 주차(朱箚)에 산견(散見)되고, 호연장(浩然章)에 대해서는 나의 의견이 이미 나와 있으니, 이를 통해서 나의 취지를 알 수 있을 것입니다.

《서경(書經)》은 또한 차록(箚錄)을 지은 것이 있으나 완결하지는 못했는데, 완결하지 못한 곳도 대단하게 논할 만한 곳은 없습니다. 《주역》 상경(上經)의 근본이 되는 절요(切要)한 곳에 대해서는 모두 나의 의견을 발표해 놓았는데, 뒤에 보내 드리겠습니다. 무엇보다도 《역경(易經)》은 공부할 것이 엄청나게 많은데, 그전에 이미 차록 작업을 시작했지만 많이 하지 못했으므로, 근래에 《차의(箚疑)》[85]를 교정하는 기회에 다시 정리해 볼 뜻을 두었으나 그럴 겨를이 없었습니다. 병이 약간 뜸해지면 반드시 완성해 보고 싶지만 꼭 그렇게 되리라는 보장이 없으니, 끝내 천고의 유한(遺恨)이 될까 두렵습니다. 그러나 이백눌(李伯訥 이민보(李敏輔))과의 문답에서 말한 것이 또한 많으니 조금은 위안이 됩니다. 《춘추(春秋)》의 경우는, 깨달아 얻은 것이 가장 늦긴 했어도 대체(大體)는 환하게 밝혀졌으니, 나에게 몇 년의 시간만 더 빌려준다면 주 선생(朱先生 주희)이 끝내지 못한 일을 추가로 보충할

85 차의(箚疑) : 송시열(宋時烈)의 《주자대전차의(朱子大全箚疑)》를 말한다. 줄여서 주서차의(朱書箚疑), 혹은 주차(朱箚)라고도 한다. 송시열의 초고를 권상하(權尙夏)가 정리하려다 못한 것을 녹문이 내용을 보충하여 완성하고 제목을 《차의보(箚疑補)》라고 하였다.

수도 있을 텐데, 과연 그렇게 될지 모르겠습니다.

저번에 보낸 제서(諸書) 중에 상복의의(喪服疑義)는 소년 시절의 작품인데, 비록 소소하게 출입(出入)한 대목이 있긴 하나 대체는 매우 좋으니 응당 경차류(經箚類)에 넣어야 할 것입니다. 그 밖에 신기음(神氣吟)과 녹려잡기(鹿廬雜記) 등속은 말한 내용 중에 정미(精微)한 것이 많고, 《중용》 수장(首章)의 인물동이(人物同異)의 변(辨)도 모두 여기에 들어 있으니, 따로 가려 뽑을 것이 없이 전부 다 등사(謄寫)해 내는 것이 좋겠습니다. 서독(書牘)은 두 권을 먼저 보냈는데, 이것도 굳이 가려 뽑을 것은 없습니다. 미처 다 보내지 못한 것은 뒤이어 보낼 것입니다. 그리고 암초(暗草)[86] 안에 들어 있는 것은 예전의 책자를 가지고 여기에서 등사해 낼까 합니다. 나머지는 기운이 달리고 숨 쉬기 어려워서 이만 그칩니다.

86 암초(暗草) : 자기만 알아보게 써 놓은 초고(草稿)를 말한다.

이사함에게 답하는 글 정미년(1787, 정조11) 11월

答李士涵 丁未十一月

이상재(李象載)이다.

나에게 보여 준 다소의 내용을 통해서 진덕(進德)의 공부에 나태하지 않은 뜻을 볼 수 있었고, 편지 말미에 성경(誠敬)을 논한 한 단락을 통해서는 조예(造詣)가 초탈(超脫)한 것을 더욱 징험할 수 있었기에, 거듭거듭 읽으면서 매우 기쁘게 생각하였습니다.

대저 심체(心體)가 허령(虛靈)하여 온갖 이치를 모두 갖추고 있는 이것이 바로 명덕(明德)의 전체입니다. 지(知)는 단지 이것을 아는 것이고, 행(行)은 단지 이것을 실천하는 것인데, 실제로 공력을 쓰는 곳은 전적으로 독서에 있고, 그 근본은 또 전적으로 경(敬)에 있습니다. 따라서 먼저 경(敬)을 위주로 하여 제경(諸經)과-삼례(三禮)[87]가 더욱 긴절(緊切)합니다.- 제사(諸史)를 대상으로, 항목마다 절목마다 구절마다 글자마다 하나하나 빠짐없이 이해함으로써, 이 명덕의 전체가 찬란하게 심목(心目) 사이에 환히 드러나게 해야 할 것이니, 이것이 곧 이른바 유정(惟精)[88]이고 박문(博文)[89]이고 지숭(知崇)[90]입니다.

87 삼례(三禮) : 《주례(周禮)》·《의례(儀禮)》·《예기(禮記)》를 말한다.

88 유정(惟精) : 《서경》 〈대우모(大禹謨)〉의 "인심은 위태하고 도심은 은미하니, 오직 정밀하고 일관되게 하여 그 중도(中道)를 진실로 잡아야 한다.〔人心惟危 道心惟微 惟精惟一 允執厥中〕"라는 말에서 나온 것이다.

89 박문(博文) : "선생님은 학문으로 나의 지식을 넓혀 주시고, 예법으로써 나의 행동을 단속하게 해 주셨다.〔博我以文 約我以禮〕"라는 안연의 말에서 나온 것이다. 《論語 子罕》

이렇게 한 뒤에는 또 이미 이해한 것을 가지고 항목마다 절목마다 하나하나 체험하고 실천해 감으로써, 명덕의 전체가 진실하게 자기 안에 있게 해야 할 것이니, 이것이 곧 이른바 유일(惟一)이고 약례(約禮)이고 예비(禮卑)입니다. 이와 같이 한 뒤에야 비로소 '물(物)이 격(格)하고 지(知)가 지(至)하고 의(意)가 성(誠)하고 심(心)이 정(正)한' 하나의 사람이 되는데, 학(學)이란 단지 이것을 배우는 것일 따름이니, 안자(顏子)가 좋아한 것[91]과 공자(孔子)가 싫어하지 않은 것[92]도 바로 이 일에 지나지 않습니다.

이렇게 하지 않고서 단지 겉핥기 식으로 명목상(名目上)으로만 상상하며 짐작할 뿐, 항목마다 안건마다 세밀하게 공력을 들이지 않는다면, 정말 주자(朱子)가 기롱한 대로 '빠져 버린 치아를 세는 격〔數遺棄之齒〕'[93]이 되고 말 것입니다. 이것을 가지고 송설(誦說)의 밑천으로 삼아

90 지숭(知崇) : 《주역(周易)》 〈계사전 상(繫辭傳上)〉의 "지혜로 높이고, 예법으로 낮추나니, 높이는 것은 하늘을 본받은 것이요, 낮추는 것은 땅을 본받은 것이다.〔知崇禮卑 崇效天 卑法地〕"라는 말에서 나온 것이다.

91 안자(顏子)가 좋아한 것 : 학문을 말한다. 제자 중에 누가 학문을 좋아하느냐는 노(魯)나라 애공(哀公)의 질문을 받고서, 공자가 "안회라는 자가 학문을 좋아하였다. 그는 다른 사람에게 화풀이를 하지 않고, 같은 잘못을 다시 범하지 않았다. 그런데 불행히도 수명이 짧아서 죽고 말았다. 지금은 그와 같은 자가 없다. 나는 그처럼 학문을 좋아한 사람이 있다는 말을 아직 듣지 못하였다.〔有顏回者好學 不遷怒 不貳過 不幸短命死矣 今也則亡 未聞好學者也〕"라고 대답한 말이 《논어》 〈옹야(雍也)〉에 나온다.

92 공자(孔子)가……것 : 역시 학문을 말한다. 공자가 "말없이 속으로 기억해 두며, 배우기를 싫어하지 않으며, 사람 가르치기를 게을리하지 않는 이 세 가지 중에 어느 것이 나에게 있는가.〔默而識之 學而不厭 誨人不倦 何有於我哉〕"라고 겸허하게 말한 내용이 《논어》 〈술이(述而)〉에 나온다.

93 빠져……격 : 되지도 않을 일을 공연히 헛수고하며 시간만 보내는 것을 풍자한 말이다. 《회암집(晦菴集)》 권54 〈답주자역(答朱子繹)〉에 "이 《대학》을 읽으면서 요령

과목(科目)에 응시할 수는 있겠지만, 이것이 어찌 유자(儒者)의 학(學)이라는 것이겠습니까. 붓을 든 김에 이런 말까지 언급하게 되었는데, 혹 도를 구하고 학문을 진전시키는 데에 하나의 도움이라도 되었으면 좋겠습니다. 어떻게 하면 조용히 만날 시간을 한번 얻을 수 있겠습니까? 근래에는 밤중에 혹 한두 가지 새로 해답을 얻는 경우도 없지 않은데, 함께 이야기를 나눠 볼 사람이 없습니다. 서로 만나 보았으면 하는 생각이 간절하지만, 어떻게 쉽게 될 수 있겠습니까.

을 얻지 못한다면, 마치 빠져 버린 치아를 세면서 다시 얻기를 구하는 것과 같으니, 또한 나이를 다하여 세상을 마치도록 얻는 것이 없을 것이다.〔讀此而不得其要者 類如數遺棄之齒而求有獲 亦沒世窮年而無得矣〕"라는 말이 나온다. 대본에는 '數遺契之齒'로 되어 있는데, 《회암집》에 의거하여 '契'를 '棄'로 바로잡아 번역하였다.

정백유에게 답하는 글 임자년(1732, 영조8) 2월

答鄭伯游 壬子二月

정해관(鄭海觀)이다.

〔문〕 불혹(不惑)과 지명(知命)과 이순(耳順)[94]은 모두 지(知)입니다. 40세와 50세와 60세에 지(知)만 말하고 행(行)을 말하지 않은 것은 어째서입니까?

〔답〕 불혹과 지명과 이순이 비록 지(知)를 위주로 말한 것이긴 하지만, 지(知)가 발전하면 행(行)이 발전하는 것도 그 속에 들어 있습니다. 대개 불혹하게 되면 기미(幾微)와 호리(毫釐)를 분변하는 것이 매우 명백하지 않은 것이 없어서, 안으로 보존하고 밖으로 행동하는 것이 더욱 쇄락(灑落)하고 쾌활(快活)하여 응체하는 것이 없음을 알 수 있는데, -주(註)에서 "지키는 것을 일삼을 필요가 없다.〔無所事守〕"[95]라고 한 것도 이 뜻입니다.- 지명과 이순의 경우도 그렇지 않은 것이 없습니다. 대저 지(知)와 행(行)은 어느 하나도 폐할 수는 없지만, 지(知)가 선(先)이고 중(重)한 것입니다.-이는 주자(朱子)의 "경중(輕重)을 논하면 행(行)이 중하다."[96]

94 불혹(不惑)과 지명(知命)과 이순(耳順) : 공자가 "나는 마흔 살에 의혹하지 않았고, 쉰 살에 천명을 알았고, 예순 살에 귀로 들으면 이해되었다.〔四十而不惑 五十而知天命 六十而耳順〕"라고 한 말이 《논어》 〈위정(爲政)〉에 나온다.

95 지키는……없다 : "마흔 살에 의혹하지 않았다.〔四十而不惑〕"라는 말에 대하여, 주희는 "사물의 소당연에 대해서 모두 의혹하는 바가 없다면, 아는 것이 분명해서 지키는 것을 일삼을 필요가 없다.〔於事物之所當然 皆無所疑 則知之明而無所事守矣〕"라고 해설하였다.

라는 설과 꼭 어긋나는 것이 아닙니다.- 따라서 반드시 안 뒤에 행할 수 있는 것이고, 또 아는 것이 지극한데 행동이 지극하지 않은 경우는 있지 않은 것입니다.

〔문〕 충질문(忠質文)[97]에 대하여

〔답〕 충질에 대한 설을 근래에 다시 깊이 연구해 본 뒤에야 《한서(漢書)》와 주자(朱子)의 설이 당초에 서로 어긋나지 않는다는 것을 비로

96 경중(輕重)을……중하다 : 《주자어류(朱子語類)》 권9 〈학(學) 3 논지행(論知行)〉에 "지와 행은 항상 상호 의존적이니, 예컨대 눈이 없으면 발이 걸어가지 못하고, 발이 없으면 눈이 가서 보지 못하는 것과 같다. 선후를 논하자면 지가 선이지만, 경중을 논하자면 행이 중하다.〔知行常相須 如目無足不行 足無目不見 論先後 知爲先 論輕重 行爲重〕"라는 말이 나온다.

97 충질문(忠質文) : 《논어》 〈위정(爲政)〉 자장문십세가지장(子張問十世可知章)의 주희의 주(註)에 나오는 "하나라는 충을 숭상하고, 상나라는 질을 숭상하고, 주나라는 문을 숭상하였다.〔夏尙忠 商尙質 周尙文〕"라는 말과 관련하여 그 뜻을 질문한 것이다. 《주자어류(朱子語類)》 권24 자장문십세가지장에도 이에 대한 주희의 언급이 실려 있는데, 본문의 이해를 돕기 위하여 그 내용을 소개하면 다음과 같다. "충은 단지 순박하고 성실하고 솔직하게 해 나가는 것이고, 질은 점차로 형질과 제도가 있지만 아직 문채는 있지 않은 것이고, 문은 제도상에 나아가 일마다 문채를 가하는 것이다. 그러나 또한 천하의 형세상 자연히 이 세 가지가 있게 된 것이지, 성인이 충을 숭상하고 질을 숭상하고 문을 숭상하려고 해서 그런 것이 아니니, 하나라는 충하지 않을 수가 없었고, 상나라는 질하지 않을 수가 없었고, 주나라는 문하지 않을 수가 없었던 것이다. 그 당시에는 또한 이러한 명자가 없었는데, 후인들의 견해가 이와 같았기 때문에 이렇게 명명한 것이다.〔忠只是樸實頭白直做將去 質則漸有形質制度而未及於文采 文則就制度上事事加文采 然亦天下之勢自有此三者 非聖人欲尙忠尙質尙文也 夏不得不忠 商不得不質 周不得不文 彼時亦無此名字 後人見得如此 故命此名〕" 본문의 뒤에 인용된 주자의 다른 말들도 모두 이 《주자어류》의 말 뒤에 수록되어 있다.

소 알 수 있었는데, 이제 질(質) 자의 뜻을 이해하기만 하면 그 뜻이 자명해질 것입니다. 대개 질(質)이라는 것은 박(樸)을 의미합니다. 그러나 질(質)이라는 글자가 박(樸)의 뜻이 된 소이(所以)는, 단지 형질(形質)만 있어서 순박하고 검소할 뿐 아직 문채(文采)는 있지 않아서 보이는 것이 단지 질박(質樸)할 따름이라서 그렇습니다. 그러므로 형질과 제도가 있은 뒤에야 비로소 질박을 말할 수 있는 반면에, 충(忠)으로 말하자면 혼연(渾然)해서 질(質)을 말할 것도 아예 없는 것입니다. 이것을 가지고 살펴보건대, 형질과 질박은 당초에 확연히 나뉘어 서로 용납하지 않는 것이 아니니, 이는 주자(朱子)가 "질(質)은 점차로 형질과 제도가 있지만 아직 문채는 있지 않은 것이다.〔漸有形質制度而未有文采〕"라고 말한 것과 같습니다.

따라서 충(忠)으로 말하면, 그저 혼연해서 질을 말할 것도 아예 없습니다만, 질(質)의 경우에는 점차로 형질과 제도가 있으면서도 아직 문채는 있지 않으므로 그냥 질박할 따름이라고 말하는 것입니다. 대개 질(質)이라고 일단 말했으면 그 속에 형질이 있음을 알 수 있기 때문에 "점차로 형질이 있게 된다.〔漸有形質〕"라고 말했습니다만, 질 자를 해석한 것은 바로 "아직 문채는 있지 않다.〔未有文采〕"라는 1구에 있는 것이지, 곧장 '형질'의 구를 가지고 '충질(忠質)'의 질(質)을 새긴 것은 아닙니다.

주자는 다른 날에 말하기를 "질박은 문채가 아직 있지 않은 것이고, 충은 혼연하여 질을 말할 것도 아예 없는 것이다.〔質樸則未有文 忠則渾然無質可言矣〕"라고 하였고, 또 말하기를 "예컨대 사람이 집을 지으려고 계획을 세우는 초기에는 비록 허다하게 사용할 것이 있더라도 그 성의(誠意)는 그저 질실(質實)할 뿐이지만,-이것은 충(忠)을 해석한 것입니다.- 집을 지을 계획을 세우고 나서 차례로 기물을 헤아려 사용할 적에 처음에는 순박하게 하려고 힘쓰면서 그다지 화려하게 하지 않다가,-이것은 질(質)을 해석한 것입니다.- 점차 시간이 흐르는 과정에서 쓰임새가 날로 사치해지며 날이 갈수록 문채를 내는 쪽으로 나아가는 것-이것은 문(文)을 해석한 것입니다.-과 같다.〔如人家初做得家計成 雖有許多動用 其誠意直是質實 到做得家計成 次第便有動用器使 其初務純樸 不甚浮華 及其漸久 用度日侈 日趍於文〕"라고 하였습니다. 이 두 조목을 살펴보건대, 그가 질(質) 자를 곧장 형체의 뜻으로 간주하지 않았다는 것이 더욱 분명합니다.

대저 충(忠)의 폐해로 말하면, 곧장 밖으로만 줄곧 치달려서 허위(虛僞)와 부박(浮薄)의 습속을 이루기 때문에, 제도(制度)와 규구(規矩)를 만들어서 이를 준수하며 의거하게 하되, 반드시 순박함을 힘쓰고 부화(浮華)함을 일삼지 않게 함으로써 내면으로 접근하여〔近裏〕착실하게 되도록 하였으니, 이는 바로 그 폐해를 바로잡기 위한 것이었습니다. 《한서》와 주자의 그 뜻도 이 밖에 다른 것이 아니니, 다시 한번 세밀히 음미해 보기 바랍니다. 그리고 충질문의 설이 본래 《한서》에 나온 것을 정자(程子)가 취하였는데, 주자(朱子)의 제설(諸說)은 모두 이것을 드러내 밝히기 위한 것이니, 그렇다면 본문을 놔두고서 따로 설을 지으면 안 된다는 것 또한 분명하다고 하겠습니다.

〔문〕 '이제가 예전의 악행을 염두에 두지 않았다는 것〔夷齊不念舊惡〕'[98]에 대해서, 주자(朱子)는 불천노(不遷怒)[99]와 같은 것이라고

98 이제(夷齊)가……것 : 이제는 백이(伯夷)와 숙제(叔齊)의 병칭이다. 《논어》〈공야장(公冶長)〉에 "백이와 숙제는 타인의 예전 악행을 염두에 두지 않았으므로, 원망이

말하였습니다. 이것이 물론 맞는 말이긴 합니다. 그러나 불천노의 경우는 극기(克己)의 공부가 심후해서 심체(心體)가 허명(虛明)한 까닭에 사물에 따라 순응하기 때문이고, 불념구악(不念舊惡)의 경우는 그 성품이 지극히 견개(狷介 고고(孤高)한 것)해서 직각적으로 분변해 아는 까닭에 호오(好惡)에 구차하지 않았기 때문입니다. 따라서 그 지위와 기상 면에서 상당히 차이가 있는 듯한데, 이런 의견이 맞는지 모르겠습니다.

〔답〕 불념구악에 대한 고견(高見)도 좋습니다. 다만 이제(夷齊)를 보는 것이 너무 얕지 않나 싶은데, 이는 안자(顔子)가 염정(恬靜)하게 자기 뜻만 지켰다〔自守〕고 인식하는 것과 동일합니다. 저 이제는 성인(聖人)인데, 어떻게 견개한 것으로만 지목해서야 되겠습니까. 당초에 미워했던 것은 그 사람의 악행 때문이지 그 이유가 자기에게 있는 것이 아니었습니다. 따라서 그가 악행을 고침에 미쳐서는 그를 미워할 이유가 없어졌기 때문에 자연히 미워하지 않게 된 것입니다. 이를 통해서 이제가 허명하게 사물에 응하여 계루(係累)된 바가 없다는 것을 알 수 있으니, 주자가 불천노와 동일하다고 말한 것도 바로 이 때문입니다. 다시 사량(思量)해 보시기 바랍니다.

이 때문에 드물었다.〔伯夷叔齊 不念舊惡 怨是用希〕"라는 말이 나온다. 참고로 원망하는 주체와 관련하여, 주희는 타인이라고 풀었으나, 다산(茶山) 정약용은 "백이와 숙제가 인을 구해서 인을 얻었으니 무엇을 원망했겠느냐.〔求仁而得仁 又何怨〕"라는 말을 근거로 하여 백이와 숙제 자신이라고 풀었다.

99 불천노(不遷怒) : 안회(顔回)가 다른 사람에게 화풀이를 하지 않았다는 고사를 말한다. 82쪽 주91 참조.

〔문〕 불위인장(不違仁章)의 주(註)에 나오는 내외빈주(內外賓主)[100]에 대하여

〔답〕 내외빈주의 설과 관련하여, 나의 생각에는 《근사록(近思錄)》 석의(釋疑)에서 분변(分辨)한 것이 가장 적당(的當)하여 본지(本旨)를 얻었는데, -존양편(存養篇) 장자(張子) 본설(本說)의 주(註)에 보입니다.- 그중에서도 "인은 출입하는 것이 아니지만, 조금이라도 사욕이 있으면 곧 불인이 되기 때문에 밖에 있다고 말한 것이다.〔仁非出入也 少有私欲則便不仁 故謂之在外〕"라고 한 것이 더욱 명백하고 핍절하다고 여겨집니다. 만약 조사존망(操舍存亡)[101]의 설처럼 오로지 마음〔心〕이 출입하는 측면에서 말한다면, 곧 막혀서 통하지 않는 곳이 있게 될 것입니다. 주자(朱子)가 구방심(求放心)[102]을 논하면서 "다잡기만 하면 바로 면전에

100 불위인장(不違仁章)의……내외빈주(內外賓主) : 《논어》 〈옹야(雍也)〉의 "안회(顏回)는 그 마음이 석 달을 인(仁)에서 벗어나지 않는다. 그 밖의 사람들은 하루나 한 달에 한 번쯤 거기에 이를 뿐이다.〔回也 其心三月不違仁 其餘則日月至焉而已矣〕"라는 공자의 말에 대해서, 장재(張載)가 해설한 내용 중에 "학문을 시작하는 요체는, 응당 '삼월불위(三月不違)'와 '일월지언(日月至焉)' 중에서 어느 것이 안〔內〕이 되고 밖〔外〕이 되며 어느 것이 객〔賓〕이 되고 주인〔主〕이 되는지 그 구별을 알아서, 마음과 뜻으로 하여금 부지런히 순서대로 따라가 멈추지 않게 하는 것이다.〔始學之要 當知三月不違與日月至焉 內外賓主之辨 使心意勉勉循循而不能已〕"라는 말이 나온다. 참고로 일월지언(日月至焉)에 대해서, 다산(茶山) 정약용은 "인에서 벗어나지 않는 것을, 혹은 한 달쯤 끌어가기도 하고 혹은 며칠쯤 끌어가기도 한다.〔不違仁 或引止一月 或引止數日也〕"라고 풀었다.

101 조사존망(操舍存亡) : 《맹자》 〈고자 상(告子上)〉에 인용된 "붙잡으면 있다가도 놓아 버리면 없어지고, 출입이 일정한 때가 없이 어디로 가는지 종잡을 수가 없는 것, 이것이 바로 마음이라는 것이다.〔操則存 舍則亡 出入無時 莫知其鄉 惟心之謂與〕"라는 공자의 말을 발췌한 것이다.

있고, 놓아 버리면 바로 또 어디에 있는지 알지 못한다.〔纔提掇 便在面前 纔放過 便又不知所在〕"[103]라고 하였는데, 이는 바로 마음이 출입한다는 설입니다. 우리가 마음을 수습하고 일깨우면 곧 면전에 있는 때가 일찍이 없었던 적이 없으니, 또한 하루에 한 번 이르는 것으로만 그치지 않습니다. 이와 같은 때는 들어왔다〔入〕라고 말할 수 있습니다만, 어떻게 그것을 곧장 '인에서 벗어나지 않은 것〔不違仁〕'이라고 말할 수 있겠습니까. 대개 성현(聖賢)의 차원에서 말한다면 입(入)이 곧 불위인(不違仁)이겠지만, 중인(衆人)의 수준에서 말한다면 입이 불위인이라고 곧장 말할 수는 없을 것입니다. 그리고 성문(聖門)의 고제(高弟)인 자로(子路)·자공(子貢)·자유(子游)·자하(子夏)의 무리는 모두 하루나 한 달에 한 번 거기에 이르는〔日月至焉〕 자들인데, 지금 만약 마음이 들어왔다〔入〕는 것을 가지고 불위인(不違仁)으로 여긴다면, 이는 자로와 자공과 자유와 자하의 마음이 하루나 한 달에 겨우 한 번 들어오고 나머지 시간은 항상 몸뚱이의 밖으로 치달리고 휘날리는 것이 되니, 이와 같은데도 성문의 고제라고 말할 수 있겠습니까. 이 뜻이 자못 정미(精微)하니, 다시 더 곰곰이 생각해 보는 것이 어떻

102 구방심(求放心) : 놓친 마음을 찾는다는 뜻으로, 《맹자》 〈고자 상(告子上)〉에서 맹자가 "인(仁)은 사람의 마음이요, 의(義)는 사람의 길이다.〔仁 人心也 義 人路也〕"라고 전제하고는, "학문의 도는 다른 것이 아니라 놓친 그 마음을 찾는 것일 뿐이다.〔學問之道無他 求其放心而已矣〕"라고 말한 대목에서 발췌한 것이다.

103 다잡기만……못한다 : 출처 미상이다. 참고로 《주자어류(朱子語類)》 권104에 "놓친 마음이 꼭 다른 곳으로 달아나 있는 것이 아니다. 그저 한 번 눈을 깜박이는 순간에도 보이지 않다가, 깨달으면 또 곧바로 면전에 있다.〔放心不必是走在別處去 但一箚眼間便不見 才覺得又便在面前〕"라는 말이 나온다.

겠습니까?

그리고 보내온 글에서 "마음이 밖에서 이르는 것이 인이다.〔心自外而至仁〕"라고 말한 것은 대단히 이치에 어긋난 듯싶습니다. 심(心)과 인(仁)은 당초에 서로 떨어진 것이 아닙니다. 인이 어떻게 따로 처소가 있고, 심이 어떻게 밖에서 이를 수 있단 말입니까. 이는 바로 선유(先儒)가 격물(格物)을 논하면서 "심이 물에 이르는 것이다.〔心到於物〕"라고 한 것과 동일한 병통입니다. 주(註)에서 "그 구역에 갈 수 있다.〔能造其域〕"라고 한 것은, 불위인(不違仁)의 구역에 갈 수 있음을 말한 것인데, 고명(高明)은 "심이 인의 구역에 간다.〔心造仁之域〕"라고 해석했기 때문에 이런 병통이 있게 된 것입니다. 이것이 비록 긴요하지 않은 것 같기도 하지만, 관계되는 바가 실로 중대하니, 다시 세밀히 생각해 보는 것이 좋겠습니다.-대개 인(仁)은 이(理)이니, 구역〔域〕이라고 말할 수 없습니다. 수편(首篇)의 유자효제장(有子孝弟章)에 나오는 "효제로 말미암아 인에 이를 수 있다.〔由孝弟可以至仁〕"의 주(註)를 보면, 주자(朱子)가 "인(仁)은 이(理)이니, 이른다고 말할 수 없다. 지위(地位)가 있어야만 이른다고 말할 수 있다."라고 했는데,[104] 그 말이 바로 이것과 같습니다. 상세히 기억하지는 못하겠으나, 한번 검토해 보기 바랍니다.-

〔문〕"써 주면 나아가 도를 행하고, 버리면 물러가 숨는 것〔用之則行

104 수편(首篇)의……했는데 : 《논어》〈학이(學而)〉의 "유자가 말하기를 그 사람됨이 효성스럽고 우애로우면서……〔有子曰 其爲人也孝弟……〕"에 나오는 해설의 내용을 녹문이 요약해서 자기 말로 바꿔 소개한 것이다. 주희의 주에 "인은 애의 이이다.〔仁者愛之理〕"라는 말이 나오긴 하나, 그 이외의 말들은 모두 정이(程頤)의 해설을 뭉뚱그려서 간추린 것이다.

舍之則藏]"[105]은 대개 그 마음이 얽매인 데가 없이 초연해서 어떤 상황을 만나든 편안하기 때문입니다. 그러나 몽주(夢周)[106]와 부해(浮海)[107]의 탄식을 살펴보건대, 미련을 버리지 못하고 잊지 못하는 뜻을 알 수 있으니, '무의(無意) 무필(無必)……'[108]이라고 말할 수는 없습니다.

〔답〕 도(道)를 위배하면서 임금에게 요구한 적도 없고, 한 자를 굽혀서 여덟 자를 편〔枉尺直尋〕 적도 없으니,[109] 이 대목이 곧 버리면 물러가

105 써 주면……것 : 《논어》 〈술이(述而)〉에, 공자가 안연(顔淵)에게 "써 주면 나아가 도를 행하고, 버리면 물러가 숨는 일은 오직 나와 너만이 할 수 있다.〔用之則行舍之則藏 惟我與爾有是夫〕"라고 말한 내용이 나온다.

106 몽주(夢周) : 주공(周公)을 꿈꾼다는 말이다. 공자가 젊어서는 주공의 도를 행하려는 의지가 강했기 때문에 간혹 꿈속에서 주공을 만나기도 하였으나, 노쇠하여 도를 행할 가망이 없어지면서 그런 꿈도 꿀 수 없게 되자 "내가 너무도 쇠해졌구나, 꿈속에서 주공을 다시 뵙지 못한 지 오래되었으니.〔甚矣吾衰也 久矣吾不復夢見周公〕"라고 탄식하는 내용이 《논어》 〈술이(述而)〉에 나온다.

107 부해(浮海) : 배를 타고 바다로 나간다는 말이다. 공자가 난세(亂世)를 개탄하면서 "도가 행해지지 않으니, 뗏목을 타고 바다로나 나갈까 보다.〔道不行 乘桴浮于海〕"라고 말한 내용이 《논어》 〈공야장(公冶長)〉에 나온다.

108 무의(無意) 무필(無必) : 《논어》 〈자한(子罕)〉에 "공자는 네 가지 일에서 완전히 자유로웠다. 그에게는 사적인 뜻과 기필하는 것과 집착하는 것과 이기적인 마음이 없었다.〔子絶四 毋意毋必毋固毋我〕"라는 말이 나온다.

109 한 자를……없으니 : 자기의 목적을 달성하기 위해 잘못된 편법을 쓴 적이 없다는 말이다. 맹자의 제자 진대(陳代)가 맹자에게 "한 자를 굽혀서 여덟 자를 편다〔枉尺而直尋〕는 말도 있으니, 이렇게 하기만 하면 크게는 왕도(王道)를 이루고 작게는 패도(霸道)를 이룰 수 있을 것이다."라고 하자, 맹자가 "왕척이직심(枉尺而直尋)은 어디까지나 이(利)를 위주로 한 것인데, 자신을 굽혀서 남을 바르게 펴 준 자는 아직 있지 않았다."라고 반박한 내용이 《맹자》 〈등문공 하(滕文公下)〉에 나온다.

숨었던 곳이고, 이 대목이 곧 초연히 얽매인 데가 없는 곳입니다. 그리고 세상을 걱정하고 도(道)를 걱정한 것으로 말하면, 이는 원래 성인(聖人)의 대공지정(大公至正)한 마음이 병이(秉彝 하늘이 부여한 본성)에 근원한 것으로서 무엇으로도 녹여 없앨 수 없는 것입니다. 만약 반드시 홀로 오뚝이 앉아 나 몰라라 하면서 걱정하는 이런 마음까지도 모두 잊어버린 뒤에야 비로소 무의(無意) 무필(無必)이라고 말할 수 있다면, 그것은 바로 불로(佛老 불교와 도교)의 '개인의 이익만 도모하는〔自私〕' 술법일 뿐 오유(吾儒)의 본색은 아닙니다.

〔문〕 주자(朱子)는 "무릇 성인(聖人)이 자기를 낮추는 말을 한 것은, 그런 사실이 전혀 없는데 말로만 그렇게 한 것이 아니다."[110]라고 하였습니다. 그러나 "하늘이 나에게 덕을 내려 주었다.〔天生德〕"[111]라든가 "사문(斯文)을 망치지 않을 것이다.〔未喪斯〕"[112]라는 말 등을

110 무릇……아니다 : 《주자어류(朱子語類)》 권34 섭공문공자어자로장(葉公問孔子於子路章)에 "예컨대 '나는 나면서부터 안 자가 아니라, 옛것을 좋아하여 급급히 그것을 구한 자이다.'라고 말한 것과 같은 것은 모두 아래로 한 등급 낮춰 설하여 사람을 가르친 것이지만, 이와 동시에 성인이 경지가 광활한 것을 보고서 스스로 완전히 만족할 수 없는 것이 아직도 있음을 알았기 때문에 이렇게 말씀하신 것이니, 그런 사실이 전혀 없는데 말로만 그렇게 한 것은 아니다.〔如所謂我非生而知之 好古敏以求之 皆是移向下一等說以教人 亦是聖人看得地步廣闊 自視猶有未十全滿足處 所以其言如此 非全無事實而但爲此詞也〕"라는 주희의 말이 나온다.

111 하늘이……주었다 : 환퇴(桓魋)가 공자를 해치려 했을 적에, 공자가 "하늘이 나에게 이런 덕을 내려 주었으니, 환퇴 그가 나를 어떻게 하겠는가.〔天生德於予 桓魋其如予何〕"라고 말한 고사가 《논어》 〈술이(述而)〉에 나온다.

112 사문(斯文)을……것이다 : 공자가 일찍이 광(匡) 땅에서 횡포를 부렸던 양호(陽虎)로 오인받은 나머지 그곳 사람들에게 포위되어 위태로웠을 때 "문왕이 이미 돌아가

보면, 곧장 성인으로 자처하며 조금도 겸양한 것이 없으니, 그렇다면 평일에 스스로 겸손하게 처신한 것은, 마음속으로는 실제로 성인을 자처하면서도 임시로 겸손하게 한 것에 가깝지 않겠습니까.

〔답〕 성인이 비록 성인으로 자처한 적이 없다고 하더라도, 어찌 또 흐리멍덩하게 스스로 도달한 경지가 어떠한지 몰랐을 리가 있겠습니까. 단지 도리가 무궁한 것을 깊이 보았기 때문에, 그 마음이 항상 겸손하여 아직도 이르지 못한 점이 있는 것처럼 하였을 뿐입니다. 이에 대해서 융회(融會)할 수 있다면, 비록 성인이 지극히 중하게 자임했더라도 그것을 과시했다고는 보지 않을 것이요, 겸손하고 또 겸손했더라도 그것을 위선이라고는 보지 않을 것입니다.

신 지금에는 사문이 나에게 있다고 해야 하지 않겠는가. 하늘이 사문을 망칠 작정이라면 나와 같은 자가 사문에 참여하지 못했겠지만, 하늘이 사문을 망치지 않을 것이라면 광 땅 사람들이 나를 어떻게 하겠는가.〔文王旣沒 文不在玆乎 天之將喪斯文也 後死者不得與於斯文也 天之未喪斯文也 匡人其如予何〕"라고 강한 자부심을 표명한 대목이 《논어》 〈자한(子罕)〉에 나온다.

정백유에게 답하는 글 정사년(1737, 영조13) 6월

答鄭伯游 丁巳六月

〔문〕 심(心)의 본체가 기질(氣質)에 속하는 것이 아니라면, 이 심(心)이 소소영령(昭昭靈靈)하고 활화불측(活化不測)한 것은 과연 어떤 물건이며, 어느 곳에 붙어 있는 것입니까?

〔답〕 만물을 신묘하게 하기 때문에 형(形)에 속하지 않고, 형에 속하지 않기 때문에 소소영령하고 활화불측한 것입니다. 가령 그것이 그렇지 않고서 청탁(淸濁)과 수박(粹駁)을 일체 형기(形氣)에 따른다면 이는 하나의 물건일 따름이니, 어떻게 신묘하게 할 수 있겠으며, 또 어떻게 소소영령하고 활화불측하다고 말할 수 있겠습니까. 심(心)이 기질에서 벗어나지 않으면서도 기질에 속하지 않는 것은, 바로 이(理)가 음양(陰陽)에서 벗어나지 않으면서도 음양과 뒤섞이지 않는 것과 같습니다. 이 대목이 바로 안목을 분명히 붙여야 할 곳인데, 고명(高明)은 이 심(心)을 보는 것이 너무 둔하며 응체되고〔鈍滯〕 너무 거칠고 얕으며〔粗淺〕 너무 국한되어 막혀 있는〔局塞〕 듯싶습니다.

〔문〕 기품(氣稟)이 탁(濁)하고 박(駁)한 것이 이미 심(心)에 있지 않다면 과연 어느 곳에 있단 말입니까.

〔답〕 사람의 기질(氣質)이 한 몸에 꽉 차 있으니, 안으로 장부(臟腑)로부터 밖으로 백체(百體)에 이르기까지 어디든 이것 아닌 것이 없습니다. 이 심(心)을 사용하되 조금이라도 형적(形迹)에 걸린다면, 어떻게 기질의 밖으로 초연히 벗어날 수 있겠습니까. 오직 그 본체가 허령(虛

靈)하고 미묘(微妙)하여 형체도 없고 소리도 없기 때문에, 비록 기질에서 벗어나지 않더라도 기질에 국한되지 않을 수 있는 것입니다. 대개 온몸에 가득한 것이 기질 아닌 것이 없으면서도 또한 이 심(心) 아닌 것이 없으니, 합쳐서 살펴보면 심이 즉 기질이고 기질이 즉 심이라고 할 것이요, 나누어 말을 하면 심은 심이고 기질은 기질인 것입니다. 고명은 이에 대해서 전혀 인식하지 못하고서 무리하게 질문하며 반박하는 듯싶습니다.

〔문〕 분욕탐포(忿慾貪暴) 등 일체 좋지 않은 일이 모두 기질(氣質)이 탁박(濁駁)한 데에서 나온다고 말한다면, 필시 선(善) 한쪽의 일은 심(心)에서 나온다고 말하리라고 생각하는데, 이와 같다면 이발기발(理發氣發)[113]의 설과 같지 않은 것이 얼마나 되겠습니까.

〔답〕 분욕탐포는 기질이 탁박한 데에서 나오는데 심(心)이 가려져서 그러하고, 사단만선(四端萬善)은 기질이 청수(淸粹)한 데에서 나오는데 심의 명령을 들어서 그러합니다. 선(善)과 악(惡)을 막론하고 발용(發用)하는 것은 기질이고, 제대로 발용하는 것은 심(心)이며, 제대로

113 이발기발(理發氣發) : '이도 발하고 기도 발한다.〔理氣互發〕'라는 뜻으로, 퇴계(退溪) 이황(李滉)이 제창한 설이다. 그가 처음에 "사단은 이의 발이고, 칠정은 기의 발이다.〔四端理之發 七情氣之發〕"라고 주장했다가, 고봉(高峯) 기대승(奇大升)과의 토론을 거친 끝에 "사단은 이가 발하여 기가 따르는 것이고, 칠정은 기가 발하여 이가 타는 것이다.〔四端理發而氣隨之 七情氣發而理乘之〕"라고 수정하며 논쟁을 마무리 지은 고사가 있다. 사단은 인의예지(仁義禮智)의 단서가 되는 측은(惻隱)·수오(羞惡)·사양(辭讓)·시비(是非) 등의 마음을 말하고, 칠정은 희로애구애오욕(喜怒哀懼愛惡欲)의 일곱 가지 감정을 말한다.

발용하게 하는 것은 성(性)이니, 나의 설에서 변론한 것은 모두가 이와 같습니다. 호발(互發)의 기롱은 제목을 벗어난 것인 듯하니, 다시 자세히 살펴보기 바랍니다.

이상 몇 조항은 대략 고명의 질문에 대하여 대체적인 뜻을 회답한 것인데, 내가 다시 고명에게 질문을 드려 볼까 합니다.

고명도 일찍이 명덕(明德)을 심(心)의 본체라고 하였는데, 지금은 그만 "청탁후박(淸濁厚薄)이 만 가지로 같지 않은 본색(本色)은 원래부터 그렇지 않은 적이 없다. 그 때문에 심(心)이 혼우(昏愚)한 자도 있고, 심이 명예(明睿)한 자도 있고, 심이 강포(剛暴)한 자도 있고, 심이 인유(仁柔)한 자도 있는 것이다."라고 하였습니다. 그렇다면 명덕에도 만 가지로 같지 않은 것이 있단 말입니까? 그래서 명덕에도 혼우의 명덕이 있고, 명예의 명덕이 있고, 강포의 명덕이 있고, 인유의 명덕이 있단 말입니까? 걸척(桀跖 걸주(桀紂)와 도척(盜跖))의 심(心)이 지극히 혼우하고 지극히 강포하였으니, 어찌 일찍이 허령통철(虛靈洞徹)하다는 일컬음에 방불한 적이 있었겠습니까마는, 그래도 걸척에게 명덕이 없다고 말할 수는 없을 것인데, 그렇다면 이른바 밝다는 것은 과연 어떤 것에 밝다는 말이겠습니까. 그런 식이라면 그만 이욕(利欲)에 밝은 것을 가지고 또 밝다고 말하는 것이 되지 않겠습니까. 그렇다면 덕을 밝히는 것이 무에 귀하다고 반드시 밝히려고 하는 것이겠습니까.

심의 본체에도 탁박(濁駁)이 없을 수 없다면, 주자(朱子)가 설할 때마다 매양 그 본체를 회복해야 한다고 말한 것은 또 어떻게 되는 것입니까. -《대학장구(大學章句)》에 이르기를 "본체의 밝음은 한 번도 사라진 적이 없다.〔本體之明 有未嘗息〕"라고 하였고, 또 "마침내 그것을 밝혀서 처음의 상태를 회복하였다.〔遂明之以復其初〕"라고 하였습니다. 또《대학혹문(大學或問)》에 이르기를 "본래 밝은 체는 끝내 어두워질 수 없다.〔本明之體 終不可昧〕"라고 하였고, 또 이르기를 "이 빈틈에 나아가서 본체가 벌써 환히 밝아졌다.〔卽此空隙 本體已洞然〕"라고 하였으며, 또 이르기를 "하늘에서 얻어서 밝지 않은 적이 없었던 그것이, 어찌 초연히 기질물욕의 누를 받지 않고서 그 본체의 온전함을 다시 얻지 않겠는가.〔得於天而未嘗不明者 豈不超然無有氣質物欲之累 而復得其本體之全哉〕"라고 하였습니다.- 그런 식이라면 이것도 그만 그 탁박한 체(體)를 회복하려는 것이 되지 않겠습니까. 그렇다면 또 본체가 무에 귀하다고 반드시 회복하려고 하는 것이겠습니까.

이에 대하여 다시 세밀히 생각해서 분명하게 회답을 내려 주시면 좋겠습니다. 그렇게 하면 고명의 본의(本意)가 어디에 있는지 알아서 나의 의견도 모두 설명드릴 수 있을 것입니다.-심(心)의 본체가 사람들마다 각자 서로 다르다면, 그야말로 천하의 사람들로 하여금 모두 그 본체를 회복하게 하더라도, 얼굴이 각자 같지 않은 것처럼 천태만상(千態萬象)이 될 것이니, 어찌 이럴 수가 있겠습니까.-

임후이에게 답하는 글 기미년(1739, 영조15) 8월

答林厚而 己未八月

임배후(林配垕)[114]이다.

심(心)은 그 물건 됨이 지허(至虛)하고 지령(至靈)하여 한 몸을 주재(主宰)합니다. 그 체(體)에는 인의예지(仁義禮智)의 성(性)이 있고, 그 용(用)에는 측은(惻隱)・수오(羞惡)・사양(辭讓)・시비(是非)의 정(情)이 있으니, 이것이 바로 명(命)의 전체(全體)인 것이고 인(人)의 전덕(全德)인 것입니다.

《대학(大學)》의 제1구(句)에서 바로 이 물건을 가지고 사람에게 보여 주어 이것을 밝히게 하였으니, 이것이 이른바 명덕(明德)이라는 것입니다. 그리고 《장구(章句)》에서 허령불매(虛靈不昧)라고 말한 것

114 임배후(林配垕) : 성해응(成海應)의 《연경재전집(研經齋全集)》 권49 〈세호록(世好錄)〉 임배후편에 의하면, 그의 자(字)는 백후(伯厚)이고 호는 용촌(龍村)이며, 여주(驪州)의 마을에 거주하였고, 섬촌(蟾村) 민우수(閔遇洙)에게 배웠으며, 성격이 강직하여 뜻에 맞지 않으면 사람들을 용납하지 않았으며, 만년에는 교수(敎授)로 일을 삼아 사방의 선비들이 많이 문하에 이르렀고, 죽은 뒤에는 효성을 인정받아 사헌부지평(司憲府持平)에 추증되었다고 하였다. 《녹문집》 제2권 〈역천 송형에게 보내는 글〔與櫟泉宋兄〕〉에 "이 마을에 임배후라는 자가 있는데, 나이는 현재 22세이다. 문예가 숙성하고 또 학문을 향한 열정이 대단한데, 다만 재기가 너무 드러나고 기량이 협소하니, 크게 받아들이기에는 쉽지 않은 점이 있다. 대저 나이가 젊고 뜻을 지닌 그런 자가 없지는 않겠지만 우뚝하게 기대할 만한 자는 보이지 않으니, 우리들이 어찌 감히 자중자애하지 않을 수 있겠는가.〔此鄕有林配垕者年方二十二 文藝夙就 又能銳意向學 但才氣太露 器量狹小 未易大受耳 大抵年少有志 不爲無人 未見有卓然可望者 吾曹其敢不自愛耶〕"라는 녹문의 평이 보인다.

은 이 덕(德)의 체단(體段)을 형용한 것인데, '모든 이치를 갖추었다.〔具衆理〕'라고 말한 것은 곧 이 덕의 체(體)이고, '모든 일에 응한다.〔應萬事〕'라고 말한 것은 곧 이 덕의 용(用)입니다. 또 강의(講義)에서 "허령하고 통철하여 만 가지 이치가 찬란하게 갖추어져서 사물의 변화에 응하며 어둡지 않은 이것이 이른바 명덕이다.〔虛靈洞徹 萬理燦然 有以應乎事物之變而不昧 是所謂明德也〕"[115]라고 한 것도 《장구》의 뜻과 같습니다. 대개 심(心)에는 기(氣)만 단독으로 가리켜 말한 것이 있고,-예컨대 주자(朱子)가 "신령한 것이 심이고, 진실한 것이 성이다.〔靈底是心 實底是性〕"라고 말한 것이 그것입니다.- 이(理)와 기(氣)를 합쳐서 전체를 들어 말한 것이 있는데,-예컨대 맹자(孟子)의 양심(良心)과 본심(本心), 그리고 장자(張子) 즉 장재(張載)가 성(性)과 지각(知覺)을 합하여 심(心)이라고 이름 붙인 것이 그것입니다.- 명덕과 같은 것은 전체를 들어 말한 것이지 기(氣)만 단독으로 가리켜 말한 것이 아니니,-명덕이 물론 심(心)입니다만, 이는 전체를 들어 말한 심이지 한쪽만 가리켜 말한 심이 아닙니다.- 익히 완미하면 자연히 알 수 있을 것입니다. 만약 전적으로 기(氣) 한쪽에만 소속시킨다면, 이는 성인(聖人)이 사람들에게 학문을 하는 대강(大綱)을 가르치는 것인데, 오로지 영각(靈覺)만을 종지(宗旨)로 삼고 이(理) 한쪽은 빠뜨리는 것이 되니, 그렇다면 석씨(釋氏 불교)와 무슨 차이가 있겠습니까.

115 허령하고……명덕이다 : 《회암집(晦菴集)》 권15 〈강의(講義) 경연강의(經筵講義)〉 대학편(大學篇)에 나온다.

임후이에게 답하는 글
答林厚而

편지 말미에 보여 준 조문(朝聞)[116]의 소원을 통해서, 도(道)에 나아가려는 족하(足下)의 뜻이 마치 물이 밀어닥치듯 막을 수 없는 것임을 알고는 흠탄하여 마지않았습니다. 하지만 나는 질문을 받을 적임자가 못 되니 어떡합니까. 그렇긴 하지만 나름대로 일찍이 듣건대, 도(道)는 일용(日用)에 있으니 눈에 닿는 것 모두가 도라고 하였습니다. 이것이 물론 매우 비근(卑近)한 말이라고도 하겠습니다만, 바로 그 비근한 가운데에 지극히 고원(高遠)한 것이 들어 있으니, 음미할수록 더욱 맛이 있고 행할수록 더욱 끝이 없다고 하겠습니다. 이는 대개 종신토록 면려할 것을 생각해도 부족한 것이니, 실로 한때의 총명함으로 엄습(掩襲)하여 취할 수 있는 것이 아니라고 하겠습니다.

족하는 재기(才氣)가 영예(英銳)하고 뜻을 세운 것이 매우 이르니, 이로써 나아간다면 어느 곳엔들 이르지 못하겠습니까. 그러나 나의 소견으로는, 질(質)은 그다지 후하지 못한데 기(氣)가 너무 예리한 점이 혹 있기 때문에, 의논으로 드러내는 것을 보면 왕왕 경솔한 면이 많고 우유(優游)하며 염어(厭飫)하는 맛은 적으며, 부천(膚淺)한 실수가 있고 침잠(沈潛)하며 진밀(縝密)하는 태도는 없으니, 깊이 자득하는 경지로 나아가는 길이 결코 못 된다고 여겨집니다. 깊이 바라건대

116 조문(朝聞) : 조문석사(朝聞夕死)의 준말로, 《논어》 〈이인(里仁)〉의 "아침에 도를 들으면 저녁에 죽어도 좋다.〔朝聞道 夕死可矣〕"라는 공자의 말을 발췌한 것이다.

지금부터는 많은 곳에서 덜어서 부족한 곳을 보충하여,[117] 독서는 침잠하며 완색(翫索)하는 것으로 공(功)을 삼고, 일용(日用)은 체험하며 함양하는 것으로 법을 삼아서, 조용히 면앙(俛仰)하며 충분히 쌓아 가득히 채우셨으면 합니다. 그렇게 한다면 장점 때문에 곤욕을 당하지 않고 단점 때문에 병들지 않아서 도(道)에 이르는 것이 머지않을 것입니다. 호자(胡子)가 이르기를 "이는 종신토록 할 일이니, 천지 일월과 더불어 장구한 것이다.〔此是終身事 天地日月長久〕"라고 하였는데,[118] 이 말을 깊이 음미할 만합니다. 뭐라고 회보(回報)할 말이 없기에 삼가 이와 같이 예전에 들었던 말을 외우게 되었으니, 혹 주제넘은 광인(狂人)의 말을 용서하고 유념해 줄 수 있으실지 모르겠습니다.

117 많은……보충하여 : 《주역》 〈겸괘(謙卦) 상(象)〉에 "많은 곳에서 덜어서 부족한 곳을 보충해 줌으로써, 각 존재에 걸맞도록 공평하게 베풀어 준다.〔裒多益寡 稱物平施〕"라는 말이 나온다.

118 호자(胡子)가……하였는데 : 호자는 송(宋)나라 호안국(胡安國)의 아들로 오봉(五峯) 선생이라고 일컬어졌던 호굉(胡宏)을 가리킨다. 그의 문집인 《오봉집(五峯集)》 권2 〈여장경부(與張敬夫)〉에 이 말이 수록되어 있다.

윤생 만에게 답하는 글 정축년(1757, 영조33) 6월

答尹生瑺 丁丑六月

〔문〕 상제(祥祭)가 끝나면 밖에서 애곡(哀哭)하는 것이 없는 것[119]에 대하여

〔답〕 예(禮)에 의하면, 상제 뒤 담제(禫祭) 전에는 중문(中門) 안에서 애곡을 하게 되어 있습니다. 그렇다면 비록 부친이 계시더라도 감히 애곡을 하지 못할 이유가 없을 듯합니다.

〔문〕 "서자는 그의 장자를 위해서 삼년복을 입지 못한다.〔庶子不得爲長子三年〕"[120]라고 한다면, 《어류(語類)》에서 어째서 "서자의 장자가 죽으면 역시 삼년복을 입는다.〔庶子之長子死 亦服三年〕"라고 하였습니까?

〔답〕 《어류》의 역(亦) 자는 불(不) 자의 잘못임이 분명합니다.

119 상제(祥祭)가……것 : 《예기》 〈상대기(喪大記)〉에 "상제가 끝나면 중문(中門) 밖에서 애곡을 하지 않는다. 그리고 담제가 끝나면 중문 안에서도 애곡을 하지 않는다. 음악을 연주해도 되기 때문이다.〔祥而外無哭者 禫而內無哭者 樂作矣故也〕"라는 말이 나온다. 상제는 대상(大祥)을 말한다.

120 서자(庶子)는……못한다 : 《의례》 〈상복(喪服)〉 전(傳)에 "서자는 그의 장자를 위해서 삼년복을 입지 못하니, 그 서자가 조부를 잇지 않았기 때문이다.〔庶子不得爲長子三年 不繼祖也〕"라는 말이 나온다. 여기에서 서자는 부친의 뒤를 이었지만 조부는 잇지 않은 자로서, 부친에게는 적자(嫡子)가 되더라도 조부에 대해서는 서손(庶孫)이 되기 때문에 서(庶)라고 말한 것이다.

〔문〕 대대(大帶)를 두 번 두르는 것〔再繚〕에 대해서

〔답〕 〈옥조(玉藻)〉에 의거하면, 대부(大夫)는 4치〔寸〕이고, 사(士)는 2치로서 두 번 두르면 4치가 되는데, 모두 한 겹으로 바느질한 것〔單綼〕을 씁니다.[121] 그런데 《가례(家禮)》에서는 그만 4치를 쓰면서 겹으로 바느질을 하고는〔夾縫之〕 또 두 번을 두르니, 〈옥조〉의 내용과 일치하지 않습니다. 구씨(丘氏 구준(丘濬))는 한 겹으로 바느질한 것을 쓰는 것이 옳다고 하였는데, 이 말이 옳을 듯합니다.

〔문〕 국휼(國恤 국상(國喪)) 때 사가(私家)의 제사 지내는 일 및 사서(士庶)의 복제(服制)에 대하여

〔답〕 국휼의 졸곡(卒哭) 이전에는, 연상(練祥 소상과 대상)은 본래 조정의 명령〔朝令〕에 의거하여 행할 수 있지만, 기제(忌祭)와 묘제(墓祭)의 경우에는 예를 갖추어 행할 수 없고 간략히 설행하여 일헌(一獻)을 올릴 수 있을 뿐이며, 시제(時祭)는 더욱 논할 성격의 것이 아닙니다.

121 옥조(玉藻)에……씁니다 : 《예기》 〈옥조(玉藻)〉에 "대부 이상은 대대의 너비가 4치이다. 잡대의 경우, 임금은 그 테두리를 두를 때 주(朱)를 위로 하고 녹(綠)을 아래로 하며, 대부는 테두리를 두를 때 현(玄)을 밖으로 하고 화(華)를 안으로 한다. 사(士)에게는 대대와 잡대의 구별이 없고 그 테두리 색깔에도 안팎의 차이가 없이 모두 치색(緇色)으로 하는데, 너비가 2치이니 두 번 두르면 4치가 된다. 이것이 대부 이상의 띠와 다른 점이다. 모든 띠는 바느질이 미세해서 그 자국이 보이지 않는다.〔大夫大帶四寸 雜帶君朱綠 大夫玄華 士緇辟 二寸 再繚四寸 凡帶有率無箴功〕"라고 하였다. 대대(大帶)는 정복의 띠를 말하고, 잡대(雜帶)는 잡복 즉 연거(燕居)할 때의 의복의 띠를 말한다. 현화(玄華)는 대부의 잡대의 테두리를 장식할 때 흑색〔玄〕을 밖으로 하고 황색〔華〕을 안으로 하는 것을 말하고, 치비(緇辟)는 사(士)의 잡대의 테두리를 온통 검은색〔緇〕으로만 하는 것을 말한다. 비(辟)는 비(紕) 즉 테두리 장식을 말한다.

그리고 삼년상 중에 아침저녁으로 올리는 상식(上食)은 국휼의 성복(成服) 이전이라도 행하지 못할 의리가 없을 듯합니다. 서인(庶人)이 국군(國君)에 대해서는, 예(禮)에 의거하면 자최삼월복(齊衰三月服)을 입어야 마땅한데, 후세에는 단지 백색의 의관(衣冠)으로 삼년을 지내니, 복(服)으로는 미치지 못하고 연월(年月)로는 지나치며, 소군(小君)[122]에 대해서는 입을 복이 없는데, 오늘날에는 백색의 의관으로 1년을 지내니, 이것은 지나친 것만 있고 미치지 못하는 것은 없습니다. 이는 참으로 속례(俗禮)의 잘못이라고 하겠습니다만, 이미 시왕(時王 현재의 군주)의 제도가 그렇게 되어 있고 그 유래가 또 오래되었으니, 어떻게 감히 따르지 않을 수 있겠습니까. 화담(花潭)의 고사(故事)[123]는 대개 고례(古禮)를 따르려 한 것입니다마는, 아무래도 미안할 듯합니다.

122 소군(小君) : 주(周)나라 때 제후의 처를 일컫던 말인데, 여기서는 왕후를 가리키는 말로 쓰였다.

123 화담(花潭)의 고사(故事) : 화담 서경덕(徐敬德)이 인종(仁宗) 때 국상의 상례(喪禮)를 개정하여 방상(方喪)의 옛 제도를 회복하도록 건의하며 상소한 일을 말하는데, 이 상소문은 끝내 입계(入啓)되지 않았다. 방상은 통상(通喪)인 부모의 삼년상에 준하여 임금의 상복을 입는 것을 말한다. 한국문집총간 24집에 수록된 《화담집(花潭集)》 권2 〈의상인종대왕논국조대상상제불고지실소(擬上仁宗大王論國朝大喪喪制不古之失疏)〉에 이 내용이 실려 있다.

유원보에게 답하는 글 기해년(1779, 정조3)

答柳元輔 己亥

유성거(柳聖擧)이다.

〔문〕 옛날 신주(神主)의 제도는 지금 신주의 방식과 무슨 차이가 있습니까? 시동(尸童)이 있을 때에도 신주를 놔두는데, 어떻게 신(神)을 의탁하는 물건에 두 개의 방법이 있는 것입니까. 천자(天子)와 제후(諸侯)의 목주(木主)의 제도는 또 어떠합니까?

〔답〕 평상시에는 신(神)이 물론 신주에 의지하지만, 제사 때에 와서는 또 자손의 생기(生氣)를 가지고 접하며 그 모습을 통해서 드러내는 것〔著〕이니,-이 저(著) 자는 신(神)이 자신을 드러내는 것이니, 저존불망(著存不忘)[124]의 저(著)입니다.- 그 이치가 지극히 미묘합니다. 그런데 후세에서는

124 저존불망(著存不忘) : 귀신이 드러나고 존재하는 것이 마음에 잊히지 않는다는 뜻으로, 《예기》 〈제의(祭義)〉의 말에서 발췌한 것인데, 본문의 이해를 돕기 위하여 그 내용을 소개하면 다음과 같다. "제삿날에 방에 들어가면 애연히 자리에 모습이 보이는 것이 반드시 있고, 주선(周旋)하며 문을 나가면 숙연히 목소리가 들리는 것이 반드시 있고, 문을 나가 들으면 개연히 탄식하는 소리가 들리는 것이 반드시 있다. 그렇기 때문에 선왕의 효심으로 말하면, 눈에서 부모의 모습이 떠나지 않고, 귀에서 부모의 소리가 끊이지 않고, 마음에서 부모의 심지와 기욕이 잊히지 않았던 것이다. 애모(愛慕)함이 극에 이르면 엄연히 존재하는 듯하고, 성각(誠慤)함이 극에 이르면 눈앞에 드러나서, 드러나고 존재하는 것이 마음에 잊히지 않는 법이니, 어떻게 공경하지 않을 수가 있겠는가.〔祭之日入室 僾然必有見乎其位 周還出戶 肅然必有聞乎其容聲 出戶而聽 愾然必有聞乎其歎息之聲 是故先王之孝也 色不忘乎目 聲不絶乎耳 心志嗜欲不忘乎心 致愛則存 致慤則著 著存不忘乎心矣 夫安得不敬乎〕"

이 예법이 없어졌기 때문에 제사(祭祀)의 예(禮)가 노무(鹵莽 거칠고 엉성함)함을 면치 못하게 되었으니, 시동과 신주가 함께 한곳에 있다고 해서 신주가 두 개라는 혐의를 둘 것이 뭐가 있겠습니까. 지금 신주의 방식은 이천(伊川 정이(程頤))에게서 나온 것인데, 제왕가(帝王家)에서는 이 제도를 쓰지 않고 있습니다. 아조(我朝)에서 대상(大喪) 때 쓰는 상주(桑主)와 율주(栗主)[125]의 제도는, 모난 형태로 크고 길며 함중(陷中)[126]이 없는데, 중국도 이것과 크게 다르지는 않은 것 같습니다.

125 상주(桑主)와 율주(栗主) : 뽕나무와 밤나무로 만든 신주를 말하는데, 각각 우제(虞祭)와 연제(練祭) 때에 사용하였다.

126 함중(陷中) : 신주(神主)의 뒤쪽 면을 장방형으로 우묵하게 파낸 부분을 말하는데, 여기에 망인(亡人)의 성명과 관직과 별호 등을 써넣었다.

홍생 윤승에게 답하는 글 정축년(1757, 영조33)
答洪生允升 丁丑

〔문〕 부친이 살아 계시고 모친상을 당한 경우에, 삼년이 지나 길사(吉事)로 복귀할 때 곡(哭)을 하고 제복(除服)하는 절차에 대하여

〔답〕 15개월 만에 담제(禫祭)를 지냈으면 복을 이미 벗은 것인데, 삼년 뒤에 다시 곡을 하고 복을 벗는 예(禮)가 어디에 있겠습니까. 다만 그날에 묘소에 올라가서 슬픔을 펴는 것이 옳을 듯합니다.

〔문〕 먼 조상의 제사는 종자(宗子)와 항렬이 높은〔尊行〕 자 중에서 누가 주관해야 합니까?

〔답〕 시조(始祖)는 종자가 주관하고, 제2세(世) 이하는 항렬이 높은 자가 주관합니다.

〔문〕 "우제에 참신이 없다.……〔虞祭無參神……〕" 한 것에 대하여

〔답〕 우제(虞祭) 때 참신(參神)은 없고 사신(辭神)은 있는 것, 우제 때 사신(辭神)하는 것이 신주를 들인〔斂主〕 뒤에 있는 것이 시제(時祭)와 같지 않은 것, 이 두 조목에 대해서는 그 뜻을 잘 모르겠으니 감히 의견을 내놓지 못하겠습니다.

그러나 고례(古禮)에 의거하면, 우제와 시제를 막론하고 모두 참신은 있고 사신은 없습니다. 대개 《가례(家禮)》는 《서의(書儀)》를 많이 준용하였고 《서의》는 또 속례(俗禮)를 많이 채용했기 때문에 그 사이에 의문시되는 곳이 많이 있으니, 예컨대 질문 내용 중에 나오는 '우제

때 축(祝)을 읽는 자가 주인의 오른쪽에 있는 것'이나 '삼헌(三獻)에 구운 고기와 분헌(分獻)[127]이 없는 것' 등이 바로 그러합니다.

묘제(墓祭)는 집에서 제사 지내는 의례처럼 한다고 이미 말했고 보면, 분헌을 하는 것은 의심할 여지가 없습니다. 그리고 헌작(獻爵)과 제주(祭酒)의 절차에 있어서 우제가 시제와 같지 않은 것은, 우제는 상제(喪祭)이기 때문에 예문(禮文)이 복잡하지 않아서〔文不縟〕 그런 것입니다.[128] 선유(先儒)의 설에 의하면 대개 "일헌(一獻)에는 축(祝)이 없다."라고 하였습니다만, 《가례》에 의거하면 일헌에도 축이 있어야 마땅합니다. 유식(侑食)에는 축이 없는 것이 옳습니다. 유(侑)는 음식을 더 권하는 뜻에서 나온 것이니, 이미 삼반(三飯)을 하고 나서 다시 권하여 배부르게 하는 것입니다.

제(祭)[129]는 옛사람이 음식을 종류마다 조금씩 두(豆) 사이에 덜어 내어 처음 음식을 만든 자에게 제사 올리는 것이니, 이는 근본을 잊지 않기 위해서입니다. 부친이 계시는데 모친상을 당한 경우에 신묘(新墓)의 축문은 부친을 주인으로 하지만, 삼년 안에는 축 없이 해야 합니다. 묘제에는 유식이 없는데, 원야(原野)의 예(禮)는 종묘(宗廟)보다 감쇄(減殺)해야 하기 때문입니다. 우제에도 유식이 없습니다. 그런데 《가례》에서는 이 조항을 그대로 놔두어 집사자(執事者)가 그 일을 행

127 분헌(分獻) : 제사 때 배향자(配享者)에게 제물을 올리는 것을 말한다. 주향자(主享者)에게 올리는 것은 정헌(正獻)이라고 한다.

128 우제는……것입니다 : 대개 상례(喪禮)는 '애통함이 절박하면〔哀遽〕' '예의 절차를 복잡하게 따지지 않기 때문에〔文不縟〕' 그렇다는 말이다.

129 제(祭) : 음식과 술을 조금 덜어 내는 것을 말한다. 27쪽 주17 참조.

하게 하였으니, 이는 다른 것과의 차별을 보여 주려고 하는 것이겠지만, 그래도 의아한 생각이 듭니다.

〔문〕 삼년상 안의 묘제(墓祭)에 대하여

〔답〕 삼년상 안의 궤연(几筵)에는 원래 시향(時享)을 설행하는 일이 없는데, 묘제도 시향에 속하는 것입니다. 따라서 전(奠)의 예(例)로 제물을 올린다면 무방하지만, 성대하게 제의(祭儀)를 갖추는 것은 안 될 일입니다.

〔문〕 상중(喪中)에 향사(享祀)하는 것에 대하여

〔답〕 상중에 제사를 행하게 된다면, 복(服)이 가벼운 자가 대신 행하게 하고, 참신(參神)과 사신(辭神) 및 애곡(哀哭)할 때에만 뒷줄에 참여하는 것이 온당할 것 같습니다. 복색(服色)은 효건(孝巾 베 두건)과 심의(深衣) 차림에 별도로 포대(布帶)를 갖추는 것이 좋겠습니다. 평량자(平凉子 패랭이)는 굳이 쓸 필요가 없습니다.

기복(朞服)의 경우에는 장사 지낸 뒤에 제사를 평시처럼 하되 수조(受胙)[130]만은 행하지 않는다는 것이 바로 율옹(栗翁 이이(李珥))의 설로서 지금 세상에서 모두 이를 준행하고 있습니다. 그러나 처상(妻喪)은 삼년의 체(體)를 갖춘 것인 만큼 다른 기복과는 다른 점이 있습니다. 주자(朱子)가 일찍이 행한 것으로 말하더라도, 사시(四時)의 정제(正祭)를 폐하고 절사(節祀)만 존치하였으며, 복색은 심의와 양삼(凉

130 수조(受胙) : 제사를 마치고 제관(祭官)이 제물 일부를 집사(執事)에게서 받아 맛보는 것으로, 신으로부터 복을 받는 것을 상징한다.

衫)[131] 등속을 썼습니다. 또 일찍이 말하기를 "기제는 혐의할 것이 없을 것 같지만, 정침에 이미 궤연을 설치한 이상에는 제사 지낼 곳이 없으니, 기제도 잠시 정지하는 것이 좋을 듯하다.〔忌祭似無可嫌 而正寢已設几筵 卽無祭處 恐亦可暫停也〕"[132]라고 하였습니다. 이것을 가지고 유추해 본다면, 제사를 평시처럼 하는 것이 혹 미안하지 않겠습니까. 그러나 감히 단언하지는 못하겠습니다.

131 양삼(凉衫) : 남자가 여름에 입는 흰색의 홑두루마기인데, 상복으로도 사용하였다. 백삼(白衫)이라고도 한다.

132 기제(忌祭)는……듯하다 : 《회암집(晦菴集)》 권59 〈답두문경(答竇文卿)〉에 이 내용이 나온다.

방생 석필에게 답하는 글 무자년(1768, 영조44) 11월
答房生錫弼 戊子十一月

〔문〕 개영역(開塋域)[133]을 할 때 토지신에게 제사 지내는 축사(祝辭)에는 성명(姓名)만을 칭하고, 장일(葬日)에 토지신에게 제사 지내는 축사에는 봉시(封謚 봉호와 시호)만을 칭합니다. 이에 대해서 우옹(尤翁 송시열(宋時烈))은 우연히 글이 빠진 것〔闕文〕이라고 하였는데, 과연 그런지 모르겠습니다.

〔답〕 장례를 지낼 때 시호(謚號)를 청하고, 시호를 얻으면 이름을 대체하게 되는 것입니다.[134] 그렇다면 아직 장례를 지내기 이전에는 성명을 칭하고, 일단 장례를 지내면 봉시(封謚)를 칭하는 것이니, 이는 원래 그렇게 하는 것이 당연한 것으로, 글이 빠진 것이 아닙니다.

〔문〕 개영역(開塋域)과 관련하여

〔답〕 〈사상례(士喪禮)〉에 "그 흙을 남쪽에 내놓는다.〔南其壤〕"[135]라고

133 개영역(開塋域) : 상주(喪主)가 산에 올라가서 장사 지낼 묘역의 흙을 조금 파내고 팻말을 세우며 후토씨(后土氏)에게 고하는 의식을 말한다.

134 장례를……것입니다 : 위(衛)나라 공숙문자(公叔文子)가 죽었을 적에 그의 아들 수(戍)가 임금에게 시호(謚號)를 청하면서 "날짜가 정해져서 장사 지내려고 하니, 이름을 대체할 칭호를 내려 주소서.〔日月有時 將葬矣 請所以易名者〕"라고 하자, 임금이 그의 생전 행적을 참작하여 정혜문자(貞惠文子)라는 시호를 내려 주었다는 고사가 《예기》 〈단궁 하(檀弓下)〉에 나온다.

135 그 흙을……내놓는다 : 《의례》 〈사상례(士喪禮)〉에, 묘역을 확정한 뒤에는 "묘

하였는데, 그 주(註)에 "장사 지낼 적에 머리를 북쪽으로 두기 때문이다.〔爲葬將北首故也〕"라고 하였으니, 그렇다면 "그 흙을 밖으로 내놓는다.〔外其壤〕"라고 한 것도 그 안에 장사 지내려 한다는 뜻이 들어 있습니다. 네 귀퉁이와 가운데의 흙을 파내는 것〔掘〕은 서택(筮宅 장지(葬地)를 정하는 것)을 할 때의 일로서 고례(古禮)이고, 팻말을 세우는 것〔立標〕은 후토(后土)를 제사 지낼 때의 일로서 《개원례(開元禮)》에 처음 보이니, 흙을 파내는 것은 팻말 때문이 아닌 것이 분명합니다. 사방 모퉁이의 팻말은 영역(塋域)을 표시하는 것이고, 가운데의 팻말은 매장할 곳을 표시하는 것이고, 남쪽의 두 팻말은 문을 만드는〔作門〕 뜻이니, 대개 후토를 제사 지내려 하기 때문에 이런 의식이 있는 것입니다. 나무의 길이는 적당히 하면 될 것이니, 무슨 정식(定式)이 있겠습니까.

〔문〕 시제(時祭)의 수조조(受胙條)에 고이성(告利成)[136]을 하는 일이 있는데, 기제(忌祭)에는 수조(受胙)를 하지 않는다고 말하였으니, 그렇다면 고이성도 행하지 않는 속에 들어 있는 것 같습니다.
〔답〕 우제(虞祭) 때에 수조를 하지 않는데도 고이성하는 것은 있으니, 기제도 여기에 준하는 것이 마땅합니다.

〔문〕 고이성(告利成)하고 재배(再拜)하는 것은 시동(尸童)에게 하

역의 네 귀퉁이를 파서 그 흙을 밖으로 내놓고, 가운데를 파서 그 흙을 남쪽에 내놓는다. 掘四隅 外其壤 掘中 南其壤〕"라는 말이 나온다.

136 고이성(告利成) : 이성을 고한다는 뜻으로, 귀신의 대행자인 시동(尸童)에게 제사가 다 끝났다고 알리는 것이다. 이(利)는 양(養)의 뜻이고, 성(成)은 필(畢)의 뜻으로, 공양하는 예가 다 이루어졌음을 의미한다.

는 것이지 주인(主人 상주)에게 하는 것이 아닙니다. 그렇다면 축(祝)과 여러 집사가 모두 재배하는데, 주인만 유독 절하지 않는 것은 무엇 때문입니까?

〔답〕《가례(家禮)》는 《서의(書儀)》를 받아 쓴 것인데, 그 《서의》를 보면 "주인은 절하지 않는다.〔主人不拜〕" 아래에 해설하기를 "이는 수조했기 때문이다.〔此受胙也〕"라고 하였습니다. 대개 축(祝)과 자리에 있는 자〔在位者〕가 절하는 것이 비록 고이성의 아래에 있긴 하지만, 사실은 고이성 때문에 절하는 것이 아니라 바로 수조(受胙) 때문에 절하는 것인데, 단지 고이성과 수조가 서로 이어졌기 때문에 그 일이 끝나고 나서 절하게 된 것일 뿐입니다. 이 절은 신(神)의 은사(恩賜)에 감사하여 절하는 것과 비슷한데, 주인은 수조 때 이미 절하였기 때문에 절을 하지 않는 것입니다.

〔문〕 개장(改葬)할 때의 우제(虞祭)에 대하여

〔답〕 지금 예법을 좋아하는 집안에서는 모두 주자(朱子)와 우옹(尤翁)의 설을 준행하여 우제를 행하지 않고, 단지 묘소 앞에 전(奠)을 설하고 나서 돌아와 다시 신주(神主)를 정침(正寢)에 내어 전을 설하고 곡을 할 따름입니다. 내유(來諭 보내온 글)에서 우제 운운한 것은, 어쩌면 이런 일을 미처 듣지 못해서 그런 것이 아니겠습니까.

〔문〕 개장할 때 시마복(緦麻服)을 입는 것은 시구(尸柩)를 보게 되기 때문입니다. 땅속에 아무 탈이 없어서 도로 흙을 덮을 경우에는, 그때도 시구를 보았으니 시마복을 계속 입어야 합니까?

〔답〕 경(經)에 이르기를 "개장할 때에는 시마복을 입는다.〔改葬緦〕"라

고 하였으니, 개장을 하지 않고 도로 덮는 경우에야 어찌 시마복을 계속 입겠습니까. 자사(子思)가 말하기를 "차마 복 없이 지친을 보낼 수 없어서이다.〔不忍無服送至親〕"라고 하였는데, 도로 덮는 것은 보내는 것〔送〕이 아님이 분명합니다. 정씨(鄭氏 정현(鄭玄))가 "시구를 직접 보기 때문이다.……〔親見尸柩……〕"라고 한 것은 단지 대략적으로 말한 것일 뿐이니, 도로 봉분(封墳)한 뒤에는 곧바로 곡(哭)을 하고 벗는 것이 마땅합니다.

〔문〕《가례》 치제전(置祭田)의 주(註)에는 "현재의 전지(田地)를 계산하여 감실(龕室)마다 20분의 1을 취한다.〔計見田 每龕取二十之一〕"라고 하였고, 《비요(備要)》에는 "현재의 전지를 계산하여 20분의 1을 취한다.〔計見田 取二十之一〕"라고 하였습니다. 《가례》에 의거하면 감실마다 각각 20분의 1을 취한다는 말인 듯하고, 《비요》에 의거하면 단지 20분의 1을 취해서 이를 나누어 사감(四龕)[137]의 제전(祭田)으로 한다는 말인 듯합니다.

〔답〕《비요(備要)》의 하문(下文)에 "친진(親盡 친족 관계가 다하는 것)이 되면 묘전으로 삼으며, 부위도 이와 같이 한다.〔親盡則以爲墓田 祔位倣此〕"라고 하였으니, 그렇다면 이것도 각 위전(位田)마다 그렇게 한다는 말입니다.

137 사감(四龕) : 사당 안에 설치한 사대(四代)의 감실(龕室)을 말한다. 《가례》 사당장(祠堂章)에 "사당 안에 네 개의 감실을 만들어 선세의 신주를 봉안한다.〔爲四龕以奉先世神主〕"라는 말이 나온다.

방생 석필에게 답하는 글 병신년(1776, 정조 즉위년) 6월
答房生錫弼 丙申六月

〔문〕 습(襲)할 때에 이미 심의를 껴입히고 대대를 매듭지은 만큼〔襲深衣 結大帶〕, 소렴(小斂) 때에 와서는 단지 산의(散衣)[138]를 뒤집거나 거꾸로 하는 것〔或顚或倒〕일 뿐이니, 그렇다면 좌우로 옷섶을 여미는 것을 논할 것이 뭐가 있겠습니까. 그런데도 그만 "나머지 옷으로 시신을 덮고 옷섶을 왼쪽으로 여미며 고를 만들지 않는다.〔以餘衣掩尸 左衽不紐〕"라고 하였으니, 이는 어째서입니까?

〔답〕 먼저 효(絞)와 금(衾)과 의(衣)를 펼쳐 놓고 그 위에 시신을 옮긴 다음에 그대로 그 의(衣)와 금(衾)을 가지고 시신을 염(斂)하며 옷을 입히듯 하는 것이니, 그렇다면 '옷섶을 좌우로 여미는 것'을 논할 것이 어찌 없을 수 있겠습니까.

〔문〕 최복(衰服)의 제도에서, '각참부판일촌(各攙負版一寸)'이라는 여섯 글자의 뜻을 잘 모르겠습니다.

〔답〕 '각참부판일촌'도 《서의(書儀)》에 나오는 글인데, 참(攙) 자의 뜻이 확실하지 않습니다. 그러나 부판(負版)[139]의 너비를 보면 벽령(辟

138 산의(散衣) : 소렴과 대렴 때 사용하는 의복으로, 조복(朝服)이나 제복(祭服) 이외의 다른 잡다한 의복들을 말한다.

139 부판(負版) : 최복(衰服) 등의 뒷부분 아래쪽 한가운데에 붙여서 늘어뜨리는 베 조각을 말한다.

領)[140] 밖으로 나온 양쪽의 변(邊)이 각각 1치〔寸〕이니, 이것을 가지고 유추하면 그 뜻을 대개 알 수 있습니다.

〔문〕 부친상을 행하는 중에 모친을 개장(改葬)하여 합장(合葬)할 때에는 '감히 상복을 바꾸지 못하는〔不敢變服〕' 의리[141]를 따라야 할 듯하고, 모친상을 행하는 중에 부친을 개장하여 합장할 때에는 '각각 해당하는 복을 입는〔各服其服〕' 의리[142]를 따라야 할 듯합니다. 신재(愼齋 김집(金集))는 말하기를 "지금 막 모친상을 당한 와중에 시마(緦麻)의 경복(輕服) 차림으로 항상 빈소 옆에 처하기는 어려울 듯하다. 따라서 동시에 발인한다면 다시 시마복을 입는 예문(禮文)을 적용하지 않아도 될 것이다.〔方在初喪中 似難以緦服之輕 恒處於殯側 同時發靷則更服緦麻 又無所施〕"라고 하였고, 또 말하기를 "시마복을 그냥 시마라는 경복으로만 간주하지 말고, 부친에 대한 상복으로 중하게 여겨서 존존[143]의 뜻을 잃지 말아야 한다.〔不以緦看緦而以父喪爲重 不失尊尊之義〕"라고 하였는데, 어느 설이 정론(正論)인지 모

140 벽령(辟領) : 상복 상단의 목이 닿는 부분의 양쪽 옆 깃 아래에 댄 천을 말한다.

141 감히……의리 : 설혹 모친의 연상(練祥)을 당했다 하더라도 '부친이 죽어서 아직 장사 지내지 못했을 때에는 감히 변복하지 못하는〔父喪未葬 不敢變服〕' 의리를 말한다.

142 각각……의리 : 《가례(家禮)》 성복장(成服章)에 '그 이튿날에 오복을 입는 사람들이 각각 해당하는 복을 입고 들어가 자리에 가서 조곡을 하는〔厥明五服之人各服其服入就位朝哭〕' 항목이 있다.

143 존존(尊尊) : 존귀한 분을 존귀하게 대하면서 비천한 자와 구별하는 것을 말하는데, 《예기》 〈상복소기(喪服小記)〉의 "친소(親疏)와 존비(尊卑)와 장유(長幼)와 남녀(男女)를 구별하는 것이야말로 인간의 도덕 면에서 지극히 중대한 질서라고 할 것이다.〔親親尊尊 長長男女之有別 人道之大者也〕"라는 말에서 나온 것이다.

르겠습니다.

〔답〕 고례(古禮)는 단지 포마(布麻)의 경중(輕重)을 가지고 판단하기 때문에, 《예기(禮記)》에도 포특(包特)[144]의 설이 있는 것입니다. 나의 의견으로는 신재의 위의 설이 나을 듯합니다.

〔문〕 만가(輓歌)를 상가(喪家)에서 청하는 것에 근거가 있습니까?

〔답〕 이는 단지 흘러 내려온 습속일 뿐입니다. 습속을 따르는 것이 물론 크게 해로울 것은 없지만, 청하지 않는 것이 아무래도 간략하면서도 타당하다는 느낌이 듭니다.

144 포특(包特) : 경자포(輕者包) 중자특(重者特)의 준말로, 《예기》〈간전(間傳)〉의 "참최의 상에서 우제와 졸곡을 지내고 나서 자최의 상을 당했을 경우에는, 가벼운 것은 포(包)를 하고 무거운 것은 특(特)을 한다.〔斬衰之喪 旣虞卒哭 遭齊衰之喪 輕者包重者特〕"라는 말에서 나온 것인데, 포는 겸하여 감싸는 것〔兼包〕을 말하고, 특은 특별히 남겨서 드러내는 것〔特留〕을 말한다. 참최와 자최의 상이 겹친 경우에, 이미 참최의 우제와 졸곡을 지냈다면 자최로 참최복을 바꿀 수 있는 계기가 된 것이다. 그런데 남자는 머리를 중히 여기고 여자는 허리를 중히 여기며, 따라서 상대적으로 남자는 허리를 가벼이 여기고 여자는 머리를 가벼이 여긴다. 그래서 소(疏)에서 "남자는 허리를 가볍게 여기므로 자최의 요대를 둘러서 참최의 대(帶)를 겸하여 감쌀 수 있고, 부인은 머리를 가볍게 여기므로 자최의 수질을 둘러서 참최의 질(絰)을 겸하여 감쌀 수 있다.〔男子輕腰 得著齊衰腰帶 而兼包斬衰之帶 婦人輕首 得著齊衰首絰 而包斬衰之絰〕"라고 하였는데, 이것이 경자포이다. 그리고 "남자는 머리를 중히 여기므로 참최의 수질을 특별히 남겨서 드러내고, 부인은 허리를 중하게 여기므로 참최의 요대를 특별히 남겨서 드러낸다.〔男子重首 特留斬衰之絰 婦人重腰 特留斬衰腰帶〕"라고 하였는데, 이것이 중자특이다.

윤생 진승에게 답하는 글 무술년(1778, 정조2)
答尹生晉升 戊戌

〔문〕《논어(論語)》의 불우불구(不憂不懼)[145]에 대하여

〔답〕 환퇴(桓魋)가 난리를 일으켜서 물론 근심스럽고 두렵겠지만, 자신의 도리로서는 오직 간(諫)할 만하면 간하고 구(救)할 만하면 구하는 것일 뿐이니, 만약 그렇게 할 수 없다면 또 어떻게 하겠습니까. 그저 내가 처신해야 할 도리를 극진히 하고서, 태연히 명(命)에 순응할 따름입니다. 만약 그 근심과 두려움을 이기지 못하고서 늘상 심흉(心胸) 사이에 담아 둔다면, 이는 무의(無義)요 무명(無命)인 것[146]이니 어찌 군자의 관평(寬平)하고 정대(正大)한 마음이라고 하겠습니까.

〔문〕《중용(中庸)》의 "공자는 멀리 요 임금과 순 임금을 조종(祖宗)으로 받들어 계승했다.〔仲尼祖述堯舜〕"의 장구(章句)에서 "내외를 겸하고 본말을 포괄한다.〔兼內外 該本末〕"라고 한 것[147]에 대하여

145 불우불구(不憂不懼) : 공자의 제자 사마우(司馬牛)가 군자에 대해서 묻자, 공자가 "군자는 근심하지 않고 두려워하지 않는다.〔君子不憂不懼〕"라고 대답한 말이 《논어》〈안연(顔淵)〉에 나오는데, 주희는 사마우의 형인 사마상퇴(司馬向魋) 즉 환퇴(桓魋)가 난리를 일으켜서 그가 늘 걱정하였으므로 이렇게 일러 주었다고 해설하였다.

146 무의(無義)요 무명(無命)인 것 : 무의는 일을 당했을 때 제대로 처리하지 못하는 것이고, 무명은 일을 처리하고 나서 태연히 놓아 버리지 못하는 것인데, 《맹자》〈만장상(萬章上)〉 8장에 이에 대한 구체적인 사례가 소개되어 있다.

147 중용(中庸)의……것 : 《중용장구(中庸章句)》 제30장에 "공자는 멀리 요 임금과 순 임금을 조종(祖宗)으로 받들어 계승하고, 가까이로는 문왕(文王)과 무왕(武王)의

〔답〕 내외와 본말을 요순(堯舜)의 차원에서 말한다면, 정일(精一)과 집중(執中)[148]이 내(內)이고 본(本)이며, 관원을 임명한 것〔命官〕과 홍수를 다스린 것〔治水〕이 외(外)이고 말(末)입니다. 문왕(文王)과 무왕(武王)의 법도 역시 이 뜻에 견주어서 살펴보아야 할 것입니다.

〔문〕 31장에서는 총명예지(聰明睿知)라고 말하고, 32장에서는 총명성지(聰明聖知)라고 말한 것에 대하여

〔답〕 지혜로움이 성스러움을 만드는 것〔睿作聖〕[149]이니, 성(聖)과 예(睿)는 뜻이 다르지 않습니다. 그런데 여기에서의 성(聖) 자는 '통하지 않음이 없는 것〔無不通〕'으로 새겨야 할 것입니다.

법도를 드러내 밝혔다. 위로는 천시를 법도로 삼고 아래로는 수토의 이치를 따랐다.〔仲尼祖述堯舜 憲章文武 上律天時 下襲水土〕"라는 말이 나오는데, 그 주(註)에 "이는 모두 내외를 겸하고 본말을 포괄해서 말한 것이다.〔皆兼內外該本末而言也〕"라고 하였다.

148 정일(精一)과 집중(執中) : 정밀하게 살피고 한결같이 지키면서 중도를 행하는 것을 말한다. 《서경(書經)》 〈대우모(大禹謨)〉의 "인심은 위태하고 도심은 은미하니, 오직 정밀하고 일관되게 하여 그 중도(中道)를 진실로 잡아야 한다.〔人心惟危 道心惟微 惟精惟一 允執厥中〕"라는 16자를 요약한 것이다.

149 지혜로움이……것 : 《서경》 〈홍범(洪範)〉 오사(五事)에 이 말이 나온다.

권생 경에게 답하는 글 병신년(1776, 정조 즉위년) 6월

答權生炅 丙申六月

성인(聖人)이 출현하여 만물이 우러러보매[150] 벙어리와 귀머거리가 활기를 더 띠게 되는 것은 참으로 내의(來意 보내온 글)에서 말씀하신 뜻과 같은 점이 있습니다만, 장차 끊어지려 하는 이 목숨이 혹 조금이라도 생명이 연장되어 지극한 정치가 이루어지는 것을 볼 수 있게 될는지 모르겠습니다.

별지(別紙)에서 나에게 물어 주신 것은 이 몸을 비루하게 여기지 않은 것이니 참으로 고맙습니다. 담일(湛一) 운운한 것이야말로 의리상의 지극히 정미한 곳인 만큼 창졸간에 연구할 수 있는 것이 아니니, 다시 이기(理氣)의 큰 근원이 되는 대목에 대하여 정밀히 사색하고 힘껏 구명하여 곧장 밑바닥까지 궁구해 보시기 바랍니다. 그리하여 참으로 이(理)와 기(氣)가 일치하고 심(心)과 성(性)이 실제로 같아서 나눌 수 없다는 것을 보게 된다면, 많은 이야기를 할 필요가 절로 없어질 것입니다.

그리고 또 하나 말씀드릴 것이 있습니다. 천지에 가득한 것은 모두가 이 담일의 기(氣)이니, 그 사이에서 생장하는 것 중에 어찌 이 기를

150 성인(聖人)이……우러러보매 : 《주역》 〈건괘(乾卦) 구오(九五)〉에 "나는 용이 하늘에 있다.〔飛龍在天〕"라는 말이 나오고, 그 〈문언(文言)〉에 "구름은 용을 따르고 바람은 범을 따르나니, 성인이 출현하면 만물이 모두 우러러보게 마련이다.〔雲從龍風從虎 聖人作而萬物覩〕"라는 말이 나온다. 여기에서 성인은 새 임금으로 즉위한 정조(正祖)를 비유하는 말이다.

품부받지 않은 것이 있겠습니까. 과연 일물(一物)이라도 여기에 끼이지 않는 것이 있다면, 이것은 기(氣) 밖에 다른 물(物)이 있는 것이 됩니다. 그리고 금수(禽獸)에 이것이 없으면 '아주 조금〔一點子〕'이라고 할지라도 어떻게 알 수가 있을 것이며,[151] 초목(草木)에 이것이 없으면 어떻게 피고 질 수 있겠으며, 분회(糞灰)에 이것이 없으면 어떻게 생물을 생장시킬 수 있겠습니까.

그러므로 사재(渣滓 찌꺼기)라는 것은 담일의 사재인 것이지 담일 이외에 따로 다른 사재가 있는 것은 아니라고 말하는 것입니다. 다만 사재가 중해지면 담일이 은폐된 나머지 자신을 드러내어 뚜렷이 행하지 못하는 것일 뿐입니다. 따라서 똑같이 이 담일을 얻었다고 하더라도, 크고 작고 치우치고 온전한 면에서 만 가지로 같지 않은 점이 있으니, 이것이 바로 일본만수(一本萬殊)가 되는 소이(所以)인 것입니다. 기(氣)가 이러하고 이(理)가 이러하고 심(心)이 또 이러하며, 기(器)가 또한 도(道)이고 도가 또한 기인 것이니, 이는 크거나 작거나 간에 너무도 분명한 사실인데, 이에 대해서 모순(矛盾) 운운하는 것은 이해할 수가 없습니다.

151 금수(禽獸)에……것이며 : 주희가 인물지성(人物之性)에 대해 논한 대목 가운데 "기(氣)는 서로 비슷하다. 그래서 예컨대 춥고 따스한 것을 느끼는 것이나, 배고프고 배부른 것을 아는 것이나, 사는 것을 좋아하고 죽는 것을 싫어하는 것이나, 이익을 좇고 해를 피하는 것 등은 인(人)과 물(物)이 모두 같다. 반면에 이(理)는 같지 않다. 그래서 예컨대 벌과 개미의 군신은 단지 그 의(義)에 대해서 아주 조금만 아는 것이 있을 뿐이며, 범과 이리의 부자는 단지 그 인(仁)에 대해서 아주 조금만 아는 것이 있을 뿐이다.〔氣相近 如知寒煖 識飢飽 好生惡死 趨利避害 人與物都一般 理不同 如蜂蟻之君臣 只是他義上 有一點子明 虎狼之父子 只是他仁上 有一點子明〕"라고 말한 내용이 나온다.《朱子語類 卷4 性理1 人物之性氣質之性》

그리고 '도심과불급(道心過不及)'의 설로 말하면, 사람들 중에 혹 이렇게 보는 자가 있기에 매양 괴이하게 여겼었는데, 현자(賢者 당신)의 견해도 그럴 줄은 생각하지 못하였습니다. 그러나 이것에 대해서는 많은 말을 필요로 하지 않습니다. 도심(道心)에 만약 실제로 과(過)와 불급(不及)이 있다면, 주자(朱子)가 무엇 때문에 단지 "인심은 도심에게서 명을 들어야 한다.〔人心聽命於道心〕"라거나 또 "본심의 바름을 지켜서 벗어나지 말아야 한다.〔守其本心之正而不離〕"라고만 하고, 다시 도심에 대해서 간별(揀別)하는 논의를 하지 않았단 말입니까. 만약 중(中)이 못 되는 도심에게서 명을 듣고 중이 못 되는 본심(本心)을 지킨다면, 어찌 이(理)를 해치는 것이 되지 않겠습니까.

하단(下段)에서 치곡(致曲)[152] 운운한 것에 대해서는, 나의 의견도 내의(來意)와 그다지 크게 차이가 나지는 않습니다. 대개 성(誠)을 지니고 지성(至誠)을 지니는 것이 성(誠)인 점에서는 같다고 하더라도, 계속 쌓여서 순숙(純熟)해지면 의상(意象 심경(心境))과 공용(功用)이 자연히 같지 않게 되는 것입니다. 어수선한 속에서 억측하며 대답하다 보니 맞지 않는 것도 많으리라 생각하는데, 모쪼록 반박하여 가르쳐 주시기 바랍니다.

152 치곡(致曲) : 성(誠)이 미흡하여 성인(聖人)의 경지에 이르지 못한 대현(大賢) 이하의 사람들도 자기의 부분적인 선단(善端)을 확대하여 지성(至聖)의 경지에 도달하게 되는 것을 말한다. 《중용장구》 제23장에 "천하지성의 성인 다음가는 사람도 부분적인 선을 점차 확대해서 지성의 경지에 이를 수 있다. 부분적인 선단으로도 내면이 성실해질 수 있으니, 내면이 성실해지면 밖으로 금방 드러나고, 일단 드러나면 갈수록 현저해지고, 현저해지면 환히 밝아지고, 환히 밝아지면 남을 감동시키고, 남이 감동을 하면 변화되고, 변화되면 동화된다. 이와 같이 오직 천하의 지성이어야만 남을 동화시킬 수 있는 것이다.〔其次 致曲 曲能有誠 誠則形 形則著 著則明 明則動 動則變 變則化 唯天下至誠 爲能化〕"라는 말이 나온다.

나생 상신에게 답하는 글 무자년(1768, 영조44) 2월
答羅生尙信 戊子二月

〔문〕 주자(朱子)가 말하기를 "백이(伯夷)와 숙제(叔齊)는 도시 용(庸)이 되지 못한다."라고 하였는데, 그가 용(庸) 자를 해석한 것을 보면 "본분에 따를 뿐 괴이한 일을 하지 않는 것이다."라고 하였습니다.[153] 백이와 숙제가 행한 일은 임금에게 충성한 일인데, 어째서 이것이 본분이 아닌 것이며, 어째서 이것이 용이 못 되는 것입니까?

〔답〕 주자는 탕무(湯武 상나라 탕왕과 주나라 무왕)가 방벌(放伐)한 것을 용(庸)으로 삼으며 당연한 일로 여겼습니다. 그렇다면 백이와 숙제가 용(庸)이 못 되는 것과 본분에 따름이 아닌 것도 자연히 그 속에 들어 있지 않겠습니까.

153 주자(朱子)가……하였습니다 : 《논어》 〈옹야(雍也)〉의 중용지위덕장(中庸之爲德章)과 관련하여, 주희가 "용(庸)은 본분에 따를 뿐 괴이한 일을 하지 않는 것이다. 요순과 공자는 단지 용일 뿐인데, 백이와 숙제가 행한 일은 도시 용이 되지 못한다.〔庸是依本分不爲怪異之事 堯舜孔子只是庸 夷齊所爲都不是庸了〕"라고 설명한 말이 《주자어류(朱子語類)》 권33에 나온다.

김생 덕양에게 답하는 글 병신년(1776, 정조 즉위년) 4월
答金生德養 丙申四月

〔문〕《소학(小學)》에서 남자는 30세에 장가를 가고 여자는 20세에 시집을 간다고 하였습니다. 그 나이가 서로 다른 것이 어째서 이처럼 크게 차이가 나는 것입니까?

〔답〕남자는 30세가 안 되면 남의 아비 노릇을 할 수가 없고, 여자는 20세가 넘으면 생육(生育)의 시기를 놓치기 때문이니, 이것이 바로 선왕(先王)이 이로써 중제(中制 중용의 도에 맞는 예법)를 삼은 이유입니다. 정강성(鄭康成)이 "2와 3은 하늘과 땅이 서로 승부(承覆)하는 수(數)이다."라고 하였는데,[154] 그 말에도 근거가 있습니다.

〔문〕'집안의 모든 남녀는 첫닭이 울면〔凡內外雞初鳴〕'에서부터 '각자 자기의 일에 종사한다〔各從其事〕'까지의 이 내용[155]은 바로 집을

154 정강성(鄭康成)이……하였는데 :《주례주소(周禮註疏)》권14에 "남자는 30세에 장가를 가고, 여자는 20세에 시집을 간다.〔男三十而娶 女二十而嫁〕"라고 한 경문(經文)에 대해서, 정현(鄭玄)이 "2와 3은 하늘과 땅이 서로 승부(承覆)하는 수이다.《역(易)》에 이르기를 '하늘의 수를 3으로 하고 땅의 수를 2로 하여 수를 세웠다.' 하였다.〔二三者天地相承覆之數也 易曰 參天兩地而倚數〕"라고 해설한 말이 나온다. 승(承)은 아래에서 떠받들어 순종하는 것으로 땅 즉 여성을 가리키고, 부(覆)는 위에서 덮어 주며 보호하는 것으로 하늘 즉 남성을 가리킨다.《역》의 내용은《주역》〈설괘전(說卦傳)〉에 나오는데, 이에 대한 해석이 다양하지만 그중에서 가장 보편적인 것을 택하여 번역하였다. 강성(康成)은 정현의 자이다.

155 집안의……내용 : "집안의 모든 남녀는 첫닭이 울면 모두 일어나서 세수하고 양치질하고 옷을 입은 다음에 베개와 잠자리를 걷어치운다. 그리고 방과 마루와 뜰을 물로

다스리는 절목인데, 어버이를 섬기는 글 안에 배열한 것은 무엇 때문입니까?

〔답〕《역(易)》에 이르기를 "한 집안의 사람들에게 엄한 군주가 있으니, 부모를 말한다."라고 하였습니다.[156] 만약 이 뜻을 안다면 이런 의심이 없어질 것입니다.

〔문〕 혼례(昏禮)의 폐백으로 반드시 기러기를 쓰는 것은 무엇 때문입니까?

〔답〕 묵거(墨車)를 타고 작변(爵弁)과 훈상(纁裳)을 착용하니,[157] 그렇다면 폐백으로 기러기를 쓰는 것도 실로 당연한 일입니다. 정강성(鄭康成 정현(鄭玄))이 "기러기가 음양의 기후에 순응하여 오고 가는 뜻을 취한 것이다.〔取其順陰陽往來〕"라고 말한 것도 한뜻입니다.

닦으며 소제하고 자리를 펴 놓고서 각자 자기의 일에 종사한다.〔凡內外 雞初鳴 咸盥漱衣服 斂枕簟 灑掃室堂及庭 布席各從其事〕"라는 말이 《예기》〈내칙(內則)〉에 나오는데, 《소학》〈명륜(明倫)〉의 어버이 섬기는 대목에서 이 말을 인용하고 있다.

156 역(易)에……하였습니다 : 《주역》〈가인괘(家人卦) 단(彖)〉에 "한 집안의 사람들에게 엄한 군주가 있으니, 부모를 말한다.〔家人有嚴君焉 父母之謂也〕"라는 말이 나온다.

157 묵거(墨車)를……착용하니 : 《의례》〈사혼례(士昏禮)〉에 "주인은 작변을 쓰고, 훈상과 치이를 착용한다. 종자는 모두 현단을 입는다. 신랑은 묵거에 탄다.〔主人爵弁纁裳 緇袘 從者畢玄端 乘墨車〕"라는 말이 나온다. 주인은 신부의 주인이라는 뜻으로, 신랑을 가리킨다. 작변(爵弁)은 면관(冕冠)과 모양이 비슷한데 끈이 없으며, 그 색깔은 붉으면서 약간 검다. 훈상(纁裳)은 옅은 홍색의 하의(下衣)이다. 치이(緇袘)는 검은 가선을 두른 상의(上衣)이다. 현단(玄端)은 흑색의 베로 만든 상의를 말한다. 묵거는 까맣게 옻칠을 한 문식(文飾) 없는 수레로, 대부가 타는 것이다. 사(士)는 잔거(棧車)를 타야 하는데 지금 묵거를 타는 것은 혼례를 중하게 여겨서 대부(大夫)의 성례(盛禮)를 임시로 빌려서 쓰는 것이다. 그래서 이것을 섭성(攝盛)이라고 한다.

〔문〕 며느리를 맞이한 집에서 사흘 동안 음악을 연주하지 않는 것은 어버이를 이어 세대가 변하는 일을 생각해서입니다.[158] 그렇다면 부모가 모두 살아 계실 경우에는 며느리를 맞이한 집에서 음악을 연주할 수 있습니까?

〔답〕 하장(下章)의 "혼례를 축하하지 않는다."[159]라는 것과 그 뜻이 같으니, 어버이의 생존 여부와는 관계가 없습니다.

〔문〕 고시(高柴)가 지름길로 가지 않고 구멍으로 나가지 않은 것[160]은 상도(常道)만 고수할 뿐 권도(權道)는 없는 것으로서 오히려 중도(中道)를 잃은 일인데, 어린이를 가르치는 책에 이 고사를 수록한 것은 어째서입니까?

〔답〕 십분(十分)의 도리(道理)를 가지고 평가한다면 과당(過當)한 점

158 며느리를……생각해서입니다 : 《예기》 〈증자문(曾子問)〉에 "딸을 시집보낸 집에서 사흘 밤을 촛불을 끄지 않는 것은 서로 헤어지는 것을 생각해서 잠을 이루지 못하기 때문이고, 며느리를 맞이한 집에서 사흘 동안 음악을 연주하지 않는 것은 어버이를 이어서 세대가 변하는 일을 생각하며 감회에 젖기 때문이다.〔嫁女之家 三夜不息燭 思相離也 取婦之家 三日不擧樂 思嗣親也〕"라는 공자의 말이 나온다.

159 혼례를 축하하지 않는다 : 《예기》 〈교특생(郊特牲)〉에 "혼례에는 음악을 사용하지 않는다. 왜냐하면 혼례는 음기(陰氣)에 속하는 의례이기 때문이다. 그런데 음악은 양기(陽氣)에 속하기 때문에 혼례에 사용하지 않는 것이다. 그리고 혼례를 축하하지 않는 것은 사람의 세대가 바뀌어 비감이 들기 때문이다.〔昏禮不用樂 幽陰之義也 樂陽氣也 昏禮不賀 人之序也〕"라는 말이 나온다.

160 고시(高柴)가……것 : 고시는 공자의 제자로 자(字)가 자고(子羔)이다. 《논어》 〈선진(先進)〉의 "시는 어리석다.〔柴也愚〕"의 집주(集註)에 "그는 난리를 피해 갈 때에도 지름길로 가지 않고 구멍으로 나가지 않았다.〔避難而行 不徑不竇〕"라는 해설이 실려 있다. 또 《소학》 〈계고(稽古)〉에 이에 대한 내용과 함께 주희의 비평이 소개되어 있다.

이 있는 것 같지만, 자신의 신념을 굳게 지켜 그 무엇으로도 빼앗을 수 없는 그의 절행(節行)으로 말하면, 정녕 배우는 자들의 본보기가 될 만합니다. 이는 전일에 말한 시비이해(是非利害)의 설과 같으니, 다시 생각해 보기 바랍니다.

박생 광묵에게 답하는 글 병신년(1776, 정조 즉위년) 10월
答朴生光默 丙申十月

〔문〕 여기에 한 과부가 있는데, 그녀가 죽자 조구(祖舅)가 주인(主人 상주) 역할을 하게 되었습니다. 그녀에게는 단지 몇 살 먹은 딸아이 하나만 있는데, 혹자는 말하기를 "이미 삼년을 복상(服喪)할 자가 없다면 기년(朞年)의 복제(服制)를 행하는 것이 온당하다.……" 합니다.

〔답〕 질문한 예(禮)의 의문점을 잘 알았습니다. 《예기》 〈상복소기(喪服小記)〉에 "죽은 자를 위해서 대공복을 입어야 할 사람이 주인 역할을 하는 상(喪)의 경우에, 죽은 자의 가족 가운데 삼년복을 입을 자가 있으면 그들을 위해서 반드시 소상(小祥)과 대상(大祥)의 두 제사를 지내야 한다.〔大功者主人之喪 有三年者則必爲之再祭〕"라고 하였는데, 그 주(註)에 "삼년복을 입을 자는 처나 어린 자식을 말한다.〔三年者謂妻若子幼少〕"라고 하였습니다. 대개 자식이 비록 어려서 복상을 할 수 없다고 하더라도, 당연히 삼년복을 입어야 하는 자에 해당하기 때문에, 역시 그들을 위해서 소상과 대상을 지내는 것인데, 여기서 말한 자식에는 아들과 딸의 구별이 없을 듯합니다. 모르겠습니다만, 이에 대해서 어떻게 생각하십니까?

어떤 이에게 답하는 글 신유년(1741, 영조17) 2월

答或人 辛酉二月

옛사람들은 서독(書牘)을 보낼 때면 그 속에 반드시 자기가 공부하는 과정의 진척 상황이나 조예(造詣)의 심천(深淺)에 대해서 스스로 말하곤 하였는데, 이렇게 하는 것이 비록 자기 자랑에 가까운 점이 혹 있을지라도 이를 혐의로 여기지 않았으니, 주 선생(朱先生 주희)의 문자를 통해서 살펴보면 이러한 점을 알 수 있습니다. 왜냐하면 대체로 이와 같이 한 뒤에야 상호 간에 검증을 하며 유통(流通)하고 고취(鼓吹)하는 맛을 느낄 수 있어서, 상관(相觀)[161]하는 유익함이 자리를 함께했을 때와 차이가 없게 되기 때문입니다.

그런데 지금 내유(來諭 보내온 글)를 보면 줄곧 겸양하며 물러서기만 할 뿐이요 대략이라도 보여 주는 것이 없으니, 이것은 어떻게 된 것입니까? 바라건대 지금부터는 변폭(邊幅 겉치레로 꾸미는 것)의 태도를 완전히 없애 버리고, 일용(日用)의 공부를 할 때나 문자에 의심나는 점이 있으면 그때마다 서로 연락하면서 귀찮고 성가시게 하는 일을 꺼리지 말았으면 합니다. 그리하여 제멋에 겨워서 자기가 노래하고 자기가 화답하는 것과 같은 점이 있게 된다면, 강마(講磨)하는 과정에서 얻어지는 것은 논하지 않더라도, 그 기상이 화창해지고 의미가 생생해져서

161 상관(相觀) : 친구들끼리 상대방을 관찰하면서 감동을 받아 서로 본받는 것을 말한다. 《예기》 〈학기(學記)〉의 "서로 살펴보면서 좋은 방향으로 발전하는 것을 연마라고 한다.〔相觀而善之謂摩〕"라는 말에서 나온 것이다.

자기가 알지 못하고 깨닫지 못하는 사이에 한 단계 발전하는 계기가 반드시 있게 될 것입니다.

노형(老兄)은 천자(天資)가 드넓고 굳세며 공부가 순수하고 독실하기 때문에, 내가 애모하는 것이 대개 심상(尋常)하지 않습니다. 그런데 유독 자기 안에 거두어 쌓기만 하는 것이 너무 지나치고 규모가 광대하지 못해서, 성현이 허명(虛明)하게 외물에 응하는 대중(大中)하고 지정(至正)한 법문(法門)과는 혹 차이가 있을 듯도 한데, 이렇게 되면 날로 새롭게 진보하는 방도가 못 되겠기에, 이와 같이 문득 과감하게 말을 꺼내게 되었습니다. 이는 나 혼자만의 말이 아니라 실로 붕우가 모두 인지하고 말해 주고 싶어 했던 것이고, 또 서독 하나의 일에만 국한된 것이 아니니, 오직 현자가 융회(融會)하고 유추해서 통달하는 데에 달려 있다고 할 것인데, 이에 대해서 어떻게 생각하십니까?

나는 지난봄 이후로 계속해서 《의례(儀禮)》를 읽었고 그 사이에 또 《중용(中庸)》과 《대학(大學)》을 외우며 익혔는데, 며칠 전부터는 〈계사(繫辭)〉를 외우기 시작하였습니다. 대개 《의례》를 위주로 하면서 구업(舊業)도 아울러 익히다가 《중용》과 《대학》 공부를 방금 끝냈기 때문에 〈계사〉로 이어받게 된 것인데, 다시 5, 6일쯤 지나면 〈계사〉도 끝낼 수 있으니 그때에는 《논어(論語)》를 외워 볼까 합니다. 지견(知見)상으로는 조금 진보한 것을 말할 만한 것이 없지도 않지만, 일용(日用) 간에 실제로 존양(存養)하고 성찰(省察)하는 측면에서는 의거할 만한 바탕이 있지 않아서, 필경에는 사소하게 얻은 것도 구이(口耳)[162]

162 구이(口耳) : 귀로 듣고서 입으로 곧장 내놓는다는 말로, 되새김질하여 자기의 것으로 만들지 못하고 선불리 밖으로 드러내어 과시하려 한다는 뜻의 겸사이다. 《순자

의 자료에 지나지 않기 때문에, 매양 한밤중에 생각하노라면 나도 모르게 오싹해지며 심장이 떨리곤 하는데, 모르겠습니다만 노형은 이런 나를 어떻게 가르쳐 주시겠습니까.

(荀子)》〈권학(勸學)〉의 "소인이 공부하는 것을 보면, 귀로 듣고는 곧바로 입으로 내놓는다. 입과 귀의 거리는 불과 네 치일 따름이니, 일곱 자나 되는 이 몸을 어떻게 아름답게 할 수가 있겠는가.〔小人之學也 入乎耳 出乎口 口耳之間則四寸耳 曷足以美七尺之軀哉〕"라는 말에서 나온 것이다.

어떤 이에게 답하는 글 을축년(1745, 영조21) 6월

答或人 乙丑六月

옛날에 상(喪)을 당한 자는 제사를 지내지 않았으니, 이에 따른다면 위로 참최(斬衰)로부터 아래로 시마(緦麻)에 이르기까지 복(服)을 입는 자는 모두 제사를 그만두어야 마땅합니다. 그러나 장주(張朱 장재(張載)와 주희) 이래로 여러 선생이 이미 고금의 사정이 다른 만큼 그대로 행하기 어려운 것을 병으로 여기고는 재량(裁量)하고 짐작하여 예교(禮敎)를 수립하였습니다.

그리고 율곡(栗谷) 선생에 이르러 또 '기년복과 대공복은 장례를 지낸 뒤에, 시마복과 소공복은 성복(成服)한 뒤에 모두 평상시처럼 제사를 지내되, 다만 수조(受胙)는 하지 않는 것'으로 정하여 중제(中制 중용의 도에 맞는 예법)를 삼고는, 이를 《격몽요결(擊蒙要訣)》에 드러내어 밝힌 뒤로 이미 온 세상이 통행하는 전례(典禮)가 되었으니, 그렇다면 소생(所生) 부모의 상(喪)도 기년복 안에 똑같이 포함시키는 것이 마땅합니다.

대개 대종(大宗)에 이미 눌려서 그 복(服)을 강등하여 백숙부모(伯叔父母)와 동일하게 하였고 보면, 종사(宗祀)를 중히 여겨 사친(私親)을 억누른 뜻이 분명하다고 말할 만합니다. 지금 만약 일체 고례(古禮)를 준용(準用)하여 복(服)의 경중(輕重)을 따지지 않고 똑같이 제사를 그만둔다면 물론 할 말이 없습니다만, 만약 소생 부모의 상은 다른 기년복과는 다른 점이 있다고 하면서, 특별히 제사를 그만두는 것을 기년이 끝날 때까지 오래도록 한다면, 이는 성인(聖人)의 뜻이 아닐 듯싶습니다. 이와 같은 경우는 단지 복(服)을 가지고 단안을 내려야 마땅하지, 심애(心哀 마음속으로 슬퍼하는 것)의 의리를 적용해서는 안 될 듯합니다.

어떤 이에게 보내는 글 정묘년(1747, 영조23)

與或人 丁卯

종조부식(從祖祔食)[163]을 하는 것이 물론 예(禮)의 바른 것입니다. 그러나 지금 사람들은 흔히 사세(事勢)에 구애된 나머지, 상(殤)[164]이나 후사가 없는 신주(神主)는 거의 모두 친자(親者)의 사실(私室)에 봉안(奉安)하는데, 이것이 결코 예(禮)의 본의는 아니지만 온 세상이 모두 그렇게 하여 이미 속례(俗禮)가 되었고 보면, 부득불 이에 대해 예법을 만들어서 통행(通行)할 수 있게 하는 것 역시 그만둘 수 없는 상황입니다.

대저 고례(古禮)로 말하면, 약사증상(禴祠烝嘗 사계절의 제사) 이외에 이른바 제사라고 하는 것은 더 이상 없습니다. 대저 신주를 봉안하는 것은 장차 제사를 지내기 위함인데, 지금 "조묘(祖廟)에 신주를 이미 합부(合祔)하지 않았으니 시향(時享)을 행할 수 없다."라고 말한다면, 이는 단지 그 신주만 보관할 뿐이고 제사는 지내지 않는 것이니, 이것이 과연 어떻게 말이 되겠습니까.

163 종조부식(從祖祔食) : 할아버지를 따라서 제삿밥을 함께 받아먹는다는 뜻으로, 망자(亡者)를 조묘(祖廟)에 합제(合祭)하는 것을 말한다. 《예기》 〈상복소기(喪服小記)〉에 "서자는 성인이 되기 전에 일찍 죽은 자기의 자식이나 후사를 두지 못한 자를 제사 지내지 못한다. 그러한 자들은 종가(宗家)의 조묘에 합제한다.〔庶子不祭殤與無後者 殤與無後者 從祖祔食〕"라는 말이 나온다.

164 상(殤) : 20세가 되어 관례(冠禮)를 치르기 전인 미성년자의 죽음을 말한다. 19세에서 16세까지를 장상(長殤), 15세에서 12세까지를 중상(中殤), 12세에서 8세까지를 하상(下殤)이라고 하는데, 이것을 통틀어 삼상(三殤)이라고 한다.

대개 예(禮)를 어긴 잘못은 조묘에 합부하지 않고 그 신주를 사적으로 봉안한 데에 있는 것이니, 시향을 행하느냐의 여부와는 처음부터 관계가 없는 것입니다. 일단 사적으로 봉안하는 것이 그다지 해로울 것이 없다고 말한다면, 시향도 자연히 그 안에 포함되는 것이고, -신주를 봉안하는 것과 제사는 나누어서 볼 수 없습니다.- 가령 시향을 결코 행해서는 안 된다고 말한다면, 사적으로 봉안하는 것도 결코 해서는 안 되는 것이니, 사리로 보면 이와 같을 뿐입니다. 그런데 지금 사적으로 봉안하는 것은 허락하면서 시향을 허락하지 않는다면 '반쯤 올렸다가 다시 떨어뜨리는 것〔半上落下〕'과 비슷하게 되지 않겠습니까.

대개 시향이라는 것은 단지 살아 있을 때처럼 죽은 자에게 음식을 올리는 것인 만큼, 그 의미가 중대해서 행하기 어려운 점이 별로 없습니다. 〈증자문(曾子問)〉과 〈소기(小記)〉의 주(註)에 "사당이 없으면 선(墠)을 만들어 제사 지낸다.〔無廟者 爲墠祭之〕"[165]라는 글이 있는데, 이것은 또 종조부식을 하지 않고 전향(專享 단독 제향)을 하는 증거로 삼을 수가 있습니다. 다만 그를 제사 지내는 의례(儀禮)는 성상(成喪 성인의 상)과는 크게 같지 않으니, 익히 강구해서 세밀히 조처하지 않으면 안 될 것입니다.

165 사당이……지낸다 : 《예기》 〈증자문(曾子問)〉의 소(疏)에 "제부 중에 후사가 없는 자의 제사는 종자의 증조 사당에서 행하는 것이 마땅하다. 만약 종자가 사(士)의 신분이라서 증조의 사당이 없으면 선을 만들어 제사 지낸다.〔諸父無後 祭之 當於宗子曾祖之廟 若宗子是士 無曾祖廟 爲墠祭之〕"라는 말이 나온다. 선(墠)은 흙을 깎아서 조금 낮게 한 제사터이다. 이에 비해 단(壇)은 흙을 쌓아 올려 만든 제단(祭壇)을 말하는데, 선과 제에 대해서는 《예기》 〈제법(祭法)〉에 관련 내용이 상세히 나온다.

다시 상고해 보건대, 이천(伊川 정이(程頤)) 선생이 말하기를 "하상의 제사는 부모가 주관하는데 부모가 죽을 때까지 행한다. 중상의 제사는 형제가 주관하는데 형제가 죽을 때까지 행한다. 상상의 제사는 형제의 아들이 주관하는데 형제의 아들이 죽을 때까지 행한다. 성인으로 후사가 없는 자는 형제의 손자가 주관하는데 역시 형제의 손자가 죽을 때까지 행한다.〔下殤之祭 父母主之 終父母之身 中殤之祭 兄弟主之 終兄弟之身 上殤之祭 兄弟之子主之 終兄弟之子之身 成人無後者 兄弟之孫主之 亦終其身〕"[166]라고 하였는데, 이것은 또 모두가 종조부식을 하지 않고 전향을 하는 증거입니다. 또 말하기를 "집 안에는 반드시 사당을 두고, 사당에는 반드시 신주를 두어, 매월 초하루에 반드시 천신[167]을 하고, 시제는 중월에 행한다.〔家必有廟 廟必有主 月朔必薦新 時祭用仲月〕"라고 하였는데, 그 주(註)에 "방친으로 후사가 없는 자는 별도의 자리에서 제사 지낸다.〔旁親無後者 祭之別位〕"라고 하였습니다. 그리고 《유서(遺書)》 본문의 '별위(別位)' 아래에 또 "상(殤)의 경우 역시 각각 제사 지낸다.〔殤亦各祭〕"라는 네 글자가 있는데, 이 문단을 가지고 살펴보건대 여기에서 말하는 제사는 단순히 기제(忌祭)만을 가리키는 것이 아님이 또한 분명합니다.

이천(伊川)이 "별도의 자리에서 각각 제사 지낸다.〔別位各祭〕"라고 말한 것은, 그 말의 뜻이 종조부식과는 같지 않다는 느낌이 끝내 듭니

166 하상(下殤)의……행한다 : 《이정유서(二程遺書)》 권18에 이 내용이 나온다.

167 천신(薦新) : 계절마다 새로 나오는 먹을 것을 먼저 신위(神位)에 올리는 일을 말한다.

다. 생각건대, 이천이 반부(班祔)[168]의 한 절목에 대해서 미처 이해를 하지 못했거나 아니면 행하기 어렵다고 여겨서 스스로 의기(義起)[169]를 한 것이 아닌가 합니다.

접복(接服)[170]의 한 조목에 대한 혹자(或者)의 의견을 살펴보건대, 대개 "이것은 부친이 마치지 못한 복을 이어서 입는 것에 불과할 뿐이니, 승중(承重)하는 사체(事體)와는 같지 않다. 부친이 죽으면 그 아들이야 물론 남은 달수를 이어야 하겠지만, 고모(姑母)만 있다면 부인에게 어떻게 이어서 입는 복이 가능하겠는가."라고 하는 것입니다. 이 설이 일리가 있는 듯도 합니다만, 복을 입지 않는 것은 끝내 미안하다는 느낌이 듭니다.

〈증자문(曾子問)〉에 "제사를 받는 이가 죽은 자에게 복이 없으면

168 반부(班祔) : 부위(祔位)를 반차(班次)에 따라 종가의 사당에다 합부(合祔)하는 것을 말한다. 《가례(家禮)》 반부조(班祔條)에 "주독은 모두 정위와 같이 한다.〔主櫝竝如正位〕"라고 하였는데, 그 부주(附註)에 "부위는 방친 가운데 후사가 없거나 항렬이 낮고 나이가 어린 자로서 먼저 죽은 자의 신위(神位)를 말한다.〔祔位 謂旁親無後及卑幼先亡者〕"라는 양복(楊復)의 해설이 실려 있다. 주독(主櫝)은 신주를 담는 나무 그릇을 말하고, 정위(正位)는 고조·증조·조부·부친의 4대 신위를 말한다.

169 의기(義起) : 경전의 본문에는 없지만 의리에 입각해서 새로 만들어 행하는 예법을 말한다. 48쪽 주48 참조.

170 접복(接服) : 복을 대신 이어서 입는 것을 말하는데, 《예기》 〈상복소기(喪服小記)〉의 "상(殤)으로 죽은 자의 후사가 된 자는 그 복으로 복상(服喪)을 한다.〔爲殤後者以其服服之〕"라는 소(疏)에 이 설이 처음 나온다. 또 《통전(通典)》 권97과 권98에도 "남은 달수를 채워서 복을 입는다.〔服其殘月〕"라는 설이 소개되어 있다.

제사를 지낸다.〔所祭 於死者無服則祭〕"라고 하였는데, 이것은 단지 제사를 주관하는 자가 시복(緦服)이 있더라도 그 복이 반드시 본종(本宗)의 시(緦)로서 조고(祖考)에게 복이 있은 뒤에야 비로소 제사를 중지할 수 있다는 것이지, 그 복이 만약 외친(外親)의 시(緦)로서 조고에게 복이 없는 것이라면 자기가 복이 있더라도 제사를 그만둘 수 없음을 밝힌 것일 뿐이요, 애당초 '자기는 복이 없고 제사를 받는 이는 복이 있을 경우에 제사를 중지해야 하느냐'의 여부를 논한 것이 아닙니다. 만약 제사를 받는 이에게 귀중(歸重)한다면,[171] 그 갈등이 한없이 번어나가서 끝나는 시기가 없게 될 것이니, 제사를 중지하는 경우가 어찌 열에 한 번 정도일 뿐이겠습니까. 그렇다면 제사를 받는 이가 비록 대공(大功)의 상(喪)이 있더라도, 제사를 주관하는 자가 일단 복이 없다면 예법대로 설행한다 해서 혐의할 것은 없을 듯합니다. 그리고 소생부모(所生父母 친부모)의 상(喪)에 급히 달려가 복상(服喪)할 때 그 복색(服色)은 단지 자최(齊衰)의 복제(服制)를 써야 하는데, 초종(初終)에서 변복(變服)할 적에 자최의 경우에는 백건(白巾)을 쓰니, 그렇다면 지금의 경우 역시 이를 본받아 행하더라도 그렇게 심하게 어긋나지는 않을 듯도 합니다.

171 제사를……귀중(歸重)한다면 : 중함을 소제(所祭) 즉 제사를 받는 이에게 돌린다는 뜻으로, 소제를 주어로 하여 그에게 초점을 맞춰서 〈증자문(曾子問)〉의 예문(禮文)을 해석하는 것을 말한다.

어떤 이에게 답하는 글 무진년(1748, 영조24) 5월
答或人 戊辰五月

상제(殤祭)를 행할 때 축문(祝文)의 유무(有無)와 관련해서 〈사우례(士虞禮)〉를 살펴보건대, 시(尸)를 맞아들이기 전에 '신에게 흠향하기를 고하는 말〔饗神辭〕'이 있으니, 아래에 나오는 기(記 사우기(士虞記))에서 "감히 정결한 희생 강렵(剛鬣 돼지)을 가지고……〔敢用潔牲剛鬣……〕" 한 것이 그것입니다. 그리고 시(尸)가 들어온 뒤에 또 시에게 강권하는 말이 있으니, 즉 "정결하게 제물을 마련하여 슬피 올린다.〔圭爲而哀薦〕"라고 하는 것이 그것입니다. 이는 〈특생(特牲 특생궤식례(特牲饋食禮))〉의 예를 보아도 마찬가지입니다. 시(尸)가 없을 경우에는 축(祝)이 독축(讀祝)을 끝내고 나면-즉 향신사(饗神辭)입니다.- 그 뒤에 주인이 바로 곡하고 나가서 자리에 복귀할 뿐이고, 그 중간에 행하는 허다한 일은 없습니다. 그러고 보면 시(尸)가 없는 제사에서 비록 시에게 강권하는 축문은 없다고 해도, 신에게 흠향하기를 고하는 축문이 있는 것은 분명합니다. 우제(虞祭)가 일단 그러하다면 기제(忌祭)만 어찌 유독 다를 리가 있겠습니까.

문을 닫는 것〔闔門〕은 또 바로 상(殤)을 제사할 때의 예(禮)입니다. -〈사우(士虞)〉와 〈특생(特牲)〉에서 양염(陽厭) 때에도 지게문을 닫는〔闔戶〕 절차가 있긴 합니다만, 상제(殤祭)만큼 상세히 갖춰져 있지는 않습니다.- 〈증자문(曾子問)〉에서 운운한 것은 〈사우례〉의 '시가 없을 때〔無尸〕'의 한 단락과 참작해서 보아야 하는바, 양염과 음염(陰厭)[172]을 막론하고 모두 문을 닫는 절차가 있어야 함은 의심할 여지가 없습니다.

《가례(家禮)》에서 "부위(祔位)[173]에 삼헌(三獻 초헌(初獻)·아헌(亞獻)·종헌(終獻))을 한다.……" 한 것으로 말하면, 초헌조(初獻條)에서 이미 "술을 따라 올리기를 의례대로 한다.〔酌獻如儀〕"라고 하였고, 아헌과 종헌에서 또 모두 "나누어 헌작(獻酌)하는 것을 초헌 때와 같이 한다.〔分獻如初〕"라고 하였는데, 여기에서 '나누어 헌작한다.〔分獻〕'라고 말한 것은, 어찌 초헌조에서 "사람들이 나뉘어 부위에 나아가서 헌작한다.〔分詣獻酌〕"라고 말한 그것이 아니겠습니까. 지금 "《가례》의 본문에는 이런 내용이 있지 않다."라고 말씀하신 것은 혹 검토를 잘못한 것이 아닌가 싶습니다.

다만 내가 전서(前書)에서 "술을 제한다.……〔祭酒……〕"[174] 한 것은 잘 알 수 없는 점이 있습니다. 대저 나의 의견은 "《가례》의 내용이 이미 이와 같고 보면 이를 따라 행하더라도 물론 근거가 없는 것이

172 양염과 음염(陰厭) : 염(厭)은 염어(饜飫) 즉 실컷 포식(飽食)한다는 뜻으로 귀신이 흠향하는 것을 말하고, 양과 음은 각각 밝은 곳과 음침한 곳을 말한다. 서자(庶子)가 미성년(未成年)으로 죽거나 후사가 없는 자는 종자(宗子) 집안의 조묘(祖廟)에 배향하는데, 제사를 지낼 때는 서북쪽 모퉁이〔西北偶〕의 햇빛이 들어오는 밝은 곳에서 행하고, 존위(尊位)는 동쪽 방에 설치하니, 이것을 일러 양염(陽厭)이라고 한다. 반면에 적장자(嫡長子)가 미성년으로 죽었을 때에는 사당의 어둡고 음침함 곳에서 제사를 지내니, 이것을 음염이라고 한다. 《예기》〈증자문(曾子問)〉에 이 내용이 공자의 설명으로 상세히 나온다.

173 부위(祔位) : 정위(正位)에 상대되는 말로, 방친(旁親) 가운데 후사가 없거나 항렬이 낮고 나이가 어린 자로서 먼저 죽은 자의 신위(神位)를 말한다. 정위는 고조·증조·조부·부친의 4대 신위를 말한다.

174 술을 제한다 : 제(祭)는 '덜어 내다〔除〕'라는 뜻이다. 술을 처음으로 만든 자에게 감사한다는 뜻으로 술을 기울여서 땅에 조금 붓는 것을 말한다.

되지는 않겠지만, 고례(古禮)를 보면 융쇄(隆殺 존비(尊卑))가 판이한 데 여기에는 깊은 의의가 있다고 할 것이다. 그리고 김우(金友)가 인용한 주자(朱子)의 설을 보면 또 《가례》와 같지 않으니 이는 주자가 만년에 행한 것인 듯하다. 따라서 지금 시제(時祭)는 주자의 이 설에 의거하여 행하더라도, 우제(虞祭)와 졸곡(卒哭)과 기제(忌祭)의 종류는 대략 〈사우례(士虞禮)〉를 본받아서 진찬(進饌)과 전작(奠爵)을 한 뒤에 독축을 하고 독축이 끝나고서 곡이 그치면 문을 닫으며, 제주(祭酒)와 종헌(從獻)[175]과 현주(玄酒)와 이성(利成)을 고하는 등의 일은 일체 생략하려 한다.-적(炙)도 진찬할 때 함께 올린다.- 그렇게 하면 고례(古禮)를 참작하고 금례(今禮)를 적용하여 온당하게 될 것도 같은데,-강신(降神)은 본래 천자와 제후가 행하는 예인데, 지금은 사대부가 모두 행하고 있으니, 이것만도 벌써 참람한 일이라고 할 것이다. 그런데 부위(祔位)에까지 이를 행한다면 더욱 미안하게 될 듯한데, 다만 행한 것이 이미 오래되었으니 감히 경솔하게 의논할 수는 없다. 그리고 〈사우례〉의 '깔개에 제한다.〔祭于苴〕'라고 한 하나의 절목에도 이러한 뜻이 들어 있는 것 같고, 또 시(尸)가 있고 없고를 막론하고 모두 이 절차가 있으니, 그렇다면 그냥 놔두어도 크게 해롭지는 않을 것이다.- 어떻게 생각할지 모르겠다."라는 것이었습니다. 그런데 전서에서 《가례》 위주로 말하다 보니 이러한 곡절을 미처 상세히 이야기하지 못했으므로, 어쩌면 나의 본의를 잘 알지 못했으리라고 생각되기도 합니다.

그리고 여기에 또 하나의 설이 있습니다. 시제(時祭)의 부위는 단지 정위(正位)에 통합되는 것인 만큼, 정위에 삼헌을 하면 부위에도 이에

175 종헌(從獻) : 제사나 연향 때에 술을 올린 뒤에 번육(燔肉)이나 적간(炙肝)을 다시 올리는 것을 말한다.

따라 삼헌을 하는 것이 종조부식(從祖祔食)[176]을 하는 의리에도 맞을 것 같은데, 《가례》의 뜻이 혹 여기에서 나온 것은 아닐까 하는 것입니다. 만약 그렇다면 우제와 기제 등 제사에서 이것을 끌어다 삼헌의 증거로 삼을 수는 없어도, 《의례(儀禮)》와 《가례》가 본래는 차이 나는 것이 없다고 해야 하지 않겠습니까.

지난번에 "출계(出繼 남의 후사로 나가는 것)를 한 자의 자식이 또 출계한 경우에는 재차 강등할 수 없다."라고 의논드렸는데, 그 내용이 바로 우옹(尤翁 송시열(宋時烈))의 문집에 보입니다. 그래서 나의 의견이 잘못되지 않은 것을 스스로 다행으로 여기고 있습니다.

〔문〕 "길제(吉祭) 때 새 신주〔新主〕의 자리를 서향(西向)으로 해야 한다.……" 한 것에 대하여

〔답〕 옛날에 삼년상을 마치고 나서 장차 신사자(新死者 망자(亡者))의 신주를 사당에 들이고 그 사당의 원주(遠主 먼 선조의 신주)를 다른 곳으로 옮길 적에는, 이를 위해 신구(新舊)의 신주를 합하여 태조(太祖)의 사당에서 제사하면서 그 소목(昭穆)을 살폈으니, 이것이 바로 길체(吉禘)[177]라고 하는 것입니다.-《춘추(春秋)》의 주(註)에 보입니다.- 그런데 이미

176 종조부식(從祖祔食) : 조묘(祖廟)에 합부(合祔)하는 것을 말한다. 135쪽 주163 참조.

177 길체(吉禘) : 옛날에 상복을 벗고 나서 망자(亡者)의 신주를 받들어 종묘에 들여올 적에 행하는 제사를 말한다. 《춘추좌씨전(春秋左氏傳)》 민공(閔公) 2년에 "여름 5월 을유일에 장공에게 길체를 지냈다.〔夏五月乙酉 吉禘於莊公〕"라는 경문(經文)이 나오는데, 이에 대해서 두예(杜預)가 "삼년상을 마치면 망자의 신주를 종묘로 들이고, 종묘에 있던 먼 선조의 신주를 옮겨서 조묘(祧廟)로 들여야 한다. 이 때문에 대제를

"그 소목을 살핀다."라고 했고 보면 새 신주를 소목의 자리에 배열해야 하는 것 또한 분명한 사실입니다.-왜냐하면 대개 이와 같이 한 뒤에야 그 세수(世數)를 살필 수 있고, 이와 함께 어떤 신주를 옮겨야 하는지와 새 신주는 어느 묘(廟)로 들여야 하는지를 살필 수 있기 때문입니다.- 그리고 제사가 끝나고 나서 신주를 되돌릴 적에 마침내 원주(遠主)를 받들어 협실(夾室)로 되돌리고, 남묘(南廟)에 있던 신주를 북묘(北廟)로 옮기면서 새 신주가 남묘에 들어가게 되니,-횡거(橫渠)와 주자(朱子)의 설[178]에 보입니다.- 이렇게 해서 소목이 정해지는 것입니다.

《비요(備要)》에서 "차례대로 번갈아 올려놓는데, 새 신주 또한 정위에 들인다.〔以次遞升 新主亦入正位者〕"[179]라고 한 것은, 바로 '제사 지내

지내어 소목을 살피는데, 이를 일러 체(禘)라고 한다. 장공의 상제가 아직 끝나지 않은 이때에 별도로 사당을 세우고 사당이 완성되자 길제를 지냈으며 또 태묘에서 제사를 행하지 않았기 때문에 상세히 써서 기롱하는 뜻을 보인 것이다.〔三年喪畢 致新死者之主於廟 廟之遠主當遷入祧 因是大祭 以審昭穆 謂之禘 莊公喪制未闋 時別立廟 廟成而吉祭又不於太廟 故詳書以示譏〕"라고 해설하였다.

178 횡거(橫渠)와 주자(朱子)의 설 : 횡거의 설은 장횡거(張橫渠) 즉 장재(張載)가 "옛날에 군주가 죽으면 삼년상을 마치고 길체를 지낸 뒤에 부묘(祔廟)하는 것이니, 협제(祫祭)를 계기로 해서 조주(祧主) 즉 원조묘(遠祖廟)의 신주는 협실에 모시고 새 신주는 마침내 빈궁에서 종묘로 들이는 것이다.〔古者君薨 三年喪畢 吉禘然后祔 因其祫祧主藏于夾室 新主遂自殯宮入于廟〕"라고 주장한 것을 말하는데, 이 횡거의 설을 주희가 만년에 받아들여 정례(正禮)로 삼았다. 횡거의 설은 《장자전서(張子全書)》 권8 〈상기(喪紀)〉에 수록되어 있다.

179 차례대로……들인다 : "주인과 주부가 모두 올라가서 각기 신주를 받들어 독(櫝)에 넣고 상자에 담은 뒤에 사당으로 받들고 돌아가서 차례대로 번갈아 올려놓는데, 이때 새 신주도 정위에 들인다.〔主人主婦皆升 各奉主 納于櫝 盛以笥 奉歸祠堂 以次遞升新主亦入正位〕"라는 말을 발췌한 것이다. 《비요(備要)》는 김장생(金長生)이 편찬한

기 전에 조감(祖龕)에 합부(合祔)했던 것'을 가지고 '제사 지낸 뒤에 정감(正龕)으로 올려 들인 것'에 상대해서 말한 것이지, '제사 지낼 때에도 여전히 서향의 자리에 있다가 제사가 끝난 뒤에 비로소 정위(正位)에 들어가는 것'을 말한 것이 아닙니다. 지금 "제사 지낼 때에 예전 그대로 서쪽을 향한다."라고 말한다면, 합제(合祭)를 설행하는 목적이 새 신주를 맞아들이는 데에 있는데, 오히려 내려서 부식(祔食)하는 반열을 따르는 것이 되고 마니, 상(殤)이나 후사 없는 자를 제사 지내는 것과 무슨 차이가 있으며, 소목을 살피는 의리가 어디에 있다고 하겠습니까.

그리고 일단 부위(祔位) 그대로 행하기로 한다면 장차 시(尸)도 없고 축(祝)도 없이 제사를 지낼 것입니까? 만약 그렇지 않다면, 또 어떻게 부위로 있는데 시가 있고 축이 있을 수 있겠습니까. 또 부위 안에 만약 새 신위보다도 높은 신위가 있다면, 그 신위의 상하는 또 어떻게 설치할 것입니까? 그 신위를 새 신위에 합부한다면, 또 장차 부위의 부위로 할 것입니까? 이와 같은 여러 가지 절목을 생각해 보면 모두 타당성이 없음을 확인할 수 있습니다. 만약 "비록 부위는 아니지만 우선 임시로 서향으로 하는 것일 뿐이다."라고 말한다면, 이것은 또 반쯤 올려놓았다가 다시 아래로 떨어뜨리는 격이 되지 않을까 싶습니다.

그리고 서향의 자리라고 말하는 것도 금례(今禮)일 뿐입니다. 만약 고례(古禮)를 가지고 말한다면, 좌소우목(左昭右穆) 이외에 하나의 자리를 별도로 설치해야 할 텐데, 설치하는 장소와 제사 지내는 의식은

《상례비요(喪禮備要)》를 말하는데, 신의경(申義慶)이 편집한 《상제서(喪制書)》를 정리하고 《가례(家禮)》의 미비한 부분을 보충한 것이다.

또 어떻게 해야 되겠습니까. 그리고 혹자(或者)가 "사당 가운데에서 제사를 행한다.……" 한 것 역시 옳지 않을 듯합니다. 사당 가운데에서 제사를 행하면서 또 어떻게 감실(龕室) 안에서 행한단 말입니까.-이렇게 하면 합제가 성립되지 않습니다.- 그렇다면 어쩔 수 없이 앞마루〔前堂〕에 자리를 설치하고 신주를 받들어 나아가야 할 터인데, 이것은 정침(正寢)에서 행하는 것과 무슨 차이가 있겠습니까.

대저 내유(來諭 보내온 글)에서 남향으로 하는 것을 의심한 것은, 오묘(五廟)의 혐의가 있을까 염려해서 그런 것입니다. 그렇지만 그렇게 제사하는 목적은 바로 신주를 옮기기 위함이니, 그렇다면 잠시 합향(合享)한다고 해서 꼭 혐의로 여길 것은 없을 듯싶습니다.

〔문〕"관례(冠禮)를 사세(事勢)에 구애받아 지자(支子)의 집에 가서 행한다.……" 한 것에 대하여

〔답〕고례(古禮)에 관혼(冠婚)을 모두 예묘(禰廟)에서 행한 데에는 실로 깊은 뜻이 들어 있습니다. 지금 비록 과감하게 《가례(家禮)》를 선뜻 버리고 고례를 좇지는 못한다고 하더라도, 고조(高祖)를 이은 종가(宗家)에 일이 생겼다고 한다면, 고례에 의거하여 곧장 예묘에서 의식을 행하면서 그 친부형(親父兄)에게 주관하게 하는 것이 의리가 직절(直截)하면서 지장이 없을 듯도 한데, 어떻게 생각할지 모르겠습니다.

〔문〕〈사우기(士虞記)〉의 소(疏)에서 "음염[180]과 양염 때 유호(牖戶

180 음염(陰厭) : 적장자가 미성년으로 죽었을 때 사당의 어둡고 음침한 곳에서 제사를 지내는 것을 말한다. 적장자가 아닌 서자는 양염(陽厭)이라고 한다. 141쪽 주172 참조.

바라지와 지게문)를 닫는 일이 없다.……〔陰厭陽厭無闔牖戶之事……〕"
한 것에 대하여

〔답〕 시(尸)가 있는 경우에는 음염(陰厭) 때 유호를 닫는 일이 없기 때문에, 양염(陽厭) 때 유호를 닫지 않아도 설독(褻瀆)할 근심이 없게 되는 것입니다. 그러나 시(尸)가 없는 경우에는 음염 때 이미 유호를 닫은 상황에서, 만약 다시 서북쪽 모퉁이에 음식을 차리고는 다시 유호를 닫는다면, 이는 거듭 유호를 닫는 것이 되어 설독을 하는 것이니 그렇게 할 수는 없습니다. 대개 경문(經文)에, 양염 때 유호를 닫는다는 하나의 절목이 있기 때문에 정(鄭 정현(鄭玄))이 중폐(重閉)라는 글자를 쓴 것입니다만, 지금 소(疏)를 보건대 "음염과 양염 모두 유호를 닫는 일이 없다."라고 말했으니, 그렇다면 중폐라는 글자를 쓴 것은 말이 되지 않습니다.

대저 유호를 닫는 것에는 두 가지 종류가 있습니다. 예컨대 〈사우례(士虞禮)〉의 경(經)과 기(記) 등에서 말한 것은-〈궤식례(饋食禮)〉도 마찬가지입니다.- 향신(饗神)의 뜻에서 나온 것이고, 〈사혼례(士昏禮)〉에서 전채(奠菜)[181]를 하고 신부가 나가면 축(祝)이 유호를 닫는 것은 일이 끝났기 때문에 문을 닫고 나가는 것입니다. 이 때문에 정(鄭)이 저것에 대해서는 단지 "일이 없으면 문을 닫는다.〔無事則閉〕"[182]라고 해석하였고, 이것에 대해서는 "어쩌면 사람을 멀리하려 할 것이다.〔或者遠人〕"[183]

181 전채(奠菜) : 채소 위주의 제사를 말한다. 27쪽 주16 참조.

182 일이……닫는다 : "사당에 일이 없으면 문을 닫으니, 귀신은 그윽하고 어두운 것을 좋아하기 때문이다.〔廟無事則閉 鬼神尙幽闇也〕"라는 말을 줄인 것이다.

183 어쩌면……것이다 : "귀신은 그윽하고 어두운 것을 좋아하니, 어쩌면 사람을 멀리하려고도 할 것이다.〔鬼神尙幽闇 或者遠人乎〕"라는 말을 줄인 것이다.

라고 해석하였으니, 그 뜻을 알 수가 있습니다. 그리고 기(記)에서만 문을 여는〔啓戶〕 절차를 상세히 말하였고 경(經)에는 그런 내용이 없기 때문에-계호(啓戶)는 손님을 보내고 나서 음식상을 치울 때에 있는 것 같습니다.- 소가(疏家)가 살피지 못하고 그렇게 말한 것일 뿐입니다.

〔문〕 신주를 자손의 묘소 가에 묻는 것에 대하여
〔답〕 주자(朱子)가 "시조의 묘소 가에 묻는다.〔埋于始祖墓邊〕"[184]라고 말한 것은 대개 '조주(祧主 원조묘(遠祖廟)의 신주)는 태조(太祖)의 협실(夾室)에 안치한다'는 뜻에서 나온 것입니다. 지금 만약 자손의 묘소 가에 묻는다면, 이는 바로 주자가 기롱한 '자손의 협실에 내려서 안치하는 것'[185]이 되니, 매우 미안할 듯합니다. 비록 시조(始祖)가 아니라도, 조선(祖先)의 묘소라면 혹 무방할 듯합니다.

〔문〕 신주를 묻을 때 뉘어 놓는 것과 앉혀 놓는 것에 대하여
〔답〕 앉히거나 누이거나 크게 상관은 없습니다만, 그래도 뉘어 놓는

184 시조의……묻는다 : 조주(祧主)는 원래 시조묘(始祖廟)의 협실(夾室)에 안치해야 하지만, 사서(士庶)의 집에서 감히 참람하게 시조의 묘를 세울 수 없으니 안돈(安頓)할 곳이 없고, 그렇다면 정이(程頤)의 설대로 양계(兩階) 사이에 묻어야 하지만 지금 사람들은 가묘(家廟)에 양계가 없어서 그럴 수도 없으니, 그렇다면 "시조의 묘소 가에 묻는 것이 그래도 낫다고 생각된다.〔思之不若埋于始祖墓邊〕"라고 주희가 설명한 내용이 《주자어류(朱子語類)》 권90에 보인다.

185 자손의……것 : 《회암집(晦菴集)》 권15에 "옛날에 오직 자손의 조주를 조고의 협실에 올려 안치하는 법만 있었지, 조고의 조주를 자손의 협실에 내려 안치한 글은 없었다.〔古者唯有子孫祧主上藏於祖考夾室之法 而無祖考祧主下藏於子孫夾室之文〕"라는 주희의 말이 나온다.

것이 나을 것도 같습니다. 절하고 하직하는〔拜辭〕 하나의 절목이 우옹(尤翁 송시열(宋時烈))의 문집에 있으니, 준행하는 것이 마땅할 듯합니다. 곡(哭)은 해서는 안 됩니다.

〔문〕 인후(人後)가 된 자가 소후부(所後父 양부(養父))의 사친(私親)에게 복(服)이 있는지의 여부에 대하여

〔답〕《의례》와《가례》에 의거하면, 소후(所後)가 된 자의 친척에 대해서는 모두 '친아들과 같이〔若子〕' 하게 되어 있으니, 부친의 사친에 대해서 어떻게 복이 없을 수 있겠습니까. 일체 부친을 따라서 한 등급 강쇄(降殺)하는 예(例)를 적용해야 할 듯합니다. 대개 소후부와 친생부(親生父)의 같고 같지 않은 점을 먼저 살피면, 대처하는 데에 어려움은 없을 듯합니다. 부친의 사친에게 한 등급 강쇄하는 것은《경례문답(經禮問答)》[186] 중의 박수여(朴受汝 박중회(朴重繪))와 여양(驪陽 민유중(閔維重))에게 답한 글에 보입니다.

또 하나의 설이 있습니다. 예(禮)에 의하면, 소후(所後)가 된 자의 처(妻)의 부모와 형제와 조카에 대해서는 모두 복을 입는 것이 친아들의 경우와 같습니다. 대저 대의(大義)로 말하면 인후가 된 자는 대종(大宗)의 뒤를 이은 것이니, 소후가 된 자의 처의 사친에 대해서 어찌 후사가 된 의리를 적용하겠습니까마는, 일단 이 모친의 아들이 된 이상에는 모친에 따라서 그 사친의 복을 입지 않을 수가 없는 것입니다.-이

186 경례문답(經禮問答) : 송시열(宋時烈)이 경서와《가례(家禮)》 등에 대해서 제자들과 문답한 편지를 모아 놓은 것으로, 1730년(영조6)에 24권 10책으로 간행되었다.《경례의의(經禮義疑)》라고도 한다.

것이 도종(徒從)[187]과 비슷한데도 속종(屬從)[188]이 되는 것은 바로 친아들처럼 해야 한다는 것 때문입니다.- 외친(外親)도 오히려 그러한데, 하물며 소후(所後)가 된 자의 사친(私親)에 대한 것이겠습니까. 은정(恩情)으로 말하면 부친의 소생(所生)이고, 명분으로 말하면 종조조부모(從祖祖父母 조부의 형제)이니, 어떻게 부친에 따라서 그 복을 입지 않을 수 있겠습니까.

187 도종(徒從) : 종복(從服)의 하나로, 친족 관계는 없지만 그냥 남을 따라서 입는 복을 말한다.

188 속종(屬從) : 친속 관계를 따져서 상복을 따라 입는 것으로, 따라 입는 그 사람〔所從〕이 죽어도 그대로 복을 입는다.

어떤 이에게 답하는 글
答或人

왕년에 우리 종가(宗家)에 후사가 끊겨서 종형(宗兄)의 상(喪)을 마친 뒤에 오래도록 개제(改題)하는 일을 행하지 못하다가, 몇 년이 지난 뒤에야 비로소 종형(從兄)의 4세 된 아들을 데려와 후사로 삼은 뒤에, 즉시 입안(立案 공증문서(公證文書))을 작성하여 제출하고는 길제(吉祭)를 행하였습니다. 지금 이렇게 보여 주신 내용을 보건대 바로 우리 종가의 일과 사정이 똑같으니, 비록 나이가 어리더라도 즉시 후사를 세우고서 개제하는 일을 행하는 것이 옳을 듯싶습니다.

만약 어린아이의 입안을 어렵게 여겨서 후사를 세우지 못한다면, 형세로 볼 때 임시로 제삼자로 하여금 제사를 섭행하게 해야 할 것이니, 개제를 행하는 것은 논할 성격의 것이 아니라고 하겠습니다. 따라서 제사 지낼 때마다 제사를 섭행하는 뜻을 고할 필요는 없고, 섭주(攝主)를 누군가로 정한 다음에 삭망(朔望)의 참례(參禮)를 인하여 혹 별도로 주과(酒果)를 진설하고는 "아직 후사를 세우지 못했기 때문에 우선 아무개가 제사를 섭행한다."라는 내용으로 말을 만들어 고하되, 제사 지낼 때의 축사(祝辭)는 곧장 "아들 모의 손자 모가 감히 밝게 고한다.……〔子某孫某敢昭告……〕" 하면서 삼헌(三獻)을 행하는 것이 좋을 것입니다. 모르겠습니다만, 어떻게 생각하십니까?

〔문〕 담제(禫祭)를 지낼 달이 정제(正祭 시제(時祭))를 지낼 중월(仲月)을 만났을 경우에 그달을 넘기는 것을 기다리지 않고 길제를 행하

는 것은, 바로 삼년 동안 중지해 온 뒤라서 그 정제를 행하는 것을 급하게 여겨 그런 것입니다. 만약 지자(支子)의 모친이 먼저 죽은 상태에서 부친상을 당한 경우라면 정제를 급히 행해야 할 걱정도 없으니, 담월(禫月)이 비록 중월을 만났더라도 그달을 넘겨서 길제를 행하는 것이 좋습니까?

〔답〕 비록 종자(宗子)의 집이 아니라도, 부친상이 이미 끝났다면 정제를 행하는 것이 어찌 급하지 않겠습니까.

어떤 이에게 답하는 글 정해년(1767, 영조43)
答或人 丁亥

허령(虛靈)하고 통철(洞徹)하여 만 가지 이치가 찬란하게 갖춰져 있는 이것이 바로 본지풍광(本地風光)인데,[189] 내유(來諭 보내온 글)에서 진제실경(眞際實境)[190]이라고 말한 것 역시 이것을 가리키는 것입니다. 그러나 반드시 박약(博約)[191]에 머리를 나란히 하고 조금씩 쌓아 가며 계속

189 허령(虛靈)하고……본지풍광(本地風光)인데 : 명덕(明德)에 대한 주희의 해석을 인용하여 심(心)의 본모습을 표현한 말이다. 《대학혹문(大學或問)》에 "오직 사람의 삶만이 기(氣)의 정(正)하고 통(通)한 것을 얻어서 그 성(性)이 가장 귀한 것이다. 그러므로 방촌 사이가 허령하고 통철하여 만 가지 이치가 모두 갖추어져 있다. 대개 사람이 금수와 다른 소이는 바로 여기에 있으며, 사람이 요순이 될 수 있고 천지에 참여하여 화육을 도울 수 있는 소이도 이것 말고 다른 데에 있는 것이 아니다. 이것이 이른바 명덕이라고 하는 것이다.〔惟人之生 得其氣之正且通者 而其性爲最貴 故其方寸之間 虛靈洞徹 萬理咸備 蓋其所以異於禽獸者正在於此 而其所以可爲堯舜 而能參天地以贊化育者亦不外焉 是則所謂明德者也〕"라는 주희의 말이 나온다. 본지풍광은 자기 심성(心性)의 본분(本分)을 의미하는 선종(禪宗)의 용어로, 본래면목(本來面目)과 같은 말이다. 육조(六祖) 혜능(慧能)이 몽산혜명(蒙山惠明)에게 "선을 생각하지도 않고 악을 생각하지도 않는 바로 그 때에 명 상좌의 본래면목은 무엇인가?〔不思善 不思惡 正與麽時 那箇是明上座本來面目〕"라고 묻자, 혜명이 언하(言下)에 대오(大悟)했다는 이야기가 《무문관(無門關)》 제23칙(則)에 나온다.

190 진제실경(眞際實境) : 진실한 본체를 뜻하는 말이다. 진제는 속제(俗際)에 상대되는 불교 용어로, 진제(眞諦) 혹은 실제(實際)라고도 한다. 실경은 진실한 경계라는 말이다.

191 박약(博約) : 박문약례(博文約禮)의 준말로, 스승에게 배워 식견을 넓히고, 그 지(知)를 예(禮)로 요약하여 행(行)으로 실천하는 것을 말한다. 67쪽 주74 참조.

전진하여 전체(全體)와 대용(大用)이 남김없이 환하게 밝혀진 뒤에야 이와 같이 되는 것이니, 그런 상태의 미발(未發)이어야 비로소 천광운영(天光雲影)[192]을 말할 수 있고, 팔창(八窓)이 영롱(玲瓏)한 것[193]을 말할 수 있을 것이요, 그렇지 않고서 한갓 어슴푸레한 영상(影象)을 지키기만 한다면 여전히 빈껍데기〔空殼子〕에 지나지 않을 것입니다. 이 때문에 내가 매양 "성인(聖人)과 중인(衆人)의 미발(未發)은 그 경계(境界)는 같지만 사활(死活)은 각기 다른 점이 있다."라고 말하는 것입니다.

그런데 내유(來諭)를 보면, 한쪽 모퉁이 끝에서 곧장 강한추양(江漢秋陽)의 경지[194]를 좇아가려는 것 같은데, 유교와 불교가 나뉘는 경계

192 천광운영(天光雲影) : 하늘빛과 구름 그림자라는 뜻으로, 각각 체(體)와 용(用)을 비유하는 말이다. "반 이랑 네모진 못의 거울 하나가 열렸나니, 하늘빛과 구름 그림자가 다 함께 배회하네.〔半畝方塘一鑑開 天光雲影共徘徊〕"라는 주희의 시에서 발췌한 것이다. 《朱子大全 卷1 詩 觀書有感》

193 팔창(八窓)이 영롱(玲瓏)한 것 : 사리에 두루 통하여 식견이 환히 밝아진 것을 비유하는 말이다. 참고로 《주자어류(朱子語類)》 권120에 "허정해도 이 물사가 무엇인지 알아야 하고, 허정하지 않아도 이 물사가 무엇인지 알아야 한다. 만약 무엇인지 모를 때에는 소위 허정이라는 것도 가짜 허정이지 진짜 허정이 아니다. 따라서 이제 모름지기 저 가짜 허정을 타파하여 진짜 허정으로 바꿔야 할 것이니, 그렇게 하면 팔창이 영롱하여 융통하지 않음이 없게 될 것이다. 반면에 그렇게 하지 않으면 저 가짜 허정을 고수하여 종신토록 깜깜한 어둠 속에서 통효하지 못하게 될 것이다.〔虛靜也要識得這物事 不虛靜也要識得這物事 如未識得這物事時 則所謂虛靜亦是箇黑底虛靜 不是白底虛靜 而今須是要打破那黑底虛靜 換做箇白底虛靜 則八窓玲瓏 無不融通 不然則守定那裏底虛靜 終身黑淬淬地莫之通曉也〕"라는 말이 나온다. 여기에서 팔창 영롱 운운한 것은, 당(唐)나라 노륜(盧綸)이 지은 〈부득팽조루송양덕종귀서주막(賦得彭祖樓送楊德宗歸徐州幕)〉이라는 시의 "네 개의 문에 여덟 개의 창이 어찌나 밝은지, 하늘 기운이 영롱하게 그대로 쏟아져 들어오네.〔四戶八窓明 玲瓏逼上淸〕"라는 표현을 인용한 것이다. 팔창은 방에 설치한 4호(戶) 8창(窓)을 말한다.

에 대해서 아직 투철하게 깨닫지 못한 점이 있는 것이 아닙니까? 삼가 성의(盛意: 당신의 뜻)를 보건대 쇄탈(灑脫)하지 않은 것은 아닙니다만, 거울처럼 비어 있고 저울처럼 공평하다〔鑑空衡平〕는 문자를 쓸 수는 없을 듯한데, 모르겠습니다만 날마다 살피는〔日省〕 공부를 하면서 때때로 여기에 생각이 미치기도 하십니까? 나의 바람은, 우선 칠원(漆園)[195]을 버려두고서 심연박빙(深淵薄氷)[196]으로 야마(野馬)가 숨 쉬는 것[197]을 대신하고, "선생님을 왜 알아주지 않는 것이냐?"라고 묻는 자공(子貢)의 질문에 부자(夫子)가 대답한 말[198]을 취하여 익히 읽고 상세

194 강한추양(江漢秋陽)의 경지 : 증자(曾子)가 공자의 인품을 찬양하면서 "장강(長江)과 한수(漢水)의 물에 깨끗이 세탁해서 따가운 가을 햇볕에 말리면 그보다 더 하얀 것이 있을 수 없는 것과 같다.〔江漢以濯之 秋陽以暴之 皜皜乎不可尙已〕"라고 비유한 말이 《맹자》 〈등문공 상(滕文公上)〉에 나온다.

195 칠원(漆園) : 몽현(蒙縣)의 칠원리(漆園吏)를 지낸 장자(莊子) 혹은 그의 저술을 가리킨다.

196 심연박빙(深淵薄氷) : 깊은 못과 얇은 얼음이라는 뜻으로, 매사에 신중하게 대처하는 것을 의미하는데, 《시경》 〈소아(小雅) 소민(小旻)〉의 "마치 얇은 얼음을 밟는 듯하고, 절벽에서 깊은 못을 굽어보는 듯하다.〔如履薄氷 如臨深淵〕"라는 말에서 발췌한 것이다.

197 야마(野馬)가……것 : 《장자(莊子)》 〈소요유(逍遙遊)〉의 "아지랑이와 먼지 같은 것은 하늘과 땅 사이의 생물들이 숨을 쉬면서 서로 내뿜는 것들이다.〔野馬也 塵埃也 生物之以息相吹也〕"라는 말을 인용한 것이다.

198 선생님을……말 : 공자가 "나를 알아주는 이가 없구나.〔莫我知也夫〕"라고 탄식하자, 자공(子貢)이 "선생님을 왜 알아주지 않는 것입니까?〔何爲其莫知子也〕"라고 물었는데, 이에 대해서 공자가 "나는 하늘을 원망하지도 않고 사람을 허물하지도 않으며, 아래로 인사(人事)를 배워 위로 천리(天理)를 통하나니, 나를 알아주는 분은 아마도 하느님이실 것이다.〔不怨天 不尤人 下學而上達 知我者其天乎〕"라고 대답한 고사가 《논어》 〈헌문(憲問)〉에 나온다.

히 완미했으면 하는 것입니다. 그러면 자연히 심군(心君)이 안태(安泰)해지면서 의미가 심장해질 것이니, 하늘은 밝고 하늘은 훤히 아는 만큼〔曰明曰朝〕 어디를 간들 자운(子雲)과 요부(堯夫) 아님이 없을 것입니다.[199] 이에 대해서 어떻게 생각하십니까?

199 하늘은 밝고……것입니다 : 하늘이 환히 내려다보는 것처럼 세상 사람들도 당신의 행적을 자세히 알고서 인정해 줄 것이라는 말이다. 왈명왈조(曰明曰朝)는 《시경》 〈대아(大雅) 판(板)〉의 "하늘은 밝으신지라 그대가 어딜 나가든 함께하시고, 하늘은 훤히 아시는지라 그대가 노닐 적에도 살펴보시느니라.〔昊天曰明 及爾出王 昊天曰旦 及爾游衍〕"라는 말을 발췌한 것이다. 조(朝)는 단(旦)을 휘(諱)한 것이다. 자운(子雲)은 한(漢)나라 양웅(揚雄)의 자(字)이고, 요부(堯夫)는 송(宋)나라 소옹(邵雍)의 자인데, 보통 당대에는 알아줄 사람이 없어서 후세에 제대로 평가해 줄 만한 식견이 높은 사람을 기다린다고 할 때 거론되는 인물들이다.

어떤 이에게 보내는 글 기축년(1769, 영조45) 3월

與或人 己丑三月

저는 한결같이 병으로 신음하고 있고, 실우(室憂 아내의 병환) 역시 병세가 들쑥날쑥합니다. 그래서 날마다 어수선하고 불안한 상태에서 독서하는 일과(日課)도 했다 안 했다 일정하지 않으니, 이렇게 하고서야 어떻게 도(道)에 집중할 수 있겠습니까. 아는 것도 철저하게 알지 못하고 행하는 것도 도저하게 행하지 못하고 있는 형편입니다. 소시(少時)에 주자(朱子)가 60세에 "금년에 와서 비로소 의심이 없어졌다."[200]라고 스스로 말한 것을 보고는, 나 혼자서 '만약 이 나이 때쯤 되면 나 역시 이런 지위를 바랄 수도 있겠다.'라고 생각했었습니다. 그런데 지금도 그저 옛날 그대로 교칠(膠漆)의 단지[201] 속과 인귀(人鬼)의 관문[202] 머

200 금년에……없어졌다 : 《주자어류(朱子語類)》 권104 〈자론위학공부(自論爲學工夫)〉에 "내가 금년에 와서 비로소 의심이 없어진 것을 깨달았다.〔某覺得今年方無疑〕"라는 주희의 말이 나오는데, 바로 그 앞의 조목에 "지금 나이 61세가 되어서야 비로소 이렇게 이해할 수 있었으니, 만약 작년에 죽기라도 했다면 또한 잘못되었을 것이다.〔只今六十一歲 方理會得恁地 若或去年死 也則枉了〕"라는 말이 실려 있다.

201 교칠(膠漆)의 단지 : 아교와 칠이 서로 엉겨 붙어 있는 단지처럼 떼어 내기 어렵다는 뜻으로, 이욕(利欲)을 비유하는 말이다. 주희가 왕패논쟁(王覇論爭)을 벌였던 진량(陳亮)에 대해 "진동보는 이욕이 아교와 칠처럼 엉겨 붙은 단지 속에 들어 있다.〔同父在利欲膠漆盆中〕"라고 기롱한 고사에서 유래한 것이다. 《朱子語類 卷123 陳君擧》 동보(同父)는 진량의 자이다.

202 인귀(人鬼)의 관문 : 사람과 귀신, 즉 군자와 소인으로 나뉘는 갈림길을 말한다. 《심경부주(心經附註)》 권2 〈성의장(誠意章)〉에 "뜻을 참되게 하는 공부야말로 사람이

리에 앉아 있을 뿐인데, 60이라는 나이가 단지 8, 9개월밖에 남아 있지 않으니, 매양 이런 생각을 하노라면 자신도 모르게 한숨이 나오곤 합니다. 그러나 이 8, 9개월 안에 초범입성(超凡入聖)[203]의 계제(階梯)가 혹 마련될 수도 있지 않겠습니까. 여기에까지 생각이 미치다 보니 나도 모르게 또 웃음이 나오는데, 형께서도 이 글을 보다가 역시 이 때문에 폭소를 터뜨리리라 생각합니다.

되느냐 귀신이 되느냐 하는 관문이 된다. 이 하나의 관문을 통과해야만 비로소 전진할 수가 있다.〔誠意是人鬼關 過此一關 方會進〕"라는 말이 나온다.

203 초범입성(超凡入聖) : 범부의 처지를 벗어나 성인의 경지에 들어간다는 말이다. 《주자어류》 권8 〈총론위학지방(總論爲學之方)〉에 "이와 같은 도리에 대해서 제대로 투득(透得)한다면, 자연히 초범입성도 가능할 것이다.〔就此理會得透 自可超凡入聖〕"라는 주희의 말이 나온다.

녹문집

제10권

書서

삼형에게 답하는 글 정미년(1727, 영조3) 4월

答三兄 丁未四月

임면주(任冕周)이다.

팔조목(八條目)의 공부를 보면 격물(格物)로 시작하여 지(知)를 먼저 하고 행(行)을 뒤로 하였으니〔先知後行〕, 그 차서(次序)는 원래 당연하다고 할 것입니다. 그러나 옛날에 사람을 가르칠 적에는 8세부터 벌써 소학(小學)에 들여보내어, 근본을 배양하고 추향(趨向)을 정립하는 도에 대해서 상세히 갖추지 않음이 없었습니다. 그러므로 15세 이상이 되면 그들을 태학(太學)에 들어가게 하여 곧장 격물치지(格物致知)에 공력을 들이도록 하였으니, 이것이 바로 가르침도 그 법도를 얻고 배움도 그 차서를 얻게 된 소이(所以)입니다.[1]

그런데 지금 사람들은 그렇지 않아서 어렸을 때부터 소학에서 배양하는 공부를 하지 않은 상태에서, 《대학(大學)》에서 격물(格物)로 시작하는 것을 보고는 곧장 억견(臆見)으로 억지를 부리며 문자(文字)의 사이에 종사하려고 하는데, 본원(本原)이 이미 잘못되었으므로 끝내 그 오묘한 뜻을 궁구하지 못하고 그 귀결되는 의취(意趣)를 이해하지 못한 채, 결국 성취하는 것은 없이 기껏해야 진부한 문자 나부랭이나 새기는 말단의 일에 그치고 말 따름입니다.

1 팔조목(八條目)의……소이(所以)입니다 : 주희(朱熹)의 〈대학장구서(大學章句序)〉에 이 내용이 상세히 나온다. 팔조목은 격물(格物)·치지(致知)·성의(誠意)·정심(正心)·수신(修身)·제가(齊家)·치국(治國)·평천하(平天下)를 말한다.

이 때문에 《성학집요(聖學輯要)》[2]에서 수렴(收斂)하는 것을 궁리(窮理)의 위에 배치하고 경(敬)으로 관건(關鍵)을 삼았으니, 이것이 어찌 속이는 말이겠습니까. 그런데 수렴하는 방법으로는 구용(九容)[3]만 한 것이 없으니, 이는 몸을 단속하는 데 크게 유익할 뿐만 아니라 지기(志氣)가 안정되었는지의 여부도 징험할 수가 있으니, 정자(程子)가 "두 다리를 뻗고 앉아 있으면서 마음이 거만하지 않은 경우가 어디에 있겠는가."[4]라고 한 이 말이 참으로 확실한 정론이라고 하겠습니다.

그런 까닭에 학자들이 평소에 반드시 두 손을 맞잡고 바르게 앉게 하며 걸을 적에는 반드시 몸을 단정히 하고 천천히 걷게 하며, 언어는

2 성학집요(聖學輯要) : 1575년(선조8)에 이이(李珥)가 《대학(大學)》의 본지(本旨)에 의거하여 왕에게 찬진(撰進)한 제왕학(帝王學)의 교본이다. 경전과 사서(史書)에서 학문과 정치에 관련된 격언을 모아 분류하고 편차하여, 〈통설(統說)〉·〈수기(修己)〉·〈정가(正家)〉·〈위정(爲政)〉·〈성현도통(聖賢道統)〉 등 모두 5편으로 만들었다. 진덕수(眞德秀)의 《대학연의(大學衍義)》가 너무 호번(浩繁)한 데 비하여, 이 책은 간명하게 실학(實學)의 체재를 갖춘 명저로 평가받고 있다. 《율곡전서(栗谷全書)》 권19에서 권26에 수록되어 있다.

3 구용(九容) : 군자의 아홉 가지 모양으로, '발 모양은 무게 있게 하고, 손 모양은 공손하게 하고, 눈 모양은 단정하게 하고, 입 모양은 다물어야 하고, 소리 모양은 조용하게 하고, 머리 모양은 곧게 하고, 기상의 모양은 엄숙하게 하고, 서 있는 모양은 덕스럽게 하고, 안색의 모양은 장엄하게 하는 것〔足容重 手容恭 目容端 口容止 聲容靜 頭容直 氣容肅 立容德 色容莊〕'을 말한다. 《禮記 玉藻》

4 두 다리를……있겠는가 : 혹자가 "사람이 한가히 거할 적에 몸은 나태해도 마음은 거만하지 않을 수 있습니까?〔人之燕居 形體怠惰 心不慢 可否〕"라고 묻자, 정이(程頤)가 "두 다리를 뻗고 앉아 있으면서 마음이 거만하지 않은 경우가 어디에 있겠는가.〔安有箕踞而心不慢者〕"라고 대답하고는, 평소에 홀로 있을 적에도 엄숙하게 무릎 꿇고 앉아 있던 여여숙(呂與叔) 즉 여대림(呂大臨)의 예를 거론하며 칭찬한 고사가 전한다. 《二程遺書 卷18》《近思錄 卷4 存養類》

반드시 간중(簡重)하고 용색(容色)은 반드시 엄숙하게 하는 것이요, 희학(戲謔)의 이야기가 입에서 끊어지고 타만(惰慢)의 기운이 몸에서 멀어지게 하는 것입니다. 그리고 이와 함께 때때로 정좌(靜坐)하여 함양(涵養)하는 공부를 함으로써, 우리 마음으로 하여금 전일하여 산란함이 없게 하고 청명하여 혼매함이 없게 하는 것이니, 이와 같이 힘을 써서 《대학》의 격치(格致) 공부에 나아간다면, 고인(古人)이 가르침을 베푼 뜻을 이에 얻을 수 있고 속유(俗儒)가 말단을 좇는 걱정거리를 면할 수 있을 것입니다. 이는 모두 제가 일찍이 자득한 것인데, 또 듣자 하니 집사(執事)께서 몸을 단속하는 면에 소략한 점이 많다고 하기에, 감히 이런 말씀을 올리게 되었습니다. 모르겠습니다만 어떻게 생각하십니까?

옛날에 율곡(栗谷 이이(李珥)) 선생이 조정에서 물러나 해산(海山)으로 돌아와서 학자들에게 유시(諭示)하기를 "여기에서 제군(諸君)과 헤어진 뒤로 몇 년이 지났는데, 지금 와서 살펴보건대 아직도 그날의 면목(面目) 그대로이니, 제군이 절기(切己)[5]해야 할 곳에서 제대로 힘을 쓰지 않은 것이 아닌가."라고 하였는데, 이 말이 사람으로 하여금 용동(聳動)케 합니다. 아무쪼록 이 말씀을 가지고 때때로 각성하여 옛날의 습관을 용감하게 개혁함으로써, 이 몸으로 하여금 뒷날 상봉할 적에 마음과 눈을 씻고 다시 볼 수 있게 해 주신다면 천만다행이겠습니다.

5 절기(切己) : 자기의 일로 절실하게 여긴다는 뜻으로, 성현의 글을 읽는 것을 말한다. 《성리대전(性理大全)》 권54 〈학(學) 12 독서법(讀書法) 2〉에 "학자가 《중용》·《대학》·《논어》·《맹자》 등 사서에 대해서 실제로 공부에 착수하여, 구절마다 글자마다 침잠하며 자기의 일로 절실하게 여기면서 투철하게 터득해 나간다면, 일생 동안 받아 써도 다 쓰지 못할 것이다.〔學者於庸學論孟四書 果然下工夫 句句字字 涵泳切己 看得透徹 一生受用不盡〕"라는 주희의 말이 나온다.

삼형에게 올리는 글
上三兄

'되는대로〔苟〕'라는 하나의 글자로 인하여 별의별 잘못들이 생겨나니, 반드시 구(苟) 자를 제거한 뒤에야 탄탕탕(坦蕩蕩)[6]의 경지에 나아갈 수 있는데, 이것을 제거하는 방법으로는 경(敬)을 놔두고 또 어떻게 하겠습니까. 그런데 서문(序文)에 대한 말씀을 아직까지도 받들지 못해서 마음이 답답할 따름입니다. 《논어(論語)》는 요즈음 몇 번이나 읽으셨습니까? 그 안에 기재된 것을 보면 몸에 절실하고 쓰임에 적합하지 않은 것이 없으니, 반드시 하나하나 깊이 체득하여 기질(氣質)을 함양하는 방법과 덕성(德性)을 훈도하는 방법을 생각해 보시는 것이 어떻겠습니까?

《논어》를 읽는 방법으로는 정자(程子)가 "제자들이 질문한 것을 자기가 질문한 것으로 여기고 성인(聖人)이 대답한 것을 바로 오늘 귀로 들은 것으로 여기라."[7]라고 한 것이 참으로 격언이니, 반드시 이 방법을

6 탄탕탕(坦蕩蕩) : 흉금이 널찍하게 툭 터져서 걸림이 없는 것을 말한다. 《논어》 〈술이(述而)〉에 "군자는 마음이 평탄하여 넓디넓고, 소인은 불만스러워 항상 근심만 한다.〔君子坦蕩蕩 小人長戚戚〕"라는 공자의 말이 나온다.

7 제자들이……여기라 : 《근사록(近思錄)》 권3 〈치지류(致知類)〉에 "《논어》를 읽는 자가 다만 제자들이 질문한 것을 자신이 질문한 것으로 여기고, 성인이 대답한 것을 바로 오늘 귀로 듣는 것으로 여긴다면 자연히 터득함이 있을 것이니, 만약 《논어》와 《맹자》 가운데에서 깊이 구하고 완미하여 함양해 간다면 비상한 기질을 이루게 될 것이다.〔讀論語者 但將弟子問處 便作己問 將聖人答處 便作今日耳聞 自然有得 若能於論孟中 深求玩味 將來涵養 成甚生氣質〕"라는 정이(程頤)의 말이 실려 있다.

적용하여 각 구절마다 실제로 소용되는 곳을 구한다면 공부의 효과가 없을 걱정이 뭐가 있겠습니까.

세상의 문인(文人)들이 만 권의 책을 읽고 백 편의 글을 지어도 끝내 옛날의 성현들처럼 행의(行誼)가 우뚝한 자는 보이지 않는데, 이 어찌 그 책이 고인(古人)이 읽은 책과 달라서 그런 것이겠습니까. 그 이유는 참으로 책을 읽어도 그 뜻을 궁구하지 않고 글을 지어도 실천하지 않기 때문인 것입니다. 깊이 궁구하고 독실하게 실천한다면, 우리의 성품도 성인과 같으니 어찌 성인이 되지 못하겠습니까. 이는 실로 말세에서 크게 경계해야 할 점이니, 이에 대해 터득하는 점이 있다면 생각하는 것이 반절을 넘었다고 할 것입니다. 아무쪼록 깊이 더 깨우쳐 돌아보아서 저의 바람에 부응해 주신다면 더 이상의 다행이 없겠습니다.

삼형에게 올리는 글
上三兄

전서(前書)에서 "진실한 마음가짐으로 공부에 애쓰고 있다.〔眞實心地刻苦工夫〕"라고 말씀하신 것은 그야말로 '여덟 글자로 시원하게 보여준〔八字打開〕' 것이었습니다. 이른바 진실심지(眞實心地)라는 것은 바로 공자(孔子)가 말한 "충신을 위주로 해야 한다.〔主忠信〕"[8]라는 것이요, 저의 글에서 말한 입지(立志)라는 것이며, 이른바 각고공부(刻苦工夫)라는 것은 바로 《대학(大學)》의 팔조목(八條目)을 벗어나지 않는 것이요, 제가 "마음을 스승 삼아 대업을 면려한다.〔以心爲師 勉勵大業〕"라고 말한 것입니다. 이것이 비록 양쪽의 공부라고 할지라도 머리와 끝이 서로 의지하고 체(體)와 용(用)이 서로 발하는 것〔互發〕인 만큼, 근본을 수립하고 지엽을 통달하는 일을 나란히 행해도 어그러지지 않고 보면, 이른바 성인(聖人)이 되는 요체도 바로 여기에 있다고 할 것입니다.

대개 성인의 도(道)는 일용(日用)에서 벗어나지 않으니, 그 시기를 말하면 지금 당장 손을 댈 수가 있고, 그 공효를 말하면 눈앞에서 힘을 쓸 수가 있습니다. 따라서 이 뜻을 세우기만 하면 힘쓰지 않아도 저절로 나아갈 터인데, 머뭇거리며 기다릴 것이 또 뭐가 있겠습니까. 만약 "나는 아직 스승이 없어서 지금은 손을 대지 못하겠다."라고 말한다면,

8 충신(忠信)을……한다 : 《논어》〈학이(學而)〉와 〈자한(子罕)〉과 〈안연(顔淵)〉에 세 차례나 나올 만큼 공자가 매우 강조한 말 중의 하나이다.

이는 "진실한 마음가짐으로 공부에 애쓰고 있다."라고 말한 그것이 아니고 사의(私意)가 그 사이에 끼여 있는 것입니다. 아무쪼록 더욱 자신을 책려(策勵)하여 구용(九容)[9]으로 몸을 단속하며 나아갈 방향을 알고 나서 도(道) 있는 곳에 나아가 바로잡는다면 그 공효가 반드시 갑절이 될 것인데, 모르겠습니다만 이에 대해서 어떻게 생각하십니까?

편지 말미에 "우리 동아리 중에 사람이 없다."라고 말씀하셨는데, 여기에는 사람을 경시하는 뜻이 들어 있습니다. 이는 성인(聖人)이 '남이 선을 행하도록 도와주는〔與人爲善〕' 지극한 뜻[10]이 아닐 듯싶으니, 맹자(孟子)가 말한 이이(訑訑)한 안색[11]이 이로 말미암아 일어나지 않는다는 보장이 없습니다. 맹자가 양화(陽貨)의 말을 취하고[12] 주자(朱子)가 안석(安石)의 설을 썼는데,[13] 이는 모두 "사람이 형편없다고

9 구용(九容) : 군자의 아홉 가지 모양을 말한다. 162쪽 주3 참조.

10 성인(聖人)이……뜻 : 순(舜) 임금이 평민 시절은 물론 임금이 되어서까지 남에게서 취하지 않음이 없었는데, "남에게서 취하여 선을 행하는 이것은 남이 선을 행하도록 도와주는 것이다.〔取諸人以爲善 是與人爲善者也〕"라고 맹자(孟子)가 평한 말이 《맹자》 〈공손추 상(公孫丑上)〉에 나온다.

11 이이(訑訑)한 안색 : 자만하는 얼굴빛이라는 뜻인데, 《맹자》 〈고자 하(告子下)〉의 "자만하는 목소리와 얼굴빛이 사람들을 천리 밖에서부터 막아 버려 오지 못하게 할 것이다.〔訑訑之聲音顔色 距人於千里之外〕"라는 말에서 나온 것이다.

12 맹자(孟子)가……취하고 : 양화(陽貨)는 노(魯)나라 계씨(季氏)의 가신(家臣)으로 양호(陽虎)라고도 하는데, 국권을 농락하며 횡포를 부렸다. 맹자가 등 문공(滕文公)에게 나라 다스리는 법을 설명하면서 "부자는 어질지 못하고, 어진 자는 부자가 되지 못한다.〔爲富不仁矣 爲仁不富矣〕"라는 양호의 말을 인용한 대목이 《맹자》 〈등문공 상(滕文公上)〉에 나온다. 공자가 위(衛)나라에서 진(陳)나라로 가던 도중에 광(匡) 땅을 지나가다가 그곳 사람들에게 광포한 양호로 오인받은 나머지 5일 동안이나 억류되는 등 위험에 처했던 고사도 있다. 《論語 子罕》 《史記 卷47 孔子世家》

해서 그의 좋은 말까지 버리지는 않는다."[14]라는 뜻에서 나온 것입니다. 그런데 더군다나 동아리 중에서 비록 고인(古人)을 사모하는 사람을 보지 못하더라도, 개결(介潔)하고 순후(純厚)한 인사는 없지 않아서 그 행동에 불만한 점이 있고 그 언어에 취할 만한 점이 있는 데야 더 말할 나위가 있겠습니까. 따라서 양화와 안석의 길에 동참할 가능성이 있는 자가 아니라면, 어찌 꼭 이와 같이 말해야 하겠습니까.

13 주자(朱子)가……썼는데 : "송나라 왕안석이 일찍이 희조를 높여서 시조로 삼아야 한다고 의논하였는데, 그 뒤에 주희가 종묘의 제도를 의논하면서 실제로 이 설을 취하였다.〔王安石嘗議尊僖祖爲始祖 其後朱熹廟議實取之〕"라는 내용이 《오례통고(五禮通考)》 권84 종묘제도(宗廟制度)에 나온다. 희조(僖祖)는 송 태조(宋太祖) 조광윤(趙匡胤)의 고조인 조조(趙脁)를 추존한 묘호(廟號)이다.

14 사람이……않는다 : 《논어》 〈위령공(衛靈公)〉의 "군자는 말만 잘한다고 해서 그 사람을 높이 평가하지 않고, 그 사람이 형편없다고 해서 그의 좋은 말까지 버리지는 않는다.〔君子不以言擧人 不以人廢言〕"라는 공자(孔子)의 말을 인용한 것이다.

사형에게 올리는 글 무신년(1728, 영조4) 5월

上四兄 戊申五月

임상주(任相周)이다.

삼가 생각건대 우중(雨中)에 과업(課業)을 전일(專一)하게 행하며 동지(動止)도 신명(神明)의 도움으로 편안하시리라 여겨집니다. 죄제(罪弟)[15]는 문을 닫아걸고서 어수선한 심정으로 강습(講習)도 했다 안 했다 반복하는 가운데 이따금 생각나는 것이 있어도 고할 만한 곳이 없어서 그저 망실(亡失)하는 것을 아쉬워할 따름입니다. 그런데 우리 집사(執事)께서는 다른 곳으로 떠나간 뒤로 머리를 돌려 이곳에 와서 이 몸과 함께 이 냉담(冷淡)의 재미[16]를 맛보려 하지 않으시는데, 모르겠습니다만 굴속에 들어가서 우물을 파는 일이 평지 위의 일과 비교해서 그 고락(苦樂)이 또 어떠하십니까?

전에 글을 보내며 칭찬해 주신 말씀은 실정과 전혀 근사하지도 않으니, 주 선생(朱先生)이 "나야 물론 거론할 가치도 없다고 하겠지만, 남들이 노형을 비웃을까 두렵다.〔某固不足道 竊恐人笑老兄〕"[17]라고 말

15 죄제(罪弟) : 죄지은 아우라는 뜻으로, 녹문 자신을 가리키는데, 이해 봄에 녹문이 부친상을 당했기 때문에 이렇게 말한 것이다.

16 냉담(冷淡)의 재미 : 경서를 공부하는 즐거움을 말한다. "사서는 시끄럽게 마음을 들뜨게 하고, 경서는 차가우면서 담담하기만 하다.〔史書鬧熱 經書冷淡〕"라는 주희의 말에서 나온 것이다. 《朱子大全 卷33 答呂伯恭》

17 나야……두렵다 : 《회암집(晦菴集)》 권34 〈답여백공(答呂伯恭)〉에는 '熹固不足道 但恐人笑老兄耳'로 되어 있다.

한 것을 빌려 쓰고 싶은 심정입니다. 그리고 집사는 금일에 단지 추향을 바르게 하고 공부를 독실하게 하는〔正趨向篤工夫〕 일에 급급(汲汲)히 힘을 쓰면서 오직 미치지 못할까 두려워해야 마땅합니다. 따라서 그 밖에 한만(閑漫)한 일로서 가령 글을 짓고 시를 외우는 등의 일도 오히려 몇 층 아래에 던져두어야 할 텐데, 더군다나 전혀 긴요하지도 않은 부천(浮淺)한 이 일이 자기의 신심(身心)과 무슨 관련이 있기에, 그만 거꾸로 이와 같이 기력(氣力)을 내어 만들어 낸단 말입니까.

또 집사가 익힌 것과 말하는 것을 살펴보건대, 죄제가 종사(從事)하는 것과는 초(楚)나라와 월(越)나라처럼 각각 남과 북으로 떨어져 있을 뿐만이 아니라서 아예 비교할 수조차 없으니, 그렇다면 이처럼 지나치게 허리를 굽혀 자문을 구할 필요가 뭐가 있겠습니까. 이는 더욱 성심(誠心)으로 사람을 사랑하는 도리가 아니라고 할 것입니다. 만약 혹시라도 저의 학문을 옳게 여기면서 참으로 기뻐하는 점이 있다고 한다면, 또 어찌하여 통쾌하게 옛 습관을 버리고 저를 찾아와 비루함을 일깨워주지는 않고서, 그냥 이와 같은 근거 없는 말을 지어내어 등줄기에 식은땀이 더 흐르게 만든단 말입니까. 이는 실로 겉치레로 하는 말이 아니니, 모쪼록 깊이 양찰(諒察)하여 얼른 결단을 내리시기 바랍니다.

그런데 기억하건대, 옛날에 송 이형(宋姨兄)[18]과 대화하다가 도회(韜晦 명성을 감추는 것)하는 일에 이야기가 미치자, 송형이 말하기를 "누가 나에 대해서 정주(程朱)의 지위에 이미 이르렀다고 평하면, 단지 머리를 숙이고 갈 길을 재촉하며 정주의 사공(事功)을 실제로 지어서 그 명성을 채우면 그만이니, 어찌 꼭 몸을 움츠리고 뒷걸음질을 하다가

18 송 이형(宋姨兄) : 송명흠(宋明欽)이나 송문흠(宋文欽) 같은 이종형제를 말한다.

거꾸로 암매(闇昧)의 지경에 떨어져서야 되겠는가."라고 하였는데, 이 말이 대단히 직절(直截)하여 범인(凡人)의 설이 미칠 수 있는 바가 아니었습니다. 대개 그 당시에 제가 바야흐로 명성을 숨기려고 애쓰다가 거의 병들 지경에 이르렀기 때문에 그의 말이 이와 같았던 것인데, 그렇다면 집사가 오늘 해 주신 말씀도 꼭 제가 반성하며 스스로 다그치는 자료가 되지 않는다고 할 수 없으니, 그 은덕이 또한 크다고 하겠습니다. 하지만 지극한 정으로 서로 사랑하는 도리에 있어서는 이와 같이 하면 안 될 것입니다.

제가 천번 만번 생각을 해도 달리 보답해 드릴 길이 없기에, 그저 제가 들은 것을 가지고 이와 같이 번거롭게 말씀드리는 한편, 위에서 언급한 '추향을 바르게 하고 공부를 독실하게 하는〔正趨向篤工夫〕' 이 여섯 글자를 삼가 외우며 무릎 꿇고 바치게 되었습니다. 집사의 영민한 자질과 식견으로 만약 여기에 기꺼이 뜻을 두신다면, 성취하지 못할 걱정이 뭐가 있겠습니까. 삼가 바라건대, 이 일득(一得)의 우견(愚見)[19]을 깊이 양찰해 주셨으면 합니다. 그리하여 다행히 몸을 돌리고 발걸음을 바꾸시는 점이 있다면, 저도 계속해서 부연(敷衍)하여 설명하며 정성을 다해 끝까지 의논드리겠습니다만, 만약 이 제안을 일소(一笑)에 부치면서 신뢰하는 뜻이 없으실 경우에는, 이는 또한 제가 감히 알 바가 아니라고 하겠습니다.

19 일득(一得)의 우견(愚見) : 아무리 바보라도 많은 생각을 하다 보면 한 가지쯤 좋은 꾀를 낼 수 있다는 뜻으로 보통 겸사로 쓰이는데, 《사기(史記)》 권92 〈회음후열전(淮陰侯列傳)〉의 "지혜로운 자도 천 가지 생각 중에 반드시 하나의 잘못이 있고, 어리석은 자도 천 가지 생각 중에 반드시 하나의 옳음이 있다. 그러므로 광부의 말이라도 성인은 채택한다고 하는 것이다.〔智者千慮 必有一失 愚者千慮 必有一得 故曰狂夫之言 聖人擇焉〕"라는 말에서 발췌한 것이다.

사형에게 답하는 글 6월

答四兄 六月

글을 받고 위로가 되면서 동시에 감격의 눈물이 흘렀습니다. 효(孝)는 백행(百行)의 근원이니 이에 대해서 마음이 느슨해진다면 더 이상 논할 것도 없습니다. 불행히 어버이가 돌아가시고 달리 직무를 행하는 일도 없는 상황에서는, 추모하며 정성을 부치는 일이라면 당연히 못하는 일이 없어야 할 것입니다.

보내신 글에서 말씀하신 것을 보면 완고한 자〔頑夫〕를 감발(感發)시키기에 충분한 점이 있으니, 어찌 또 당부(當否)를 논할 것이 있겠습니까. 대개 감분(感憤)하고 흥발(興發)하여 그만두려 해도 안 되는 곳이 반드시 있게 된 뒤에야 학문을 하는 근본 토대가 비로소 있게 되는 것이니, 성인(聖人)이 되는 단계도 바로 이것을 벗어나지 않는 것입니다. 고인(古人) 중에는 조수(鳥獸)와 초목(草木)을 보고서 감창(感愴)한 자도 있었으니, 그러고 보면 처음에 들어가는 곳은 원래 크고 작은 것〔巨細〕이나 정밀하고 거친 것〔精粗〕과는 관계가 없는 것입니다. 오직 여기에 의거하여 더욱 면려하면서 옛사람을 본받아 힘껏 행함으로써 중단되는 일이 없게 해야만 할 것입니다.

그런데 한 가지 말씀드릴 것이 있습니다. 사친(事親 어버이를 섬기는 것)은 어버이의 신상(身上)에 관계된 일에만 힘을 써야 하는 것이 아닙니다. 증자(曾子)가 말하기를 "부모님이 온전히 하여 낳아 주셨으니, 자식도 온전히 하여 돌아가야 한다."[20]라고 하였습니다. 아, 온전히 하여 돌아가야 한다는 이 한 구절이야말로 효의 도리를 극진히 표현했다고 할 만합니다. 〈서명(西銘)〉은 어버이 섬기는 것〔事親〕으로 하늘 섬기는 것〔事天〕을 밝혔는데,[21] 이는 그냥 인용하여 비유한 말이 아닙니다. 사천(事天)과 사친(事親)은 단지 하나의 도(道)이기 때문에, 만약 성분상(性分上)에 털끝만큼이라도 미진한 곳이 있으면 그것은 곧 효가 아닌 것입니다. 이 몸은 나의 사물(私物)이 아니고 바로 어버이의 유체(遺體)인데, 어찌 어버이의 유체를 한순간이라도 구차한 곳에 놓아두어서야 되겠습니까. 이것이 바로 백기(伯奇)[22]와 효기(孝己)[23] 같

20 부모님이……한다 : 증자(曾子)의 문인인 악정자춘(樂正子春)이 마루에서 내려오다가 발을 다친 뒤에, 부모님으로부터 받은 온전한 몸을 제대로 간수하지 못했다고 자책하면서 몇 달 동안이나 외출을 하지 않았는데, 그때 그가 증자에게 들었다면서 문인들에게 일러 준 내용 가운데 "부모님이 온전히 하여 낳아 주셨으니, 자식도 온전히 하여 돌아가야만 효라고 말할 수 있다. 그리고 몸을 상하지 않게 하고 몸을 욕되게 하지 않아야만 온전히 했다고 이를 수 있다.〔父母全而生之 子全而歸之 可謂孝矣 不虧其體 不辱其身 可謂全矣〕"라는 말이 나온다. 《禮記 祭義》

21 서명(西銘)은……밝혔는데 : 송유(宋儒) 장재(張載)가 〈서명〉을 지으면서, 첫머리에 "하늘을 아버지라 부르고 땅을 어머니라 부른다.〔乾稱父 坤稱母〕"라고 전제하고는, 우(禹)·영고숙(潁考叔)·순(舜)·신생(申生)·증삼(曾參)·백기(伯奇)의 효행을 열거한 뒤에 "살아서는 천리(天理)에 따라 일을 행하고, 죽을 때에는 마음 편히 부끄러움이 없다.〔存吾順事 沒吾寧也〕"라는 말로 마무리하였다.

22 백기(伯奇) : 주 선왕(周宣王) 때의 중신(重臣)인 윤길보(尹吉甫)의 장자(長子)이다. 모친이 죽은 뒤에 후모(後母)가 자기 아들을 태자로 삼으려고 백기를 참소하자 길보가 노하여 백기를 쫓아냈는데, 백기가 수하(水荷)를 엮어 몸에 걸치고 빈화(蘋花)를 따서 끼니를 때우면서 〈이상조(履霜操)〉라는 금곡(琴曲)을 지어 죄 없이 쫓겨난 억울한 심정을 토로하니, 길보가 진상을 깨닫고는 마침내 백기를 구하고 후처를 사살(射殺)하였다고 한다. 《初學記 卷2 引 漢 蔡邕 琴操 履霜操》

23 효기(孝己) : 은 고종(殷高宗) 무정(武丁)의 아들로 효행이 지극하였는데, 후모(後母)의 참언(讒言)으로 방축(放逐)되어 죽었다. 《莊子 外物 成玄英疏》

은 자들이 단지 하나의 행실로만 칭해지는 소이(所以)요, 오직 대순(大舜)만이 대효(大孝)가 되는 소이인 것입니다.

얼마 전에 행실을 먼저 하고 독서는 뒤로 해야 한다는 말씀을 주셨는데, 물론 이 말이 감발(感發)한 끝에 나왔다는 것을 알고 있고, 여기에는 또 "여력이 있으면 학문을 한다."[24]라는 성인의 뜻이 들어 있으니, 물론 아름답지 않은 것은 아닙니다만, 만약 줄곧 이것만을 고집하여 변통할 줄을 알지 못한다면, 이 역시 폐단이 없을 수 없을 듯합니다.

저의 의견으로는 독서가 바로 사친(事親)을 하는 방법이라고 여겨집니다.-이것은 곧 장기 두고 바둑 두며 술 마시기를 좋아하는 것은 효(孝)가 아니라는 뜻입니다.-[25] 그리고 독서는 궁리(窮理)하기 위함이고 궁리는 실천하기 위함이니, 독서만 하고 실천을 하지 않는다면 물론 말할 가치도 없다고 하겠습니다만, 행실만 힘쓰고 독서는 여사(餘事)로 여긴다면 이 또한 잘못을 면치 못할 것입니다. 고인(古人)이 정성(定省)[26]을 하고 남은 시간에는 독서를 한다는 말을 하였는데, 나는 하루에 몇 차례 문후(問

24 여력이……한다 : 제자(弟子)가 자신의 직분을 행하고 나서 "여력이 있으면 학문을 한다.〔行有餘力 則以學問〕"라는 공자의 말이 《논어》 〈학이(學而)〉에 나온다.

25 이것은……뜻입니다 : 맹자가 세상에서 말하는 불효(不孝)로 다섯 가지를 열거하였는데, 그중에 "장기 두고 바둑 두며 술 마시기를 좋아하여 부모의 봉양을 돌아보지 않는 것이 두 번째 불효이다.〔博弈好飮酒 不顧父母之養 二不孝也〕"라는 말이 있다. 《孟子 離婁下》

26 정성(定省) : 혼정신성(昏定晨省)의 준말로, 자식이 어버이를 제대로 봉양하는 것을 말한다. 《예기(禮記)》 〈곡례 상(曲禮上)〉에 "자식이 된 자는 어버이에 대해서, 겨울에는 따뜻하게 해 드리고 여름에는 시원하게 해 드려야 하며, 저녁에는 잠자리를 보살펴 드리고 아침에는 문안 인사를 올려야 한다.〔凡爲人子之禮 冬溫而夏凊 昏定而晨省〕"라는 말이 나온다.

候)하는 일과 부득이한 사고(事故)를 제외하고는 일체 폐각(廢却)하고서 독서만을 일삼아야 한다고 생각합니다. 그리하여 독서하는 일이 점점 난숙해지면 전에 알지 못했던 것을 점차 알게 될 것이니, 이 일에 대해서 자세히 생각해 주시면 다행이겠습니다. 모름지기 독서와 사친이 두 개의 다른 일이 아님을 알아야 할 것이니, 그렇게 되면 문로(門路)가 자연히 바르게 될 수 있고 공부가 자연히 알차게 될 수 있을 것입니다. 집사(執事)가 감발하여 반드시 큰일을 할 것이라는 생각에 저의 마음이 기쁜 나머지 감히 이런 말씀까지 간절히 올리게 되었으니, 비루하게 여기지 않으신다면 혹 조금이나마 보탬이 될 수도 있을 것입니다.

아, 부모의 기용(器用)도 감히 훼손하여 버리지 못하는데, 더군다나 감히 부모의 유체(遺體)를 비루한 곳에다 놓아두겠습니까. 저는 매양 이 일을 깊이 걱정하고 크게 두려워하여 "낳아 주신 분을 욕되게 하지 말라."[27]라는 시인의 말을 외우면서 감히 한순간도 스스로 망각하지 않고 있는데, 혹 잘못이 있음을 깨닫고서 회한이 속에서 교차하노라면, 한밤중에 자신도 모르게 소리를 삼키고서 통곡하는 때도 있곤 합니다.

정(情)이 같으면 뜻이 맞지 않음이 없고, 뜻이 맞으면 말이 들어가지 않음이 없는 법입니다. 저와 집사가 이미 이 애애(哀哀)[28]의 정을 같이

27 낳아……말라 : 《시경》〈소아(小雅) 소완(小宛)〉에 "일찍 일어나고 밤늦게 잠들어서, 너를 낳아 주신 분을 욕되게 하지 말라.〔夙興夜寐 無忝爾所生〕"라는 말이 나온다.

28 애애(哀哀) : 돌아가신 어버이의 은덕을 생각하며 슬퍼하는 것을 말한다. 《시경》〈소아 육아(蓼莪)〉에 "슬프고 슬프다 우리 부모여, 나를 낳아 기르느라 얼마나 애쓰셨나.〔哀哀父母 生我劬勞〕"라는 말이 나오는데, 진(晉)나라 왕부(王裒)가 《시경》을 가르치면서 이 구절을 접할 때마다 비통해하며 눈물을 흘리지 않은 적이 없었으므로 학생들이 나중에는 이 편을 생략하였다는 고사도 전한다. 《晉書 卷88 王裒列傳》

하는 처지이고 보면, 제가 아는 것을 집사도 알아야 할 것이요 집사가 들은 것을 저도 들어야 할 것입니다. 그래서 감히 이렇게 가슴속 밑바닥의 생각까지 죄다 진달드렸으니 깊이 생각해 주시기 바랍니다. 그리고 만약 맞지 않는 말이 있으면 다시 가르침을 내려 주십시오. 저도 계속해서 말씀을 올리겠습니다. 《소학(小學)》의 글이 가장 좋으니 시험 삼아 공부해 보셨으면 합니다. 그런데 여쭈어 볼 것이 하나 있습니다. 사람의 자식이 되어 어떻게 해야만 효라고 말할 수 있는 것인지요? 부디 이에 대해 정신이 번쩍 들 한마디 말〔一轉語〕을 붙여서 가슴속에 쌓인 생각을 보여 주십시오. 얼마 전에 면대(面對)하여 여쭤 보려다가 미처 그렇게 하지 못하였습니다.

사형에게 답하는 글 8월

答四兄 八月

전서(前書)에서 경계해 주신 말씀을 어찌 다 패복(佩服 준수(遵守))할 수야 있겠습니까. 천만인 가운데 있더라도 항상 자기 존재를 인식하는 것〔千萬人中 常知有己〕[29]이야말로 지기(持己 자기 단속)의 가장 중요한 요체(要諦)라고 할 것인데, 지금 이 뜻을 버리지 않고 계시니 매우 훌륭하고 훌륭합니다. 새로 우거(寓居)하는 초창기라서 온갖 소란스러움이 번갈아 침노하는 가운데 열흘 내내 춥기만 하고 햇볕 드는 날이 하루도 없겠지만, 그런 중에도 상해(傷害)를 당하지 않으시기만 바라는 심정입니다. 그리고 오직 "학문은 일상의 일을 벗어나지 않는다.〔學問不外日用〕"라는 한 구절의 말을 돌아보며 엄밀하게 관리하고 매양 중간에 단절될까 걱정하시는 한편으로, 앞으로도 계속 약석(藥石)의 말씀을 내려 주시어 '한집에서 만나 한자리에 앉는〔合堂同席〕' 유익함[30]을 대체할 수 있게 해 주시기를 간절히 앙망합니다.

낙(樂)이라는 한 글자는 쉽게 말할 수 있는 것이 결코 아닙니다.

29 천만인……것 : 《심경부주(心經附註)》 권3 〈우산지목장(牛山之木章)〉에 나오는 노재 허씨(魯齋許氏) 즉 원(元)나라 허형(許衡)의 말을 인용한 것인데, 남을 따라 동요되지 않고 언제 어디서나 자기 주체성을 확고히 지키는 것을 말한다.

30 한집에서……유익함 : 한 스승 밑에서 함께 공부하는 것을 말한다. 《장자(莊子)》 〈덕충부(德充符)〉에, 신도가(申徒嘉)와 정자산(鄭子產)이 백혼무인(伯昏無人)을 스승으로 모시고서 "함께 한집에서 만나 한자리에 앉았다.〔又與合堂同席而坐〕"라는 말이 나온다.

정명도(程明道)의 "옆 사람은 나의 마음속의 낙을 알지 못한다.〔傍人不識余心樂〕"라는 말에 대해서 주자(朱子)는 소싯적의 작품이라고 하였고, 소강절(邵康節)의 참 즐거움〔眞樂〕의 시(詩)에 대해서 주자는 또 웃으면서 참 즐거움이 아니라고 하였습니다. 퇴계(退溪)의 시에 낙(樂)의 의사(意思)가 많이 들어 있는데, 이에 대해서 사옹(沙翁)은 말하기를 "이는 단지 한가히 거하며 일이 없을 적에 뜻이 가는 대로 글을 보면서 느끼는 즐거움일 뿐이니, 공안(孔顔 공자(孔子)와 안자(顔子))의 낙에 끼워서 의논할 수는 없을 듯하다."라고 하였고, 또 이어서 말하기를 "공자와 안자의 낙에 대해서는 주자(周子 주돈이(周敦頤))나 정자(程子 정이(程頤)) 이하가 모두 활을 당기기만 하고 발사하지는 않았으니, 어찌 쉽게 말하겠는가."라고 하였습니다.[31] 지금 집사(執事)가 뜻을 세

31 정명도(程明道)의……하였습니다 : 사계(沙溪) 김장생(金長生)의 문집에 이에 대한 내용이 자세히 수록되어 있는데, 아마도 녹문이 이 문집을 보고 인용한 것으로 보이기에, 아래에 전문을 소개한다. 다음은 사계의 평이다. "퇴계의 문집 중에는 스스로 낙(樂)을 말한 곳이 매우 많다. 그런데 옛날에 정명도(程明道)의 시 가운데 '옆 사람은 나의 마음속의 낙을 알지 못한다.'라고 말한 것에 대해서 주자는 오히려 소싯적의 작품이라고 하였다. 그리고 소강절(邵康節)의 시에도 낙을 말한 곳이 많았는데, 그중 '참 즐거움이 마음을 공격하면 어찌할 줄을 모른다네.'라는 한 구절에 대해서 주자는 웃으며 참 즐거움이 아니라고 하였다. 지금 퇴계는 단지 고요한 곳에 물러나 거하면서 뜻이 가는 대로 글을 보며 시비가 이르지 않는 것을 낙으로 삼았다. 이것도 참으로 낙이기는 하지만, 공자(孔子)나 안자(顔子)의 낙에는 끼일 수 없을 듯하다. 공자나 안자의 낙에 대해서는 주자(周子)나 주자(朱子)가 모두 활을 당기기만 하고 발사하지는 않았으니, 이것이 어찌 쉽게 말할 수 있는 것이겠는가.〔退溪集中 自言樂處甚多 昔明道詩言傍人不識余心樂 朱子猶以爲少時作 康節多言樂處 而其一曰眞樂攻心不奈何 朱子笑之以爲非眞樂 今退溪只以退居靜處 隨意看書 是非不到爲樂 此誠樂矣 然於孔顔之樂則恐未能與也 孔顔之樂 周子朱子皆引而不發 此豈易言者哉〕"《沙溪遺稿 卷10 語錄 宋時烈錄》활을

운 초창기에 심중(心中)이 약간 영정(寧靜)한 것을 보고는 곧장 스스로 공안(孔顔)의 낙이 아닐까 하고 은근히 기대한다면, 그 기운이 교만하고 그 뜻이 협소하여 끝내 심광체반(心廣體胖)[32]의 경지에 나아갈 수 없을 뿐만 아니라, 금일의 영정한 즐거움 또한 오래 보전하지 못할까 나는 걱정이 됩니다.

주자(朱子)가 말하기를 "학자는 우선 박문약례(博文約禮)[33]의 공부를 해야 한다. 그 공부가 끝날 때쯤에는 공안(孔顔)의 낙을 자연히 알 수 있을 것이다.〔學者且須就博文約禮上用功 工夫盡時 孔顔之樂自可知也〕"라고 하였는데, 부디 집사는 이 말을 깊이 체득하시기 바랍니다.

당기기만 하고 발사하지 않았다는 것은, 방법만 가르쳐 주고 묘체(妙體)는 발설하지 않았다는 말인데, 《맹자》〈진심 상(盡心上)〉 도즉고의장(道則高矣章)의 집주(集註)에 자세한 설명이 나온다. 소강절의 이 시에 대해서 퇴계가 단평(短評)을 가한 글이 보이기에 아래에 함께 소개한다. "맹자(孟子)와 정자(程子)가 손으로 춤추고 발로 구른다고 말한 것도 그 낙을 어떻게 가눌 수 없다는 뜻을 말한 것일 뿐이다. 그런데 소강절의 시를 보면 '쾌활한 뜻이 극에 달할 때면 바로 일어나 춤을 춘다.'라고 하였고, 또 '참 즐거움이 마음을 공격하면 어찌할 줄을 모른다네.'라고 하였는데, 회암이 일찍이 기롱하기를 '만약 참 즐거움이라면 어찌 마음을 공격할 리가 있겠는가.'라고 하였다. 그런데 내가 보기에는 이런 점이 바로 강절이 강절답게 된 소이로, 정주(程朱)와 다른 점이 아닐까 생각한다.〔孟程所謂手舞足蹈 亦言不勝其樂之意耳 惟邵康節詩曰 儘快意時仍起舞 又云眞樂攻心不柰何 晦菴嘗譏之曰 若是眞樂 安有攻心 竊恐此康節之所以爲康節 而有異於程朱處也〕"《退溪集 卷32 答禹景善問目, 韓國文集叢刊 30輯》

32 심광체반(心廣體胖) : 마음속이 널찍하게 관대해지고 신체가 여유 있게 펴진다는 뜻으로, 부끄러울 것이 하나도 없는 군자의 모습을 표현한 말인데, 《대학장구(大學章句)》 전(傳) 6장에 나온다.

33 박문약례(博文約禮) : 스승에게 배워 식견을 넓히고, 그 지(知)를 예(禮)로 요약하여 행(行)으로 실천하는 것을 말하는데, 안연(顔淵)이 스승인 공자의 도에 대해서 감탄하며 술회한 뒤에 박문약례에 대해서 설명한 내용이 《논어》〈자한(子罕)〉에 나온다.

그리고 스스로 머리를 숙이고 마음을 낮추어 완색(玩索)하고 천리(踐履)하는 데에 치밀하게 힘을 기울이며 착실하게 공부하되, 공자의 선난후획(先難後獲)[34]과 맹자의 물망물조장(勿忘勿助長)[35]과 주자(朱子)의 "감히 게을리하지 말고 급급히 하며, 빨리 하려 하지 말고 서서히 하라.〔汲汲無敢惰 徐徐無欲速〕"와 같은 설로 자신의 법도를 삼아 굳게 지키며 잃지 않으면, 시간이 오래 흐를수록 의사(意思)가 당연히 자별해질 것입니다. 유가(儒家)에서는 기대하는 마음을 가장 꺼리는데, 집사는 평소에 이런 병통을 지니고 있습니다. 만약 이런 병통을 통렬하게 끊어 버리지 않으면 도에 나아가지 못할까 걱정이 되니, 모쪼록 노력하고 노력하십시오.

삭녕(朔寧)은 산천이 거칠고 비루해서 노년을 보내기에 적합하지 않습니다. 예로부터 한 명의 문인(文人)도 나오지 않았을뿐더러, 지금도 온 경내를 통틀어 과유(科儒)로서 이름이 알려진 자도 없으니, 도(道)가 같아서 찾아와 묻는 자가 있기를 바랄 수 있겠습니까. 그러나 여러 형제가 이웃으로 왕래하면서 절차탁마(切磋琢磨)하며 서로 권면한다면, 외인(外人)을 기다리지 않아도 자연히 붕우가 없음을 걱정하지 않게 될 것이니, 이 점은 그래도 썩 위로가 됩니다.

34 선난후획(先難後獲) : 《논어》 〈옹야(雍也)〉의 "인자는 어려움을 먼저 하고 얻는 것은 뒤로 한다. 그렇게 하면 인이라고 말할 수 있을 것이다.〔仁者 先難而後獲 可謂仁矣〕"라는 공자(孔子)의 말을 발췌한 것이다.

35 물망물조장(勿忘勿助長) : 마음속으로 잊지도 않고 급히 서두르지도 않는 것을 말한다. 농사에 비유하면, 잊는 것은 농부가 아예 밭을 돌보지 않는 것이며, 서두르는 것은 밭에 자라는 곡식을 빨리 자라게 하기 위하여 고갱이를 뽑아 올리는 것〔揠苗〕과 같은데, 이런 내용이 《맹자》 〈공손추 상(公孫丑上)〉 호연장(浩然章)에 나온다.

사형에게 답하는 글 9월
答四兄 九月

시끄러운 속에서는 공부가 안 된다는 말씀이 참으로 그렇긴 합니다만, 때에 따라 응수하며 혹시라도 차질이 없게 하는 것이 바로 공부인 것이니, 어찌 꼭 올연(兀然)히 정좌(靜坐)하여 모든 일을 물리치고 독서를 해야만 공부하는 것이라고 말할 수 있겠습니까. 〈숙흥야매잠(夙興夜寐箴)〉에 "일을 당해서 응수할 때에는, 바로 하는 그 일에서 징험을 한다.〔事至斯應 卽驗于爲〕"라고 하였는데,[36] 징험한다는 이 험(驗) 자가 가장 묘하니 체완(體翫)하기에 정말 좋습니다. 일상으로 행하는 일이 평일에 공부한 것과 서로 배치되지 않으면서 점점 득력(得力)하는 곳

36 숙흥야매잠(夙興夜寐箴)에……하였는데 : 〈숙흥야매잠〉은 송(宋)나라 진백(陳柏)의 작품으로, 장(章)마다 4구씩 13장으로 되어 있다. 진백의 자(字)는 무경(茂卿)으로 천태(天台)에 거하면서 남당(南塘) 선생으로 일컬어졌다. 노재 왕씨(魯齋王氏)로 많이 알려진 왕백(王栢)이 이 글을 읽고 감명을 받은 나머지 상채(上蔡)의 서원(書院)에서 이 잠을 가지고 제생(諸生)을 가르치는 한편, 자신의 좌우명으로 삼으면서부터 세상에 널리 알려졌다. 그 잠 중에 "일을 당해서 응수할 때에는, 바로 하는 그 일에서 징험을 하며, 밝은 명이 성대히 빛나도록, 항상 눈 안에 두어야 한다. 그리고 응수하는 일이 일단 끝나면, 나는 그전처럼 변함이 없이, 방촌을 맑은 물처럼 유지하면서, 정신을 모으고 생각을 쉰다.〔事至斯應 則驗于爲 明命赫然 常目在之 事應旣已 我則如故 方寸湛然 凝神息慮〕"라는 말이 나오는데, 응수할 때의 일은 정주학(程朱學)에서 동(動)할 때 성찰(省察)하는 공부에 해당하고, 응수가 끝난 뒤의 일은 정(靜)할 때 존양(存養)하는 공부에 해당한다. 조선의 성리학자들 역시 이 잠을 중시하였는데, 특히 노수신(盧守愼)이 이황(李滉) 및 김인후(金麟厚)와 서신을 왕복하면서 질의문답을 거친 끝에 정리한 해설이 《소재집(穌齋集)》 내집(內集) 상편과 하편에 자세히 수록되어 있다.

이 있음을 느낄 수 있는지를 시험 삼아 살펴보십시오.

주자(朱子)의 "세월은 미루어 찾기 어렵고, 공부는 중간에 끊어지기 쉽다.〔歲月難推尋 工夫易間斷〕"[37]라는 구절을 풍송(諷誦)하노라면 매우 두려운 느낌이 듭니다. 저처럼 여리고 게으른 자야 물론 경각심을 불러일으켜야 마땅하겠지만, 집사(執事)처럼 영민하고 용맹한 분이라 할지라도 깊이 음미하며 더욱 노력하지 않으면 안 될 듯싶습니다.

을사년(1725, 영조1) 연간을 추억하면 완연(宛然)히 어제와 같은데, 그동안 성상(星霜)이 네 번이나 돌며 인사(人事)가 상전벽해(桑田碧海)처럼 변하였건마는, 이 몸은 무지몽매하기가 구태의연하게 을사년 그때의 성주(聖周)와 같을 뿐입니다. 지금으로부터 또 5, 6년의 세월을 이처럼 흘려보내면 나이도 훌쩍 스물을 넘길 터인데, 지금 고인(古人)의 덕이 이루어졌던 나이[38]와 비교해 보면 얼마나 떨어졌다고 하겠습니까. 여기에까지 생각이 미치노라면 두려운 마음에 땀방울이 등줄기를 적시곤 합니다. 이제 이렇게 봉송(奉誦)하면서 정히 고명(高明)께 바라는 바는, 이를 깨달아 더욱 면려하시는 한편, 자신을 닦는 여가에

37 세월은……쉽다 : 《회암집(晦菴集)》 권33 〈답여백공(答呂伯恭)〉에 "공부는 중간에 끊어지기 쉽고, 의리는 미루어 찾기 어려운데, 세월은 물처럼 흘러가니 매우 걱정되고 두렵다. 이를 어쩌면 좋단 말인가.〔功夫易間斷 義理難推尋 而歲月如流 甚可憂懼 奈何奈何〕"라는 말이 나온다. 백공은 주희의 벗인 동래(東萊) 여조겸(呂祖謙)의 자이다. '歲月'은 '義理'의 오기(誤記)로, 녹문의 착오이다.

38 고인(古人)의……나이 : 어른의 덕이 이루어졌다고 하여 관례(冠禮)를 행하는 20세의 나이를 말한다. 《의례(儀禮)》 〈사관례(士冠禮)〉에 "좋은 달 좋은 날에 비로소 원복을 씌우나니, 너의 동심(童心)을 버리고 성인(成人)의 덕을 따르라.〔令月吉日 始加元服 棄爾幼志 順爾成德〕"라는 말이 나온다. 원복은 관을 말한다. 원(元)은 머리, 복(服)은 착용의 뜻이다.

자주 약석(藥石)의 가르침을 내리시어 자기도 새로워지고 남도 새롭게 하는 덕을 온전히 해 주셨으면 하는 것입니다.

사형에게 답하는 글 10월
答四兄 十月

가르쳐 주신 태승경(怠勝敬)[39]의 말을 통해서 체험의 실상을 볼 수 있었으며, 그 때문에 태만해지는 나의 마음을 깨우친 점이 많았습니다. 천리(天理)와 인욕(人欲)은 언제나 서로 소장(消長)의 관계에 있기 때문에, 천리가 자라나면 인욕이 줄어들고 인욕이 자라나면 천리가 줄어드니, 이는 필연적인 형세입니다. 만약 평상시에 경(敬)을 위주로 할 적에 온습(溫習 복습)을 하며 중간에 끊어지는 일이 없게 할 수만 있으면, 인욕이 저절로 물러나 천리의 명령을 듣게 될 것입니다.

독서하는 방법으로 말하면, 빨리 읽지 못할까 걱정할 것이 아니라 실효(實效)가 없는 것을 걱정해야 합니다. 참으로 실효를 얻기만 한다면 비록 지체되더라도 무슨 해가 되겠으며, 참으로 실효가 없다면 비록 빠르더라도 무슨 유익함이 있겠습니까.

39 태승경(怠勝敬) : 태만해지는 마음이 공경하는 마음을 이긴다는 뜻으로, 단서(丹書)에 나오는 말을 인용한 것이다. 단서는 주 문왕(周文王)이 태어나던 날에 붉은 참새가 입에 물고 문왕의 방 창문 앞에 와서 떨어뜨려 주었다는 붉은 글씨의 문서를 말하는데, 주 무왕(周武王)이 그의 사부(師傅)인 강태공(姜太公) 여상(呂尙)으로부터 "공경하는 마음이 태만해지는 마음을 이기면 길하고, 태만해지는 마음이 공경하는 마음을 이기면 멸망하게 되며, 대의가 욕심을 이기면 뜻대로 되고, 욕심이 대의를 이기면 흉하게 된다.〔敬勝怠者吉 怠勝敬者滅 義勝欲者從 欲勝義者凶〕"라는 등의 단서의 말을 듣고는, 두려워하는 마음으로 침석(寢席)의 사면을 비롯해서 궤(几)・감(鑑) 등 13군데에 명(銘)을 새겼다는 고사가 전한다. 《荀子 議兵》《대대례기(大戴禮記)》 권6 〈무왕천조(武王踐阼)〉 제59에는 '吉'이 '强'으로, '滅'이 '亡'으로 되어 있다.

가령 《소학(小學)》을 가지고 말하더라도, 하나의 말도 자기에게 절실하지 않은 것이 없고, 하나의 일도 행할 수 없는 것이 없습니다. 따라서 참으로 잘 읽기만 하면 심지(心志)와 사기(辭氣) 사이에 반드시 예전과는 큰 차이가 있게 될 것인데, 이에 대해서 과연 어떻게 생각하실지 모르겠습니다. 만약 정자(程子)가 말한 대로 '읽기 전에도 이런 사람이고, 읽은 뒤에도 그저 이런 사람일 뿐'[40]이라고 한다면, 이는 바로 부자(夫子)가 "아무리 많다고 한들 무슨 소용이 있겠는가.〔雖多亦奚以爲〕"라고 말한 것[41]과 같으니, 매독환주(買櫝還珠)[42]의 경우와 비교해서 과연 무엇이 다르겠습니까.

돌아보건대 노둔한 이 몸이 실로 여기에서 자기도 빠져나오지 못하는 처지에서, 그만 감히 이를 거론하며 남을 경계시키고 있습니다만, 이것 역시 서로 권면하는 도에 지나지 않는다고 할 것입니다. 주자(朱

40 읽기……뿐 : 《논어집주(論語集註)》 서설(序說) 말미에 "지금 사람들은 책을 읽을 줄 모른다. 가령 《논어》를 읽을 경우에, 읽기 전에도 이런 사람이고 읽은 뒤에도 그저 이런 사람일 뿐이라면, 이것은 곧 읽지 않은 것이나 마찬가지이다.〔今人不會讀書 如讀論語 未讀時是此等人 讀了後又只是此等人 便是不曾讀〕"라는 정이(程頤)의 말이 실려 있다.

41 부자(夫子)가……것 : 《논어》 〈자로(子路)〉에 "시 삼백 편을 잘 외운다 하더라도, 사방에 사신으로 나가서 제대로 전대를 하지 못한다면, 아무리 많다 한들 무슨 소용이 있겠는가.〔誦詩三百 使於四方 不能專對 雖多亦奚以爲〕"라는 공자(孔子)의 말이 나온다. 전대(專對)는 외국에 사신으로 나가서 독자적으로 응대하며 일을 잘 처리하는 것을 말한다.

42 매독환주(買櫝還珠) : 상자만 사고 구슬은 돌려준다는 뜻으로, 근본은 버리고 지말(枝末)만 좇는 것을 비유하는 말이다. 초(楚)나라 사람이 목란(木蘭) 상자에 주옥을 담아 정(鄭)나라 사람에게 팔자, 그 정나라 사람이 상자만 사고 구슬은 돌려주었다는 우화에서 유래한 것이다. 《韓非子 外儲說左上》 매궤환주(買櫃還珠)라고도 한다.

子)가 말하기를 "감히 태만하지 말고 급급히 하며, 감히 빨리하지 말고 서서히 하라.〔汲汲乎毋敢惰也 徐徐乎毋欲速也〕"[43]라고 하였는데, 이것이 물론 심술(心術)의 정미(精微)한 곳에 나아가 말한 것이긴 하지만, 이것을 가지고 독서하는 방법으로 응용해도 좋을 것이니, 부디 저의 광망(狂妄)함을 용서하시고 이 말을 채택해 주셨으면 합니다.

학문을 하는 것은 인(仁)을 구하는 것보다 절실한 것이 없고, 인을 구하는 방법으로는 선단(善端)을 살펴서 확충하는 것보다 우선하는 것이 없습니다. 내서(來書 보내온 글)의 사지(辭旨)에 효사종천(孝思終天)[44]의 뜻이 보이는데, 집사(執事)는 이 마음이 과연 어떤 마음이라고 생각하십니까? 이는 인(仁)의 이(理)가 혼연히 안에 있기 때문에 선단[45]이 발현하여 금할 수 없게 된 것에 불과합니다. 그러나 한갓 이런 마음만 지니고 있을 뿐 이것을 확충할 방법을 생각하지 않는다면, 전전반복(輾轉反覆)하여 '인(仁)에서 나왔어도 거꾸로 인을 해치는〔原仁反害仁〕' 병통[46]으로 흘러 들어가지 않는다고 보장할 수 없으니, 이 점을

43 감히 태만하지……하라 : 《회암집(晦菴集)》 권75 〈논어훈몽구의서(論語訓蒙口義序)〉에 "급급히 하되 빨리하려 하지 말고, 서서히 하되 감히 태만하지 말라.〔汲汲焉而毋欲速也 循循焉而毋敢惰也〕"라는 주희의 말이 나오는데, 녹문이 이 말을 변용(變用)한 것으로 보인다.

44 효사종천(孝思終天) : 부모상을 당해 몸을 마칠 때까지 비통해하는 효자의 마음이라는 뜻이다.

45 선단 : 대본에는 '眞端'으로 되어 있으나, '眞'은 '善'의 잘못이기에 바로잡아 번역하였다.

46 인(仁)에서……병통 : 이이(李珥)의 〈심성정도(心性情圖)〉에 나오는 "희로애구애오욕이 인에서 나왔어도 거꾸로 인을 해치고, 의에서 나왔어도 거꾸로 의를 해치고, 예에서 나왔어도 거꾸로 예를 해치고, 지에서 나왔어도 거꾸로 지를 해친다.〔喜怒哀懼

또 염려하지 않으면 안 될 것입니다.

참으로 이에 대해 반성하여, 인(仁)의 체(體)가 실제로 자기 안에 갖추어져 있고 인을 구하면 실제로 인을 얻을 수 있음을 아는 한편, 또 효친(孝親)의 도(道)는 귀전(歸全)[47]보다 나은 것이 없고 귀전의 도는 또 면학(勉學)에 있음을 보아서, 분연(奮然)히 스스로 일어나 순(舜)처럼 되겠다고 다짐하고는, 한마디 말이라도 잘못이 있으면 그때마다 어버이를 잊은 것을 참회하고 한 생각이라도 밖으로 치달리면 그때마다 어버이를 욕보이게 될까 두려워하면서, 전전긍긍(戰戰兢兢)[48]하고 국궁진췌(鞠躬盡瘁)[49]하여 하루아침에 활연해지는 효과[50]를

愛惡欲 原於仁而反害仁 原於義而反害義 原於禮而反害禮 原於智而反害智〕"라는 말을 발췌하여 인용한 것이다. 《栗谷全書 卷9 答成浩原》

47 귀전(歸全) : 부모님이 온전히 주신 몸을 자식이 온전히 하여 돌아가는 것을 말한다. 173쪽 주20 참조.

48 전전긍긍(戰戰兢兢) : 매사에 근신하면서 신중하게 대처하는 것을 말한다. 《시경》 〈소아(小雅) 소민(小旻)〉에 "두려워하여 조심하면서 마치 절벽에서 심연을 굽어보는 듯하고 얇은 얼음을 밟는 듯한다.〔戰戰兢兢 如臨深淵 如履薄氷〕"라는 말이 나온다.

49 국궁진췌(鞠躬盡瘁) : 국궁진력(鞠躬盡力)과 같은 말로, 마음과 몸을 다 바쳐서 충효(忠孝)의 일을 행하는 것을 말한다. 제갈량(諸葛亮)의 〈후출사표(後出師表)〉 맨 마지막에 "모든 일이 이와 같아서 앞으로 어떻게 될지 알기가 어려우니, 저로서는 국궁진췌하여 죽은 뒤에야 그만둘 것이요, 성공과 실패나 이로움과 불리함 같은 것이야 신의 지혜로 미리 헤아릴 수 있는 바가 아니라고 하겠습니다.〔凡事如是 難可逆見 臣鞠躬盡瘁 死而後已 至於成敗利鈍 非臣之明所能逆覩也〕"라는 말이 나온다.

50 하루아침에 활연해지는 효과 : 《대학장구》 보망장(補亡章)의 "힘쓰기를 오래 해서 하루아침에 활연히 관통함에 이르면, 모든 사물의 표리와 정추가 이르지 않음이 없을 것이다.〔至於用力之久 而一朝豁然貫通焉 則衆物之表裏精粗無不到者〕"라는 주희의 말과 같이 되는 것을 말한다.

얻고 〈서명(西銘)〉의 묘한 경지[51]에 이르게 된다면, 인욕(人欲)이 다 하고 천리(天理)가 회복되어 효(孝)의 도(道)가 이에 지극해지고 인(仁)의 양(量)이 이에 확충될 것입니다. 그러나 만약 작은 것을 크게 여기거나 부분을 전체로 여기고서 이를 확충해 나가는 방법을 생각하지 않는다면, 하나의 일이나 하나의 절목에 혹 위회(慰懷)하는 기술은 있을지 몰라도, 이것을 어떻게 인효(仁孝)의 대도(大道)에 끼워 넣어서 의논할 수 있겠습니까. 아무쪼록 노력하고 노력하기 바랍니다.

지경(持敬)[52]이 독실하지 않은 것이 아니지만, 독서를 할 적에 의문을 제기하지 않는 것이 원래 우리들의 공통적인 근심거리입니다. 그런데 독서는 우유함영(優遊涵泳)[53]을 하지 않으면 상세하고 치밀하게 되기 어려운 법이니, 만약 전적으로 이 마음의 지경에만 의존하면서 곧장 독서의 효과를 채근한다면, 혹 급박하게 구하려 한 나머지 '막혀서 안에 들어오지 못하는〔扞格〕' 병통이 갈수록 더욱 심해질 수도 있습니다. 바라건대 우선 정신을 한곳에 집중하고 장구(章句) 사이에 마음을 침잠하여, 글자마다 그 훈석(訓釋)을 찾고 구절마다 그 의리를 탐색하면서, 거연(遽然)히 현묘(玄妙)한 담론을 펼치려는 뜻을 내지 않는다면, 점점 차제(次弟)에 따라 절로 드러나는 곳이 있게 될 것입니다. 주자(朱子)가 말하기를 "우선 장구를 완미하며 탐색하는 공부를 가지고,

51 서명(西銘)의 묘한 경지 : 사친(事親)이 곧 사천(事天)이 되는 경지를 말한다. 173쪽 주21 참조.

52 지경(持敬) : 공경하는 마음을 항상 지니고서 지켜 나가는 것을 말한다.

53 우유함영(優遊涵泳) : 조급히 서둘지 않고 여유 있게 한가로이 오래도록 탐구하여 자기 몸에 배어들어서 완전히 내 몸의 일부가 되게 하는 것을 말한다.

여러 가지 광망한 심력을 대신해야 할 것이다.〔且將玩索章句底工夫 換却許多狂妄底心力〕"[54]라고 하였는데, 이 말이 참으로 음미할 만합니다.

"조장(助長)하지 말 것이니, 이는 사심(邪心)이 있는 것이다."라는 말씀을 살펴보건대, 성찰하고 점검하는 것이 이에 이르렀으니 매우 훌륭하십니다. 사심은 없애기가 쉽지 않으니 다만 우선 제철(提掇)[55]하고 방퇴(放退)[56]해야 할 것입니다만, 만약 대단한 악념(惡念)이라면 반드시 그 생각이 어디에서 나왔는지 속속들이 캐내어 곧장 머리부터 끊어 없앰으로써 기필코 그 근저(根柢)를 뽑아 버린 뒤에 그만두어야 할 것이니, 오래오래 이렇게 익혀 가노라면 그런 병통이 점차 없어질 것입니다. 그런데 조장하는 병통으로 말하면 더욱 어려운데, 집사의

54 우선……것이다 : 주희의 "나의 뜻은, 우선 학자로 하여금 각종 광망한 신심을 쉬고, 각종 한가하고 조잡한 설화를 제거하여, 착실히 독서하게 하고자 하는 것이다.〔鄙意且要得學者 息却許多狂妄身心 除却許多閑雜說話 著實讀書〕"라는 말과 "단지 장구를 안배하고 대조하며 문리를 완미하고 탐색하는 공부를 가지고, 허다히 두찬하고 계교하며 별나게 노맥을 찾는 심력을 대신해야 할 것이다.〔只將排比章句 玩索文理底工夫 換了許多杜撰計較 別尋路脈底心力〕"라는 말을 녹문이 간추려서 인용한 것으로 보인다.《晦菴集 卷53 答劉季章, 卷55 答劉定夫》

55 제철(提掇) : 손으로 잡고서 들어올리고〔提〕, 손으로 집어낸다〔掇〕는 뜻으로, 열심히 경계하며 단속하는 것을 말한다. 원래는 주인이 비복(婢僕)을 깨우치면서 감독해야 한다는 뜻으로, 장재(張載)가 말한 것인데, 보통 마음을 다잡는다는 뜻으로 사용한다.

56 방퇴(放退) : 강제로 억눌러 제재한다는 뜻의 통억(痛抑)에 상대되는 말로, 우선 놓아두어 저절로 물러가게 하는 것을 말한다. 주희의 문인인 백우(伯羽)가 "우선 정좌법을 배워서 사려를 통렬히 억제하고 있다.〔且學靜坐 痛抑思慮〕"라고 말하자, 주희가 "통렬히 억제하는 것도 옳지 않다. 단지 놓아두어 저절로 물러가게 하는 것이 좋다.〔痛抑也不得 只是放退可也〕"라고 말한 내용이 《심경부주(心經附註)》 권3 〈우산지목장(牛山之木章)〉에 보인다. 백우는 동비경(董蜚卿)의 자(字)이다.

경우는 또 이 병통이 가장 중하니, 즉시 다스리지 않으면 도(道)에 나아갈 수 없을 것입니다.

그러나 이를 다스리기 위해서는 기력(氣力)을 대단히 수고롭게 할 것이 없습니다. 집사는 이 병통을 어떻게 고치려는지 한번 말씀해 보십시오. 만약 내버려 두려고 한다면 이는 잊는 일〔忘〕에 가까울 것이고, 만약 힘쓰려고 한다면 이는 또 조장하는 일이 될 것이니, 매우 가밀(苛密 엄밀)하면서 곡절(曲折)이 많을 것도 같은데, 저는 어째서 그만 기력을 대단하게 수고롭게 할 것이 없다고 말했겠습니까. 모쪼록 여기에서 말씀드린 일전어(一轉語)를 분석하신다면, 더 이상 구애받는 일이 없게 될 것입니다.

사형에게 올리는 글 기유년(1729, 영조5) 1월
上四兄 己酉正月

며칠 동안 향훈(香薰)을 쐬고 나니 아직도 청풍(淸風)이 소매 속에 감도는 것을 느낍니다. 모르겠습니다만 헤어진 뒤로 공부하는 재미가 또 어떠하십니까? 과사(科事 과거 보는 일)는 과연 기약한 대로 설행할 것입니까? 공부하는 장소는 과연 어디에다 열었으며, 같이 종사하는 사람들은 몇 명이나 됩니까?

지난번에 접중(接中)[57]에서 성인(聖人)을 모독하는 말이 있었다고 들었는데, 처음에는 그저 범범하게 듣고 지나갔다가 나중에 다시 생각해 보니 그때 자리에 있던 자들로서는 묵묵히 있어서는 안 되었다고 여겨졌습니다. 대의(大義)에 입각해서 논한다면, 또 묵묵히 있어서는 안 될 뿐만 아니라 곧장 함께 공부를 못 하겠다면서 일어섰어야 합니다.

예로부터 사습(士習)이 투안(偸安)한 것이 근일과 같은 경우가 있었습니까. 처음에는 스스로 포기하고 중간에는 우리 무리를 기롱하다가 마지막에는 그만 선성(先聖)을 감히 모욕하였는데, 이러한데도 그냥 놔둔다면 그 유폐(流弊)가 필시 사람으로 사람을 먹이는 지경에 이를 것이니, 홍수(洪水)·맹수(猛獸)나 불로(佛老)·양묵(楊墨) 등이 해를 끼치는 정도에 비할 바가 아닐 것입니다.

만약 맹자(孟子)와 주자(朱子)에게 이를 보게 한다면, 팔을 걷어붙이고 말로 물리치는 것이 또 갓끈을 맬 겨를도 없을 것[58]임이 분명합니

57 접중(接中) : 같은 목적으로 모여서 한패를 이룬 무리라는 뜻으로, 동아리라는 말과 같다.

다. 그리고 우리 무리가 발을 붙이고 서 있는 것이 굳건하지 못한 나머지 이런 일을 보거나 이런 일을 듣고서도, 사갈(蛇蝎)이 사람을 물고 진흙탕이 사람을 더럽힐 것처럼 여기며 얼른 피해 멀리하지 못한다면, 발을 헛딛고서 천 길 구렁 속으로 떨어지는 환란을 결코 면하기 어려울 것이니, 이 점을 또 조속히 깊이 생각해야 할 것입니다.

더군다나 사(士)에게는 생삼사일(生三事一)[59]의 의리가 있는데, 성인은 백세의 스승이 되는 분이시니, 그 의리로 볼 때 또 어떻게 대처해야 하겠습니까. 이 모두 구차하게 그대로 지나쳐서는 안 될 것이니, 이에 대해서 한칼로 잘라 버리듯 결단해 주셨으면 합니다. 저의 말이 너무 편협한 데에 가깝다고 혹 느끼신다면 분명하게 일깨워 가르쳐 주시고, 의리에 어긋나지 않는다고 혹 느끼신다면 다시 더 생각하시어 이 뒤로는 다시 그대로 지나치지 말아 주시면 다행이겠습니다. 말씀드릴 것이 많지만 모두 나중에 뵙고서 말씀드리겠습니다.

58 갓끈을……것 : 집안사람의 싸움을 말리는 것보다도 더 다급한 일인 만큼 체면 차리는 것은 아예 생각할 겨를도 없이 달려 나갈 것이라는 말이다. 《맹자》 〈이루 하(離婁下)〉의 "지금 한집안 사람의 싸움을 말릴 경우에는 머리카락을 풀어 흩뜨린 채로 갓끈만 매고 가서 말리더라도 괜찮지만, 향리와 이웃에 싸우는 자가 있을 경우에 머리카락을 풀어 흩뜨린 채로 가서 싸움을 말린다면 이는 미혹된 행동이니, 비록 문을 닫고 가만히 있어도 괜찮다.〔今有同室之人鬪者 救之 雖被髮纓冠而救之可也 鄕鄰有鬪者 被髮纓冠而往救之則惑也 雖閉戶可也〕"라는 말에서 나온 것이다.

59 생삼사일(生三事一) : 세 분의 은혜로 살아가는 만큼 똑같이 섬겨야 한다는 뜻으로, 군사부일체(君師父一體)의 도리를 말한다. 《국어(國語)》 〈진어(晉語) 1〉에 "사람은 세 분의 은혜로 살게 마련이니, 그분들을 똑같이 섬겨야 한다는 성인의 말씀이 있다. 그것은 바로 어버이는 낳아 주신 분이고, 스승은 가르쳐 주시는 분이고, 임금은 먹여 주시는 분이기 때문이다.〔民生于三 事之如一 父生之 師敎之 君食之〕"라는 말이 나온다. 대본에는 '生三死一'로 되어 있으나, '死'는 '事'의 잘못이기에 바로잡아 번역하였다.

사형에게 답하는 글 4월
答四兄 四月

전서(前書)의 면계(勉戒) 및 많은 시유(示諭)를 통해서 성의(盛意)를 살펴볼 수 있었습니다. 화병(火病)의 근위(根委 본말(本末))는 본래 간단하지 않습니다만, 이를 조절하고 치료하는 방법은 단지 우리가 마음을 어떻게 쓰느냐에 달려 있을 뿐이니, 진근부초(陳根腐草)[60]에 책임을 돌리면 안 될 것입니다.

그런데 마음을 쓴다는 것도 다른 기술이 있는 것이 아니라, 단지 우리가 본래 행해야 할 일에 대해서 살펴보는 것을 갈수록 더욱 친절히 하고, 존양(存養)하는 것을 갈수록 더욱 심후(深厚)하게 하고, 조존(操存)하는 것을 갈수록 더욱 전일(專一)하게 하는 것이니, 이 일에 점점 깊이 재미를 느껴 가노라면 저 일에 대해서 점점 더 내려놓을 수 있을 것입니다.

그러나 이렇게 되도록 하는 것은 한마디로 경(敬)이라고 할 수 있는데, 이 경을 설명하자면 바로 항상 성성(惺惺)[61]하게 하는 것이 요법(要

60 진근부초(陳根腐草) : 오래 묵은 잡초 나부랭이라는 뜻으로, 케케묵은 과거의 앙금 따위를 말한다.

61 성성(惺惺) : 마음이 깨어 있게 한다는 뜻이다. 원래 "성성하면서도 적적하고 적적하면서도 성성해야 한다.〔惺惺寂寂 寂寂惺惺〕"라는 불교 선종(禪宗)의 용어에서 나온 것인데, 송유(宋儒) 사양좌(謝良佐)가 "경은 항상 깨어 있게 하는 방법이다.〔敬是常惺惺法〕"라고 말한 뒤로부터 유가(儒家)에서 경(敬)을 해석하는 하나의 유력한 용어가 되었다. 《상채선생어록(上蔡先生語錄)》 권중(卷中)에 이 말이 나오는데, 《심경부주(心經附註)》 권1 〈경이직내장(敬以直內章)〉에서도 이를 인용하여 소개하고 있다.

法)이니, 그렇다면 치심(治心)과 치병(治病)에 어찌 두 가지 이치가 있겠습니까. 이것이 바로 제가 취하는 졸렬한 방법입니다만, 제 옆에 나보다 나아서 경발(警發)할 계기를 마련해 주고 서로 강마(講磨)할 분이 안 계시기에, 청명한 기운이 접속되지 못하여 우뇌(憂惱)의 마음이 틈을 타고 일어나는 것을 항상 걱정하고 있습니다. 집사(執事)에게도 예전에 이런 병이 있었을 터이니, 행여 이를 취하여 시험해 보면 거짓이 아님을 아실 것입니다.

공자(孔子)는 "아침에 도를 들으면 저녁에 죽어도 좋다.〔朝聞道夕死可矣〕"[62]라고 하였고, 횡거(橫渠)는 "살아서는 천리(天理)에 따라 일을 행하고, 죽을 때에는 마음 편히 부끄러움이 없다.〔存吾順事 沒吾寧也〕"라고 하였는데, 옛날에 이것을 볼 때에는 비록 좋은 말이라는 것은 알았어도 아직 맛이 있는 것은 참으로 느끼지 못하였습니다. 그러다가 요즘에 와서야 비로소 그 말이 명백하고 심절(深切)하여, 사람으로 하여금 일용(日用) 사이에 감히 티끌만큼도 사의를 남겨 두지 않게 하여 외물의 유혹에 끌려가지 않을 수 있게 해 줌을 깨달았는데, 다른 날에 서로 만나 보면 약간의 진전이 있었음을 알 수 있을 것입니다.

우리들이 비록 도(道)에 뜻을 두고 있다 하더라도, 만약 발을 딛고 선 것이 견고하지 못하고 쌓은 토대가 심후하지 못하면, 외물에 감응하

62 아침에……좋다 : 《논어》 〈이인(里仁)〉에 나온다. 이 말에 대해서 주희는 "도는 사물의 당연한 이치이니, 참으로 이것을 얻어 듣는다면, 살아서는 이치에 순하고 죽어서는 편안하여 다시 남은 한이 없을 것이다.〔道者事物當然之理 苟得聞之 則生順死安 無復遺恨矣〕"라고 해설하였는데, 여기에 나오는 생순사안(生順死安)은 뒤에 인용한 횡거 즉 장재(張載)의 말과 궤(軌)를 같이한다. 장재의 말은 〈서명(西銘)〉 맨 마지막에 보인다.

여 끌려가지 않는 경우가 드문데, 예로부터 시작을 해 놓고는 제대로 마무리하지 못하는 자들이 서로 계속해서 뒤를 잇고 있으니, 이 점을 서로 경계하여 통렬히 반성하지 않으면 안 될 것입니다.

사형에게 답하는 글 신해년(1731, 영조7) 10월

答四兄 辛亥十月

밝은 창가 고요한 궤안에 온종일 홀로 앉아서 집사(執事)와 유쾌한 시간을 한번 가져 보고 싶어도 그렇게 할 수 없으니 또한 아쉽고 서운할 따름입니다.

저의 《논어(論語)》 공부로 말하면, 처음에 생각하기로는 하루에 대문(大文) 하나를 세 번씩 읽으면서 계속 순환하여 백(百)의 숫자를 채워 보려고 하였는데, 그렇게 하면 예전과는 딴판으로 난숙(爛熟)해질 것도 같았습니다. 그런데 총명함이 다른 사람에 미치지 못하여 아직도 자기 말을 외우는 것처럼 하지 못할뿐더러, 혹 오랫동안 복습을 하지 않으면 이따금 잊어버리기도 하니, 윤언명(尹彦明)[63]에게 미칠

63 윤언명(尹彦明) : 정이(程頤)의 문인인 화정 윤씨(和靖尹氏) 즉 윤돈(尹焞)을 말한다. 언명은 자(字)이고, 화정은 호이다. 《대학장구》의 〈독대학법(讀大學法)〉에 "옛날에 윤화정은 이천(伊川)을 만나 보고 나서 반년 만에 비로소 《대학》과 〈서명(西銘)〉의 글을 볼 수 있었는데, 지금 사람들은 반년 동안에 많은 책을 읽으려고 한다.〔昔尹和靖見伊川 半年方得大學西銘看 今人半年要讀多少書〕"라는 주희의 말이 나온다. 한편 《근사록(近思錄)》 권2 〈위학류(爲學類)〉에는 "윤언명이 이천을 만나 본 지 반년이 지나고서야 비로소 《대학》과 〈서명〉을 볼 수 있었다.〔尹彦明見伊川後半年 方得大學西銘看〕"로 되어 있다. 송시열(宋時烈)은 "독서법에 대해서는 주자가 상세히 논하였다. 그의 '윤화정은 반년 동안 단지 《대학》과 〈서명〉만 읽었는데, 지금 사람들은 반년 동안에 많은 책을 읽으려고 한다.'라는 말이야말로 어찌 격언이요 지론이 아니겠는가.〔讀書之法 朱子論之詳矣 其所謂尹和靖半年 只讀大學西銘 今人半年 要讀多少書者 豈非格言至論耶〕"라고 하여 〈독대학법〉의 말을 따랐다. 《宋子大全 卷46 答李雲擧》

수 없음을 비로소 깨달았습니다. 그래서 지금은 하루에 한 장(章)씩 읽고 있으니, 처음과 비교하면 너무도 차이가 난다고 하겠습니다.

다만 생각건대, 많은 책을 걸터듬으며 대충 읽어 나간다면 비록 만권의 책을 읽는다 한들 또 무슨 유익함이 있겠습니까. 근세의 학자들이 날로 발전하지 못하는 이유는 바로 여기에 걸려서 그런 것인데, 주문(朱門 주희의 문파)의 제일의 법문(法門) 역시 여기에서 벗어나지 않습니다. 그저 이름으로만 숙독한다고 하고 실제로는 옛날의 습관을 벗어나지 못하는 자라면, 통렬히 경계하며 맹렬히 반성하지 않으면 안 될 것입니다.

《예기(禮記)》를 읽는 것도 물론 좋습니다. 그리고 그중에서도 〈단궁(檀弓)〉은 더욱 좋습니다. 저도 전일에 겸해서 읽어 보려고 시도하다가 역량이 미치지 못해서 중도에 그만두는 일을 면치 못하였는데, 지금 펼쳐 놓고 완미(玩味)하신다는 말씀을 듣고 보니 매우 흐뭇합니다. 모쪼록 익숙하게 복습하시기 바랍니다. 그러나 《논어》도 얼른 읽지 않으면 안 될 터인데, 새로 터득한 것이나 혹 의심나는 곳이 있으면 꺼리지 말고 저에게 알려 주시기 바랍니다.

시(詩)에 대해서 논하신 말씀이 참으로 옳으니, 제가 어찌 감히 지나치게 탐닉하여 오유(吾儒)의 지극한 경계를 범하겠습니까. 다만 생각건대, 시라는 것은 성령(性靈)의 기분을 풀기 위한 것입니다. 그래서 주 선생(朱先生 주희) 같은 분도 미상불 경계하긴 하였지만, 그래도 일찍이 폐기한 적이 없어서 평생 지은 시가 모두 수백 편이나 되었으며, 고시(古詩)와 근체(近體)로부터 사부(詞賦)에 이르기까지 갖추지 않은 것이 없었으니, 시를 짓는 것이 옳지 않았다면 선생이 어찌 그렇게 하였겠습니까.

우리들은 다만 내외와 빈주를 분변(分辨)하여, 외(外)가 내(內)를 침범하거나 빈(賓)이 주(主)를 침탈하지 않게 해야 할 것이니, 그렇게 하고 나서 이따금 여력이 있을 적에 읊조리고 노래하며 감정을 발산한다면 또 무슨 해가 되겠습니까. 성문(聖門)의 이른바 "예술의 세계에서 노닌다.〔游於藝〕"[64]라는 것이 지금은 오로지 여기에 있을 뿐입니다.

다만 일단 시를 짓기로 한다면, 그 체제(體製)와 조격(調格)을 구차히 하면 안 될 것이니, 아무래도 한위(漢魏) 이래 제가(諸家)의 시들을 충분히 보고서 오묘한 법도를 터득한 뒤에야 좋은 시가 가능할 것입니다. 주자(朱子)가 혹인(或人)에게 답한 글에서 시도(詩道)를 극론(極論)하였는데, 퇴계(退溪 이황(李滉)) 선생이 이것을 《절요(節要)》 안에 수록해 놓았으니, 가져다가 읽어 보면 아실 수 있을 것입니다. 이 논설이 매우 길어서 지금 당장은 모두 말씀드릴 수 없습니다만, 만약 듣고 싶으시다면 한번 집사를 위해서 반복해 드리겠습니다.

64 예술의 세계에서 노닌다 : 《논어》 〈술이(述而)〉에 "진리에 뜻을 두고, 덕에 의거할 것이요, 인에 의지하고, 예술의 세계에서 노닐어야 한다.〔志於道 據於德 依於仁 游於藝〕"라는 공자의 말이 나온다.

사형에게 답하는 글 갑신년(1764, 영조40) 5월

答四兄 甲申五月

당부하신 지문(誌文)은 기한 안에 지어내기 어려울 듯하니, 우선 급박하게 독촉하지 않으시는 것이 어떻겠습니까? 일궤(一簣)[65]의 문자는 사면(事面)이 더욱 중한 만큼 허술하게 지을 수가 없으니, 저술한 제서(諸書)를 한번 보고서 그 조예(造詣)를 대략 안 다음에 뜻을 다해 모사(摸寫)함으로써 만분의 일이나마 숨겨진 덕의 그윽한 빛을 드러내고 싶은 심정이 절실합니다.

묘표(墓表) 중에 나열한 《역학문경(易學門徑)》·《태서론(泰筮論)》·《주역영주(周易映註)》·《우언술출(愚言述絀)》 등의 글이 모두 있을 것이라고 생각했는데, 흡(熻) 조카는 "《영주》와 《술출》의 두 책 외에는 다른 저술이 없다."라고 말을 하니 괴이하고 괴이합니다. 모쪼록 다시 찾아내어 굳게 봉해서 보내 주신다면 보배로 간직하고 때때로 완미하겠습니다. 그리하여 다행히 계오(契悟)하는 곳이 혹 있게 된다

65 일궤(一簣) : 녹문의 증백조(曾伯祖)인 임좌(任座)의 호이다. 자(字)는 원직(元直)이다. 《녹문집》 권23에 〈증백조일궤선생묘지명(曾伯祖一簣先生墓誌銘)〉이 실려 있다. 본문에 나오는 흡(熻)은 그의 현손(玄孫)이다. 일궤는 한 삼태기의 흙이라는 뜻으로, 완성 단계의 일에 한 번 더 공을 들여서 유종(有終)의 미(美)를 거두는 것을 말하는데, 《서경(書經)》 〈여오(旅獒)〉의 "자그마한 행동이라도 신중히 하지 않으면 큰 덕에 끝내 누를 끼칠 것이니, 이는 마치 아홉 길 산을 만들 적에 한 삼태기의 흙이 부족하기 때문에 그 공이 허물어지는 것과 같다.〔不矜細行 終累大德 爲山九仞 功虧一簣〕"라는 말에서 나온 것이다.

면, 지문에 근거가 있게 될 뿐만 아니라, 선생이 후인(後人)에게 기대했던 것 역시 우리 집안을 벗어나지 않고도 이룰 수 있을 것이니, 어찌 큰 다행이 아니겠습니까. 이곳은 하루 일정에 불과하여 여인숙에서 숙박할 필요도 없으니, 다른 생각을 할 것이 뭐가 있겠습니까.

사형에게 답하는 글 갑오년(1774, 영조50) 11월
答四兄 甲午十一月

제가 소경처럼 깜깜한 길을 지팡이로 두들기며 가다가[66] 발을 헛디뎌 굴러 넘어지는 일을 자초하였으니, 이러고서도 누구를 탓하겠습니까. 산기슭에 돌아와 누워 예전과 다름없는 연월(煙月) 속에서 이미 지나간 백 가지 괴이한 일들을 그저 일소(一笑)에 부칠 따름입니다.

보내온 시를 풍송(諷誦)하며 경탄(敬歎)하였는데, 기구(起句)는 특히 저의 심경을 대변하였으므로 더욱 사람으로 하여금 반복해서 외우며 음미하게 하였습니다. "교화가 여드레 동안 행해졌다.〔化行八日〕"라는 한 구절은 실제로 있었던 일을 기술한 것입니다. 그런데 임지(任地)를 떠나던 날에 온 경내의 부로(父老)들이 길을 막고 못 가게 하는 바람에 다시 하룻밤을 자고 돌아오게 되었습니다.[67] 그래서 지난번에 어떤 사람과 농담을 하면서 "비록 성인(聖人)이 수래동화(綏來動和)[68]

66 소경처럼……가다가 : 대본에는 '擿埴冥行'으로 되어 있는데, '擿'은 '擿'의 잘못이기에 바로잡아 번역하였다.

67 교화가……되었습니다 : 1774년(영조50) 가을에 녹문이 성천 부사(成川府使)로 부임하였으나, 얼마 지나지 않아서 경술(經術)은 넉넉해도 직무 수행은 잘하지 못한다는 장령(掌令) 경재관(慶再觀)의 무소(誣疏)를 받고 체직되었을 때의 일을 말하고 있는데, 동생 임정주(任靖周)가 지은 녹문의 행장에 이때의 상황이 자세히 나와 있다. 행장은 《녹문집》 부록에 실려 있다.

68 수래동화(綏來動和) : 성현이 덕으로 사람들을 감화하는 것을 말한다. 《논어》 〈자장(子張)〉에 "편안하게 해 주매 사람들이 따라오고, 고무하매 사람들이 화기로워진다.〔綏之斯來 動之斯和〕"라고 공자(孔子)를 찬양한 자공(子貢)의 말이 나온다.

하는 묘한 경지라 하더라도 어떻게 이보다 더하겠는가.……" 하였는데, 한번 웃을 만합니다.

보내온 시 중에 '유선관(留仙舘)'이라는 세 글자는 '동명국(東明國)'으로 고치는 것이 좋을 듯합니다. 왜냐하면 성천(成川)은 동명왕(東明王)의 옛 도읍지이기 때문입니다. 전시(前詩)에서 "강산은 아조가 순유한 뒤의 그것이요, 풍속은 은인[69]이 교화한 뒤의 그것이로다.〔江山我祖巡遊後 風俗殷仁敎化餘〕"라고 한 1연(聯)이 매우 좋기에 지금도 마음속에 간직하고 외우곤 합니다.

69 은인(殷仁) : 은(殷)나라 삼인(三仁) 가운데 한 사람인 기자(箕子)를 가리킨다. 《논어》〈미자(微子)〉에 "미자는 떠나가고, 기자는 종이 되고, 비간은 간하다가 죽었는데, 공자가 '은나라에 세 사람의 인자가 있었다.'라고 하였다.〔微子去之 箕子爲之奴 比干諫而死 孔子曰 殷有三仁焉〕"라는 말이 나온다.

사형에게 올리는 글 정유년(1777, 정조1) 1월

上四兄 丁酉正月

삼가 신원(新元 새해)에 체도(體度)가 강건하시리라 생각합니다. 저는 병의 증상이 한결같이 왔다 갔다 하는 가운데 이제 떡국 한 그릇을 또 먹었으니, 이른바 희년(稀年)도 2, 3년밖에 남지 않았습니다. 성동(成童 15세)의 나이에 학문에 뜻을 두었다가 백발의 나이에 이룬 것도 없이, 세월이 흐르고 흘러 어느덧 이런 경계(境界)를 맞닥뜨리게 되었으니, 평생을 돌아보매 한 가지 일도 예전에 지녔던 뜻을 조금이나마 갚을 만한 것이 없습니다.

게다가 이렇게 궁벽한 산골에 앉아 있다 보니 사방에 친척도 없는 가운데 이자야(李子野)[70]와 같은 친우도 이미 고인(古人)이 되고 말았습니다. 수백 리 안의 사람들을 차례로 헤아려 보건대 동지(同志)로서 연배가 서로 비슷한 자가 우리 두 사람 외에는 다시 한 사람도 없습니다. 구묘(丘墓)는 아득히 멀고 동기(同氣)는 천 리 밖에 떨어져 있는 상황에서 새해를 맞아 온갖 감회에 젖은 채 슬픔이 북받쳐서 눈물만 흘러내리는데, 어떻게 하면 가까운 시일 안에 한번 뵙고서 가슴속 가득한 이 회포를 조금 토로해 볼 수 있을는지요.

요즈음 《주자대전(朱子大全)》을 읽고 있는데 이제 겨우 20권째에

70 이자야(李子野) : 이사질(李思質)로, 자야는 그의 자이다. 호는 흡재(翕齋)이다. 실학자로서, 1759년(영조35)에 고양 군수(高陽郡守)에 이르렀으며, 《정계만록(淨溪漫錄)》과 《훈음종편(訓音宗編)》의 저서가 있다.

이르렀습니다. 예전에 읽던 것에 비하면 꽤나 달라진 것도 같습니다만, 권수(卷數)가 매우 많아서 어느 날에나 끝낼 수 있을지 모르겠는데, 이 밖에도 제경(諸經)의 남은 부채(負債)가 또 산처럼 쌓여 있습니다.

비록 나이가 쇠하고 병이 고질이어도 옛날에 지녔던 씩씩한 마음은 아직도 시들지 않았으니, 공자(孔子)가 "몸이 이미 늙은 것도 잊고서 앞으로 남은 세월이 얼마 되지 않는 것도 염두에 두지 않은 채 날마다 열심히 노력하다가 죽은 뒤에야 그만두어야 한다."[71]라고 말한 것과 그런대로 유사하다고도 하겠습니다만, 황천(皇天)이 나에게 얼마나 더 일월(日月)을 빌려주어 이 조문(朝聞)[72]의 소원을 이루게 해 줄지 모르겠습니다. 집사(執事)의 시고(詩稿) 중에도 누차 조문(朝聞)이라는 글자를 제기하였고, 또 자경(自警) 8절(絶)에서도 마음속에 보존한 뜻을 엿볼 수 있었기에 반복하여 외우며 여운을 감상하고 있습니다. 우리들은 아직 죽기 이전에 오직 이 대사(大事)를 끝내야만 눈을 감을 수 있을 것이니, 이 밖에야 또 무엇을 구하겠습니까.

71 몸이……한다 : 《시경》 〈소아(小雅) 차할(車舝)〉의 "높은 산은 누구나 우러러보게 마련이고, 큰길은 누구나 함께 걸어가게 마련이다.〔高山仰止 景行行之〕"라는 구절에 대해서, 공자가 "시에서 인을 좋아함이 이와 같다. 사람들은 큰길을 걸어가다가 힘이 다해서 계속 걸을 수 없을 때에야 중도에 그만둔다. 마찬가지로 몸이 이미 늙은 것도 잊고서 앞으로 남은 세월이 얼마 되지 않는 것도 염두에 두지 않은 채 날마다 열심히 노력하다가 죽은 뒤에야 그만두어야 한다.〔詩之好仁也如此 鄕道而行 中道而廢 忘身之老也 不知年數之不足 俛焉日有孶孶 斃而後已〕"라고 평한 말이 《예기》 〈표기(表記)〉에 나온다.

72 조문(朝聞) : "아침에 도를 들으면 저녁에 죽어도 좋다.〔朝聞道 夕死可矣〕"라는 말을 줄인 것이다. 194쪽 주62 참조.

사형에게 답하는 글 기해년(1779, 정조3) 2월

答四兄 己亥二月

어제 시향(時享)에 들렀더니 여기의 조카도 와서 제사를 돕기에 한편으로는 서글프고 한편으로는 위로되는 심정을 거의 말로 표현할 수가 없었습니다. 이 뒤로는 1년에 두 번 제사 지내는 것을 폐하지 않고 오래도록 행하여 관례(慣例)로 만들고 싶은데, 그렇게 하면 또 점차로 수거(修擧)하며 점차로 이정(釐正)하여 일가(一家)의 제도를 만들 수 있을 것입니다.

다만 생각건대 종가(宗家)가 빈궁하고 쇠잔하여 떨쳐 일어나 소생할 희망이 없으니 이를 어찌하면 좋단 말입니까. 이따금 여기에 생각이 미치노라면 그저 상탄(傷歎)하는 심정이 절실해질 뿐입니다. 제물(祭物)이 박하고 약소하면 비록 미흡한 느낌이 들기는 하지만, 반드시 이렇게 한 뒤에야 멀리까지 오래도록 행할 수 있어서 중도에 그만두는 염려가 없게 될 것입니다. 그리고 기제(忌祭) 때에는 약간 품수(品數)를 늘리더라도 무슨 상관이 있겠습니까.

춘옹(春翁 동춘(同春) 송준길(宋浚吉))이 아홉 종류〔九色〕 운운한 것은 너무 한절(限節)이 없는 것일 듯싶은데, 모르겠습니다만 어떻게 생각하십니까? 여기에서는 우선 어육(魚肉)을 각각 두 종류씩으로 정해서 바야흐로 제의(祭儀)를 기초(起草)해 보려 하는데, 작성하고 나면 올려서 여쭈어 보도록 하겠습니다. 병면(餠麪)을 합설하는 것은 예(禮)의 뜻이 단연코 이러합니다. 가령 민씨(閔氏)나 송씨(宋氏)-역형(櫟兄) 즉 송명흠(宋明欽)의 집- 모두 그렇게 하고 있으며, 백종씨(伯從氏)도 일찍이 저의 말을 듣고서 개정(改定)하였습니다.

대저 제사는 풍성하게 하는 것을 귀하게 여기지 않고 때에 맞게 하는 것을 귀하게 여기는 법입니다. 그래서 중봉(重峯 조헌(趙憲))과 신재(愼齋 김집(金集))가 실천한 것이 이와 같을 뿐 아니라, 주자(朱子)도 일찍이 네 가지 음식〔四味〕의 설을 제기하였습니다. 그러니 집안의 역량이 미치지 못한다면 단지 간략하게 설행하여 지금 속절(俗節)의 참례(參禮 참배(參拜))와 같이 해도 무방할 것입니다.

그렇지만 사시(四時)의 제사에 대해서는, 아직 감히 의논하지는 못하더라도 우선 봄과 가을 혹은 봄과 겨울에 두 번 행하는 것으로 정하였습니다. 그리고 묘제(墓祭)는 시향을 오래 행해서 규례로 이루어진 뒤에 역시 변통하려고 하는데, 지금은 당분간 시간을 낼 수가 없습니다. 관빈(冠賓)[73]의 일은 애당초 동성(同姓)의 지친에게 의논할 성격의 것이 아닙니다. 중휘(仲輝)가 상세히 듣고 떠났으니, 하문하시는 것이 어떻겠습니까?

73 관빈(冠賓) : 관례(冠禮)를 주관하는 빈(賓)으로 초청받고 가서 경계하는 말을 해 주는 사람인데, 보통 학덕이 높은 이성(異姓)의 사람 중에서 선택한다.

사형에게 답하는 글 경자년(1780, 정조4) 1월

答四兄 庚子正月

저에게 보여 주신 사신(沙愼)[74] 두 분 선생의 설과 관련하여, 내유(來諭)에서 논하신 것 하나하나가 모두 타당함을 얻었으니 더 이상 논의할 것이 없습니다.

대개 형제의 차서(次序)를 이미 뛰어넘을 수 있다고 한다면, 숙질(叔姪)의 차서만 유독 뛰어넘을 수 없겠습니까. 빈궁하지 않은 조카가 이미 빈궁한 숙부에 앞설 수 있다고 한다면, 연로한 조카만 유독 연소한 숙부에 앞설 수 없겠습니까. 이것이 두 분 선생의 은미한 뜻이라는 것을 미루어 알 수 있습니다.

대저 서파(庶派)로서 혹 빈궁하거나 혹 무식하거나 혹 패망(悖妄)하여 제사를 받들기 어려운 자가 매우 많습니다만, 그중에는 또한 우리 집안의 찰방(察訪)처럼 사적(仕籍)에 통하고 빈궁하지 않고 근신(謹愼)하며 자호(自好 자중자애(自重自愛))하는 자가 어찌 없겠습니까.-성용(聖用)의 글 속에 운운한 것이 있습니다.- 그러나 만약 그들 가운데에서 구별을 하여 취사하려고 하면 반드시 쟁단(爭端)이 생길 것인 만큼, 그보다는 차라리 일체(一切 일률(一律))의 법을 써서, 빈부(貧富)나 선불선(善不善)을 따질 것 없이 반드시 적파(嫡派) 중에서 친진(親盡)하지 않은 자들이 모두 죽을 때까지 기다린 다음에 서파에게 허속(許屬)하는 것

74 사신(沙愼) : 사계(沙溪) 김장생(金長生)과 그의 아들 신독재(愼獨齋) 김집(金集)의 병칭이다.

이 훨씬 간당(簡當)하면서 폐해가 없을 것이니, 이것이 바로 근일에 법가(法家)와 세족(世族)에서 모두 이와 같이 하는 이유인 것입니다.

제가 보고 들은 것을 가지고 말하더라도, 예컨대 우옹(尤翁 송시열(宋時烈))과 춘옹(春翁 송준길(宋浚吉))의 집에서 모두 그렇게 하였을 뿐만 아니라, 지금 송장(宋丈)의 글을 가지고 살펴보더라도 우옹이 살아 있을 적에 이미 이와 같이 행하였으니, 이 어찌 후인이 본받아야 할 바가 아니겠습니까.

성용(聖用)이 제시한 "우옹이 운운하였다."라는 내용은 문집에 보이지 않는데, 어떤 글에서 뽑아낸 것인지 모르겠습니다. 설령 일시적으로 그렇게 문답한 말이 있다고 하더라도, 그것이 우옹의 초년의 설인지 만년의 설인지 알 수 없으니, 믿을 만하고 근거할 만한 것으로는 선생이 만년에 몸소 행한 사례보다 더 좋은 것이 어찌 또 있겠습니까.

장방(長房)[75]이 있는 곳으로 장례를 마치고 나서 신주(神主)를 옮겨 봉안하는 한 조목과 관련하여, 여휘(汝輝)의 글을 보면 동춘(同春 송준길)이 지난(持難)[76]했다고 의심하였습니다. 그런데 송질 시연(宋侄時淵)[77]이 우연히 찾아왔기에 물어보았더니, 그가 말하기를 "춘옹의 주장도 뒤에는 역시 귀일(歸一)하여 일체 우옹의 설에 의거해서 행하였으므로 자손

75 장방(長房) : 최장방(最長房) 즉 제사를 지내야 할 항렬에 있는 사람 중 서열이 가장 높은 자를 가리킨다.

76 지난(持難) : 어렵게 여겨 망설이며 결정하지 못하는 것을 말한다.

77 송질 시연(宋侄時淵) : 녹문에게 이종질(姨從姪)이 되는 송시연(宋時淵)을 말한다. 그는 송준길(宋浚吉)의 현손인 송문흠(宋文欽)의 둘째 아들로 태어나, 백부 송명흠(宋明欽)의 후사로 나갔는데, 관직은 목사(牧使)에 이르렀으며 찬성(贊成)에 추증되었다. 송명흠은 녹문보다 6년 연상의 이종형(姨從兄)이다.

들이 지금까지 준행하고 있다."라고 하였습니다.

대개 장방에 옮겨 봉안하는 것은 본디 고례(古禮)가 아니고, 전적으로 제사를 위해서 설치한 것입니다. 그래서 우옹이 의기(義起)[78]하여 '장례 지낸 뒤에 옮겨 봉안하는' 설을 내놓은 것이니, 이는 참으로 장방의 사체(事體)가 종가(宗家)와는 다른 점이 있기 때문이었습니다. 그리고 그 뒤에 한 세상의 사대부들이 거의 모두 이를 준행하면서 한 번도 이의를 제기하지 않았으니, 이는 또한 그 설이 천리에 합치하고 인심에 편안해서 자연히 이렇게 된 것이 어찌 아니겠습니까.

대저 우옹은 온 세상이 모두 행하지 않는 가운데에서 의기하여 처음으로 만들어 행하면서 선조(先祖)를 어기는 것도 혐의로 여기지 않았습니다. 그런데 지금 우옹의 정론(定論)이 이미 나와서 온 세상이 준행하는 날에, 전일에 미처 개정할 겨를이 없었던 옛 규례를 고수하기만 하고 변통할 방도는 생각하지 않은 채, 그만 "나는 선조를 따라서 감히 그렇게 하지 않을 수 없다."라고 말한다면, 이는 도대체 어떻게 된 소견이란 말입니까.

일찍이 도암(陶菴 이재(李縡))의 좌상(坐上)에서 보건대, 민 장령(閔掌令) 어른이 장방에 장례 지내고 나서 조주(祧主 먼 조상의 신주)를 옮겨 봉안할 때의 고사(告辭)를 도옹(陶翁)에게 물어보자, 도옹이 즉시 구점(口占 구술(口述))하여 말하기를 "선배의 정론이 이미 나와 있고, 인가

78 의기(義起) : 경전의 본문에는 없지만 의리에 입각해서 새로 만들어 행하는 예법을 말한다. 《예기》 〈예운(禮運)〉의 "선왕의 예법에는 그러한 예가 없을지라도 의리에 입각해서 새로 마련할 수도 있는 것이다.〔禮雖先王未之有 可以義起也〕"라는 말에서 나온 것이다.

(人家)에서도 많이 준행하고 있다.……" 하였으니, 이 두 어른의 집안에서도 이 예(禮)를 준행했음을 알 수가 있습니다.

다른 것은 논할 것 없이 두 분의 송 선생 및 도암과 민장(閔丈)의 네 집안에서 이미 행하였고, 우옹이 이윤(尼尹)[79]의 일가를 근거로 하여 "대가(大家)의 문헌에 의거해서 행하기 바란다.……" 하였으니, 그렇다면 지금 여러 노선생을 본받아서 행하는 것이 또한 좋지 않겠습니까. 그리고 왕년에 두 차례 옮겨 봉안할 적에 자손들이 모두 멀리 떨어져 있어서 참문(參聞)할 수 없었던 까닭에 이와 같이 되었으니, 이는 참으로 한스러운 일입니다. 그런데 지금 어떻게 이것을 전례(前例)로 삼을 수 있기에 이를 고수하려 하신단 말씀입니까.-두 차례 옮겨 봉안할 적에 운운한 것 역시 성용(聖用)의 글 속에 그런 내용이 있습니다.- 《대역(大易)》의 "선을 보면 그쪽으로 옮겨 간다.〔見善則遷〕"[80]라는 네 글자를 깊이 생각하지 않으면 안 될 것입니다.

79 이윤(尼尹) : 이산(尼山)의 윤씨(尹氏)라는 뜻으로, 송시열의 노론(老論) 계열에서 윤선거(尹宣擧)와 그의 아들 윤증(尹拯) 등을 비하한 칭호인데, 여기서는 윤증을 가리킨다. 본문의 인용문은 이른바 회니시비(懷尼是非)가 일어나기 전에, 송시열과 윤증이 사제 관계를 유지하던 때에 윤증의 질문에 송시열이 대답한 글에서 발췌한 것인데, 《송자대전(宋子大全)》 권111 〈답윤증(答尹拯)〉에 이 내용이 실려 있다.

80 선을……간다 : 《주역》 〈익괘(益卦) 상(象)〉에 "풍뢰가 익이니, 군자는 이 점괘를 보고서 선을 보면 그쪽으로 옮겨 가고 허물이 있으면 고친다.〔風雷益 君子以 見善則遷 有過則改〕"라는 말이 나온다.

사형에게 답하는 글 계묘년(1783, 정조7) 7월
答四兄 癸卯七月

상찬(像贊 초상화에 기록한 찬사(贊辭))의 결구가 본래 좋은데, 어째서 꼭 고치려고 하십니까. 위미(危微)의 십육언(十六言)[81]이 비록 지극히 정미(精微)하다고 하더라도, 그것은 단지 일상생활 속에서 시비(是非)를 분별하는 일과 이(利)를 버리고 의(義)를 취하는 일일 뿐이니, 주자(朱子)와 우옹(尤翁)의 한 글자 한 마디 말이 모두 이 도리를 드러내 밝히지 않은 것이 없습니다. 집사(執事)가 평일에 두 분 선생의 글을 숙독하였으니, 이에 대해서 어찌 눈과 귀로 충분히 익히지 않았겠습니까. 그런데도 무슨 까닭에 이와 같이 고달프게 말씀하신단 말입니까.

바라건대 다시 《맹자(孟子)》의 순척(舜跖)[82] 한 장(章)을 취하여 서너 차례 풍독(諷讀 송독(誦讀))을 하십시오. 그러면 초학(初學)으로부

81 위미(危微)의 십육언(十六言) : 《서경》 〈대우모(大禹謨)〉에 나오는 "인심은 위태하고 도심은 미세하니, 오직 정밀하게 살피고 전일하게 행하여 그 중도(中道)를 진실로 잡아야 한다.〔人心惟危 道心惟微 惟精惟一 允執厥中〕"라는 송유(宋儒)의 이른바 십육자심전(十六字心傳)을 말한다.

82 순척(舜跖) : 우순(虞舜)과 도척(盜跖)의 병칭으로, 성인(聖人)과 악인(惡人)을 가리킨다. 《맹자》 〈진심 상(盡心上)〉에 "새벽에 닭이 울자마자 일어나서 부지런히 선행에 힘쓰는 자는 우순의 무리요, 새벽에 닭이 울자마자 일어나서 부지런히 이익을 구하는 자는 도척의 무리이다. 우순과 도척의 구분을 알고 싶은가? 그것은 다름이 아니라 단지 이익을 탐하고 선행을 좋아하는 그 사이에 있을 뿐이다.〔雞鳴而起 孳孳爲善者 舜之徒也 雞鳴而起 孳孳爲利者 跖之徒也 欲知舜與跖之分 無他 利與善之間也〕"라는 말이 나온다.

터 성현(聖賢)에 이르기까지, 그리고 서인(庶人)으로부터 경대부(卿大夫)에 이르기까지, 이렇게 하지 않으면 학문을 할 수 없고 사람답게 될 수도 없다는 것을 곧바로 알게 될 것이요, 따라서 한 번이라도 발을 헛디뎌 넘어지면 곧장 구덩이 속으로 굴러떨어질 것이니, 참으로 두렵게 여겨야 함을 알게 될 것입니다.

면언(俛焉)[83]이라는 두 글자로 말하면, 본래 규계(規戒)하고 면려(勉勵)하는 뜻을 띠고 있는 것으로서 전적으로 칭찬하고 선양(宣揚)하는 것이 아닙니다. 간절히 바라건대, 고원한 것으로 간주하지 마시고, 어느 때 어느 곳에서나 하나의 말을 하고 하나의 행동을 할 때마다 '시비의리(是非義利)' 네 글자를 절대로 잊지 말도록 하십시오.

시(是)와 의(義)의 일에 대해서는 그것이 시와 의인 것을 간파하고 비(非)와 이(利)의 일에 대해서는 그것이 비와 이인 것을 간파하면 이것이 바로 유정(惟精)인 것이요, 시와 의의 일에 대해서는 앞으로 나아가 반드시 행하고 비와 이의 일에 대해서는 뿌리까지 반드시 제거하면 이것이 바로 유일(惟一)인 것이니, 공자(孔子)와 안자(顔子)의 극복(克復)[84]과 맹자의 대체(大體) 소체(小體)[85]와 동자(董子)의 도의

83 면언(俛焉) : '날마다 열심히 노력한다.〔俛焉日有孳孳〕'라는 《예기》〈표기(表記)〉의 말을 줄인 것이다. 204쪽 주71 참조.

84 극복(克復) : 극기복례(克己復禮)의 준말로, 자신의 사욕을 이겨 천하의 공도(公道)인 예(禮)로 돌아오게 하는 것을 말한다. 공자에게 수제자 안연(顔淵)이 인(仁)에 대해서 묻자, 공자가 "극기복례가 바로 인이다. 하루라도 극기복례를 할 수 있게 되면, 온 천하 사람들이 그 인에 귀의할 것이다.〔克己復禮爲仁 一日克己復禮 天下歸仁焉〕"라고 대답하면서, 구체적인 조목으로 시(視)·청(聽)·언(言)·동(動)의 사물(四勿)을 제시한 대목이 《논어》〈안연(顔淵)〉에 나온다.

(道義) 공리(功利)[86]가 모두 이 물건인 것입니다.

그리고 이 위미(危微)라는 두 글자는 위의 위편(韋編)[87]의 어구(語句)와 긴밀히 연결되어 있는데, 한 부(部)의 《역경(易經)》은 모두가 단지 음양(陰陽)이라는 두 글자일 뿐이니, 위(危)는 바로 음(陰)이고 미(微)는 바로 양(陽)인 것입니다. 문자(文字)의 관쇄(關鎖 관건(關鍵))가 되는 곳에 꽤나 음미할 점이 있을 듯해서 붓 가는 대로 산만하게 언급하였습니다. 나의 소원은 형님을 모시고 함께 면려하는 것일 뿐인데, 이에 대해서 어떻게 생각하십니까?

85 대체(大體) 소체(小體) : 《맹자》 〈고자 상(告子上)〉에 "대체를 따르면 대인이 되고, 소체를 따르면 소인이 된다.〔從其大體爲大人 從其小體爲小人〕"라는 맹자의 말이 나오는데, 주희(朱熹)는 "대체는 마음을 가리키고 소체는 이목(耳目) 등의 기관을 가리킨다."라고 해설하였다.

86 동자(董子)의 도의(道義) 공리(功利) : 동자는 전한(前漢) 동중서(董仲舒)의 존칭이다. 《한서(漢書)》 권56 〈동중서전(董仲舒傳)〉에 "그 의(義)만 바르게 하고 이(利)는 꾀하지 말 것이요, 그 도(道)만 밝히고 공(功)은 계교하지 말 것이다.〔正其誼 不謀其利 明其道 不計其功〕"라는 그의 말이 나온다. 이에 대해서 주희가 "동중서가 수립한 것이 매우 높으니, 후세 사람들이 옛사람보다 못한 까닭은 도의와 공리의 관문을 뚫지 못했기 때문이다.〔仲舒所立甚高 後世所以不如古人者 以道義功利關不透耳〕"라고 평한 말이 《근사록(近思錄)》 권14 〈관성현(觀聖賢)〉에 나온다.

87 위편(韋編) : 무두질한 가죽끈으로 묶은 책이라는 뜻으로, 《역(易)》의 별칭이다. 공자(孔子)가 만년에 《주역》을 즐겨 읽어 가죽끈이 세 번이나 끊어졌다는 위편삼절(韋編三絶)의 고사에서 나온 것이다. 《史記 卷47 孔子世家》

사제 직중에게 답하는 글 갑인년(1734, 영조10)

答舍弟直中 甲寅

임경주(任敬周)이다.

너의 글을 보고는 지극히 위로가 되었다. 한문(韓文 한유(韓愈)의 글)을 네가 부탁한 대로 뽑아 보낸다마는, 한문을 어떻게 골라서 뽑을 수 있겠느냐. 대저 뽑는다〔抄〕는 것은 선택(選擇)하는 것이요 취택(取擇)하는 것이다. 글 가운데 좋은 것이 있고 좋지 않은 것이 있은 뒤에야 좋은 것을 선택할 수가 있고, 지극한 것이 있고 지극하지 않은 것이 있은 뒤에야 지극한 것을 취택할 수가 있으니, 이것을 일러 뽑는다고 하는 것이다.

그러나 한자(韓子)와 같은 이는 문(文)의 성자(聖者)이다. 비록 그의 장편(長篇)과 단독(短牘)이 혹은 상세하고 혹은 간략하며 혹은 기(奇)하고 혹은 정(正)하여[88] 체재(體裁)와 조격(調格)에 만 가지로 같지 않은 점이 있다고 하더라도, 그것이 혼연(渾然)하고 수연(粹然)하여 각각 극치에 이르는 점에서는 동일하니, 이는 마치 공자(孔子)의 도(道)가 정추(精粗)와 본말(本末) 모두 지리(至理) 아님이 없고 어묵(語默)과 동정(動靜) 모두 묘용(妙用) 아님이 없는 것과 같다. 이 때문에 눈으로 접하고 머리로 생각할 적에, 마치 변두(籩豆)의 음식과 고량

88 기(奇)하고 혹은 정(正)하여 : 기와 정은 본래 병법(兵法)의 술어로, 대진(對陣)하여 승부를 겨루는 것을 정이라고 하고, 복병을 설치하거나 엄습하는 것을 기라고 하는데, 보통 권도(權道)와 정도(正道)의 뜻으로 쓰이곤 한다.

(膏粱)의 진미 등 기이한 찬품(饌品)이 여기저기 뒤섞여 진설되어서 무엇을 선택할지 알지 못하는 것과 같고, 생우(笙竽) 금슬(琴瑟)과 고종(鼓鐘) 우약(羽籥)[89] 등 청묘(淸妙)한 가무(歌舞)가 일제히 눈앞에 펼쳐져서 그 성음(聲音)의 높고 낮음과 위의(威儀)의 빠르고 느림을 분변할 수 없는 것과 같다.

이와 같은 글에 대해서는 비록 문장의 조예가 깊은 자에게 뽑아 보게 하더라도 눈이 휘둥그레지면서 안색이 변하고 깜짝 놀라 질겁하면서 정신을 못 차릴 터인데, 나 같은 사람이 어떻게 그 사이에서 취사할 수가 있겠느냐. 지금 이렇게 뽑아 보내는 것은, 단지 선유(先儒)의 평에 의거하여 초학자에게 특히 절실한 것만을 취한 것이다. 취합한 것은 모두 50여 편인데 여기에는 점을 찍어서 표시하였고, 또 그중에서 더욱 좋은 것을 가린 것이 23편인데 여기에는 권(圈 동그라미)을 그려서 구별하였다. 모름지기 우선 점을 찍은 것들부터 하나씩 읽으면서 이삼십 번을 반복할 것이요, 그러고는 다시 권을 그린 것들을 정독하면서 오륙십 번 혹은 백여 번을 반복한 뒤에, 그의 전집(全集)을 가져다가 처음부터 상세히 열람하기 바란다. 그리하여 그 글이 기복(起伏)하고 패합(捭闔 개합(開合))하며 곡절(曲折)하고 전환(轉換)하는 대목에 대

89 우약(羽籥) : 옛날 제사나 향연(饗宴) 때 사용하던 무구(舞具)이다. 우(羽)는 꿩의 깃털로 만들었고, 약(籥)은 관악기이다. 약에는 취약(吹籥)과 무약(舞籥)이 있는데, 취약은 피리 비슷한 악기로 짧고 작으며 구멍이 세 개이고, 무약은 길쭉하며 구멍이 여섯 개이고 춤출 때 손에 쥔다. 참고로 《시경》 〈패풍(邶風) 간혜(簡兮)〉에 "왼손에는 피리를 쥐고, 오른손에는 꿩 깃을 잡고서 춤을 춘다.〔左手執籥 右手秉翟〕"라고 하였고, 《수서(隋書)》 〈음악지 하(音樂志下)〉에 "지금 문무는 우약을 쥐고, 무무는 간척을 잡는다.〔今文舞執羽籥 武舞執干戚〕"라고 하였다.

해서 자세히 착안할 것이요 혹시라도 대충 넘어가지는 말 것이니, 이렇게 하다 보면 행하면서도 분명히 알지 못하고 익히면서도 자세히 살피지 못하는 병통[90]이 없어지게 될 것이다.

비록 그렇긴 하지만, 한자(韓子)가 한자답게 된 것이 어찌 저절로 이루어진 것이겠느냐. 이 또한 학습한 것이 광박(廣博)한 위에 선택한 것이 정밀하고,[91] 온축(蘊蓄)한 것이 풍부한 위에 발양(發揚)한 것이 광대해서 그런 것에 불과하니, 이는 그가 말한 대로 '뿌리가 무성하게 퍼져야 열매가 여물고 기름을 부어 닦아야 광채가 나는 것〔根之茂者其實遂 膏之沃者其光燁〕'[92]과 같은 것이다. 그가 이익(李翊)에게 준 글을

90 행하면서도……병통 : 《맹자》 〈진심 상(盡心上)〉의 "행하면서도 분명히 알지 못하고, 익히면서도 자세히 살피지 못한다. 그래서 종신토록 그 길을 따르면서도 도를 알지 못하는 자가 많은 것이다.〔行之而不著焉 習矣而不察焉 終身由之而不知其道者衆矣〕"라는 말을 인용한 것이다.

91 학습한……정밀하고 : 자장(子張)이 벼슬해서 출세하는 방법을 배우려고 하자〔學干祿〕, 공자가 "많이 듣고서 의심스러운 것은 빼놓고 그 나머지만을 신중히 말하면 허물이 적어질 것이다. 많이 보고서 확실하지 않은 것은 빼놓고 그 나머지만을 신중히 행하면 후회하는 일이 적을 것이다. 출세하는 방법은 바로 그 속에 있다.〔多聞闕疑 愼言其餘則寡尤 多見闕殆 愼行其餘則寡悔 祿在其中矣〕"라고 대답해 준 내용이 《논어》 〈위정(爲政)〉에 나오는데, 이에 대한 주희의 해설 중에 "많이 듣고 보는 것은 학습하는 것이 광박한 것이요, 의심스럽고 확실하지 않은 것을 빼놓는 것은 선택하기를 정밀하게 하는 것이다.〔多聞見者 學之博 闕疑殆者 擇之精〕"라는 말이 있다.

92 뿌리가……것 : 한유(韓愈)의 〈답이익서(答李翊書)〉에 "그대가 장차 옛 작가의 경지에 이르려고 한다면, 빨리 이루어지기를 기대해서도 안 될 것이요, 권세와 이익의 유혹에 넘어가서도 안 될 것이다. 우선 그 뿌리를 길러서 열매 맺기를 기다리고, 기름을 부어서 광채가 나기를 기대해야 할 것이니, 뿌리가 무성하게 퍼져야 열매가 여물고 기름을 부어 닦아야 광채가 나는 것이다.〔將蘄至於古之立言者 則無望其速成 無誘於勢利 養其根而竢其實 加其膏而希其光 根之茂者其實遂 膏之沃者其光曄〕"라는 말이 나온다.

보면 그가 얼마나 고되게 공부를 하여 두텁게 얻었는지를 알 수가 있는데, 그렇게 했기 때문에 그가 성취한 것이 그와 같이 남보다 우뚝 뛰어나게 된 것이다.

그리고 그의 여러 가지 문체 중에서 이치를 논의한 것과 구법(句法)을 구사한 정태(情態)를 보면 하나의 글자나 한마디 말에도 각각 근거가 있는데, 이는 마치 지부해함(地負海涵)[93]과 같아서 있지 않은 것이 없다. 그중에는 맹자(孟子)와 같은 것이 있고 양웅(揚雄)과 같은 것이 있으며, 사마천(司馬遷)과 반고(班固)와 같은 것이 있고 좌구명(左丘明)과 장자(莊子)와 같은 것이 있는가 하면, 나아가 한비자(韓非子) 같고 순경(荀卿) 같은 것과 진위(晉魏) 시대와 같고 육조(六朝) 시대와 같은 것까지 있는데, 그 지극한 데에 미쳐서는 또 전모(典謨《서경(書經)》)로 표리(表裏)를 삼고 풍아(風雅《시경(詩經)》)로 우익(羽翼)을 삼으려고 하였으니, 이것이 바로 그가 제자(諸子)를 초월하고 천고의 인물을 능가하게 된 소이인 것이다.

그러므로 한자(韓子)를 배우려면 반드시 먼저 한자가 배운 것을 배우면서 부지런히 노력해야 함은 물론이요, 이와 함께 한자처럼 끈기있고 독실하게 행한 뒤에야 그 일을 의논할 수 있게 될 것이다. 만약 단지 한자의 문집 가운데에 나아가 참획(鑱畫)[94]이나 모방하면서 마치 근일에 시(詩)를 배운 것처럼 한다면 성사하지 못할 것이다. 활쏘기를

93 지부해함(地負海涵) : 대지가 만물을 그 위에 실어 주고, 바다가 온갖 물줄기를 다 받아들이는 것처럼 넓고 큰 것을 표현하는 말이다.

94 참획(鑱畫) : 뾰족한 붓끝의 획이라는 뜻으로, 문장을 짓는 한유의 기법(技法)을 의미한다.

배우려는 자는 먼저 적중시키는 데 뜻을 두지 말고 반드시 먼저 예(羿)의 구(彀)[95]를 익혀야 하는 법이요, 글자 쓰기를 배우려는 자는 먼저 결구(結構)[96]를 일삼지 말고 반드시 먼저 우군(右軍 왕희지(王羲之))의 점획(點畫)을 터득해야 하는 법이다. 일에는 대소(小大)의 차이가 있어도 그 이치는 한가지이니, 이것도 함께 알아 두어야 할 것이다. 인편(人便)이 있을 적에 보내려고 붓 가는 대로 쓰다 보니 말에 조리를 잃은 것이 많다. 절대로 다른 사람에게는 보여 주지 말라.

95 예(羿)의 구(彀) : 활쏘기의 명인인 예가 가르치는 활 당기는 법을 말한다. 구는 과녁을 향해 활을 한껏 당기는 것을 말한다. 《맹자》 〈고자 상(告子上)〉에 "예가 사람에게 활쏘기를 가르칠 적에는 반드시 구에 뜻을 두게 한다. 그래서 배우는 자도 반드시 구에 뜻을 둔다.〔羿之敎人射 必志於彀 學者亦必志於彀〕"라는 말이 나온다.

96 결구(結構) : 서화(書畫)와 시문(詩文) 등에서 각 부분을 안배하고 배열하는 것을 말한다.

팔제 흥보에게 보내는 글 기해년(1779, 정조3)

與八弟興甫 己亥

임창주(任昌周)이다.

나는 그럭저럭 지내다 보니 며칠이 지나면 어느새 칠순 노인이 될 것이다. 이렇게 되는 것이 어찌 어렸을 적 몽매간(夢寐間)에 생각이나 한 일이겠느냐마는, 평생을 돌아보아도 성취한 것은 전혀 없이, 백발이 되도록 궁박한 길에서 온갖 불행만 실컷 맛보았으니, 이 생애가 지리(支離 허망(虛妄))한 것을 스스로 탄식할 따름이다.

그러나 주자(朱子)가 어떤 사람에게 답한 글에 "세간의 만사는 어느새 변하여 사라지니 가슴속에 담아 둘 것이 없다. 오직 치지하고 역행하여 마음을 닦으며 죽음을 기다리는 것으로 구경의 법을 삼아야 할 것이다.〔世間萬事 須臾變滅 不足置胸中 惟有致知力行 修身竢死 爲究竟法耳〕"[97]라고 하였다. 이 몇 구절의 말이 그야말로 나의 마음을 먼저 대변하였으니, 앞으로 종신토록 이 말을 독송할 뿐 또 무슨 말을 할 것이 있겠느냐.

용담(龍潭) 숙부님의 상사(喪事)는 너무도 비통해서 뭐라고 할 말을 알지 못하겠다. 일전에 김자정(金子靜)[98]을 곡(哭)하였는데, 지금 또

97 세간(世間)의……것이다 : 《회암집(晦菴集)》 속집(續集) 권4 〈답마기지(答馬奇之)〉와, 별집(別集) 권3 〈풍의지(馮儀之)〉에 실려 있다.

98 김자정(金子靜) : 김양행(金亮行, 1715~1779)으로, 자정은 그의 자이다. 호는 지암(止庵)·여호(驪湖)이며, 시호는 문간(文簡)이다. 김수항(金壽恒)의 증손이며, 민우수(閔愚洙)의 문인이다. 이간(李柬)의 인물동성론(人物同性論)에 동조한 김창흡(金

이런 비보(悲報)를 듣게 되다니, 사정(私情) 이외에도 진췌(殄瘁)[99]의 비통함을 스스로 가누지 못하겠다마는, 이 일을 또 어떻게 하겠느냐.

저번에 삼산(三山)이 내리신 편지를 보건대, 고조고(高祖考)의 조주(祧主 먼 조상의 신주)를 장차 장례를 마친 뒤에 장방(長房)으로 받들고 가겠다고 말씀하셨다. 이 일은 이미 우옹(尤翁)의 정론(定論)이 있는 만큼 의심할 것이 물론 없다마는, 우리 집안에서는 일찍이 이렇게 행했다는 말을 듣지 못했는데, 지금 의연(毅然)히 용단을 내려 기일에 앞서서 이와 같이 정비(整備)하고 대기하시다니, 참으로 형님처럼 독실하게 예(禮)를 좋아하고 지극하게 선조를 사모하는 분이 아니라면 어떻게 이렇게 할 수가 있겠느냐. 감탄하여 마지않는 바이다. 다만 성용(聖用) 등 여러 사람의 의논이 어떨지 모르겠는데, 모쪼록 힘껏 찬조해서 이룰 수 있게 해 주기를 바라는 바이다. 이 일뿐만이 아니고, 봄과 가을에 시사(時祀)를 지내는 것도 앞으로 상규(常規)로 정하려 한다. 그래서 금년에 이미 이렇게 행하였으니, 일가가 이를 본받아 준행해서 그대로 가법을 이룬다면 어찌 큰 다행이 아니겠느냐.

昌翕)의 영향을 받아서 낙론(洛論)을 지지하였다. 1758년(영조34)에 학행(學行)으로 천거되어 사간원 정언(司諫院正言)에 임명되었으나 나가지 않다가, 그 뒤에 직제학(直提學)을 거쳐 이조 참의와 형조 참판을 지냈다. 저서로 《지암문집(止庵文集)》 9권이 있다.

99 진췌(殄瘁) : 방국진췌(邦國殄瘁)의 준말로, 훌륭한 인물이 죽어서 장차 나라가 곤궁에 처하게 되었다는 말인데, 《시경》 〈대아(大雅) 첨앙(瞻卬)〉의 "현인이 이제 사라졌으니, 나라가 장차 병들게 되었도다.〔人之云亡 邦國殄瘁〕"라는 말에서 나온 것이다.

사제 치공에게 보내는 글 계미년(1763, 영조39) 11월

與舍弟穉共 癸未十一月

임정주(任靖周)이다.

요즈음 동궁(東宮)의 감후(感候 감기 증세)로 인하여 강연(講筵)을 정지한 것이 벌써 열흘에 가까워서 홀로 앉아 있자니 무료하기만 하고, 여기에 안병(眼病)이 또 심해져서 책을 볼 수도 없기에, 그저 종일토록 문을 닫고서 눈을 감고 앉아 있을 뿐, 편지를 써서 보내지도 못하였다.

그러다가 소대(召對)의 영(令)이 있어서 입시했더니 감후가 지금은 이미 쾌차해서 내일부터 서연(書筵)을 규례대로 행하게 되었으니 다행스러운 일이다. 그런데 여기를 떠나자니 차마 곧장 결별할 수 없는 심정이 실로 들어서 할단(割斷 결단)을 내릴 수가 없고, 그렇다고 급급하게 오백 리 길을 왕래한다는 것도 구차한 노릇이니, 이 일을 어떻게 처리해야 십분 온당하게 될지 모르겠다.

지금 춘방(春坊 세자시강원(世子侍講院))에는 오직 보덕(輔德) 윤면헌(尹勉憲) 한 사람이 그런대로 의지할 만하고, 그 이외에는 모두 그냥 들락날락하면서 문구(文句)에나 응하며 인원수를 채우고 있을 뿐이다. 도대체 보잘것없는 계방(桂坊 세자익위사(世子翊衛司))의 인원을 뽑아서 보도(輔導)의 책임을 위임하는 자리에 의정(擬定)하다니, 이 직임이 얼마나 더할 수 없이 중대한 것인데, 일을 처리하는 것이 이와 같이 구차하고 이와 같이 정당하지 못하단 말인가. 참으로 혀를 차며 탄식할 일이다.

그러나 내가 만약 여기를 떠나간다면 강연이 더욱 허술해져서 더 이상 기대할 수 없게 될 것이니, 이것이 바로 내가 주저하여 오락가락 하며 결정하지 못하는 이유이다. 그러니 이 일을 어찌해야 한단 말이냐.

사제 치공에게 답하는 글 무자년(1768, 영조44) 8월
答舍弟穉共 戊子八月

도곡(塗谷)[100]의 산사(山事 산소에 대한 일)는 끝내 좋은 묘혈(墓穴)을 얻지 못해서 장차 금산(錦山)에다 임시로 장사 지내려 한다는데, 아직 그 문제가 완결되지도 않았고 날짜도 정해지지 않았지만 계추(季秋 9월)를 넘기지는 않을 것 같다. 이 형의 죽음을 곡한 뒤로 만 가지 생각이 모두 싸늘하게 재로 변한 가운데, 단지 하루아침에 홀연히 세상을 떠서 평생의 뜻을 이루지 못한 채 허무하게 살다가 허무하게 죽을까 두려울 따름이다.

우리의 궁격(窮格 궁리(窮理) 격물(格物))의 공부가 물론 지극하지는 못해도 그다지 급박한 지경에 이르지는 않았다만, 가장 중요한 것은 본원상(本原上)의 하나의 경(敬) 자라고 할 것이다. 성인(聖人)이 되는 관건이 전적으로 여기에 달려 있는데도 쓸어버린 듯 하나도 없는 실정이니, 이런 식으로 독서하고 행동하다가는 모두 안정되게 제자리를 찾을 수 없겠기에, 지금부터라도 발원(發願)하여 일체 본원에 뜻을

100 도곡(塗谷) : 송명흠(宋明欽, 1705~1768)을 말한다. 자는 회가(晦可)이고, 호는 역천(櫟泉)이며, 시호는 문원(文元)이다. 송준길(宋浚吉)의 현손(玄孫)으로, 이재(李縡)의 문인이며, 녹문과는 이종사촌 간이다. 동생인 송문흠(宋文欽, 1710~1752)과 함께 인물성구동(人物性俱同)의 낙론(洛論)을 지지하였다. 저서로 《역천집(櫟泉集)》이 전한다. 1768년(영조44) 7월에 옥천(沃川) 도곡(塗谷)에서 죽어, 9월에 금산(錦山) 천내리(川內里)에 묻혔다. 《녹문집》 권24에 〈이형역천송공묘지명(姨兄櫟泉宋公墓誌銘)〉이라는 제목으로 그의 묘지명이 실려 있다.

두고서 신심(身心)을 단련하는 것으로 공부를 삼고 싶은 생각이 간절하다. 하지만 신정(神精)과 기력이 이미 쇠한 탓으로 자력으로는 감당하기 어려워서 했다 안 했다 반복할 뿐 도무지 그 일을 성취하지 못하고 있다. 정기(鼎器)가 부서져서 단약(丹藥)을 만들 희망이 없으니, 이를 어쩌면 좋겠느냐.

성보(成甫)의 지문(誌文)을 역형(櫟兄 송명흠)에게 청한 것이 10년이 되었는데 아직껏 짓지 못하였다. 그래서 지난번에 원발(元發)이 서한을 보내어 나에게 지어 달라고 요청했는데, 이런 문자(文字)를 사양할 수 없는 것이 하나둘이 아니다. 날은 저물고 갈 길은 멀기만 하니 한만(閑漫)한 곳에 정력을 허비하면 안 될 터인데, 파탈(擺脫 배제(排除))하기 어려운 점이 있으니 매우 안타깝기만 하다.

사제 치공에게 답하는 글 경인년(1770, 영조46) 1월

答舍弟穉共 庚寅正月

양명(陽明)과 백사(白沙)[101]가 비록 이단(異端)이긴 하지만, 원래 괴걸(魁傑)한 인물들이다. 그래서 그들의 말 중에 신기(新奇)하고 고묘(高妙)한 것이 많아서 사람들을 용동(聳動)시키기에 충분한 면이 있다. 그렇지 않다면 어떻게 온 세상으로 하여금 거기에 휩쓸리게 해서 지금까지 그 남은 물결이 끝없이 넘실대게 할 수 있겠느냐.

대개 그들의 용의(用意)가 가장 깊은 곳은 바로 도(道)에서 가장 먼 곳이요, 그들의 하어(下語 조사(措辭))가 가장 묘한 곳은 바로 해를 끼친 것이 가장 악독한 곳이다. 그런데 지금 내서(來書 보내온 글)를 보건대 기뻐하는 것이 너무도 지나치니, 그만 거기에 중독된 것은 아니냐? 만약 동인(東人 우리나라 사람)의 비루(卑陋)한 것이 싫으면, 정자(程子)의 글을 숙독해도 충분할 터인데, 어찌하여 꼭 그들에게서 구한단 말이냐.

반계(磻溪)의 책[102]이 간행된다니 기뻐할 일이다. 평서(平瑞)[103]의

101 양명(陽明)과 백사(白沙) : 양명은 왕수인(王守仁)의 존칭인 양명 선생의 약칭으로, 왕수인이 송나라 육구연(陸九淵)의 심학(心學)을 계승하여 양명학을 창시한 데서 연유한 호칭이다. 백사는 진헌장(陳獻章)의 호인데, 그는 양명보다 44년 선배로, 명대(明代) 신사조(新思潮)의 선구자로 일컬어진다. 정좌법(靜坐法)을 중시하며 일세를 풍미하여 활맹자(活孟子)라는 칭호를 얻기도 하였으며, 신종(神宗) 때 공묘(孔廟)에 종사(從祀)되었다.

102 반계(磻溪)의 책 : 《반계수록(磻溪隨錄)》을 말한다. 반계는 유형원(柳馨遠, 1622~1673)의 호이다. 국가 운영과 개혁에 대하여 논한 이 책은 1652년(효종3)에 편찬

글을 대략 보건대, 인물을 종류별로 취합하는 것이 비록 우습기는 하나, 그의 뜻은 대개 세상에 뭔가 의미 있는 일을 하려는 것인 만큼, 명리(名利)에 몰두하는 세상 사람들보다는 그래도 나으니, 그냥 생각나는 대로 응답한다고 해서 해로울 것이 또 뭐가 있겠느냐. 그러나 한번 생각해 보건대 각 조목의 아래에 채울 만한 한두 명의 사람도 찾을 수가 없으니, 인물이 워낙 없어서 그런 것이냐, 문견(聞見)이 넓지 않아서 그런 것이냐? 그저 탄식할 따름이다.

을 시작하여 1670년(현종11)에 완성하였는데, 전제(田制)를 비롯하여 학교 교육과 관리 등용 및 관직과 봉급, 군사제도 등에 이르기까지 당시의 국가정책을 비판하고 구세제민을 위한 강력한 혁신책을 제안하였다. 1770년(영조46)에 경상 감영에서 26권 13책이 목판으로 인쇄되었고, 1783년(정조7)에 다시 보유편(補遺編)이 경상 감영에서 목판으로 간행되었다.

103 평서(平瑞) : 이규위(李奎緯, 1731～1788)의 자이다. 본관은 한산(韓山)으로, 실학자인 흡재(翕齋) 이사질(李思質)의 아들이다. 1763년(영조39) 문과에 급제한 뒤 예문관 검열에 올랐다가 삭탈관직을 당하였고, 1765년에 흑산도(黑山島)에 위리안치(圍籬安置)되었다가 두 달 뒤에 특별히 방면되었으며, 그 뒤에 장령과 대사간을 거쳐 곡산 부사(谷山府使)로 있을 때 구례현(求禮縣)에 귀양 갔다가 2년 뒤에 풀려났고, 경기도 양근(楊根)에 은거할 적에 덕원부(德源府)에 정배되었으며, 1787년(정조11)에 병조 참의에 제수되었으나 한사코 사양하며 벼슬하지 않았다.

사제 치공에게 답하는 글 임진년(1772, 영조48) 8월
答舍弟穉共 壬辰八月

《중용(中庸)》을 읽는다는 말을 들으니 한편으로는 기쁘고 한편으로는 부럽다. 윤집도심(允執道心)이라는 한 어구는 의태(意態)가 완전히 양명(陽明)과 같으니, 괴이하게 여겨진다. 중(中)이라는 글자는 동정(動靜)과 운위(云爲 언행(言行))의 측면에서 설한 것이고, 정일(精一)은 심(心)의 측면에서 설한 것이니, 정일은 바로 집중(執中)하는 소이인 것이다. 그러니 지금 "오직 정밀하게 살피고 전일하게 행하여 도심을 진실로 잡아야 한다.〔惟精惟一 允執道心〕"[104]라고 말한다면, 도대체 무슨 말이 되겠느냐. 이와 같이 이해하기 쉬운 곳까지도 자네는 참으로 의심을 하는 것이냐? 미호(渼湖)[105]의 상(喪)은 실로 시운(時運)과 관계되는 것으로서, 비통하게 애도하는 심회가 시간이 갈수록 더욱 깊어진다. 그러나 이를 어찌하겠느냐.

104 오직……한다 : 궐중(厥中)을 도심(道心)으로 바꿔서 말한 것이다. 211쪽 주81 참조.

105 미호(渼湖) : 영조 때의 학자 김원행(金元行, 1702~1772)의 호이다. 김창협(金昌協)의 손자로, 자는 백춘(伯春)이고, 운루(雲樓)라는 다른 호가 있다. 시호는 문경(文敬)이다. 1722년(경종2) 신임사화(辛壬士禍)에 종조(從祖)인 김창집(金昌集)이 노론 사대신(老論四大臣)의 한 사람으로 사사(賜死)되고 일가가 모두 유배될 적에 모친의 배소(配所)에서 공부하였으며, 1725년(영조1)에 부조(父祖)가 신원(伸冤)된 뒤에도 벼슬길에 나아가지 않고 학문에만 힘썼다. 당시 호락(湖洛)의 학파 중에서 인물성동론(人物性同論)을 주장하는 낙론(洛論)을 지지하였으며, 그의 학풍은 주리(主理)와 주기(主氣)를 절충하는 경향을 보였다. 저서에 《미호집(渼湖集)》이 있다.

사제 치공에게 보내는 글 계사년(1773, 영조49) 9월

與舍弟穉共 癸巳九月

주도(做度)[106]를 일단 마쳐서 마음이 홀가분해진 것이 기쁠 수도 있겠다마는, 주연(胄筵 세자의 강연(講筵))의 한 가지 일이 끝내 마음에 걸리는 것을 느낀다. 이는 칠우(漆憂)와 이휼(嫠恤)[107]이기에 도리어 우습게 느껴지기도 한다마는, 근일에 강연(講筵)에서 있었던 대화 내용을 빠른 시간 내에 자세히 기록해서 보여 주었으면 한다.

106 주도(做度) : 관직에 처음 임명된 사람이 해당 관사의 규정에 따라 일정한 날수를 계속해서 입직(入直)하는 것을 말한다.

107 칠우(漆憂)와 이휼(嫠恤) : 자기 신분과 지위에 맞지 않게 나랏일을 근심하고 걱정하는 것을 비유하는 말이다. 칠우는 칠실지우(漆室之憂)의 준말이다. 춘추 시대 노(魯)나라 칠실이라는 고을에 시집 못 간 노처녀가 기둥에 기대어 한숨을 쉬자, 이웃의 아낙이 "시집가고 싶어서 그런가?〔子欲嫁乎〕"라고 물으니, "내가 걱정하는 것은 노나라 임금이 늙었는데 태자가 어린 것이다.〔予憂者魯君老太子幼〕"라고 대답하였다. 이에 아낙이 "이는 장부가 걱정할 일이다.〔此丈夫之憂也〕"라고 하니, 처녀가 과거의 사례를 장황하게 설명하고 나서 "지금 노나라에 환란이 일어나 군신과 부자가 치욕을 당하면 부인만 홀로 어디로 피하겠는가.〔今魯國有患 君臣父子被其辱 婦人獨安所避乎〕"라고 대답했다는 이야기가 전한다.《山堂肆考 卷98 憂國》《事文類聚 別集 卷22 漆室憂魯》 이휼은 이부(嫠婦) 즉 과부의 걱정이라는 말인데,《춘추좌씨전(春秋左氏傳)》 소공(昭公) 24년의 "과부가 베 짜는 북 실이 끊어질 것은 걱정하지 않고서 천자의 나라인 주나라가 망할 것을 걱정한다는 말이 있는데, 이는 그 재앙이 자기에게도 미칠 것이라고 여겨서이다.〔嫠不恤其緯 而憂宗周之隕 爲將及焉〕"라는 말에서 나온 것이다. 참고로《후한서(後漢書)》卷64〈노식열전(盧植列傳)〉에 "과부는 북 실 끊어질 것을 걱정하지 않았고, 칠실에서는 기둥에 기대어 근심한 일이 있었다고 나는 들었다.〔植聞嫠有不恤緯之事 漆室有倚楹之戚〕"라는 말이 있다.

구방심(求放心)[108]의 한 단락과 관련하여 다시 자네의 일기를 살펴보니, 집주(集註)와 《어류(語類)》의 해설이 같지 않은 대목에 대해서 상세히 살피지 못한 채, 그저 '시종(始終)'이라는 두 글자에 나아가서 개괄적으로 설명한 듯하였다. 경석(經席) 위에서 이와 같이 아무렇게나 말을 하다니 개탄할 일이다.

대개 집주에서는 구방심이 학문의 시발점이라고 하였고, 《어류》에서는 학문의 목적이 모두 구방심에 있다고 하였으니, 그 지의(旨義)가 다른 만큼 그 의미의 차이가 현격하다고 하겠다. 시험 삼아 《맹자(孟子)》의 본문을 취하여 마음을 비우고서 서너 차례 풍독(諷讀 송독(誦讀))을 해 보면, 《어류》의 설이 《맹자》의 본의와 제대로 들어맞기 때문에 사람으로 하여금 심신(心神)이 융해(融解)되어 사체(四體)로 퍼져 나가 말하지 않아도 깨닫게 하는 묘미가 있음을 알 수가 있다. 이에 반하여 집주의 경우는 학자의 공부에 긴요하지 않은 것은 아니지만, 《맹자》의 본의와는 동떨어져서 서로 통하지 않는다는 느낌을 끝내 지울 수가 없다.

《어류》의 본장 중에 섭하손(葉賀孫)과 황순(黃畣) 등이 기록한 몇 단락이 향당편(鄕黨篇)의 섭하손의 기록과도 동일하고, 소주(小註)에

108 구방심(求放心) : 달아난 마음을 찾는다는 뜻으로, 《맹자》 〈고자 상(告子上)〉의 "인(仁)은 사람의 마음이요, 의(義)는 사람의 길이다. 그 길을 버리고서 따르지 않으며, 그 마음을 놓치고서 찾을 줄을 모르니, 애달프다. 닭이나 개가 달아나면 사람들이 찾을 줄을 알면서도 마음이 달아나면 찾을 줄을 모른다. 학문의 길은 다른 것이 아니다. 달아난 그 마음을 찾는 것일 뿐이다.〔仁 人心也 義 人路也 舍其路而弗由 放其心而不知求 哀哉 人有雞犬放則知求之 有放心而不知求 學問之道無他 求其放心而已矣〕"라는 맹자의 말에서 나온 것이다.

서 쌍봉(雙峯 요로(饒魯))이 인용한 면재(勉齋 황간(黃榦))의 설은 더욱 명백하여 묘미가 있다. 주자(朱子)의 만년의 정론(定論)이 이와 같았을 듯하니, 집주의 설을 미처 개정하지 못했음은 의심할 것이 없다.

대저 이 장(章)에서 맨 먼저 말하기를 "인은 사람의 마음이요, 의는 사람의 길이다.〔仁人心也 義人路也〕"라고 하였고, 그 뒤를 이어 말하기를 "그 길을 버리고서 따르지 않으며, 그 마음을 놓치고서 찾을 줄을 모른다.〔舍其路而不由 放其心而不知求〕"라고 하였고 보면, 이른바 길과 마음이라는 것은 바로 의(義)와 인(仁)을 가리키는 것이다. 그리고 그 아래에서 곧장 마음에 중점을 두어 닭과 개로 비유하였고, 그 말미에 또 결론적으로 말하기를 "학문의 길은 다른 것이 아니다. 달아난 그 마음을 찾는 것일 뿐이다.〔學問之道無他 求其放心而已〕"라고 하였다.

그렇다면 그 뜻은 대개 "학문을 하는 길에 대해서 가령 박학(博學)·심문(審問)·신사(愼思)·명변(明辨)을 말하기도 하고 독행(篤行)을 말하기도 하는 등 그 단서가 하나가 아니지만, 요컨대 그 결론은 모두 이 마음의 인(仁)을 찾아서 회복하기 위한 것이다."라는 것인데, 인(仁)을 말했으면 의(義)는 자연히 그 속에 들어 있는 것이다. 대개 학(學)·문(問)·사(思)·변(辨)은 인의 이(理)를 찾아서 밝히기 위한 것이고, 독행은 인의 실(實)을 찾아서 실천하기 위한 것이니, 사(士)가 되는 것에서부터 시작하여 성인(聖人)이 되는 것으로 마치는 과정에서 이것 말고는 더 이상 다른 방법이 없는 것이다. 정자(程子)가 "성인의 수많은 말씀……"이라고 말한 한 단락[109]도 바로 이런 뜻에서

109 정자(程子)가……단락 : 정호(程顥)가 "성현의 수많은 말씀도 그 요점을 살펴보면 단지 사람으로 하여금 이미 놓친 마음을 단속해서 다시 사람 몸 안으로 들어오게

발언한 것이라고 하겠다.

퇴계(退溪 이황(李滉))가 학문의 처음과 끝을 관통하는 것이라고 설명한 그 뜻이 매우 좋지 않은 것은 아니지만, 요컨대는 집주의 범위를 벗어나지 못하고 있다.-집주의 해설도 처음과 끝을 관통하는 것 아님이 없다.- 율옹(栗翁 이이(李珥))도 초년에는 단지 학문을 시작할 때 수렴(收斂)하는 일로 간주했다가 만년에 개정하여 퇴계의 설을 따른 것 같다마는, 그 어록(語錄)이 초략(草略 소략(疏略))해서 상세히 알아볼 수 없는 점이 있다. 대개 두 분 선생 모두가 《어류》의 정론(定論)에 대해서는 미처 조감(照勘 검토)하지 못한 듯하다. 후일에 강연에 올라가거든 한 번 인구(引咎 인책(引責))하고 나서 다시 상세히 설명드리지 않으면 안 될 것이다.

하려는 것일 뿐이다. 그리하여 스스로 그 마음을 찾아서 위를 향해 나아간다면 그것이 곧 공자가 말씀하신 대로 아래로 인간의 일을 배우면서 위로 하늘의 이치를 체득하는 일이 될 것이다.〔聖賢千言萬語 只是欲人將已放之心 約之 使反復入身來 自能尋向上去 下學而上達〕"라고 말한 것을 가리키는데, 《근사록(近思錄)》 권4 〈존양류(存養類)〉에 나온다. 《맹자집주》 구방심장(求放心章)에도 인용되어 있다.

사제 치공에게 보내는 글

與舍弟穉共

강연(講筵)에는 원래 부복(俯伏)하고서 감히 머리를 들지 못하는 일은 없는데, 어느 때부터 이렇게 되었는지 모르겠다. 나의 경우는 전후로 시강(侍講)할 적에 모두 두 손으로 땅을 짚고 머리를 쳐들어 위를 바라보면서 진언하곤 하였다. 이렇게 된 것은 필시 근일의 제신(諸臣)의 잘못일 것이니, 매우 개탄할 일이다.

강설(講說) 중에 정전(井田)과 공거(貢擧 과거(科擧))의 일을 진백(陳白)할 때 어수선한 상황을 만나서 발락(發落 처결(處決))을 받지 못한 것이 한스럽다. 뒤에 다시 틈을 타서 말씀드리되, 주 세종(周世宗)이 원진(元稹)의 〈균전도(均田圖)〉를 보고 개연(慨然)히 탄식을 발하고는 조칙(詔勅)으로 그 법을 반포하면서 1년을 기한으로 천하의 전지(田地)를 대대적으로 균등하게 한 일[110] 등을 함께 언급하도록 하라.

그리고 이천(伊川 정이(程頤))의 상서(上書) 중에 "세속의 논을 축출하고, 비상한 공을 기필(期必)하라.〔黜世俗之論 期非常之功〕"[111]라는

110 주 세종(周世宗)이……일 : 《신오대사(新五代史)》 권12 〈논(論)〉에 "세종이 일찍이 밤에 독서를 하다가 당나라 원진의 〈균전도〉를 보고서 개연히 탄식하며 '이는 안정된 정치를 이루는 근본이니, 왕도 정치는 여기에서 시작되는 것이다.'라고 하고는, 조칙으로 그 도법을 반포하여 이민으로 하여금 먼저 익혀 알도록 하고, 1년을 기한으로 천하의 전지를 대대적으로 균등하게 하였으니, 그 규모와 의지의 굉대함이 이와 같았다.〔世宗嘗夜讀書 見唐元稹均田圖 慨然嘆曰此致治之本也 王者之政自此始 乃詔頒其圖法 使吏民先習知之 期以一歲 大均天下之田 其規爲志意 宏大如此〕"라는 말이 나온다.

말이 있고, 또 "이른바 뜻을 세운다는 것은, 지극히 참된 한마음으로 도를 자임하고는, 성인의 가르침을 반드시 믿을 수 있다고 여기고 선왕의 다스림을 반드시 복구할 수 있다고 여기면서, 근래의 규례에 얽매이지도 않고 중론에 현혹되지도 않고서, 천하를 삼대의 세상처럼 만들려고 기필하는 것이다.〔所謂立志者至誠一心 以道自任 以聖人之訓爲可必信 先王之治爲可必復 不狃滯於近規 不遷惑於衆口 必期致天下如三代之世也〕"[112]라는 말이 있는데, 이런 말들을 매양 차 마시고 밥 먹는 것처럼 송설(誦說)한다면 효험이 있을 것도 같다.

뜻을 세우는〔立志〕 도(道)는 의리의 대원두(大源頭)에 대해서 견처(見處)가 있는 것보다 앞에 있는 것이다. 상인(常人)도 요순(堯舜)이 될 수 있고 후세(後世)도 삼대(三代)가 될 수 있다는 것을 분명히 알면, 뜻을 기필코 세우려 하지 않아도 자연히 세워질 것이다. 함양(涵養)하는 공부로 말하면 바로 입지(立志) 이후의 일이니, 그 말이 좋지 않은 것은 아니지만 긴절(緊切)하지는 않은 듯하다. 어떻게 생각하느냐?

대거경(大居敬) 귀궁리(貴窮理)[113] 및 감흥시(感興詩)[114]를 써 들인

111 세속의……기필(期必)하라 : 이천의 나이 18세 때인 황우(皇祐) 2년(1050)에 인종(仁宗)에게 왕도 정치를 권하면서 올린 상소에 나오는 말인데, 《회암집(晦菴集)》 권98 〈이천선생연보(伊川先生年譜)〉에 이 말이 실려 있다.

112 이른바……것이다 : 《근사록(近思錄)》 권8 〈치체(治體)〉에 이 말이 소개되어 있다. 대본의 '先王之治爲可必復'의 '復'이 《근사록》에는 '行'으로 되어 있다.

113 대거경(大居敬) 귀궁리(貴窮理) : 거경을 크게 여기고 궁리를 귀하게 여긴다는 뜻인데, 몸가짐을 공경히 하는 거경은 함양(涵養) 공부에 해당하고 이치를 궁구하는 궁리는 치지(致知) 공부에 해당한다. 《논어》 〈위정(爲政)〉의 "곧은 자를 기용하고 굽은 자를 버려두면 백성이 복종할 것이다.〔擧直錯諸枉則民服〕"라는 공자의 말을 해설한 사씨(謝氏) 즉 상채(上蔡) 사양좌(謝良佐)의 "그러므로 군자는 거경을 크게 여기고

것은 모두 흐뭇한 일이다. 계방(桂坊)에서 진달드린 것에 계발(啓發)된 바가 있으셔서 그런 것은 아니겠느냐. 대저 잘 개도(開導)하여 저하(邸下)가 성심(誠心)으로 학문을 지향하게 하는 것이 가장 긴절한 일이다.

궁리를 귀하게 여기는 것이다.〔故 君子大居敬而貴窮理也〕"라는 말에서 취한 것이다. 정주학(程朱學)에서는 사물의 인식 방법으로 궁리를 거론하고 도덕 수양의 방법으로 거경을 거론하여 이 양자의 상호 병행을 주장하였다.

114 감흥시(感興詩) : 주희가 진자앙(陳子昂)의 〈감우시(感寓詩)〉를 본받아 지은 〈재거감흥20수(齋居感興二十首)〉를 말한다. 〈무이도가(武夷櫂歌)〉와 서로 표리를 이루는 것으로 칭해지는데, 《회암집(晦菴集)》 권4에 보인다.

사제 치공에게 보내는 글

與舍弟穉共

요즈음 또 입직(入直)하여 강설(講說)한 것은 뭐가 있느냐? 산간(山間)에 칩거하며 엎드려 있다 보니 온갖 생각이 모두 재로 변했다만, 오직 이 하나의 일만은 못내 잊을 수가 없다. 10여 조목으로 차진(箚進)한 것을 모쪼록 즉시 보내어 보여 주기 바란다.

인종(仁宗)이 신종(神宗)만 같지 않다고 말씀하시다니 예지(睿志 세자의 뜻)가 탁월하여 너무도 감탄한 나머지 거의 눈물이 나오려고까지 하였다. 송(宋)나라 신하 황상(黃裳)이 가왕부(嘉王府)의 익선(翊善)으로 있을 적에-가왕(嘉王)은 바로 영종(寧宗)이다.- 강설하며 개도(開導)를 잘했으므로 왕의 학문이 급속도로 발전하였다. 하루는 광종(光宗)이 선유(宣諭)하기를 "가왕의 학문이 진보한 것은 모두 경(卿)의 공이다."라고 하자, 황상이 사례하고는 인하여 나아가 아뢰기를 "만약 덕업(德業)을 닦아 진보하여 옛날 철왕의 자취를 뒤따라가려 한다면, 모름지기 천하에서 첫째가는 사람을 찾아야만 가능할 것입니다.〔若欲進德修業追蹤古先哲王 則須尋天下第一等人乃可〕"라고 하였는데, 광종이 그가 누구냐고 묻자 '주모(朱某 주희)……'라고 대답하였다.[115] 동춘(同春 송준길(宋浚吉))이 일찍이 이 말을 효묘(孝廟)에게 진달하였는데, 대화 도중에 이런 이야기를 진달하면 지극히 좋을 것이다.

115 송(宋)나라……대답하였다 : 《송사전문(宋史全文)》 권28 〈송광종(宋光宗)〉에 이 내용이 수록되어 있다.

그리고 "주자(朱子) 같은 인물이야 물론 항상 있을 수 없겠지만, 하늘은 한 세상에 인재를 내보내어 자체적으로 한 세상의 일을 마무리 짓게 하는 법이니, 명명양루(明明揚陋)[116]한다면 어찌 그런 사람이 없겠습니까. 국가가 강관(講官)을 둘 적에는 이것을 표준으로 삼아야 하겠기에 감히 이렇게 진달드립니다.……" 하는 것이 온당할 것이다.

《강목(綱目)》을 마치고 나서는 무슨 책을 이어서 강독하느냐? 서연(書筵)에서 《예기(禮記)》도 끝나 가느냐? 《대학(大學)》과 《중용(中庸)》 그리고 《근사록(近思錄)》과 《심경(心經)》 같은 책들도 얼른 이어서 강독하지 않으면 안 될 것이다. 소대(召對)에서는 《대학연의(大學衍義)》가 좋을 것 같으냐? 《수록(隨錄)》을 열람해 보겠다고 일찍이 허락하셨는데, 그 뒤에 다시 제설(提說 제기하여 설명하는 것)한 것이 있느냐?

116 명명양루(明明揚陋) : 귀천(貴賤)에 구애받지 않고 인재를 널리 구하여 기용하는 것을 말한다. 《서경(書經)》〈요전(堯典)〉의 "이미 현위(顯位)에 있는 자도 드러내어 밝히고, 숨어 있는 미천한 신분의 사람들도 올려서 쓴다.〔明明揚側陋〕"라는 말에서 나온 것이다.

사제 치공에게 보내는 글

與舍弟穉共

전후의 일기(日記)를 반복해서 열람해 보건대, 예학(睿學 세자의 학문)의 조예(造詣)가 날이 갈수록 높아져서 그 발전하는 정도를 거의 가늠할 수가 없으니, 이런 경사와 행운이 어디에 있겠느냐.

대개 뜻을 세운 것이 이미 탁월한 데다 양연(兩筵 경연(經筵)과 서연(書筵))을 행하는 여가에 또 밤에 《맹자》를 읽으면서 무려 백 번이나 반복하였으니, 이와 같이 근면하고 독실한 것은 예로부터 어떤 제왕(帝王)에게도 있지 않았던 일이다. 다만 너무 각고(刻苦)한 나머지 질환을 초래할까 두려우니, 이 점은 자주자주 진계(陳戒)하지 않으면 안 될 것이다.

의리의 혜경(蹊逕 문호(門戶))과 학문의 향방에 대해서 모두 명료하게 알고 있을 뿐만 아니라, 강설(講說)하는 경의(經義)에 대해서도 모두 순숙(純熟)하여 노사(老師) 숙유(宿儒)와 다를 것이 없고, 심지어 외당(巍塘)의 심성설(心性說)[117]과 같은 것도 이미 섭렵하여 통효(通曉)하고 계신 듯하다. 그리하여 궁료(宮僚)를 상대로 논설하는 것이 일체 붕우를 대하고서 강마(講磨)하는 것과 같으니, 예로부터 제왕가(帝王家)에 또 어찌 이런 일이 있었겠느냐.

117 외당(巍塘)의 심성설(心性說) : 외암(巍巖) 이간(李柬, 1677~1727)의 인물성구동론(人物性俱同論)과 남당(南塘) 한원진(韓元震, 1682~1751)의 인물성상이론(人物性相異論)을 가리킨다.

사마공(司馬公)의 "모친의 입장에서 아들의 법을 고친다.〔以母改子〕"라는 한마디 말[118]은 종내 망발(妄發)한 것인데도 이를 지적하여 말을 꺼내는 사람이 없었는데, 지금 예교(睿敎 세자의 분부)에 운운하셨으니 참으로 백왕(百王)에 으뜸가는 밝고 바른 식견이다. 그리고 "부인이 국정을 독단하여 전횡하는 일이 없어야 한다.……〔婦人無專制……〕" 한 하나의 단락은 더욱 쇄락(灑落)하고 투명(透明)하니, 참으로 천품(天品)이 월등하게 높지 않으면 어떻게 이런 말씀을 하시겠는가. 우리 동방(東方)이 억만년토록 복록을 누릴 바탕이 전적으로 여기에 있기에, 여러 번 공경히 외우면서 스스로 그만두지 못하였다.

다만 사마공의 "하늘이 만약 우리 송나라를 도와준다면〔天若祚宋〕"이라는 한마디 말에 대해서 주자(朱子)가 종조리(終條理)에 가깝다고 칭찬하였고 보면,[119] 그의 마음이 정대하고 강엄(剛嚴)한 것을 볼 수가

118 사마공(司馬公)의……말 : 송나라 신종(神宗)이 죽고 철종(哲宗)이 어린 나이로 즉위하자 태황태후(太皇太后)가 정사(政事)에 임하였는데, 이때 사마온공(司馬溫公) 즉 사마광(司馬光)이 재상이 되어 신종 때에 실시한 왕안석(王安石)의 신법(新法)을 폐지하고 옛 법을 회복하려 하였다. 이에 의논하는 자들이 "부친이 작고한 뒤 삼 년 동안은 부친이 해 오던 일을 고치는 일이 없어야 효라고 말할 수 있다.〔三年無改於父之道 可謂孝矣〕"라는 《논어》 〈학이(學而)〉의 말을 인용하면서 이를 저지하려 하자, 사마광이 "선제의 법 중에서 좋은 것은 백세 뒤에라도 고치면 안 되겠지만, 왕안석이나 여혜경(呂惠卿)이 만들어서 천하에 피해를 끼치는 것과 같은 것은 불과 물 속에서 사람들을 구해 내는 것처럼 속히 고쳐야만 한다. 더군다나 태황태후가 모친의 입장에서 아들의 법을 고치는 것이지, 아들이 부친의 법을 고치는 것이 아님에랴.〔先帝之法 其善者雖百世不可變也 若安石惠卿所建 爲天下害者 改之當如救焚拯溺 況太皇太后以母改子 非子改父〕"라고 하여 반대 의견을 눌렀던 말을 인용한 것이다. 《宋史 卷336 司馬光列傳》

119 사마공의……보면 : 사마광이 왕안석의 신법을 모조리 혁파하자, 혹자가 후환을 당하지 않을까 걱정하며 예방하도록 권하니, 사마광이 "하늘이 만약 우리 송나라를

있다. "모친의 입장에서 아들의 법을 고친다."라는 그 하나의 어구는 단지 혹자(或者)의 주장을 저지하려는 목적에서 그렇게 말한 것일 뿐이니, '더군다나〔況〕'라는 하나의 글자를 보면 그런 사실을 알 수가 있다. 단지 그의 식견이 미치지 못한 탓으로 창졸간에 이렇게 망발을 하고 말았으니, 예교(睿敎)의 기척(譏斥)을 어떻게 면할 수가 있었겠는가. 하지만 이것을 가지고 뒷날의 발판으로 삼으려 했다고 귀결 짓는다면 그로서는 억울한 일이 될 것이다. 이 일은 대의리(大義理)에 관계되는 만큼, 이 뒤에 다시 언단(言端)이 있게 되면 특별히 주의해서 상세히 진달하지 않으면 안 될 것이다. 붕당(朋黨)에 대한 일도 이와 마찬가지인데, 구일(舊日)의 일기 중에 볼만한 것이 있기에 아이들로 하여금 기록해서 보내게 하였다.

도와준다면 그런 일은 반드시 일어나지 않을 것이다.〔天若祚宋 必無此事〕"라고 하고는, 자기 한 몸의 이해관계는 다시 논하지 않았는데, 이에 대해서 장남헌(張南軒) 즉 장식(張栻)이 "생각건대 그가 평소에 그렇게 수양하였기 때문에 일에 임하여 발언하는 것이 이처럼 도리에 맞을 수 있었던 것이다. 비록 성인이라도 이와 같이 말하는 데에 불과할 것이니, 사마온공은 '음악의 조리를 마치는 것'에 가깝다고 하겠다.〔想其平日所養 故臨事發言 能如是中理 雖聖人 不過如此說 近於終條理者矣〕"라고 칭찬한 고사가 전한다. 《性理大全 卷64》 주자라고 한 것은 녹문의 착오이다. 음악의 조리를 마친다는 것은, 공자와 같은 성인처럼 일 처리를 원만하게 하는 것을 비유하는 말인데, 《맹자》〈만장하(萬章下)〉의 "공자는 집대성한 분이라고 말할 수 있다. 집대성이란 종(鍾)과 같은 금속악기의 소리가 먼저 퍼지게 하고 나서, 맨 마지막에 경쇠와 같은 옥의 소리로 거두어들이는 것을 말한다. 맨 처음에 금속악기로 소리를 내는 것은 음악의 조리를 시작함이요, 옥으로 거두어들이는 것은 음악의 조리를 마침이다. 조리를 시작하는 것은 지(智)의 일이요, 조리를 마치는 것은 성(聖)의 일이다.〔孔子之謂集大成 集大成也者 金聲而玉振之也 金聲也者 始條理也 玉振之也者 終條理也 始條理者智之事也 終條理者聖之事也〕"라는 말에서 나온 것이다.

전제(田制)는 바로《수록(隨錄)》중의 제일의(第一義)요 대두뇌(大頭腦 주지(主旨))라고 할 것인데 이 하나의 일에 대해서는 끝내 믿음이 가지 않는다. 대개 전지(田地)를 겸병(兼幷)한다고 하더라도, 그들이 직접 경작하는 것은 기껏해야 1, 2석(石)에 불과하고 그 나머지는 다른 사람들에게 나누어 주는 것인데, 지금 농부가 남의 전지를 얻어서 경작하는 것을 보면 많아야 10여 두(斗)에 불과하고 적으면 3, 4두에 그치기도 한다. 이런 현상은 어디나 모두 그러하고, 여기에 또 경작하지 않고서 놀고먹는 자가 매우 많은 실정이다. 그러니 비록 경계(經界)가 이미 정해진 뒤라고 할지라도 단지 이 백성을 가지고 이 전지를 경작하는 것이 될 뿐이니, 1인당 2석(石)의 전지를 어디에서 마련해 내겠느냐. 백방으로 생각해 보아도 사람은 많고 전지는 적다는 의혹을 어떻게 해도 깨뜨릴 수가 없다.

그렇다면《수록》안에서 허다히 마련한 분록(分祿)이나 섬학(贍學) 등과 같은 일도 모두 옹산(瓮算)[120]이 되고 말 것이다. 설령 진짜로 왕정(王政)을 행하게 된다고 하더라도 형세상 오늘날의 법제 안에서 추이(推移)하고 준절(撙節 조절)하여 마련해 낼 수밖에 없는데, 이렇게 되면《수록》한 책도 장차 공언(空言)이 되는 일을 면치 못하여 도리어 한바탕 웃음거리가 되고 말 것이다.

120 옹산(瓮算) : 항아리를 계산한다는 뜻으로, 대단한 생각인 것처럼 혼자서 멋대로 망상하는 것을 비유하는 말이다. 가난한 사람이 항아리 하나를 애지중지하며 밤에도 끌어안고 자곤 하다가, 어느 날 저녁에 항아리 하나를 밑천 삼아 계속 재물이 불어나면서 부자가 되리라는 생각에 젖은 나머지 기쁨에 겨워 춤을 추다가 그 항아리를 밟아 깨뜨려 버렸다는 이야기에서 유래한 것이다. 옹산(甕算) 혹은 산옹(算甕)이라고도 한다.《事文類聚 前集 卷36》

사제 치공에게 보내는 글 갑오년(1774, 영조50) 4월

與舍弟穉共 甲午四月

이미 입직(入直)에서 벗어났으리라고 생각하는데, 입직할 때 시강(侍講)은 몇 번이나 하였으며 강설한 내용은 어떤 것이 있느냐? 기록한 것이 있으면 보여 주기 바란다.

《역(易)》을 잘하는 자는 《역》을 말하지 않는 법이다. 삼대(三代)라는 두 글자를 매번 제설(提說)할 필요는 없고, 그저 수기(修己) 치인(治人)과 천덕(天德) 왕도(王道)의 내용을 말하면, 삼대는 자연히 그 안에 들어 있는 것이다. 정신(精神)을 보호하고 아껴야 하는 의리에 대해서도 이미 진설(陳說)했으리라고 생각하는데, 예답(睿答 세자의 답변)이 과연 어떠했는지 모르겠다. 그런 말도 굳이 많이 하려 하지 말고, 단지 강연(講筵)이 있을 때마다 번번이 말씀드리면서 나의 성의(誠意)를 쌓아 가면 자연히 서로 부합하게 될 것이다. "성(誠)은 말하기 이전에 있다.〔誠在言前〕"[121]라는 네 글자가 매우 좋으니, 알아 두지 않으면 안 될 것이다. 이에 대해서 어떻게 생각하느냐?

121 성은……있다 : "성(誠)은 말하기 이전에 있고, 신(信)은 말한 이후에 있다.〔誠在言前 信在言後〕"라는 말이 송나라 대동(戴侗)이 지은 《육서고(六書故)》 권11 신조(信條)에 보인다.

사제 치공에게 보내는 글 11월
與舍弟穉共 十一月

일기(日記) 2책(冊)을 모두 상세히 열람하였는데, 사람으로 하여금 기뻐서 잠들지 못하게 하였다. 우리 동방이 억만년토록 끝없이 누릴 복록이 전적으로 여기에 있다고 하겠다.

다만 "현재의 대유(大儒)로 말하면 그대가 아니고 그 누구이겠는가.〔當今碩儒 舍爾其誰〕"라는 말씀은 너무 외람스러운 것이 아닌가. 그 당시에 어찌하여 극력 손피(遜避)하는 말씀을 올리는 동시에 다시 전일에 말했던 '황상(黃裳)의 첫째가는 사람 운운'의 발언을 언급하지 않았는가. 뒷날 입시할 적에 모쪼록 언단(言端)을 인하여 '그때에는 황공해서 감히 말씀을 많이 못 드렸던 정상'을 다시 진달하고 나서 말꼬리를 돌려 황상이 했던 발언을 언급하는 것이 좋겠다.

구방심(求放心)의 한 단락에 대해서 퇴계(退溪)가 비록 시종(始終)을 겸하여 말했다 하더라도, 그가 "눈 깜짝할 사이에 한 생각이 조금만 잘못되어도……〔瞬息之頃 一念少差……〕"[122] 한 것은 여전히 집주(集

122 눈……잘못되어도 : 한국문집총간 29집에 수록된 《퇴계집(退溪集)》 권7 〈진성학십도차(進聖學十圖箚)〉 심학도(心學圖)에 "구방심은 공력을 쓸 때의 초기의 일이니 마음이 있게 된 뒤에 있다는 것은 타당하지 않습니다. 신이 삼가 생각건대, 구방심을 피상적으로 말한다면 물론 첫 번째로 손을 대고 발을 딛는 곳이라고 하겠지만, 깊이 들어가서 궁극적으로 얘기한다면 눈 깜짝할 사이에 한 생각이 조금만 잘못되어도 방이 되는 것입니다.〔求放心是用工初頭事 不當在於心在之後 臣竊以爲求放心 淺言之 則固爲第一下手著脚處 就其深而極言之 瞬息之頃 一念少差亦是放〕"라는 내용이 실려 있다.

註)의 뜻이고, 《어류(語類)》의 설이나 소주(小註)에 나오는 면재(勉齋 황간(黃榦))의 설과는 완전히 다른데, 이에 대해서 어찌하여 변론하지 않고 《어류》와 합치한다고 두루뭉술하게 일컬었는가. 대개 '구(求)'와 '수(收)' 두 글자는 그 의미가 같지 않다. 집주는 수(收) 자의 뜻이지만 《어류》는 수(收) 자의 뜻으로 보면 안 되는데, 퇴율(退栗 퇴계와 율곡)의 설은 수(收) 자의 뜻이라고 보는 것이 타당할 듯하다.

감흥시(感興詩) 말편(末篇)에 나오는 "발분하여 영원히 떨어 버리고, 일원의 비상한 공을 거두어야지.〔發憤永刊落 奇功收一原〕"[123]라는 하나의 구절은 저하(邸下)에게 매우 절실한 말이다. 대개 "이욕(利欲)을 끊고 근원을 하나로 하면, 용병(用兵)의 효과가 10배이다.〔絶利一源 用師十倍〕"[124]라는 것이 《음부경(陰符經)》의 말인데, 주자(朱子)가 평일에 이 말을 매우 좋아하여 누차 학자들에게 거론하였으니 한번 진달하지 않으면 안 될 것이다. 모쪼록 한번 취하여 자세히 음미하고 나서

구방심은 놓친 마음을 찾는다는 뜻이다. 229쪽 주108 참조. 대본에는 '一念少差'의 '少'가 '小'로 되어 있으나, '少'의 잘못이기에 바로잡아 번역하였다.

123 발분하여……거두어야지 : 감흥시 맨 마지막 제20수에 "내가 선현의 가르침에 어두운 것은, 지엽이 무성한 것이 그 이유이니, 발분하여 영원히 떨어 버리고, 일원의 비상한 공을 거두어야지.〔曰予昧前訓 坐此枝葉蕃 發憤永刊落 奇功收一原〕"라는 말이 나온다. 대본에는 '奇功收一原'의 '原'이 '源'으로 되어 있으나, '原'의 잘못이기에 바로잡아 번역하였다. 감흥시는 주희의 〈재거감흥20수(齋居感興二十首)〉를 말한다. 234쪽 주 114 참조.

124 이욕(利欲)을……10배이다 : 《음부경(陰符經)》에 "소경이 잘 듣고, 귀머거리가 잘 본다. 이와 같이 이욕을 끊고 근원을 하나로 하면, 용병의 효과가 10배이다.〔瞽者善聽 聾者善視 絶利一源 用師十倍〕"라는 말이 나오는데, 주희가 이에 대한 질문을 받고 해설을 한 내용이 《주자어류(朱子語類)》 권136에 보인다.

잘 부연(敷衍)하여 명백하게 설명하는 것이 좋겠다.

그 밖에 다른 시편(詩篇)들도 모두 좋다. 이미 주서(朱書 주희의 글)로 종사(從事)하겠다는 말씀을 하셨으니, 이 기회에 이 시를 날마다 몇 편씩 취하여 조용히 완미하며 죄다 외우시도록 청하면, 마음을 다스리는 일과 학문이 진보하는 데에 반드시 큰 유익함이 있을 것이다. 이에 대해서 어떻게 생각하느냐?

사제 치공에게 답하는 글 을미년(1775, 영조51) 6월
答舍弟穉共 乙未六月

계(髻)의 제도 이것 역시 아직 고찰한 것이 없고, 족두리(簇頭里)가 유래한 것 역시 자세하지 않다만, 중국의 제도〔華制〕가 아닌 것만은 분명하다. 역형(櫟兄)의 말은 일찍이 듣지 못했다만, 우리 집안에서 사용하는 가계(假髻)[125]가 가장 좋고 풍속에도 알맞다는 말은 내가 직접 들은 적이 있다. 《동환봉사(東還封事)》[126] 중에 나오는 계(髻)의 모양이 지금 쓰는 것과 그다지 다르지 않은 것 같으나 그렇다고 완전히 같지도 않으니, 이것을 만드는 양식이 하나가 아니라는 것은 여기에서도 확인할 수가 있다.

대저 머리카락을 묶어서〔束髮〕 계(髻)를 만드는 것과 머리카락을 땋아서〔辮髮〕 머리에 두르는 것, 이 두 가지가 바로 화(華)와 이(夷)를 구분하는 큰 차이점이다. 따라서 땋는 것을 고쳐서 묶을 수 있다면 이것만으로도 괜찮다고 할 것이니, 착용하는 위치는 약간의 차이가 혹 있을지라도 깊이 계교할 것은 없다. 그리고 지금 부녀(婦女)의 의복

125 가계(假髻) : 부녀자의 머리 장식으로, 가발로 만든 쪽을 말한다. 가결(假結) 혹은 가계(假紒)라고도 한다. 옛날에는 '髻'와 '紒'와 '結'을 통용하였다.

126 동환봉사(東還封事) : 조헌(趙憲)이 1574년(선조7)에 성절사(聖節使) 박희립(朴希立)의 질정관(質正官)으로 명나라에 다녀온 뒤에, 중국의 문물제도를 조목별로 소개하며 왕에게 올린 상소문으로 다분히 저자의 개혁 의지가 담겨 있다. 1622년(광해군14)에 안방준(安邦俊)이 이 상소를 정리하여 '동환봉사'라고 제목을 붙였고 1626년(인조4)에 순천(順天) 송광사(松廣寺)에서 목판으로 간행하였다.

제도를 보건대, 날로 짧아지고 작아져서 보기에 해괴하다. 만약 지금 쓰는 가계(假髻)로 수제(首制)를 삼고, 여기에 또 항상 당의(唐衣)[127]를 착용하게 하면, 비록 하나하나 고제(古制)에 합한다고는 할 수 없더라도 이 역시 노(魯)나라의 경지에 이르는 정사(政事)가 될 수 있을 것이다.[128]

127 당의(唐衣) : 조선 시대 여자들이 저고리 위에 덧입었던 의복의 하나로, 겨드랑이가 터졌으며, 겉은 초록색 안은 다홍색이고, 깃과 고름은 자주색이며, 앞은 짧고 뒤는 길게 지었다.

128 노(魯)나라의……것이다 : 요순(堯舜) 시대의 정치에는 못 미쳐도 그 아래 단계에는 이를 수 있을 것이라는 말이다. 《논어》 〈옹야(雍也)〉의 "제나라를 한 번 변화시키면 노나라의 경지에 이르게 할 수 있고, 노나라를 한 번 변화시키면 선왕의 도의 경지에 이르게 할 수 있다.〔齊一變至於魯 魯一變至於道〕"라는 공자의 말을 발췌한 것이다.

사제 치공에게 답하는 글 병신년(1776, 정조 즉위년) 4월

答舍弟穉共 丙申四月

여기는 마을 돌림병을 피하려고 18일에 조아(照兒)를 데리고 검원(黔院)[129]에 와서 우거하고 있는데, 강산이 청정(淸靜)하여 글을 보기에 정말 좋으니 마음이 흐뭇하다. 10일의 전교(傳敎)에서는 유곤(裕昆)[130]의 일을 언급하셨는데, 행하시는 일마다 보통을 훨씬 뛰어넘으시니 실로 종사(宗社)에 억만년토록 무궁한 복록이 될 것이다.

마대(麻帶)의 일로 말하면, 이미 조가(朝家)의 정제(定制)가 있는

129 검원(黔院) : 동춘당(同春堂) 송준길(宋浚吉)의 서원인 검담서원(黔潭書院)을 말한다. 충북 청원군(淸原郡) 문의(文義)에 있다.

130 유곤(裕昆) : 1765년(영조41)에 임금이 당쟁(黨爭)의 폐단과 관련하여 특히 산림 세력을 당론의 온상이라고 공격하면서 후손들이 이를 경계하도록 지은 《어제엄제방유곤록(御題嚴堤防裕昆錄)》을 말하는데, 유곤은 《서경》 〈중훼지고(仲虺之誥)〉의 "의로 일을 바로잡고 예로 마음을 제어하여 후세에 넉넉하게 남겨 주어야 한다.〔以義制事 以禮制心 垂裕後昆〕"라는 말에서 나온 것이다. 《영조실록》 40년 11월 30일 조에 "고금의 당론이 나라를 망치는 이유에 대해 두루 서술하고, 또 어진 자와 사특한 자가 진퇴하는 의의에 대해서 언급하였는데, 모두 100여 글자였다. 이는 대체로 신경(申暻)의 상소에 동조하려는 신하를 배척하면서 산림의 선비가 또 하나의 당을 이루고 있다고 여긴 나머지, 만약 이 근원을 통렬히 깨뜨리지 않으면 그 해가 홍수나 맹수보다 심하다고 여겼기 때문이다. 그러고는 이를 책자로 만들어 《엄제방유곤록》이라고 이름을 붙여 간행해서 사고(史庫)에 넣어 두라고 명하였다."라는 기사가 실려 있다. 그 뒤에 이 《유곤록》을 배척하는 상소를 올렸다가 이겸빈(李謙彬)ㆍ유언호(兪彦鎬)ㆍ권진응(權震應)ㆍ김문순(金文淳) 등이 유배를 당했으며, 특히 1771년에는 권상하(權尙夏)의 증손인 권진응이 《유곤록》에서 권상하를 폄하한 부분에 대해 변론하는 상소를 올렸다가 제주 대정현(大靜縣)에 정배되기도 하였다.

이상에는 이를 준행하는 것이 옳으니, 사적(私的)으로 혼자 이와 같이 한다면 어찌 옳겠느냐. 아우가 이와 같이 하면 형도 이와 같이 해야 한다는 것이냐? 주자(朱子)가 여정보(余正甫)에게 답한 글을 면재(勉齋)가 《의례통해(儀禮通解)》[131]에 수록하였으니, 후인(後人)이 어찌 따르지 않아서야 되겠느냐.

효대(絞帶)는 원래 상복(喪服)에 속하는 것이다. 만약 수암(遂庵 권상하(權尙夏))의 설과 같이 임상(臨喪)과 시사(視事) 연거(燕居)를 막론하고 일체 상복 차림으로 종사(從事)해야 한다면 그렇게 할 수도 있겠지만, 지금은 이미 고명(顧命)[132]과 후세 제가(諸家)의 설을 적용하여 별도로 시사 연거의 복장을 마련하는 것을 면치 못하고 있으니, 그렇다면 어떻게 상복인 효대를 졸지에 백립(白笠)과 포포(布袍) 위에 뒤섞어 쓸 수가 있겠느냐. 그리고 만약 부친상을 당해 출입할 적에 착용하는 것을 예로 든다면, 이것 역시 모름지기 방립(方笠)과 추포(麤布 거친 베)의 직령(直領)을 함께 사용한 뒤에나 가능할 것이다. 백립은 바로 부친상의 대상(大祥) 때에나 착용하는 것이니, 마대와 어떻게 서로 어울리겠느냐.

주자의 설을 보면, 어찌 "이른바 방상(方喪)이라는 것이 어찌 꼭 천

131 의례통해(儀禮通解) : 《의례경전통해(儀禮經傳通解)》의 준말로, 주희가 《의례》를 중심으로 해서, 《예기》와 경사(經史)의 예설(禮說) 및 선유(先儒)의 학설 등을 모아 편찬한 책이다. 주희가 죽은 뒤에 《통해》의 속집(續集)이 나왔는데, 여기에는 면재 황씨(勉齋黃氏)가 편찬한 〈상례(喪禮)〉 15권과, 양복(楊復)이 편찬한 〈의례상복도식(儀禮喪服圖式)〉 2권과 〈제례(祭禮)〉 13권이 함께 수록되었다. 면재(勉齋)는 주희의 제자이면서 사위인 황간(黃榦)의 호이다.

132 고명(顧命) : 임금이 죽기 전에 국가의 대사를 대신에게 부탁하는 유언을 말한다.

하의 사람으로 하여금 거적자리를 깔고 흙덩어리를 베며 물이나 마시고 죽이나 먹으면서 진짜로 부모상을 당한 때처럼 하는 것을 말하는 것이겠는가."[133]라고 하지 않았느냐. 수옹(遂翁)은 여정보에게 답한 글을 정론(定論)이 아니라고 하면서 단지 점차로 고례(古禮)를 회복하려는 뜻에서 그렇게 말한 것이라고 운운하였지만, 내가 나름대로 상하의 어의(語意)를 자세히 살펴보건대 정론이 아니라고 말할 수가 없고, 또 그 뒤에 고명에 따라 마면(麻冕)을 쓰는 것을 논한 하나의 글을 살펴보면 백포(白布)의 의관(衣冠)이 정론이라는 것을 더욱 확인할 수가 있다.[134] 이에 대해서는 지촌(芝村)[135]이 논한 것이 타당함을 얻었다고 하겠다.

대저 왕조(王朝)의 예(禮)는 사가(私家)와는 종내 같지 않은 점이

133 이른바……것이겠는가 : 《회암집(晦菴集)》 권96 〈군신복의(君臣服議)〉에 "그렇다면 이른바 방상이라는 것이 어찌 꼭 천하의 사람으로 하여금 거적자리를 깔고 흙덩어리를 베며 물이나 마시고 죽이나 먹으면서 삼 년 동안 피눈물을 흘리며 진짜로 부모상에 거하는 것처럼 하는 것을 말하는 것이겠는가.〔然則所謂方喪者 豈曰必使天下之人寢苫枕塊 飮水食粥 泣血三年 眞若居父母之喪哉〕"라는 말이 나온다. 방상(方喪)은 통상(通喪)인 부모의 삼년상에 준하여 임금의 상복을 입는 것을 말한다. 거적자리를 깔고 흙덩어리를 베는 것은, 효자가 상중(喪中)에 비통한 뜻을 표하기 위해 취하는 행동으로, 보통 부모상을 당한 것을 비유하는 말로 쓰인다. 《의례(儀禮)》 〈기석례(旣夕禮)〉에 "의려에 거하며, 거적자리를 깔고 흙덩어리를 벤다.〔居倚廬 寢苫枕塊〕"라는 말이 나온다. 의려는 상주가 거하는 여막을 말한다. 대본에는 '寢苫枕塊'가 '枕苫寢塊'로 되어 있는데, 바로잡아 번역하였다.

134 고명에……있다 : 《회암집》 권63 〈답여정보(答余正甫)〉의 단상(短喪)과 거상조복(居喪朝服) 조에 이 내용이 자세히 나온다.

135 지촌(芝村) : 이희조(李喜朝, 1655~1724)의 호이다. 이단상(李端相)의 아들로, 자는 동보(同甫)이며, 송시열(宋時烈)의 문인이다.

있다. 가령 〈증자문(曾子問)〉 중에, 임금이 죽은 직후에 세자가 태어났을 경우에는 비면(裨冕)[136]의 차림으로 빈소에서 고한다고 한 하나의 단락도 고명의 내용과 서로 유사하다. 《의례(儀禮)》는 원래 사례(士禮)이니, 스스로 성인(聖人)이 아니라면 누가 감히 사례를 가지고 왕조의 예를 판단하여, 소씨(蘇氏 소식(蘇軾))의 설과 같이 고명을 실례(失禮)한 과조(科條)로 돌려버리고 무시한단 말이냐. 이것이 바로 주자가 소씨의 설을 옳게 여기지 않고서 허다히 설화를 한 이유인 것이다. 지금 주자의 정론을 따르지 않고 반드시 마대를 쓰기로 한다면, 그 사람은 성인이 아니면 망인(妄人)이라고 해야 옳을 것이다. 남당(南塘)은 갑진년(甲辰年)[137]에 이미 사적(仕籍 관원의 명부)에 올라 있었다. 그러나 수옹(遂翁)도 만약 갑진년에 살아 있었더라면 감히 조령(朝令)을 위배하고서 마대를 쓰지는 못했을 것이 분명하다.

방립에 마대를 쓰는 것 역시 우리 동방의 속제(俗制)이다. 그리고 중원(中原 중국)의 경우는 친상(親喪)을 당해 출입할 적에 역시 묵최(墨衰)의 제도를 쓰는 것이 있다. 이는 대개 고금의 사정이 달라져서 상복을 입고 출입할 수 없는 상황에서는, 형세상 권제(權制)를 마련하

136 비면(裨冕) : 비의(裨衣)를 입고 면관(冕冠)을 쓰는 것인데, 옛날에 제후(諸侯)의 경대부(卿大夫)가 조근(朝覲)이나 제례(祭禮) 때 착용하던 면복(冕服)의 통칭으로, 곤면(袞冕)이나 상일등(上一等)의 면복에 상대하여 말하는 것이다. 비(裨)는 보조(輔助)라는 뜻으로, 비의는 으뜸가는 복장을 제외한 나머지 의복들을 말한다. 대본에는 '禆'로 되어 있는데, '裨'의 잘못이기에 바로잡아 번역하였다.

137 갑진년(甲辰年) : 1724년(영조 즉위년)이다. 이해 8월에 경종(景宗)이 승하하였다. 남당(南塘) 한원진(韓元震)의 생몰 연대는 1682~1751이고, 수옹(遂翁) 즉 수암(遂庵) 권상하(權尙夏)는 1641~1721이다.

여 통용하지 않을 수 없기 때문이다. 그리고 지금 사람들이 친상을 당했을 적에 상차(喪次)가 아니면 상복을 착용하지 않고 출입할 때 입는 옷을 착용한다.

이것을 가지고 유추하건대, 임금의 상을 당해서 연거(燕居)하는 것은 이미 상차가 아닌 만큼 상복을 착용할 수도 없고 또 출입할 때 입는 옷을 착용할 수도 없다. 이런 상황에서는 포의(布衣) 포대(布帶)의 권제를 마련하지 않을 수 없으니, 이렇게 하는 것이야말로 이치로 보나 형세로 보나 자연스러운 일이라고 할 것이요, 이 밖에는 더 이상 달리 해 볼 도리가 없고 보면 이렇게 하는 것이 진선진미(盡善盡美)하다고 말해도 안 될 것이 없을 것이다.

또 더구나 사서(士庶)는 본복(本服)이 단지 자최삼월(齊衰三月)인데야 더 말해 무엇하겠는가. 그래서 주자(朱子)가 부제(祔祭) 뒤에는 최복(衰服)을 벗고 조건(皁巾 흑색 두건)과 청대(靑帶) 차림으로 상(喪)을 마치게 하려고 했던 것이다. 따라서 지금의 백립과 포대의 삼년(三年)도 지극하다고 말할 수 있으니, 예(禮)에도 없는 마대를 또 더한다면 어찌 되겠느냐.

사제 치공에게 보내는 글 7월

與舍弟穉共 七月

뜻밖에 관인(官人)이 와서 전해 준 초9일의 수자(手字 손수 쓴 쪽지)를 통해서, 이미 사폐(辭陛)[138]를 하였고 상관(上官 부임(赴任))하는 날짜도 이미 지났다는 것을 알았다. 과연 부임하는 데에 동요(動搖)는 없었으며, 다른 일들은 과연 어떠하였느냐? 대단히 난처한 일은 당하지 않았느냐?

읍황(邑況)[139]은 스스로 철저히 절약하고 감손(減損)할 터이니 부채를 질 우려는 없을 것도 같다마는, 기생(妓生)과 관련된 일이 가장 마음에 걸린다. 걸아(杰兒)는 아이들의 물의(物議)를 들어 보건대 대단히 염려스럽다. 모름지기 처음부터 엄명(嚴明)하게 명령을 내려서 기생의 무리가 대문 안에 들어올 수 없게 하고, 만약 범하는 자가 있을 경우에는 당사자와 행수(行首)에 대해서 죽도록 엄형(嚴刑)으로 다스리겠다는 뜻을 통고하여 엄단(嚴斷)을 하라. 그리고 걸아를 훈계하여 이를 위반하지 못하게 하고, 밤에는 옆에서 시침(侍寢)하게 하면서 지극히 엄밀하게 관리를 하고 지극히 엄격하게 단속을 하면 혹 벗어날 수도 있을 것이다. 자네는 매양 처녀(處女)인 것처럼 통지(通知)하곤

138 사폐(辭陛) : 외국에 사신으로 가거나 지방으로 떠나는 관원이 임금에게 하직 인사를 올리는 것을 말한다.

139 읍황(邑況) : 지방의 수입 중에서 지급하는 지방 관원의 봉급을 말한다. 관황(官況)이라고도 한다. 참고로 중앙 관서의 관원에게 국고에서 지급하는 것은 관록(官祿)이라고 한다.

하지만 사실은 대단히 그렇지 않다고 한다.

회계(會計)는 좌수(座首)와 이방(吏房)이 담당하도록 하고 책방(冊房)에게는 맡기지 말라. 동헌(東軒)에서 사환(使喚)하는 일은 통인(通引)이 담당하게 하고 중방(中房)에게는 맡기지 말라. 김생(金生)이 비록 가더라도 단지 봉과(封裹 상납 물품을 싸서 봉하는 것) 등의 일만 감독하게 하라. 순노(順奴)는 행랑에 들어가 거처하게 하고 외간에는 나가지 말게 하는 것이 어떻겠느냐? 듣건대 순노를 청지기로 삼으려 한다는데, 그 말이 사실이냐? 노복(奴僕)의 무리가 외인과 접하게 되면 사심(邪心)이 생기기 쉬우니 결단코 그렇게 해서는 안 된다. 처음에 일을 시켰다가 곧바로 그만두게 하면 원망을 사기 쉬우니 처음부터 단속하는 것이 좋겠다. 사적인 일도 물론 폐할 수는 없겠으나, 매양 공사(公事)를 우선하는 뜻을 흉중에 간직해야 할 것이다.

민폐(民弊)와 읍폐(邑弊)로서 변통하지 않을 수 없는 것들을 아무쪼록 경영하여 반드시 개혁하도록 하라. 향전(鄕戰)[140] 역시 향임(鄕任)의 자리를 다투는 데에서 나오게 마련이다. 그 향규(鄕規)를 물어서 지극히 공정하게 처리하고, 천망(薦望)[141]하는 한 절목을 만들어 이를

140 향전(鄕戰) : 향촌의 적서(嫡庶) 사이에서 향안(鄕案) 입록(入錄) 등의 문제로 발생하는 집단적 패싸움을 말하는데, 이편저편을 막론하고 모두 장(杖) 100을 친 뒤에 멀리 정배하는 무거운 형벌로 다스렸다. 향안 입록은 서원(書院)·향소(鄕所)·향교(鄕校) 등 이른바 삼소(三所)의 유안(儒案)에 이름이 기록되는 것을 말하는데, 유안을 향안 또는 청금록(靑衿錄)이라고도 하였다. 이 중에서 특히 향소 즉 향청(鄕廳)은 지방 사족(士族)들의 집회소로서 고을 수령을 보좌하던 자문 기관이었는데, 향촌을 대표할 덕망 있는 인물을 뽑아서 좌수와 별감 등의 향임에 임명하곤 하였다.

141 천망(薦望) : 임용 후보자를 복수로 추천하는 것을 말한다.

정식으로 삼아서 공평하고 주밀(周密)하게 하며 사사(私事)를 용납하지 못하게 하면, 향풍(鄕風)이 점차 개선될 것도 같다.

유생(儒生)에 대해서는 강학(講學)을 위주로 하되, 지성(至誠)으로 훈도(訓導)하여 점차 향방을 알게끔 하고, 그중에 문학(文學)과 행의(行誼)가 있는 자를 향임으로 삼으면, 문학과 행의가 없는 자들이 자연히 감히 다투지 못할 것이다. 대저 성(誠)이라는 하나의 글자를 으뜸으로 삼아서 지성으로 애민(愛民)하고 지성으로 봉공(奉公)하면, 인심이 절로 복종하고 정사도 절로 이루어질 것이다. 만년에 이역(吏役)에 종사하는 것은 연소한 무리와 다른 점이 있는데, 가장 해서는 안 될 것은 상관과 서로 따지는 일이니, 이 점을 부디 경계해야 할 것이다.

사제 치공에게 답하는 글 9월

答舍弟穉共 九月

순행(巡行)이 이미 지나갔으리라고 생각하는데, 어떻게 지송(支送)하였느냐? 순행하기 전과 순행한 뒤에 전참(前站 순행 예정지)에 가서 영후(迎候 마중)한다는 설은 해괴하기 그지없다. 내가 운수(雲水 임실(任實))에 부임할 적에 섬촌(蟾村 민우수(閔遇洙)) 어른을 찾아뵈었더니 "수령 중에는 더러 방백(方伯)이 순력(巡歷)할 적에 전참에 가서 영후하는 자도 있는데 이런 일은 결코 해서는 안 된다. 송 금산(宋錦山)이-바로 묵옹(默翁)[142]이다.- 관직에 거할 때 간오(簡傲 오만)하다는 이름을 얻으면서도 이런 일은 모두 하지 않았다.……" 하고 가르쳐 주시며 거듭 경계하였다. 그래서 상관(上官 부임)한 뒤로 이런 일은 절대로 하지 않았고, 언젠가 민 방백(閔方伯)이 순도(巡到)했을 때 마침 일이 있어서 한 번 갈담(葛潭)에 가서 본 적이 있을 뿐이다. 양근(楊根)과 성천(成川)의 경우도 모두 그러하였으니, 어찌 해서(海西)라고 해서 다른 지방과 다른 점이 있겠느냐. 그런데 심지어 순행 전후에 문후(問候)를 하다니, 이는 더욱 사람을 대단히 부끄럽도록 만드는 일이다. 무쉬(武倅 무관의 수령)가 아니고서야 어찌 이럴 수가 있겠느냐. 하배(下輩)의 말은 결코 믿어서는 안 된다.

이것뿐만이 아니다. 비장(裨將)의 청사(廳舍)에는 사대부가 결코

142 묵옹(默翁) : 송명흠(宋明欽)·송문흠(宋文欽) 형제의 부친으로 금산 군수(錦山郡守)를 지낸 송요좌(宋堯佐, 1678~1723)의 호이다.

들어가서는 안 된다. 이에 대해서는 방백 중에 혹 설금(設禁 법으로 금지하는 것)하는 자도 있는데, 이렇게 하면 도시 아무 일도 없게 되겠지만, 이 방백도 혹 그렇게 하는지 모르겠다. 향약(鄕約)도 우선은 급한 것이 아니다. 내가 운수에 있을 적에도 몇 년이 지난 뒤에 행했는데, 그럼에도 더러 폐단이 없을 수 없었으니, 다시 상량(商量)해서 처리해야 할 것이다. 강학(講學)은 가능한 한 속히 시작하지 않으면 안 된다. 나는 도암(陶庵 이재(李縡))의 도봉강규(道峯講規)를 참작해서 하였는데, 여기에서 보내는 운수(雲水)의 공이(公移 공문서) 중에 들어 있으니, 시험 삼아 고찰해 보고 재처(裁處)하는 것이 어떻겠느냐? 만약 재력이 있어서 유생(儒生)이 거재(居齋)하게 할 수 있다면 날마다 강수(講授)해야 할 것이니, 이런 것은 쓸 필요가 없을 것이다.

사제 치공에게 답하는 글

答舍弟穉共

내행(內行 아내의 일행)은 모레쯤에는 들어갈 수 있을 것 같다. 상풍(霜風 찬 바람)이 점점 싸늘해지는데, 정리(政履 지방관의 체후(體候))와 다른 모든 일은 또 상황이 어떠하냐? 고을 일은 점차로 두서(頭緖)가 있게 되고, 이민(吏民)도 점차로 서로들 믿게 되었느냐?

오랫동안 헤어졌다가 권속(眷屬)이 단란하게 한데 모이면 얼마나 기쁠지 상상이 되니, 높이 떨쳐 날아가지 못하는 것이 한스럽기만 하다. 그런데 이번에 내행의 일로 재물을 허비한 것이 꽤나 많다고 들은 것 같아서 걱정이 된다. 조가(朝家)의 신정(新政)이 마치 태양이 막 떠오르는 것 같은 이때에, 자네의 경우는 이름은 비록 음관(蔭官)이라 할지라도 실은 근밀(近密)의 신하와 다름이 없으니, 더욱 지성으로 봉행하지 않으면 안 될 것이다. 따라서 일전(一錢) 일미(一米)라도 절대로 감히 제멋대로 쓰지 말고, 오직 한마음으로 민사(民事)와 국사(國事)를 생각해야 할 것이니, 정성이 지극하면 무슨 일인들 이루지 못하겠느냐.

강(講)을 면제하여 생계를 도모하게 하는 것은 이미 혁파했다마는, 형장(刑杖)도 신중히 행하지 않으면 안 될 것이다. 무릇 태장(笞杖)과 신장(訊杖) 모두 일체 법전에 의거하여 제치(制置 처치)할 것이요, 절대로 자기 뜻대로 증대(增大)하지 말 것이다. 그리고 장수(杖數)도 많이 하면 안 되니, 적으면 6, 7도(度)요 많아도 10여 도는 넘지 않게 하는 것이 좋겠다. 죄가 중한 관리의 경우에는 여기에 구애받을 것이 없겠으나, 그래도 모름지기 흠휼(欽恤)[143]의 뜻을 잊지 말아서 절대로 화난 김에 멋대로 손을 써서는 안 될 것이다. 나머지는 오직 시절 따라 좋은 일이 늘어나고 정사를 잘 행한다는 소문이 널리 퍼져서 첨련(瞻戀)하는 심정을 위로해 주기만 바랄 뿐이다.

143 흠휼(欽恤) : 《서경》 〈순전(舜典)〉의 "공경하고 또 공경하는 마음으로 불쌍히 여기며 신중하게 형벌을 행해야 한다.〔欽哉欽哉 惟刑之恤哉〕"라는 말을 줄인 것이다.

녹문집

제11권

書서

사제 치공에게 보내는 글 병신년(1776, 정조 즉위년) 10월

與舍弟穉共 丙申十月

"이(理)에는 대소가 없고, 심(心)에는 두 개의 용(用)이 없으니, 요순(堯舜)의 사업도 단지 지금 당장 하기에 달려 있습니다. 행해야 할 일을 즉시 행한다면 이것이 바로 천리(天理)가 유행하여 만물과 함께 모두 봄이 된다[1]는 뜻이요, 그쳐야 할 일을 즉시 그친다면 이것이 바로 한 가지라도 의롭지 못한 일을 행하거나 한 사람이라도 죄 없는 이를 죽이고서 천하를 얻는 일은 하지 않는다[2]는 뜻이니, 도(道)는 하나일 뿐입니다."라는 이 하나의 단락은 바로 자네가 이연(离筵 왕세자의 서연(書筵))에서 강설한 내용이다.

이 내용을 일찍이 일록(日錄) 중에서 보고 기억해 두었는데, 얼마 전에 우연히 검토하다가 발견하고는 한두 번 풍송(諷誦)을 하노라니

1 천리(天理)가……된다 : 북계 진씨(北溪陳氏) 즉 진순(陳淳)의 〈경서재명(敬恕齋銘)〉에 "자기가 하고 싶지 않은 일은 남에게 베풀지 말라고 하셨으니, 이대로 행한다면 만물과 함께 모두 봄이 될 것이다. 안과 밖으로 경(敬)과 서(恕)를 행하면, 사욕이 어디에 붙을 수 있겠는가. 천리가 두루 유행하여 갖춰지지 않은 곳이 없을 것이다.〔己所不欲 勿施於人 以是而行 與物皆春 內外敬恕 私欲何寓 天理周流 無所不具〕"라는 내용이 보인다. 《北溪全集 卷4》

2 한 가지라도……않는다 : 맹자(孟子)가 백이(伯夷)·이윤(伊尹)과 공자(孔子)의 동이(同異)에 대해서 설명하면서 "한 가지라도 의롭지 못한 일을 행하거나 한 사람이라도 죄 없는 이를 죽이고서 천하를 얻는 일은 이들 모두가 하지 않을 것이니, 이것은 같은 점이다.〔行一不義 殺一不辜 而得天下 皆不爲也 是則同〕"라고 말한 내용이 《맹자》〈공손추 상(公孫丑上)〉에 보인다.

그 의미가 무궁하였으니, 참으로 격언이요 묘해(妙解)라고 할 것이다. 그런데 치국(治國)만 그러한 것이 아니라 치군(治郡)도 그러한 것이고, 치군만 그러한 것이 아니라 치가(治家)와 수신(修身)도 모두 이 하나로 관통할 수 있으니, 실제로 이렇게 할 수만 있다면 인욕(人欲)이 날로 줄어들고 천리(天理)가 날로 자라나서, 나의 호연지기(浩然之氣)가 참으로 천지 사이에 채워질 수 있을 것이요, 체신 달순(體信達順)[3] 하여 무슨 일을 하든지 간에 요순의 사업 아닌 것이 없게 될 것이다.

아, 누가 다시 이런 말을 가지고 날마다 경석(經席)의 위에서 진달할 수 있겠느냐. 이에 기록하여 보내노니, 모름지기 다시 완미하여 정사(政事)에 적용할 것이요, 당장 해야 할 일마다 곡진하게 실천하고 체험하여 작은 것을 쌓아 크게 이루면서 알차게 확대해 나가야 할 것이다. 그렇게 하면 백리(百里)가 태고(太古)처럼 되는 일[4]이 당장에 바로 이

3 체신 달순(體信達順) : 신실(信實)한 덕을 몸 받아 화순(和順)한 경지에 이르게 한다는 말로, 보통 태평성대의 기상을 뜻하는 말로 쓰인다. 《예기》 〈예운(禮運)〉 맨 마지막의 "태평성대를 이루는 것도 다른 것이 아니다. 그것은 즉 선왕이 예를 닦아 도덕이 행해지게 하고, 신실한 덕을 몸 받아서 화순한 세상에 이르게 한 것일 뿐이니, 이렇게 본다면 태평성대라는 것도 화순한 도가 실현된 세상이라고 할 수 있다.〔是無故先王能修禮以達義 體信以達順 故此順之實也〕"라는 말에서 나온 것이다.

4 백리(百里)가……일 : 목민관이 선정을 베풀어 평화로운 고장으로 만드는 것을 말한다. 이백(李白)의 시에 "이곳 백리의 고을만은 태고 시대처럼 순박하여, 흥겹게 희황 이전의 사람으로 누워 지낸다.〔百里獨太古 陶然臥羲皇〕"라는 구절이 나온다. 《李太白集 卷10 經亂離後……贈江夏韋太守良宰》 희황(羲皇)은 상고 시대의 복희씨(伏羲氏)를 말하는데, 진(晉)나라 도잠(陶潛)의 글에 "오뉴월 여름철에 북창 아래에 누워 있다가 서늘한 바람이 잠깐 불어오면 스스로 희황 이전의 사람이라고 여기곤 했다.〔五六月中 北窓下臥 遇涼風暫至 自謂是羲皇上人〕"라는 구절이 나온다. 《陶淵明集 卷7 與子儼等疏》

루어질 뿐만 아니라, 내 몸으로 직접 보는 것〔於吾身親見〕[5]도 이로부터 그 조짐이 열려서 어느새 불현듯이 진짜로 우리 눈앞에 펼쳐지지 않으리라고 어찌 알겠는가.

5 내 몸으로……것 : 임금이 요순처럼 되고 백성이 요순 때처럼 되는 태평한 시대를 말한다. 이윤(伊尹)이 상탕(商湯)의 초빙을 세 차례나 받고 나서 "내가 밭두둑 사이에 있으면서 이대로 요순의 도를 즐기기보다는, 내 어찌 이 임금으로 하여금 요순과 같은 성군이 되게 하는 것만 하겠으며, 내 어찌 이 백성들로 하여금 요순 때의 백성이 되게 하는 것만 하겠으며, 내 어찌 그런 시대를 내 몸으로 직접 보는 것만 하겠는가.〔與我處畎畝之中由是以樂堯舜之道 吾豈若使是君爲堯舜之君哉 吾豈若使是民爲堯舜之民哉 吾豈若於吾身親見之哉〕"라고 포부를 밝힌 고사에서 비롯된 것이다. 《孟子 萬章上》

사제 치공에게 보내는 글

與舍弟穉共

직사(職事)가 비록 그지없이 번다하다 해도 일단 담당한 일인 이상에는 신중을 기해서 봉행(奉行)하지 않으면 안 된다. 어떤 일이든지 한번 염증과 짜증을 내기 시작하면 근해(筋骸 힘줄과 뼈)가 나른하게 풀어져서 지탱할 수 없다. 하지만 장엄하고 공경하는 자세로 집중을 하면 뜻〔志〕이 이르는 곳에 기(氣)가 반드시 따르기 때문에, 근해가 자연히 강건해지고 사대(四大 육신)가 자연히 가뿐해지는 법이니, 모름지기 이 점을 염두에 두고서 노력하기 바란다.

사제 치공에게 답하는 글 정유년(1777, 정조1) 5월

答舍弟穉共 丁酉五月

가뭄이 든 것이 이와 같은 것은 팔로(八路)가 똑같이 그러하지만, 그중에서도 양서(兩西 평안도와 황해도)와 기내(畿內)가 더욱 심하다고 한다. 지금 내서(來書 보내온 편지)를 보건대, 2월 이후로 비가 내리지 않았다면 민정(民情)이 얼마나 황급해할지 상상할 수 있으니, 태수(太守)로 있는 자가 밥을 먹어도 어떻게 목으로 넘어가겠느냐. 그렇지만 병중에 산간(山間)에 분주(奔走)하는 것도 감내할 수 있는 방도가 아닌데, 혹시라도 오래도록 응험이 없으면 장차 어떻게 할 것이냐.

여기는 어제 내린 비가 두루 흡족하지는 않았지만, 그래도 해갈할 수 있어서 문전(門前)은 이앙(移秧)을 할 수 있다고 한다. 그곳도 혹 이런 비를 얻을 수 있었다면 참으로 다행이겠는데, 들어서 알 길이 없으니 매우 답답하다. 병세가 비록 이와 같다 하더라도, 일단 그 지위에 있는 이상에는 스스로 힘쓰지 않으면 안 될 것이니, 모든 일을 지성(至誠)으로 해 나가야지 어찌 염증이나 짜증을 내서야 되겠느냐. 만약 스스로 헤아려서 그렇게 못할 것 같으면 곧장 사직하고 돌아와야 할 것이다.

나는 그저 예전처럼 지낸다마는, 정력이 점점 감소하는 것이 느껴지니, 스스로 위태한 지경에 이르렀다는 생각이 없을 수 없다. 내서(來書)에서 이번 가을에도 올 수 없다면서 그만 내년 봄으로 기약을 하였는데, 과연 그렇게 되면 그 사이의 인사(人事)가 어떻게 될지 또 어찌 알 수 있겠느냐. 이별의 정회 말고도 가슴에 쌓인 회포가 산과 같은데,

끝내 마주 보고서 한번 토로하지 못한다면, 또 어찌 개탄할 일이 아니겠느냐.

《대전(大全)》[6]을 점차(點箚)하는 일은 근근이 26권째에 이르렀다. 졸업(卒業)이 아직도 머니, 과연 어느 날에나 출장(出場 일을 끝내는 것)할 수 있을지 모르겠다. 《차의(箚疑)》[7]는 완전히 초본(草本)으로서 엉성하고 잘못된 곳이 지극히 많아 이루 다 점검할 수 없을 정도라서, 수옹(遂翁 권상하) 등 제현(諸賢)에게 아쉬운 심정이 들지 않을 수 없게 한다. 만약에 초산(楚山)의 화(禍)[8]가 없어서 소세(梳洗 깔끔하게 단장하는 것)를 마칠 수 있었다면, 어찌 이와 같이 되었겠느냐.

내가 공들여 하는 이 일을 과연 완성할 수만 있다면 이 책에 도움을 줄 수 있을 것도 같다마는, 기필할 수 없는 것은 바로 수명(壽命)이다. 그리고 향곡(鄕曲)에서는 검토해 볼 만한 서적도 없고 자문을 구할

6 대전(大全) : 《주자대전(朱子大全)》을 말한다. 《녹문집》 권20 잡저(雜著) 〈기해과정(己亥課程)〉에 "밥을 먹고 나서 《주자대전》을 점차하는데, 점은 이틀에 1책을 끝내고, 차는 매일 10판 혹은 15에서 20판씩 힘닿는 대로 한다.〔食後點箚朱子大全 而點則二日訖一冊 箚則日十板 或十五二十板隨力〕"라는 말이 나온다. 점(點)은 표점(標點)을 찍는 것이고, 차(箚)는 자기 의견을 기록해 두는 것을 말한다.

7 차의(箚疑) : 송시열(宋時烈)의 《주자대전차의(朱子大全箚疑)》를 말한다. 줄여서 《주서차의(朱書箚疑)》 혹은 《주차(朱箚)》라고도 한다. 송시열이 미처 손질하지 못한 초고를 권상하(權尙夏)가 정리하려다가 완성하지 못하였는데, 녹문이 《송자대전(宋子大全)》에서 본차(本箚)를 베껴 내용을 보충하고 교정하는 등 10여 년 동안 공력을 들인 끝에 이 일을 마치고 제목을 《차의보(箚疑補)》라고 하였다.

8 초산(楚山)의 화(禍) : 초산은 정읍(井邑)의 옛 이름이다. 송시열이 1689년(숙종 15)에 왕세자 책봉은 시기상조라는 이유로 반대 상소를 올렸다가 제주(濟州)에 안치(安置)된 뒤, 이어 국문(鞫問)을 받으러 상경하는 도중에 정읍에서 사사(賜死)된 사건을 말한다.

붕우도 없어서 손을 못 대고 빼놓은 곳이 아직도 많으니 개탄스럽고 안타깝기만 하다. 그런데 만약 공책(空冊)과 서수(書手)가 있어서 사출(寫出)하는 대로 곧장 수개(修改)한다면 그래도 후세에 전할 수 있을 것도 같은데, 여기에서야 어떻게 마련해 낼 수 있겠느냐. 이 때문에 자네가 남쪽 고을을 맡지 못한 것이 더욱 한스러울 뿐이다.

사제 치공에게 답하는 글 무술년(1778, 정조2) 2월
答舍弟穉共 戊戌二月

다음 달 초에 주행(州行 감영(監營)으로 가는 것)하는 것을 그만둘 수 없는 입장인데, 천담복(淺淡服)의 한 절목은 의주(儀註)가 잘못된 것 같다. 《상례보편(喪禮補編)》[9] 수권(首卷) 거림조(擧臨條)를 상고해 보건대 "문무백관(文武百官)은 모두 천담복에 오사모(烏紗帽)와 흑각대(黑角帶)를 착용하고, 벼슬을 그만둔 한산한 벼슬아치〔罷散官〕는 관학생(館學生)이나 서민(庶民)과 함께 백의(白衣)에 흑립(黑笠) 차림으로 궐외(闕外)에서 곡림(哭臨)한다.……" 하였다. 성복(成服) 이전에 이미 이와 같이 하였고 보면 대상(大祥) 뒤에도 이 예(例)를 적용해야 할 것이니, 《보편(補編)》에 비록 이 문구가 없긴 하지만 위의 이 구절을 그대로 적용한 듯하다.

그리고 상시(常時)로 입시하는 자와 낭임(郎任)으로 사진(仕進)하는 자는 -선혜청(宣惠廳)의 낭관(郎官)이나 군문(軍門) 낭청(郎廳)이나 감조관(監造官) 등과 같은 자들이다.- 반드시 군직(軍職)에 붙여진 뒤에야 비로소 공복(公服)을 착용하고 나아가니, 어찌 실직(實職)도 없고 군함(軍銜)도 없는데 함부로 공복을 착용할 수 있겠느냐. 결코 그렇게 할 수는 없다.

9 상례보편(喪禮補編) : 《국조오례의(國朝五禮儀)》를 시의(時宜)에 맞게 개정한 의례서(儀禮書)로, 왕가(王家)의 상례(喪禮)에 대한 의식 절차가 실려 있다. 1752년(영조28)에 중신(重臣)에게 명하여 편찬하였고, 1757년에 홍계희(洪啓禧) 등에게 명하여 이를 다시 증감(增減)하게 하여 이듬해에 완성하였다.

더군다나 우리들은 원래 산야(山野)의 사람으로서, 직명(職名)이 있으면 잠깐 나가서 공직(供職)을 하다가 파관(罷官)하면 초복(初服 벼슬하기 전의 옷)을 다시 찾아 입는 신분이니, 그 사체가 어찌 경화(京華)의 부귀한 집안 자제에 비기겠느냐. 그저 백의와 흑립과 흑대 차림으로 생도(生徒)나 서민들과 더불어 객사(客舍)의 문 밖에서 함께 곡을 하거나, 아니면 촌옹(村翁)이나 야로(野老)들과 함께 산골짜기 사이에서 망곡(望哭)을 해야 할 것이다.

흑립 운운한 것에 대하여 《보편》에서는 단지 흑립(黑笠)이라고만 하였고 묵(墨)이라는 글자는 없으니, 예전의 칠립(漆笠 옻칠을 한 갓)을 사용한다 해도 무슨 상관이 있겠느냐. 대(帶)는 화려한 색깔을 쓰면 안 되고 검은 색깔을 쓰는 것이 좋을 것 같다마는, 다시 지구(知舊)의 집에 물어보는 것이 어떻겠느냐? 그리고 사모(紗帽)를 이미 평일에 착용하는 오모(烏帽)를 쓰고 보면, 입(笠) 역시 평일에 착용하는 것을 써도 무방할 것이다.

사제 치공에게 답하는 글 6월

答舍弟穉共 六月

혹독한 더위에 조용히 지내는 생활이 신명의 도움을 받고 있고, 《강목(綱目)》 1질(帙)의 공부를 마칠 수 있었다는 것을 잘 알았다. 이 책이 비록 경서(經書)와 다른 점이 있다고 하더라도, 상하 천여 년 사이의 치란(治亂)·흥망(興亡)과 진퇴(進退)·소장(消長) 등 만 가지 변화가 들어 있지 않은 것이 없으며, 또 그 사이에 현재의 상황과 그대로 들어맞는 것이 혹 있기도 하고 시대를 뛰어넘어서 상호 감응하는 것이 혹 있기도 하다. 따라서 이 책을 잘 읽으면 그야말로 격치(格致 격물치지(格物致知))의 실사(實事)가 되는 것으로서, 이전에 읽은 경서와 하나로 관통되어 다시 정추(精粗)의 차이가 없게 될 것인데, 이 책을 읽으면서 과연 이런 의미를 느낄 수 있었는지 모르겠다. 걸아(杰兒)도 학업에 열중할 수 있게 되었다니 더욱 마음이 흐뭇하다.

나는 《차의(箚疑)》 중에서 겨우 서독(書牘) 부분을 끝마쳤는데, 며칠 전부터 날이 무더운 것이 이와 같아서 항상 연무(煙霧) 속에 잠겨 있는 것만 같다. 그런데 정심(靜深)[10]이 또 역형(櫟兄)[11]의 유고(遺稿)

10 정심(靜深) : 송시연(宋時淵)의 자이다. 그는 송준길(宋浚吉)의 현손인 송문흠(宋文欽, 1710～1752)의 둘째 아들로 태어나, 백부 송명흠(宋明欽, 1705～1768)의 후사로 나갔는데, 관직은 목사(牧使)에 이르렀으며 찬성(贊成)에 추증되었다. 송명흠은 녹문보다 6년 연상의 이종형(姨從兄)이니, 송시연은 녹문에게 이종질(姨從姪)이 되는 셈이다.

11 역형(櫟兄) : 송명흠으로, 그의 호가 역천(櫟天)이다.

를 보내오면서 곧장 수정해 달라고 요청을 하였으니, 형세로 볼 때 장차 전과(前課 그동안 해 오던 과업)를 우선 놔두고 이 일에 매달려서 순월(旬月)간은 공부를 해야 할 것 같다. 세월은 자꾸만 흘러가고 장과(長課 장구한 과업)는 끝내기가 실로 어려우니, 마침내 천고(千古)의 유한(遺恨)을 이루게 될까 두렵기도 하다마는, 그렇다고 이 일을 또 어떻게 그만두겠느냐.

역고(櫟稿)를 약간 섭렵만 했는데도 벌써 후세에 전해야 할 글임이 느껴지는데, 옛날에 서로 왕복한 글들을 보니, 홀연히 대면을 하고 수작(酬酢)하는 것만 같아서 창상(愴傷 비참)한 심정을 절로 금하지 못하겠다. 오늘날 만약 이 형이 살아 계시기만 해도 반드시 의지할 수가 있을 터인데, 하늘이 실로 이렇게 만들었으니 또 뭐라고 말을 하겠느냐. 어젯밤 꿈속에서 이 형과 마주하여 이야기를 나눴는데, 그 언모(言貌)와 위의(威儀)가 뚜렷이 평일과 같았으므로, 꿈을 깨고 나서 그저 혼자 가슴을 치며 눈물을 흘리기만 하였다. 그 가장(家狀)을 모쪼록 빠른 시일 내에 다듬어 고쳐서, 왕복하며 완본을 만들 수 있게 하는 것이 어떻겠느냐?

사제 치공에게 답하는 글 기해년(1779, 정조3) 8월
答舍弟穉共 己亥八月

근래에 《역(易)》을 읽으면서 왕왕 마음속으로 깨닫게 되는 곳이 있는데, 그 재미는 언어로 형용할 수 없는 점이 있다. 다만 모를 것은 아무 탈 없이 편안히 앉아서 또 다행히 몇 년의 겨를을 얻어 그 과업을 마칠 수 있을까 하는 점이다. "주자(朱子)는 성인(聖人)에 미치지 못한다. ……"[12] 한 것에 대한 내의(來意 보내온 글의 뜻)에는 지극히 큰 의미가 들어 있다고 하겠다. 그러나 날은 저물고 갈 길은 먼 것〔日暮途遠〕을 생각할 때마다 자연히 개연(慨然)한 심정이 들지 않을 수 없다. 별지에 답해 보낸다마는, 인편이 있는 기회에 얼른 쓰느라고 상세히 설명하지 못한 점이 아쉽다. 수긍이 안 되는 점이 있거든 다시 의견을 제시해도 무방하다. 《논어(論語)》는 이미 충분히 공부를 했을 텐데, 어찌 꼭 세월을 이렇게까지 허비해야 하느냐. 모쪼록 속히 끝마치고 《역》에 힘을 기울이는 것이 어떠하겠느냐? 영릉(寧陵 효종의 능)에 행행(行幸)하시는 일이 가까이 다가왔다고 삼가 들은 것 같은데, 이번에 김자정(金子靜)이 후거(後車)에 실려 오는 것을 면하지 못할 듯도 하다.[13]

12 주자(朱子)는……못한다 : 주희가 송 영종(宋寧宗) 경원(慶元) 1년에 봉사(封事)를 작성해 올리려다가 둔괘(遯卦)를 만나서 초고(草藁)를 불사른 사건과 관련하여, 녹문이 "이 점이 바로 선생이 성인에 미치지 못하는 대목인데, 2년 이후였다면 필시 이런 일이 없었을 것이다.〔此正先生不及聖人處 至二年以後則必無此事矣〕"라고 평한 내용이 《녹문집》 제7권 〈이평서에게 답하는 글〔答李平瑞〕〉에 나온다.

13 김자정(金子靜)이……하다 : 정조가 영릉에 행차했다가 환궁하는 길에 초야에 있는 김자정을 데리고 와서 중책을 맡길 가능성이 농후하다는 말이다. 주 문왕(周文王)이

이 일이 필경 어떻게 될지 모르겠는데, 소식을 들을 길이 없으니 답답하기만 하다.

〔문〕〈이인(里仁)〉 회토(懷土)의 주(註)에 "거처하는 곳의 편안함에 빠진다.……" 하였습니다.[14] 토(土)라는 글자는 빌려서 쓴 것이겠습니다마는, '사는 땅을 편안히 여긴다.〔安土〕'라는 뜻도 당연히 그 속에 포함되어 있는 것입니까?

〔답〕 은(殷)나라 백성이 사는 땅을 편안히 여기고 옮기는 것을 어렵게 여겼던〔安土重遷〕 사례[15]처럼 그런 뜻도 물론 그 속에 들어 있다고 보아

"용도 아니고 이무기도 아니며, 곰도 아니고 말곰도 아니며, 범도 아니고 비휴도 아니다. 얻을 것은 패왕의 보좌로다.〔非龍非彲 非熊非羆 非虎非貔 所獲霸王之輔〕"라는 길조(吉兆)를 얻고는 사냥을 나가서 마침내 위수(渭水) 가에서 낚시질하는 여상(呂尙)을 만나 후거(後車)에 싣고 돌아와 재상으로 삼았다는 고사가 있다. 후거는 시종신이 타는 부거(副車)를 말한다.《史記 卷32 齊太公世家》 자정(子靜)은 김양행(金亮行, 1715~1779)의 자이다. 호는 지암(止庵)·여호(驪湖)이며, 시호는 문간(文簡)이다. 김수항(金壽恒)의 증손이며, 민우수(閔遇洙)의 문인이다. 1758년(영조34)에 학행(學行)으로 천거되어 사간원 정언에 임명되었으나 나가지 않다가, 그 뒤에 직제학을 거쳐 이조 참의와 형조 참판을 지낸 경력이 있다. 저서로 《지암문집(止庵文集)》 9권이 있다.

14 이인(里仁)……하였습니다 : 《논어》〈이인(里人)〉에 "군자는 덕을 생각하고, 소인은 땅을 생각한다.〔君子懷德 小人懷土〕"라는 공자의 말이 나오는데, 회토(懷土)에 대해서 주희의 집주(集註)에서는 "거처하는 곳의 편안함에 빠지는 것을 말한다.〔謂溺其所處之安〕"라고 해석하였다. 전한(前漢)의 공안국(孔安國)은 "회토는 옮기는 것을 어렵게 여기는 것이다.〔懷土 重遷〕"라고 풀었는데, 이 말을 위(魏)나라 하안(何晏)이 집해(集解)에서 인용하였다.

15 은(殷)나라……사례 : 반경(盤庚)이 홍수 때문에 황하를 건너 엄(奄)에서 은(殷)으로 도읍을 옮기려 할 적에 백성들이 난처하게 여기며 따르려 하지 않자, 반경이 백성들을 설득하여 천도하고 민심을 수습한 과정이 《서경(書經)》〈상서(商書) 반경〉에

야 할 것이다. 그러나 토(土) 자의 자의(字義)로 말하면 여전히 '처한 곳의 편안함〔所處之安〕'이지, 토지(土地)의 토(土)는 아니다.

〔문〕〈술이(述而)〉 졸이학역(卒以學易)의 주(註)에 "《사기(史記)》에서 운운하였다."라고 하였습니다.[16] 이 인용문은 '약시(若是)'에서 구두를 떼어야 하는데, 이 두 글자는 《역(易)》을 공부하는 것을 가리킵니까?

〔답〕 제대로 보았다.

〔문〕〈태백(泰伯)〉 이능문어불능(以能問於不能)의 주(註)에 나오는 의리(義理) 물아(物我)의 내용은 5개의 구(句)를 통틀어 말한 것 같은데, 소주(小註)에서 나누어 소속시켰으니 이는 옳지 않을 듯합니다.[17] 그리고 소주는 주자(朱子) 자신이 말한 것입니까?

나온다. 반경은 태갑(太甲)으로부터 열다섯 번째 되는 임금으로, 나라의 중흥을 이룬 어진 제왕이다.

16 술이(述而)……하였습니다 : 《논어》〈술이〉에 "하늘이 나에게 몇 년의 세월을 더 살도록 허락하여 《역》에 대한 공부를 마치게 해 주신다면, 큰 허물이 없게 될 수 있으련만.〔假我數年 卒以學易 可以無大過矣〕"이라는 공자의 말이 있는데, 주희의 집주에서 "나에게 몇 년의 세월을 빌려주어 계속 이렇게 해 나간다면 내가 《역》에는 볼만한 점이 있을 것이다.〔假我數年 若是 我於易則彬彬矣〕"라는 《사기》 속의 공자의 말을 인용하였다.

17 태백(泰伯)……듯합니다 : 《논어》〈태백〉에 "유능하면서도 무능한 자에게 물어보고, 박학다식(博學多識)하면서도 천학과문(淺學寡聞)한 자에게 물어보고, 있어도 없는 것처럼 하고, 찼어도 빈 것처럼 하고, 누가 시비를 걸어도 따지지 않는 이런 태도를 옛날에 우리 벗은 지니고 있었다.〔以能問於不能 以多問於寡 有若無 實若虛 犯而不校 昔者吾友嘗從事於斯矣〕"라고 증자(曾子)가 안연(顔淵)을 평한 말이 나온다. 이에 대해

〔답〕 5개의 구를 통틀어 말한 것으로 보는 것이 옳다. 소주에 성씨(姓氏)가 없는 것은 주자의 설이 아니다. 편서(編書)한 자가 그렇게 말한 것 같다.

〔문〕〈자한(子罕)〉 자재천상(子在川上)의 주(註)에 나오는, 정자(程子)의 "이것은 도(道)의 체(體)를 말한 것이다."와 "도(道)와 더불어 체(體)가 된다."라는 해설[18]을 보건대, 두 개의 체(體) 자는 그 뜻이 같지 않은 것 같습니다. 그런데 다만 아래의 체 자는 위의 체 자를 이어받아서 설명한 것 같으니, 그렇다면 같은 뜻으로 보는 것이 옳겠습니까?

〔답〕 두 개의 체(體) 자는 단지 하나의 뜻일 뿐이다. 어떻게 달리 볼 수 있겠느냐.

주희의 집주에서 "안자의 마음은 오직 의리의 무궁함을 알았을 뿐이요, 외물과 나 사이에 간격이 있음을 보지 않았다. 그래서 이와 같이 할 수 있었다.〔顏子之心 惟知義理之無窮 不見物我之有間 故能如此〕"라고 풀었는데, 그 소주에 "유지의리지무궁(惟知義理之無窮)은 이능(以能)에서 약허(若虛)까지 해당하고, 불견물아지유간(不見物我之有間)은 범이불교(犯而不校)를 말한 것이다."라는 말이 나온다.

18 자한(子罕)……해설 : 《논어》〈자한〉에 "공자가 시냇가에서 말하기를 '가는 것이 이와 같구나. 밤이고 낮이고 멈추는 법이 없도다.'라고 하였다.〔子在川上曰 逝者如斯夫 不舍晝夜〕"라는 말이 나오는데, 이에 대해서 정자(程子)가 "이것은 도(道)의 체(體)를 말한 것이다. 하늘이 운행하여 그치지 않아서, 해가 가면 달이 오고 추위가 가면 더위가 오며, 물은 흘러가 쉬지 않고 만물은 생겨나 끝이 없으니, 이 모두가 도(道)와 더불어 체(體)가 되어 낮과 밤을 운행하며 일찍이 그친 적이 없는 것이다.〔此道體也 天運而不已 日往則月來 寒往則暑來 水流而不息 物生而不窮 皆與道爲體 運乎晝夜 未嘗已也〕"라고 해설하였다. 참고로 다산(茶山) 정약용(丁若鏞)은 "가는 것은 사람의 삶이다.〔逝者人生也〕"라고 해석하고, 시냇물이 한번 흘러가면 돌아오지 않는 것과 같다고 풀었다.

〔문〕 법어지언(法語之言)의 어(語) 자를 주(註)에 나오는 '언지(言之)'라는 두 글자를 가지고 살펴보건대, 상대방에게 말해 준다는 뜻인 것 같습니다.[19] 그런데 손여(巽與)의 여(與) 자는 바로 제여(際與)[20]의 뜻입니까?

19 법어지언(法語之言)의……같습니다 : 《논어》 〈자한(子罕)〉에 "바른 소리로 일러 주는 말을 따르지 않을 수 있겠는가. 그러나 그 뒤에 잘못을 고치는 것이 귀중하다. 완곡하게 이끌어 주는 말을 좋아하지 않을 수 있겠는가. 그러나 그 뒤에 그 말을 추슬러 보는 것이 귀중하다. 좋아하기만 하고 추슬러 보지 않거나 따르기만 하고 잘못을 고치지 않는다면 나도 그런 사람은 어떻게 할 도리가 없다.〔法語之言 能無從乎 改之爲貴 巽與之言 能無說乎 繹之爲貴 說而不繹 從而不改 吾末如之何也已矣〕"라는 공자의 말이 나오는데, 주희는 집주(集註)에서 "법어는 바르게 말해 주는 것이다.〔法語者 正言之也〕"라고 풀었다. 대본에는 '法語之言'이 '法語之語'로 되어 있는데, '之' 뒤의 '語'는 '言'의 잘못이기에 바로잡아 번역하였다.

20 제여(際與) : 상대와 교제하며 듣기 좋게 해 주는 말이라는 뜻이다. 《논어》 〈자한(子罕)〉의 이 장에 대한 주석에 "법언은 맹자가 왕도 정치를 행하는 것을 논한 것과 같은 부류가 이것이고, 손언은 호화와 호색을 논한 것과 같은 부류가 이것이다. 말해 주어도 알아듣지 못하거나 거절하고 받아들이지 않는 것은 그래도 괜찮지만……〔法言若孟子論行王政之類是也 巽言若其論好貨好色之類是也 語之而不達 拒之而不受 猶之可也……〕"이라는 양씨(楊氏)의 설이 소개되어 있는데, 양씨가 인용한 바 맹자가 제 선왕(齊宣王)에게 말해 준 호화(好貨)와 호색(好色)의 설 등이 여기에 해당한다. 그런데 '그래도 괜찮지만〔猶之可也〕'의 밑에 "전적으로 따르지 않거나 좋아하지 않는 이런 자들은 꾸짖을 가치도 없음을 말한 것이다.〔謂全不從不說者 此等不足責〕"라는 신안 진씨(新安陳氏)의 설이 소주(小註)로 붙어 있는데, 이 소주는 잘못되었다는 것이 녹문의 주장이고, 이와 함께 제여의 뜻이 아니냐는 아우의 질문에 반가움을 표하고 있다. 양씨는 정자(程子) 형제의 제자로, 귀산(龜山) 선생이라고 일컬어졌던 양시(楊時)를 말하는데, 사양좌(謝良佐)·여대림(呂大臨)·유작(游酢)과 함께 정문 사선생(程門四先生)으로 칭해진다. 신안 진씨는 원나라 진력(陳櫟)을 말한다. 자는 수옹(壽翁)이고, 학자들에게 정우(定宇) 선생으로 일컬어졌으며, 주희의 학설을 드러내어 밝혔다. 저서에 《사서발명(四書發明)》 등이 있고, 문집으로 《정우집(定宇集)》이 전한다.

〔답〕 그런 것 같다. 이 장(章)의 소주(小註)에 있는 신안 진씨(新安陳氏)의 설은 잘못되었는데, 이미 그 잘못을 파악하였느냐?

〔문〕 온포(縕袍)의 주(註)에 "온(縕)은 수삼으로 만든 저(著 솜)이다."라고 하였고, "포(袍)는 옷에 저(著)를 넣은 것이다."라고 하였는데,[21] 이 두 개의 저(著) 자의 뜻이 같습니까?

〔답〕 저(著)라는 글자는 본래 〈사상례(士喪禮)〉 멱목조(幎目條)의 '정리 저(經裏著)'에서 나온 것인데, 그 주(註)에 "저(著)는 솜으로 채워 넣는 것이다.〔著充之以絮也〕"라고 하였다.[22] 집주(集註)에 나오는 두 개의 저(著) 자는 그 뜻이 같다.

〔문〕 〈향당(鄕黨)〉 감추식(紺緅飾)의 주(註)에 '식영연(飾領緣)'이라고 하였는데, 영연(領緣)은 영(領)의 연(緣)입니까?[23] 〈단궁(檀

21 온포(縕袍)의……하였는데 : 《논어》 〈자한(子罕)〉에 "해진 솜옷을 입고서 여우나 담비 가죽옷을 입은 자와 나란히 서서도 부끄러워하지 않을 자는 아마도 유(由)일 것이다.〔衣敝縕袍 與衣狐貉者立 而不恥者 其由也與〕"라는 공자의 말이 나오는데, 주희가 집주에서 "온(縕)은 수삼으로 만든 솜이고, 포(袍)는 옷에 솜을 넣은 것이니, 대개 옷 중에 천한 것이다.〔縕枲著也 袍衣有著者也 蓋衣之賤者〕"라고 하였다. 유(由)는 중유(仲由) 즉 자로(子路)를 말한다.

22 저(著)라는……하였다 : 《의례(儀禮)》 〈사상례(士喪禮)〉에 "멱목(幎目)의 겉은 흑색이고, 사방 1척 2촌이며, 안은 적색이고, 안과 겉 사이에 솜으로 채워 넣으며, 사방 모서리에 끈을 매달아 정수리 뒤에서 묶는다.〔幎目 用緇 方尺二寸 經裏 著 組繫〕"라고 하였는데, 정현(鄭玄)의 주(註)에 "저는 솜으로 채워 넣는 것이다.〔著充之以絮也〕"라고 하였다. 멱목은 시신의 얼굴을 가리는 수건을 말하는데, 멱건(幎巾)이라고도 한다.

弓)〉 전연(縓緣)[24]의 주(註)를 보면, 옷깃과 소매 끝의 가장자리에 선(襈)을 두른다고 하였습니다. 그리고 상(裳)의 아래 끝단에도 선을 두르는데, 여기에서 유독 옷깃과 소매 끝만 칭한 것은 또 어째서 입니까?

〔답〕 영연(領緣)은 영(領)의 연(緣)이다. 연의(練衣)의 복식에서 전연(縓緣)이 상(裳)에는 적용되지 않는 것은, 상복(喪服)이 변천하는 과정에서 점점 그렇게 된 것인 듯싶다.

23 향당(鄕黨)……연(緣)입니까 : 《논어》 〈향당〉에 "군자는 감색과 추색으로 식(飾)하지 않았다.〔君子不以紺緅飾〕"라는 말이 나오는데, 주희가 집주에서 "군자는 공자를 가리킨다. 감은 붉은빛을 띠는 짙푸른 색이니, 재계(齊戒) 때 입는 옷이다. 추는 진홍색이니, 삼년상에 이것으로 연복에 선을 두른다. 식은 옷깃에 선을 두르는 것이다.〔君子謂孔子 紺深靑揚赤色 齊服也 緅絳色 三年之喪以飾練服也 飾領緣也〕"라고 해설하였다. 연(緣)에는 '옷의 가장자리'라는 뜻과 '선을 두르다'라는 뜻이 들어 있다. 식영연(飾領緣)에 대해서, 치공 임정주(任靖周)는 영연(領緣)을 옷깃〔領〕과 옷의 끝단〔緣〕으로 볼 수도 있지 않느냐고 물어본 것인데, 영의 연으로 해석하면 '식, 즉 선을 두르는 것은 옷깃의 가장자리에 한다.'로 풀어야 할 것이다.

24 전연(縓緣) : 연한 적색 천으로 선을 두르는 것을 말한다. 《예기》 〈단궁 상(檀弓上)〉에 "연(練) 즉 소상(小祥) 때에는 연의(練衣)를 입는데, 황색 천으로 안을 대고, 연한 적색 천으로 연의의 옷깃과 소매에 선을 두른다.〔練練衣 黃裏縓緣〕"라는 말이 나온다.

사제 치공에게 보내는 글 12월

與舍弟穉共 十二月

한 해의 색깔이 이미 다하였으니, 어느새 나도 불유구(不踰矩)[25]의 나이가 되었다. 그런데도 스스로 그 내면을 들여다보면 그저 여전히 범상한 중인(衆人)일 따름이니, 예전의 장했던 뜻을 떠올려 보면 어찌 분개하며 한탄하는 심정을 금할 수 있겠느냐.

대개 지(知)와 행(行)의 두 가지 일을 가지고 말해 본다면, 지(知)는 혹 그럴듯하기도 하지만 행(行)은 완전히 결여되었다고 할 것이다. 요즈음 마음을 집중하여 경(敬)에 힘을 써 보려고도 하지만, 정력이 비곤(憊困)하여 언제나 누울 것만 생각하고 있는 형편이라서, 외면의 정의관(整衣冠) 존첨시(尊瞻視)[26]와 같은 하나의 절목조차 스스로 억지로 해 보려 해도 되지 않으니 탄식할 일이다. 그래서 나름대로 주 선생(朱先生)의 〈창명(窓銘)〉을 본떠서 6구(句)를 지었는데,[27] -명권(銘

25 불유구(不踰矩) : 70세를 말한다. 《논어》 〈위정(爲政)〉의 "내 나이 일흔 살이 되자, 이제는 마음에 하고 싶은 대로 따라 해도 법도에 넘치는 법이 없게 되었다.〔七十而從心所欲 不踰矩〕"라는 공자의 말에서 유래한 것이다.

26 정의관(整衣冠) 존첨시(尊瞻視) : 의관을 바르게 하고, 시선을 존엄하게 한다는 뜻으로, 공자가 자장(子張)에게 다섯 가지 미덕〔五美〕을 가르쳐 주면서 이른 말인데, 《논어》 〈요왈(堯曰)〉에 나온다. 지경(持敬)과 관련하여 정이(程頤)가 주일(主一)하는 방법으로 제시한 절목 중에도 이 두 가지가 포함되어 있는데, 그 내용이 《성리대전(性理大全)》 권46과 《주자어류(朱子語類)》 권12에 소개되어 있다.

27 주 선생(朱先生)의……지었는데 : 주희의 〈창명(窓銘)〉은 "말할 때에는 신중히 할 것을 먼저 생각하고, 행동할 때에는 걸려서 넘어질 것을 먼저 생각하고, 허물이

卷)에 보인다.- 이것을 써서 창 옆에 달아 두고 싶으니, 편지에다 팔분(八分)의 자체(字體)로 써서 보내 주는 것이 어떻겠느냐?

어한(禦寒)을 하려고 장자(粧子)로 거처하는 방의 북쪽 반가(半架)를 막고 나서, 성성존존(成性存存)[28]의 뜻을 취하여 존존감(存存龕)이라고 편액을 내걸고는 몇 마디 말을 간략히 써서 기문(記文)으로 삼았다. 성역(聖域)이 앞에 있어서 도달하기 어려울 것이 없는 것 같은데도 스스로 처하는 경지는 단지 이와 같을 뿐이니, 이것이 이른바 눈으로 보면서도 발로 딛지 못한다는 것인지도 모르겠다. 모쪼록 한번 보고 나서 병통이 되는 곳을 논해 주는 것이 어떻겠느냐? 혹시 천기(天機)를 너무 누설하는 것과 가깝거나, 전인(前人) 중에도 혹 이에 대해서 논급(論及)한 자가 있지는 않겠느냐. 이것도 써서 편액 옆에다 걸어 두고 싶은데, 이것은 해자(楷字)로 정사(精寫)해서 보내 주면 좋겠다.

있으면 없애 버릴 것을 생각하라. 너의 몸을 단정히 하고, 너의 용모를 바르게 하고, 너의 마음을 전일하게 하라.〔言思毖 動思躓 過思棄 端爾躬 正爾容 一爾衷〕"라는 내용으로 되어 있는데, 《회암집(晦菴集)》 권85에 보인다. 녹문의 〈창명〉은 "너의 안색을 가지런히 하고, 너의 어깨를 치켜세울지니, 체력이 쇠했다고 말하지 말라. 인애(仁愛)는 돈독히 할 것을 생각하고, 정의(精義)는 입신(入神)할 것을 생각할지니, 목숨이 붙어 있는 한 게을리하지 말라.〔整爾顔 竦爾肩 莫曰旅力之愆 仁思敦 義思神 靡懈一息之存〕"인데, 《녹문집》 권22에 나온다. 《주역(周易)》 〈계사전 하(繫辭傳下)〉에 "사람이 의리를 정밀히 연구하여 신묘한 경지에 드는 것은 극진하게 활용하기 위함이다.〔精義入神以致用也〕"라는 말이 나온다.

28 성성존존(成性存存) : 《주역》 〈계사전 상(繫辭傳上)〉에 "성성(成性)을 보존하고 보존하는 것이 도의로 들어가는 문이다.〔成性存存 道義之門〕"라는 말이 나온다. 성성은 타고날 때부터 이루어진 성이라는 뜻으로, 본성(本性)을 말한다.

사제 치공에게 보내는 글 경자년(1780, 정조4) 1월

與舍弟穉共 庚子正月

한 해가 새로워진 이때에 조용히 지내는 생활이 모두 편안하리라 믿는다. 여기 사정은 여전하다마는, 새해를 맞고 보니 온갖 감회에 젖어 들어 거의 자신을 억제할 수 없을 정도이다. 칠십(七十)이라는 두 글자에 스스로 놀랍고 두려운 느낌이 들면서, 그저 평일에 행동에 힘을 쓰지 않은 탓으로 장차 세상에 알려지지도 못한 채 죽는 것을 면치 못하게 된 것을 한탄할 따름이다. 백척간두(百尺竿頭)에서 한 걸음 앞으로 더 내딛으려고 감히 스스로 힘쓰지 않는 것은 아니지만, 정력이 미치지 못하여 고무되고 진작되지 못하니, 이 일을 어떡하겠느냐.

《차의(箚疑)》의 일 하나가 항상 마음에 걸리는데, 설령 초본(草本)을 다 작성하더라도 그 뒤에 말끔히 단장하려면 공정(工程)은 길고 날은 짧으며 또 후생(後生) 중에도 분부할 곳이 마땅치 않으니, 이를 생각하노라면 고통스럽기만 하다. 하늘이 혹시라도 몇 년의 시간을 더 빌려주어 만에 하나 성취할 수 있게 해 줄지 모르겠다. 전에 보낸 기문(記文)에는 과연 하자(瑕疵)와 병통이 없더냐? 틈을 내어 정사(精寫)해서 여기에 올 적에 가지고 와도 무방하다. 하지만 〈창명(窓銘)〉은 글자 수가 많지도 않으니, 이번에 붓을 휘둘러 써서 보내 주기 바란다.

사제 치공에게 보내는 글 정월 대보름

與舍弟穉共 上元

전서(前書)에서 운운한 것은, 대개 새해를 맞아 감개(感慨)하다 보니 절로 그와 같이 된 것이다. 낙이망우(樂而忘憂)하는 것[29]과 병행을 해도 서로 어긋나지 않을 것 같다는 내유(來諭 보내온 글)가 절지(切至 지당)하니 감히 패복(佩服 명심)하지 않겠느냐.

주일명(主一銘)은 기록해 보냈다마는, 감명(龕銘)은 글이 꽤 많아서 베껴 쓸 겨를이 없으니, 여기에 오고 나서 직접 보는 것이 좋겠다.

기문(記文) 중에서 천기(天機) 운운한 것은 바로 윤화정(尹和靖)이 이천(伊川)의 〈역전서(易傳序)〉 중에 나오는 체용현미(體用顯微)의 한 단락을 거론하여 발언한 것인데, 화정은 신기(神奇)한 것을 좋아하는 자가 아니고, 이천 역시 그 말을 잘못이라고 하지 않았다.[30] 대개

29 낙이망우(樂而忘憂)하는 것 : 세월의 흐름도 잊은 채 학문에 매진하며 그 기쁨을 만끽하는 것을 말한다. 공자가 "학문에 분발하면 먹는 것도 잊고 학문이 즐거워서 근심도 잊은 채 늙어 가는 줄도 알지 못한다.〔發憤忘食 樂而忘憂 不知老之將至〕"라고 자평(自評)한 말을 인용한 것이다. 《論語 述而》

30 기문(記文)……않았다 : 이천(伊川) 정이(程頤)의 문인인 윤화정(尹和靖) 즉 윤돈(尹焞)이 정이의 《역전(易傳)》 서문을 읽고 나서 "'지극히 은미한 것은 이(理)이고, 지극히 드러난 것은 상(象)이다. 체(體)와 용(用)이 하나의 근원이고, 드러남과 은미함이 간격이 없다.'라고 말씀한 것은 천기를 너무 누설하신 듯합니다.〔至微者理也 至著者象也 體用一源顯微無間 似太露天機也〕"라고 하니, 정이가 그 말을 탄미(歎美)하면서 "근일에 학자가 언제 이렇게 언급한 적이 있었던가. 나도 부득이해서 그렇게 말한 것일 뿐이다.〔近日學者 何嘗及此 某亦不得已而言焉耳〕"라고 하였다는 내용이 주희가 편찬

그 말이 신기한 듯해도 이치에는 본래 이와 같은 점이 있으니, 해로울 것은 없을 듯하다. 더구나 이 기문에서는 천기 운운의 말을 인용하여 이천의 다른 글을 거론했는 데야 더 말할 것이 있겠는가. 그래서 '역시〔亦〕'라는 글자를 놓은 것이 더욱 친합(襯合 핍진)할 듯도 한데, 너의 생각은 어떨지 모르겠다.

한《이정외서(二程外書)》 권12에 나온다. 체용일원(體用一源) 현미무간(顯微無間)은 정주학의 유명한 명제(命題) 중의 하나인데, 체(體)가 본질이요 본체요 이치〔理〕요 형이상(形而上)의 절대적 진리를 표상하는 개념으로서 미(微)를 그 속성으로 한다면, 용(用)은 작용이요 기능이요 자취〔迹〕요 형이하(形而下)의 현상 세계를 표상하는 개념으로서 현(顯)을 그 속성으로 한다고 할 수 있다. 한편《녹문집》 권20 〈존존감기(存存龕記)〉에, 정이가 경(敬)을 주일(主一)로 설한 것에 대해서, 녹문이 "이것 역시 천기를 너무 누설한 것이라고 말할 수 있다.〔其亦可謂太漏洩天機者矣〕"라고 평한 대목이 나온다.

사제 치공에게 답하는 글 3월

答舍弟穉共 三月

우리는 단지 하늘에 명(命)을 맡기고서 독서하고 수신하며 우리가 해야 할 직분을 다하기만 하면 될 것이다. 요즈음 상달(上達)[31]의 대목에 대해서 뭔가 보이는 것이 있음을 더욱 느끼는데, 정력이 미치지 못하여 젊었을 때처럼 굳센 의지로 매진하지 못하는 것이 한스럽다. 그러나 어찌하겠느냐.

31 상달(上達) : 천리(天理)를 아는 것을 말한다. 《논어》 〈헌문(憲問)〉의 "나는 하늘을 원망하지도 않고 사람을 탓하지도 않는다. 아래로는 사람의 일을 배우고 위로는 하늘의 이치를 터득하려고 노력하는데, 나를 알아주는 분은 아마도 하늘뿐일 것이다. 〔不怨天 不尤人 下學而上達 知我者 其天乎〕"라는 공자의 말에서 나온 것이다. 하학(下學)이 형이하(形而下)라면 상달은 형이상(形而上)의 학문을 가리킨다.

사제 치공에게 답하는 글 6월

答舍弟穉共 六月

그동안 줄곧 벼르다가 한번 가서는 이틀 밤을 묵고서 돌아왔으니, 이를 추사(追思 회상)하면 참으로 하나의 꿈과 같았는데, 홀연히 오노(五奴)가 와서 수자(手字 직접 쓴 글)를 전해 주었으므로 말할 수 없이 기쁘고 위로되었다. 그런데 다만 병환이 또 발작하여 전보다 심해졌으므로 너무도 애타고 안타까운 심정을 참으로 풀어 버릴 수가 없다. 돌아보건대 지금 인물이 부족하기만 하니 가슴속에 큰 포부를 지닌 자는 자기 몸을 아끼지 않으면 안 될 것이다. 이는 일인(一人) 일가(一家) 사정(私情)으로만 그치는 것이 아니니, 더욱 특별히 주의해서 조치(調治)하기를 바라 마지않는다.

나는 소소한 질병이 몸에 가득하여 참으로 생인(生人)의 흥취가 없다만, 그래도 과업(課業)은 감히 폐하지 않고 있다. 근래에는 《역전(易傳)》을 또 몇 번 읽었고, 《주차(朱箚)》[32]도 힘닿는 대로 하고 있는데 아직도 끝내지 못한 것이 안타깝기만 하다. 나에게 몇 년의 시간을 더 빌려주었으면 하는 소원이 진절(眞切)하지 않은 것은 아니지만, 화옹(化翁 조물주)의 처분이 결국 어떠할지는 모르겠다.

자네의 《논어(論語)》 공부가 비록 지리(支離)하더라도 난숙(爛熟)하게 할 수 있다면 또 무슨 문제이겠느냐. 병중에는 굳이 머리를 쓰려

32 주차(朱箚) : 송시열(宋時烈)의 《주자대전차의(朱子大全箚疑)》를 말한다. 266쪽 주7 참조.

하지 말고 그저 사서(史書)의 종류를 대충 훑어보는 것이 좋을 것이다. 윤 태형(尹台兄 윤동섬(尹東暹))이 감액(龕額 존존감(存存龕)의 편액)을 써서 보내왔기에 걸어 놓았는데, 자네와 함께 완미하며 평론하지 못하는 것이 아쉬울 뿐이다.

사제 치공에게 답하는 글 10월

答舍弟穉共 十月

여기의 사정은 그저 예전과 같다. 《차의(箚疑)》의 공역(功役)도 폐하지 않고 있다마는, 낮 시간이 지극히 짧아져서 하루에 수행하는 양이 얼마 되지 않으니 안타깝기만 하다. 그러나 그런 중에서도 발분(發憤)하며 즐거움을 느끼기도 하고 음미하며 고무되기도 해서, 비록 종일토록 쉬지 않더라도 피곤한 줄을 알지 못하니, 어찌 조섭하는 데에 방해될 리야 있겠느냐. 걱정할 것이 없다.

사제 치공에게 보내는 글 신축년(1781, 정조5) 7월

與舍弟穉共 辛丑七月

내가 다시 《역전(易傳)》 공부를 시작해서 10여 괘(卦)를 끝냈는데, 의미가 점차로 나아지는 것 같기도 하다마는, 그 오묘한 곳이야 어떻게 쉽게 엿볼 수 있겠느냐. 그리고 계발해 주는 사람도 없이 혼자서만 공부하고 반려(伴侶)가 없는 것이 참으로 가련하기도 하다. 강절(康節)이 《경세서(經世書)》를 저술하고 나서 봉함을 하고는 그 위에 써넣기를 "요부(堯夫)가 요부에게 바친다."[33]라고 하였는데, 그때 동시대의 제현(諸賢)이 얼마나 훌륭했겠느냐마는 그만 이와 같이 하였다. 그러나 후세의 요부를 또 어떻게 쉽게 기약할 수 있겠느냐. 나는 감히 함부로 전현(前賢)에 비길 입장은 못 되지만, 사소한 문자나마 그저 나의

33 요부(堯夫)가 요부에게 바친다 : 소옹(邵雍)이 《황극경세서(皇極經世書)》와 같은 자기의 저술을 당대에는 알아볼 사람이 없으니, 후세에 자기와 같은 수준의 사람이 나와야만 이해할 것이라는 뜻의 강한 자부심의 표현이다. 강절(康節)은 소옹의 시호이고, 요부는 그의 자이다. 정이(程頤)가 소옹에 대해서 평한 말 중에 "그리고 '문자를 요부에게 바친다.'라고 말한 것과 같은 것은 모두 너무나도 불공한 것들이다. 또 '믿을지니 획 긋기 전에 원래 역(易)이 있었음을, 공자가 산삭(刪削)한 뒤로는 다시 시가 없다네.'라는 시 속에 들어 있는 이런 의사는 옛날에 말한 사람이 있지 않았다.〔如言文字呈上堯夫 皆不恭之甚 須信畫前元有易 自從刪後更無詩 這箇意思 古原未有人道來〕"라는 내용이 전한다. 《伊洛淵源錄 卷5 康節先生 遺事》《송자대전수차(宋子大全隨箚)》 권8 〈권지칠십사서(卷之七十四書)〉에 "요부가 《황극경세서》 끝에 '요부가 요부에게 바친다.'라고 제하였으니, 이는 대개 후세의 양자운(揚子雲)을 기다린다는 뜻이다.〔堯夫皇極經世書末 題曰堯夫呈上堯夫 蓋後世子雲之意〕"라는 주해가 들어 있다.

관(棺) 속에 함께 집어넣을 수 있을 따름이다. 《차의(箚疑)》의 작업은 거의 마쳤다마는 끝마무리를 짓기가 참으로 어렵구나. 그리고 책이 완성되어도 등사(謄寫)해 낼 길이 없으니, 이를 어떡하면 좋으냐.

사제 치공에게 답하는 글 계묘년(1783, 정조7) 7월

答舍弟穉共 癸卯七月

3월 이후로는 다시 소식을 듣지 못하였고, 그 사이에 경성(京城)으로부터 아무 탈이 없다는 4월 초순 이전의 소식을 겨우 들었을 뿐이다. 형제 두 사람이 각기 하늘 한쪽에 있으면서, 여름이 가고 가을이 오도록 한 글자의 서신도 통하지 못한 채, 죽었는지 살았는지 존몰(存沒)을 거의 알 길이 없다니, 이것이 어찌 인정상 참을 수 있는 일이겠느냐.

이달에 혹 녹문(鹿門)에서 사람이 올 듯도 하기에 정녕 고대했었는데, 뜻밖에 녹문의 사람은 오지 않고 이 노복(奴僕)이 홀연히 이르렀으므로 한편으로는 놀랍고 한편으로는 환희하였으니, 이는 참으로 하늘에서 떨어짐이 있는 것〔有隕自天〕[34]이었다. 그리고 빽빽하게 가득 채워진 몇 장의 서신을 받고 보니, 서로 마주하여 유쾌하게 이야기를 나누는 것과 거의 다름이 없었으므로 반년 동안 걱정하며 애태우던 심회(心懷)가 일시에 평온해지면서, 미간이 이 때문에 펴지고 식사도 이 때문

34 하늘에서……것 : 《주역》 〈구괘(姤卦) 구오(九五)〉의 효사(爻辭)에 "기나무 잎으로 오이를 감싸는 것이니, 아름다움을 머금고 있으면 하늘에서 떨어짐이 있으리라.〔以杞包瓜 含章 有隕自天〕"라고 하였는데, 그 상(象)에 "구오의 함장(含章)은 중정해서이고, 하늘에서 떨어짐이 있는 것은 마음속으로 천명을 버리지 않았기 때문이다.〔九五含章 中正也 有隕自天 志不舍命〕"라고 하였다. 이는 높이 위에 있는 기나무의 잎으로 땅에 있는 오이를 감싸는 것처럼, 임금의 지위에 있는 구오(九五)가 자기의 아름다움을 속에 간직하고서 아래의 구이(九二)에 있는 현인을 받아들이면, 갑자기 하늘에서 선물이 떨어지듯 세상에 덕화가 크게 행해질 것이라는 말인데, 여기서는 녹문의 정성이 하늘을 감동시켜서 아우의 소식을 듣게 되었다는 뜻으로 쓰였다.

에 더 하게 되어, 잠깐 사이에 희기(喜氣)가 방 안에 가득하였으니, 한 통의 편지가 바로 이런 효과를 만들어 낸 것이다.

이곳이 본래 살지 못할 땅은 아니지만, 우리 집에서 안온하게 느끼지 못하는 까닭은, 오로지 자네 집에서 여기에 오지 못할까 하는 걱정이 있었기 때문이다. 지금은 대지(垈地)가 이미 팔려서 화살을 활시위에 메긴 것과 같은 상황이고, 또 그쪽의 흉황(凶荒)의 상태가 이미 이와 같고 보면 현재 양식을 대는 것이 여기에 비해서 갑절은 어려울 듯하니, 이 기회를 이용해서 용단을 내리는 것이 훨씬 나을 것이다.

모쪼록 날씨가 조금 서늘해지면 즉시 필마(匹馬)로 달려와서 제반(諸般) 일을 직접 상의하고 구매할 집터를 계약한 뒤에 돌아가서 즉시 옮겨 오는 계책을 세우는 것이 온당할 듯한데, 자네의 생각은 어떨지 모르겠다. 신매(申妹)[35]가 6월 초에 모임에 와서 아직도 돌아가지 않고 있는데, 이 때문에 외롭고 우울했던 마음을 매우 위로받고 있다. 자네가 동쪽으로 오는 오직 이 하나의 일이야말로 이생에서 얻기 어려운 소중한 일이니, 그래야만 후회가 없을 수 있을 것이다.

17일에는 아이들이 생조(生朝 생일)라고 칭하면서 약간의 주효(酒肴)를 마련하고는 억지로 병든 아비로 하여금 일어나 앉아서 잔을 받게 하였다. 늙은 누이가 아이들을 이끌고 헌작(獻酌)하기에 내가 사양하고 듣지 않았는데, 그 일을 추억하노라니 부끄럽기만 하다. 그러나

35 신매(申妹) : 녹문의 누이동생이다. 원주(原州)의 사인(士人) 신광유(申光裕, 1722~1747)에게 출가하였는데, 윤지당(允摯堂)이라는 당호로 많이 알려져 있다. 녹문은 공주(公州)의 녹문동(鹿門洞)에서 살다가 1782년(정조6) 봄에 윤지당이 있는 원주(原州)의 산호(山湖)로 이사하였으며, 그로부터 5년 뒤에 다시 녹문동으로 돌아와서 세상을 마쳤다.

이것도 본래 집안의 즐거운 일인데, 지난해의 이때를 회상하며 누이와 이야기를 하다가 자네 이야기가 나와서 또 서운한 마음에 크게 탄식하여 마지않았다. 내년에는 과연 단란하게 모여서 이 외톨이 심정을 보상받을 수 있을지 모르겠다.

사제 치공에게 보내는 글 갑진년(1784, 정조8) 1월

與舍弟穉共 甲辰正月

여기에 온 뒤로 가묘(家廟)와 멀리 떨어져 있어서 상여(喪餘)[36]에도 제사에 참여할 기약이 없으니, 수일(讐日 기일(忌日))을 당할 때마다 마음이 불타오르는 것만 같다. 주자(朱子)의 글 중에, 지자(支子)가 멀리 있는 경우에는 지방(紙榜)으로 제사를 지내고 제사가 끝나면 지방을 사르라는 가르침이 있기에, 금년부터 시작해서 주자의 설에 의거하여-〈답이회숙서(答李晦叔書)〉에 보인다.- 행하려고 하는데, 자네의 생각은 어떨지 모르겠다. 주자가 이미 예법의 의절(儀節)을 제대로 바꾼 것이라고 하였으니, 비록 정례(正禮 정상적인 예법)는 아니라고 하더라도 그 정(情)을 조금이나마 펼 수가 있고 도리에도 어긋나는 점이 없다고 하겠는데, 이에 대해서 자네의 의견을 제시해 주었으면 한다.

다시 주자의 설을 상세히 살펴보건대 정제(正祭)[37]를 가리키는 것인 듯한데, 이 정제의 경우는 혹 미안할 듯도 하니 더 상량(商量)해 볼 여지가 있다고 하겠다. 그러나 기제(忌祭)의 경우에는 이를 통해서도 더욱 의심할 것이 없음을 알겠다.

36 상여(喪餘) : 상사(喪事)의 여분(餘分)이라는 뜻으로, 보통 삼년상 뒤에 지내는 기제(忌祭)를 가리킬 때 쓰는 말이다.

37 정제(正祭) : 시제(時祭), 즉 한 해에 네 번 계절이 바뀔 때마다 조상의 사당에 지내는 정규적인 제사를 말한다.

사제 치공에게 답하는 글 7월

答舍弟穉共 七月

5월 이후로는 왕래하는 일이 있어야 마땅했지만, 이렇게 재변이 든 해를 만나 목숨을 건지느라 겨를이 없었으니, 어떻게 한만(閑漫)한 인사(人事)에 미칠 여유를 가질 수 있었겠느냐. 이 때문에 줄곧 막연하게 사람 하나 보내지도 못하고 편지 한 통 짓지도 못한 채 지금에 이르도록 여태 그대로 있는 실정이다. 낭가(郎家 시가(媤家))에서 의아하게 생각할 것은 말할 것도 없지만, 자네들이 우려하는 것이 어찌 또 그렇지 않을 수 있었겠느냐.

그런데 홀연히 오노(五奴)가 찾아왔는데, 그가 도착하기도 전에 아이들이 멀리서 바라보고는 나에게 보고를 하였으니, 놀랍고 두려운 그 심정이 응당 어떠하였겠느냐. 먼발치에서 안부를 물어서 편안하다는 말을 얻어들은 뒤에야 이 마음이 조금 안정되었으니, 이것이 어찌 사람의 정리(情理)로 감내할 수 있는 것이겠느냐. 서한을 받아 보고서 몇 달 동안 정리(靜履 조용히 지내는 생활)가 안선(安善)하고 권집(眷集 권속(眷屬))이 모두 괜찮은 것을 알았다. 비록 "쇠락하는 것이 갈수록 심해져서 누워 있을 때가 항상 많다.〔衰落轉甚 臥時常多〕"라는 말이 있긴 하였으나, 이는 그래도 노인(老人)들이 으레 하는 말이었으니, 기뻐서 명랑해진 심정을 어떻게 필찰(筆札)로 형용할 수가 있겠느냐.

여기에서 그동안 겪은 일은 한마디로 설명하기가 어렵다. 혼례를 막 끝내고 신랑의 일행이 돌아가자마자 숭아(崧兒)가 갑자기 역병(疫病)의 의심 증세를 보였는데, 앞뒤로 모두 세 차례 앓는 동안에 통증이 점점 더 심해져서 여러 차례나 위급한 상황을 겪었다. 나는 서로 바라다보이는 인가(隣家)로 나가서 앉아 있고, 그의 어미와 형이 남아서 살펴보다가 위급한 상황이 지난 뒤에 처음으로 나왔는데, 증세가 재발했다는 말을 듣고는 다시 들어가서 간호하였다. 비록 나와서 피했다고 말은 하지만 함께 뒤섞여 거처한 것과 다름이 없었으니, 그때의 위급했던 상황을 떠올리노라면 몸이 오싹해질 따름이다.

보리 양식으로 근근이 지내다가 6월 이후로는 환맥(還麥 환곡(還穀)의 보리)으로 견디고 있다. 그런데 대미(大米 탈곡(脫穀)한 쌀)는 귀하기가 금(金)과 같아서 노인 내외에게 올리는 것도 계속 이을 가망이 없다. 나도 한두 번 순맥반(純麥飯 꽁보리밥)을 먹어 보니 잘 먹을 수 있겠기에 보리를 섞어서 올리게 하였는데, 내간(內間)이 끝내 어렵게 여기고는 말을 듣지 않는다. 하지만 먹을 것이 없어지면 또 어떻게 하겠느냐. 조도(早稻 올벼)는 아직 익지 않았지만, 20일 뒤에는 베어 먹을 수 있을 것이다. 그러나 내가 먹을 수 없는 사정은 보리보다도 더한데, 결국에는 어떻게 될지 모르겠다.

내가 우거(寓居)한 지역은 좌지(坐地 집터)나 산수(山水)와 원림(園林) 등이 모두 좋다. 생리(生理 생활환경)는 산호(山湖 원주(原州)의 지명)와 비교하면 각각 장단점이 있으나 농장(農場)은 훨씬 나은 편이다. 읍촌(邑村)과 떨어진 거리가 몇 마장(馬場)에 지나지 않아, 의약이나 반찬 등 범절(凡節)이 매우 편해서 좋다. 이와 같이 복거(卜居)의 측면에서 논하면 쉽게 얻지 못할 땅이라고 말해도 좋겠지만, 인심과 풍속이 순후하지 못해서 농기(農器)나 우척(牛隻 소)과 같은 것들도 빌려 쓰기가 어렵다. 오직 나의 집이 여유가 있어서 전곡(錢穀)이나 일상생활에 필요한 것들을 무엇이든 모두 집안에서 가져다 쓰고 외부에 기대는 것이 없다면 거할 수 있지만, 그렇지 않고서 혹 남의 힘을 빌려야 할 것이 없을 수 없다면 거할 수 없는 곳이다.

대저 "참으로 아름답긴 해도 나의 땅이 아니다."[38]라는 하나의 구절이 바로 나의 오늘의 경황(景況)을 묘사한 것이니, 고향에 돌아가고 싶은 한 생각이 언제나 가슴속에 들어앉아 있다. 가장 큰 문제는 형제와 친척이 임년(臨年 노년)에 서로 떨어져 있어서 매양 어떤 일을 당할 때마다 사방을 돌아보아도 의논할 곳이 없는 것이니, 구묘(丘墓)에 대한 생각과 자네들에 대한 생각을 결코 떨쳐 버릴 수가 없다. 여생이 얼마나 되기에 그만 이렇게 지내야 한단 말이냐. 이런 식으로 산다면 백년의 수명을 누린다 한들 또 무엇이 즐겁겠느냐.

쌍주(雙洲)는 내가 아직도 잊지 못하는 곳이니, 비록 미흡하다고 말하더라도, 시험 삼아 거간인(居間人 중매인)으로 하여금 소상(消詳)하게 잘해서 기필코 성사하게 하는 것이 어떻겠느냐. 내가 쌍주를 얻고 자네가 또 점유할 계획을 세우고서 귀촌을 하여, 자네의 편지에 담긴 뜻처럼 아침저녁으로 왕래한다면, 늘그막의 즐거운 일로 이보다 더한 것이 어디에 있겠느냐. 날씨가 서늘해지면 찾아오겠다는 뜻이 글 속에 들어 있기에 그지없이 흐뭇한 마음으로 기대하고 있다. 자네가 한번

38 참으로……아니다 : 후한(後漢) 말 위(魏)나라 왕찬(王粲)이 동탁(董卓)의 난리를 피하여 형주(荊州)의 유표(劉表)에게 가서 잠시 몸을 의탁하고 있을 적에, 유표에게 그다지 중한 대우를 받지 못하는 가운데 고향 생각이 절실해지자, 강릉(江陵)의 성루(城樓)에 올라가서 고향 하늘을 바라보며 〈등루부(登樓賦)〉를 지었는데, 그중에 "참으로 아름답긴 해도 나의 땅이 아님이여, 어찌 잠깐만이라도 머무를 수 있으리오.〔雖信美而非吾土兮 曾何足以少留〕"라고 탄식하며 객지의 시름을 토로한 구절이 나온다. 〈등루부〉는 《문선(文選)》 권11에 수록되어 있다.

와서 상의한 뒤에야 나의 거취(去就)도 결정할 수 있으니, 반드시 도모하기를 바라 마지않는다.

나는 금년에는 한 해가 다 가도록 대단한 질환이 없었다. 작년에는 감히 진과(眞瓜 참외)를 먹지 못했고 조금만 먹으면 곧장 설사를 하곤 했는데, 금년에는 먹고 싶은 대로 먹어도 아무런 해가 없었다. 재작년에는 체증이 극심했었는데, 작년에는 상당히 줄어들었고 금년에는 더욱 나아졌다. 어쩌면 선인(仙人)처럼 불로장생(不老長生)하여 당시 사람들이 망녕되게 행동하는 것을 굴원(屈原)이 원했던 것처럼 빠짐없이 보게 될지도 모르겠는데,[39] 글이 여기에 이르고 보니 나도 모르게 웃음이 크게 터져 나온다.

진세(塵世)의 인연이 이미 끊어지고 만 가지 상념이 모두 재가 된 가운데, 오직 잊히지 않는 하나의 마음은 조문(朝聞)[40]의 한 가지 일에

39 어쩌면……모르겠는데 : 다시 건강해진 덕분에 수명이 연장되어, 해악을 끼치는 당시 사람들의 종말이 어떻게 되는지 볼 수도 있겠다는 뜻의 해학적인 표현이다. 전국시대 초(楚)나라 굴원(屈原)이 소인들의 참소를 당해 조정에서 축출된 뒤에 어디에도 호소할 길이 없자 선인(仙人)과 함께 천지를 두루 돌아다니며 소요하는 내용으로 원유(遠遊)의 부(賦)를 지었는데, 그 안에 "우인을 따라 단구에서 노닒이여, 죽지 않는 옛 고장에 머물렀도다.〔仍羽人於丹丘兮 留不死之舊鄕〕"라는 표현이 있다. 단구는 밤이나 낮이나 항상 밝은 땅으로, 선인이 산다는 전설적인 지명이고, 우인은 우화등선(羽化登仙)한다는 신선을 말한다. 《회암집(晦菴集)》 속집(續集) 권4 〈답유덕수(答劉德修)〉에 "굴원이 과거의 일은 미치지 못하고 미래는 또 들을 수가 없어서, 선인처럼 불로장생하는 소원을 발하였으니, 이것 역시 당시 사람들의 망녕된 행태를 견디지 못한 나머지, 그들의 종말이 어떻게 결판날지 보고 싶어서 그런 것일 터인데, 내가 매번 읽다가 여기에 이르면 나도 모르게 웃음이 크게 터져 나오곤 하였다.〔屈平以往者不及 來者未聞 而有長生度世之願 亦是不堪時人之妄作 而欲見其末梢作如何出場耳 每讀至此 未嘗不發一大笑也〕"라는 주희의 말이 나온다.

있을 뿐이다. 그런데 우고(憂故)를 당하는 것이 이와 같고 여유 없이 바쁜 것이 이와 같아서, 앞으로 살아갈 날이 얼마 남지 않았는데도 줄곧 노닥거릴 따름이요, 그동안 해 오던 《역(易)》과 《논어(論語)》의 일과(日課)를 가지고 책임을 메우는 것 말고는 하는 일이 전혀 없다. 경차(經箚)의 부류와 같은 것을 논저(論著)하고 싶다는 생각이 항상 가슴속에서 분분하게 일어났다 사라지곤 한다마는, 병우(病憂)가 마장(魔障)이 될 뿐만 아니라, 분외(分外)의 악업(惡業)으로 성용(聖用)과 득여(得汝)가 부탁한 세 개의 지문(誌文)과 같은 것도 의리상 사양할 수가 없는데, 사치(思致)가 삭막(索莫)하여 빨리 지을 가망이 없어서 시기를 기다리며 미적거리다 보니 다른 일에는 아예 겨를을 낼 수 없는 형편이다. 그 피해를 이루 말로 다 할 수 없기에 당장이라도 만사를 제쳐 두고 붓에 먹을 묻혀서 글이 잘되든 못되든 따질 것 없이 기필코 속히 끝내 버리고 싶지만, 이것 역시 졸지에 그렇게 하기가 쉽지 않아서 너무도 답답하기만 한데, 이 부채를 해결해야만 내가 하고 싶은 일을 할 수 있을 것이다.

다만 신업(新業 새로 시작한 일)은 우선 논하지 않더라도, 예전에 지었던 문자조차도 많이 산일(散佚)되었는데, 이를 수습할 사람이 없는 것이 너무도 마음에 걸린다. 주자(朱子)는 일찍이 모승(某僧)이 도를 전할 사람이 없는 것을 염려하여 한밤중에 통곡(慟哭)했던 일을 거론하면서, 그 진절(眞切)한 심정을 탄식하기도 하였었다. 대저 선생의 문하에 그 인재들이 얼마나 성대하였겠느냐. 그런데도 그만 이런 말씀

40 조문(朝聞) : 조문석사(朝聞夕死)의 준말로, 《논어》 〈이인(里仁)〉의 "아침에 도를 들으면 저녁에 죽어도 좋다.〔朝聞道 夕死可矣〕"라는 공자(孔子)의 말을 발췌한 것이다.

을 내놓았으니, 가령 선생이 지금 세상을 살펴본다면 장차 어떻다고 말씀하겠느냐. 통곡이라는 두 글자도 오히려 느슨하다고 느낄 것이다마는, 그렇다고 해서 또 어떻게 하겠느냐.

때때로 글을 보거나 예(禮)를 고찰하다가 한두 개씩 차기(箚記 자기 의견을 적어 두는 것)를 한 것이 혹 없지 않은데, 그중에는 왕왕 전인(前人)이 말하지 않은 내용이 들어 있기도 하다. 나의 이런 말이 없으면 이 도리를 이해하는 데에 미흡함이 있음을 문득 느끼게 되는데, 그 누가 이것을 전할 수 있겠느냐. 그저 장독 덮개로나 사용하게 되더라도 이를 또 어찌하겠느냐.[41]

왕년에 자네가 유도(幼道 김지행(金砥行))와 왕복하며 논한 격물물격설(格物物格說) 1축(軸)의 문자를 보여 주기에 내가 찌〔籤〕를 붙여 논하면서 돌려주었는데, 아직도 상자 속에 있느냐? 다시 점검해 보고 싶으니, 자네가 올 적에 가져오기 바란다. 《주서차의(朱書箚疑)》는 서수(書手)가 없는 탓으로 여태 속별집(續別集)을 써내지 못하고 있다. 설혹 써내더라도 수십 다발의 책지(冊紙)를 어떻게 마련하여 정본(定本)을 이루어 내겠느냐. 일월(日月)은 물처럼 흐르는데 정말 탄식

41 그저……어찌하겠느냐 : 후세에 전해지기는커녕 사람들의 인정을 받지 못한 채 무시당할 것이라는 뜻의 자조적인 표현이다. 한(漢)나라 양웅(揚雄)이 《주역》에 견주어 《태현경(太玄經)》을 짓고, 《논어》에 견주어 《법언(法言)》을 지었는데, 유흠(劉歆)이 이 글들을 보고 나서 양웅에게 말하기를 "공연히 혼자서 고생만 하였다. 지금의 학자들은 작록을 받는 이로움이 있는데도 공부를 하지 않아서 《주역》에도 밝지 못하니, 또 《태현경》에 대해서야 어떠하겠는가. 내 생각에는 후인들이 장독 덮개로나 사용하지 않을까 싶다.〔空自苦 今學者有祿利 然尙不能明易 又如何 吾恐後人用覆醬瓿也〕"라고 하니, 양웅이 웃기만 하고 대답하지 않았다는 고사에서 유래한 것이다. 《漢書 卷87下 揚雄傳》

할 일이다. 지루한 내용은 이만 줄이고, 오직 더 몸을 아껴 만복(萬福)을 누리고 가까운 시일 내에 찾아와 보게 되기만을 기원한다.

사제 치공에게 답하는 글 8월

答舍弟穉共 八月

〔문〕《대학(大學)》에 있는 네 개의 유소(有所)[42]에 대해서, 그동안 제8장의 《혹문(或問)》에 나오는 "글을 지은 취지〔立文命意〕가 유사하다."라는 설[43]을 따랐습니다만, 정심장(正心章)에서 정(靜)의 한 측면을 누락한 것에 대한 의심을 끝내 풀 수가 없었습니다. 그러다가 요즈음 생각해 보건대, 유(有) 자를 계착(係著)의 뜻으로 보면, 미발(未發)의 공부가 그 안에 들어 있다고 여겨졌습니다. 대개 마음이

42 유소(有所) :《대학장구(大學章句)》 전(傳) 7장 정심장(正心章)에 나오는 "所謂修身在正其心者 心有所忿懥 則不得其正 有所恐懼 則不得其正 有所好樂 則不得其正 有所憂患 則不得其正"의 '有所'를 말한다. 원문의 대체적인 뜻은 다음과 같다. "몸을 닦는 것은 마음을 바르게 함에 있다는 말의 뜻은 무엇인가? 마음이 그릇되게 분노하는 감정의 영향을 받으면 그 바름을 얻지 못하고, 그릇되게 두려워하는 감정의 영향을 받으면 그 바름을 얻지 못하고, 그릇되게 좋아하는 감정의 영향을 받으면 그 바름을 얻지 못하고, 그릇되게 걱정하는 감정의 영향을 받으면 그 바름을 얻지 못하기 때문이다."

43 제8장의……설 :《대학장구》 전 8장 수신제가장(修身齊家章)의 주희의 주석에 "범인의 정은 오직 자기가 향하는 대로만 하고는 더 이상 살피지 않는데, 그렇게 되면 반드시 한쪽으로 치우치게 빠져서 몸이 닦이지 않는다.〔常人之情 惟其所向 而不加察焉 則必陷於一偏 而身不修矣〕"라고 하였는데, 이에 대해《대학혹문(大學或問)》에서 "이 장의 뜻은 실로 위의 장을 이어받은 것으로서, 글을 지은 취지가 대체로 유사하다. 이는 대개 몸이 사물과 접한 이후에 혹 치우친 점이 있게 되기도 한다는 의미이지, 일단 사물과 접하면 반드시 치우치는 점이 있게 된다는 의미가 아니다.〔此章之義 實承上章 其立文命意大抵相似 蓋以爲身與事接 而後或有所偏 非以爲一與事接 而必有所偏〕"라고 하였다.

바르게 되지 못하는 이유는 장(將)·영(迎)·견(見)[44]의 세 가지 병통에서 벗어나지 않는데, 이를 요약해서 말하면 유(有)인 것입니다. 세 가지 병통이 제거되지 않으면 마음이 외물의 부림을 받아서 정(靜)할 수 있는 때가 없으니, 이는 용(用)이 그 바름〔正〕을 잃은 것일 뿐만 아니라 체(體)도 바름을 잃은 것입니다. 그리고 세 가지 병통이 제거될 경우에는 외물이 나에게 오면 순응을 하고 그 일이 지나면 바로 그치게〔止〕 되니,-지(止)가 바로 미발(未發)의 중(中)입니다.- 이는 용(用)이 그 바름을 얻은 것일 뿐만 아니라 체(體)도 바름을 얻은 것입니다. 그러므로 유소(有所)라는 두 글자가 비록 용처(用處)를 가리킨다 하더라도, 그 바름을 잃은 뜻은 실로 동(動)과 정(靜)을 아우르는 것이니, 이것이 바로 《대학》을 지은 자가 용(用)에 나아가서 그 체(體)를 밝힌 소이(所以)입니다. 대저 체(體)가 확립되고 용(用)이 행해지는 것이야말로 성학(聖學)의 대방(大方)이라고 할 것입니다. 따라서 유(有) 자를 단지 지어(之於)의 뜻으로만 지었다고 한다면, 이는 동(動)의 한 측면만을 말한 것으로서 반절만 거론하고 반절은 빠뜨린 결함을 결코 면치 못할 것이니, 성인(聖人)

44 장(將)·영(迎)·견(見) : 장은 송(送)의 뜻으로 이미 지나간 것을 버리지 못하고서 뒤따라가는 것, 영은 일이 닥치지도 않았는데 미리 마음을 쓰는 것, 견은 일에 당했을 때 사욕에 치우쳐서 합당하게 처리하지 못하는 것을 말한다. 임정주(任靖周)의 문집인 《운호집(雲湖集)》 권5 잡저(雜著) 〈미발설(未發說)〉에 "중인의 마음은 그 체단을 살펴보면 성인과 똑같은데, 단지 장·영·견 세 가지 병통 때문에 수차(水車)처럼 쉴 새 없이 돌고 돌아서, 일이 닥치기도 전에 먼저 맞이하고, 사물이 지나갔는데도 따라서 가고, 일을 당해서 또 외물에 따르고 외물에 맡겨 두지 못한다.〔若夫衆人之心 原其體段與聖人一般 而只緣將迎見三病 流轉如飜車之不息 事未至而先迎 事已去而隨往 當事而又不能因物付物〕"라는 말이 나온다.

이 사람들을 가르치면서 이와 같이 한쪽에만 치우쳐서 엉성하게 할 리는 응당 없을 것입니다. 모르겠습니다만, 이에 대해서 어떻게 생각하십니까?

〔답〕 유소(有所)의 뜻에 대해서 자네도 역형(櫟兄 송명흠(宋明欽))처럼 낭주(廊柱)의 의혹[45]을 면치 못하는가? 이 장(章)은 본시 체(體)를 빠뜨린 적이 있지 않다. 하단(下段)의 "마음이 거기에 있지 않으면…… 〔心不在焉……〕" 한 것을 보더라도, 어찌 사람으로 하여금 공경히 하여 마음을 보존하게 하는 것이 아니겠느냐. 만약 수절(首節)만 가지고 말한다면, 비록 세 가지 병통을 가지고 유소를 해석하더라도 정(靜)을 설명하지 못하는 것은 매한가지이다. 그리고 만약 세 가지 병통을 제거하면 마음이 곧 보존되니 이것이 바로 정(靜)을 아울러 설한 것이라고 말한다면, 유(有) 자를 유무(有無)의 유(有)로 간주해서 '유(有) 자'상에서야 물론 세 가지 병통이 보이지 않는다 하더라도, '부득기정(不得其正)'상에서는 유독 세 가지 병통을 볼 수 없겠느냐. 대개 희로우구(喜怒憂懼)가 그 바름을 얻지 못할〔不得其正〕 때에는 그와 동시에 세 가지 병통이 그 안에 있게 되는 것이니, 유(有) 자의 훈석(訓釋)을 어떻게 하느냐 하는 것과는 원래 관계가 없는 것이다. 동(動)과 정(靜)을 아우르는 뜻에 대해서 일찍이 《대학차록(大學箚錄)》 중에서 논하였기에

45 낭주(廊柱)의 의혹 : 그동안 사실로 믿어 왔던 것을 공연히 의심하여 다시 문제 삼는 것을 말한다. 명도(明道) 정호(程顥)가 장안(長安)의 창고 안에 한가로이 앉아서 긴 행랑의 기둥〔長廊柱〕을 바라보고는 마음속으로 그 숫자를 세어 보고서 더 이상 의심하지 않았다. 그러다가 다시 세어 보니 숫자가 맞지 않았으므로 사람을 시켜서 일일이 소리 내어 세어 보게 한 결과, 처음에 마음속으로 세었던 것과 차이가 없었다는 이야기가 《근사록(近思錄)》 권4 〈존양류(存養類)〉에 나온다.

이번에 기록해서 보내니, 다시 상세히 음미해 보는 것이 어떻겠느냐?

-차설(箚說)은 《대학차록》 정심장(正心章) 조(條)에 보인다.-

〔문〕 사유월(士踰月)은 분명히 이월장(二月葬)으로서, 바로 부장(報葬)이라고 하는 것인데,[46] 석 달을 기다려 졸곡(卒哭)을 행하는 것에 대해서 그동안 의심해 왔습니다. 그런데 지금 역옹(櫟翁 송명흠(宋明欽))의 설을 보아도 그러하니, 이것이 옳은지 그른지 모르겠습니다.

〔답〕 유월(踰月)에 대해서 운운한 역형(櫟兄)의 설이 그럴듯하긴 하다마는, 주소(註疏)에 있는 기존의 설을 졸지에 변파(辨破)하기는 어렵

46 사유월(士踰月)은……것인데 : 《춘추좌씨전(春秋左氏傳)》 은공(隱公) 원년의 "대부는 죽은 지 석 달 만에 장사를 지내니 이는 동료 관원들이 오기를 기다리는 것이요, 사는 한 달을 넘겨서 장사를 지내니 이는 친척들이 모이기를 기다리는 것이다.〔大夫三月 同位至 士踰月 外姻至〕"라는 말에 대해서, 당나라 공영달(孔穎達)이 "대부는 죽은 달을 빼고 석 달이요 사는 죽은 달을 합쳐서 석 달이니, 이는 한 달을 그냥 넘긴 것이기 때문에 유월이라고 한 것이다.〔大夫除死月爲三月 士數死月爲三月 是踰越一月 故言踰月耳〕"라고 해설한 내용이 《예기대전(禮記大全)》 권5 〈왕제(王制)〉에 실려 있는데, 사계(沙溪) 김장생(金長生)이 《가례집람(家禮輯覽)》을 편찬하면서 〈상례(喪禮)〉 치장조(治葬條)에 이 말을 인용하여 수록하였다. 부장(報葬)은 죽은 뒤에 석 달을 기다리지 않고 급히 장례를 행하는 것을 말한다. 《예기》 〈상복소기(喪服小記)〉에 "빨리 장사 지냈을 경우에는 우제(虞祭)도 빨리 행한다. 하지만 졸곡은 석 달 뒤에 행한다.〔報葬者報虞 三月而後卒哭〕"라고 하였는데, 정현(鄭玄)은 "'報'는 빨리 달려간다는 뜻의 '赴'로 읽어야 하니, 기한에 못 미쳐서 장례 지내는 것이다.〔報讀爲赴疾之赴 謂不及期而葬也〕"라고 하였고, 원나라 진호(陳澔)의 《예기집설(禮記集說)》에는 "집이 가난하거나 다른 사고로 석 달을 기다릴 수 없을 경우에 죽고 나서 곧 장사 지내는 것이다.〔謂家貧或以他故不得待三月 死後卽葬者〕"라고 하였다.

다. 《가례(家禮)》에 의하면, 사(士)와 대부(大夫)를 막론하고 모두 석 달로 정제(正制)를 삼았다. 세상에서 이월장으로 여겨 부장(赴葬)하면서도 졸곡은 반드시 석 달을 기다리는 것은 《가례》를 따라서 그런 것인 듯하다.

〔문〕 심의(深衣)의 길이를 잴 때 쓰는 지척(指尺)[47]은 사람에 따라 길고 짧아서 일정한 체재(體裁)가 없습니다. 지금 북포(北布)[48]를 쓰는데 폭광(幅廣)이 약간 모자랄 경우에는 의상(衣裳)의 속폭(屬幅 폭을 이어 붙이는 것)이 제도에 맞지 않게 되기보다는 지척을 모두 조금씩 줄여서 하는 것이 차라리 낫지 않겠습니까. 심의는 《가례》에서는 포(布)를 씁니다만, 명주〔紬〕를 써서 안 될 것이 없고, 또 수의(壽衣)는 명주가 오히려 나은 점이 있습니다. 다만 속폭을 예법에 맞게 할 방도가 없는데, 그다지 큰 지장이 없을지 모르겠습니다. 소매〔袂〕는 반굴급주(反屈及肘)[49]로 법도를 삼는데, 그 연폭(連幅 속폭(屬幅))

47 지척(指尺) : '손가락 자'라는 뜻으로, 가운뎃손가락〔中指〕을 굽혔을 때 가운뎃마디〔中節〕의 두 주름〔指紋〕이 각이 진 사이의 거리를 1촌(寸)으로 삼고 10촌을 1척(尺)으로 삼아서 길이를 재기 때문에 그렇게 말한 것이다. 《회암집(晦菴集)》 권68 〈심의제도(深衣制度)〉에 "마름질할 때에는 가는 백포를 쓰고, 길이를 잴 때에는 지척을 쓴다.〔裁用細白布 度用指尺〕"라는 주희의 말이 나오는데, 그 주(註)에 "중지의 중절을 촌으로 삼는다.〔中指中節爲寸〕"라고 하였다.

48 북포(北布) : 관북(關北)의 마포(麻布)라는 뜻으로, 함경도에서 생산되는 올이 가늘고 고운 삼베를 말한다. 그중에서도 육진(六鎭)에서 나는 삼베가 가장 세밀해서, 한 필의 베를 발우(鉢盂) 안에 담을 수 있었으므로, 속칭 발내포(鉢內布)라고 했다 한다.

49 반굴급주(反屈及肘) : 반대로 접어 올렸을 때 팔꿈치에 닿게 한다는 뜻인데, 《예기》 〈심의(深衣)〉의 "각의 고하는 팔꿈치를 놀릴 만하게 하고, 소매의 장단은 반대로

을 허용한다면 폭(幅)의 광협(廣狹 넓고 좁은 것)은 원래 구애받을 것이 없습니까?

〔답〕 북포(北布)가 넓다고 하더라도 침척(針尺)[50]으로 8, 9촌(寸)을 넘지는 않을 듯하니, 비록 지문(指紋 손가락 주름 사이의 길이)이 매우 작은 경우라도 2척(尺) 2촌(寸)인 폭광(幅廣)의 기준을 맞추지는 못할 듯하다. 만약 다시 그 촌(寸)을 줄여서 그 수(數)에 맞추려고 하면 만든 모양이 협소해져서, 심의(深衣)는 몸을 깊숙이 감추고 수의(褎衣)는 넉넉하게 하는〔深邃褎大〕 의리에 어긋나는 점이 있을 뿐만 아니라 착용하기에도 불편할 듯하니,-수의(壽衣)는 더욱 불편하다.- 그렇게 하는 것이 옳은지 모르겠다. 명주를 쓰는 것은 상관이 없다만, 그 폭광이 포(布)와 다름이 없으니, 그렇게 하려면 연폭(連幅)을 하는 것 말고는 다른 방도가 없다. 하의〔裳〕는 비록 연폭을 하지 않더라도 위아래를 추이(推移 조절)하면 법도에 맞게 할 수가 있을 것이다. 소매〔袂〕의 경우는 반굴급주(反屈及肘)로 판단한다면 역시 구애받을 것이 없겠지만, 의신(衣身 상의의 몸통)의 2폭만은 연폭을 하지 않으면 안 될 것이다. 집이 가난하여 힘이 없으면 이렇게 한다고 해도 무슨 해가 되겠느냐. 만약 척수(尺數)에 맞는 명주를 특별히 짠다면 매우 좋겠지만, 그렇게 하기는 쉽지 않을 듯하다.

접어 올렸을 때 팔꿈치에 닿을 만하게 한다.〔袼之高下 可以運肘 袂之長短 反詘之及肘〕" 라는 말에서 나온 것이다. 각(袼)은 옷소매와 윗옷이 만나는 겨드랑이 부분을 꿰맨 곳으로, 속칭 괘견(掛肩)이라고 한다.

50 침척(針尺) : 바느질할 때 쓰는 자이다.

사제 치공에게 답하는 글 을사년(1785, 정조9) 3월
答舍弟穉共 乙巳三月

여기에 있는 나는 해수(咳嗽) 천식(喘息)이 아직도 깨끗하게 낫지 않아서 무척 괴로울 때가 가끔씩 있다. 백눌(伯訥 이민보(李敏輔))이 《주역(周易)》의 의의(疑義)에 대해서 많은 항목을 만들어 놓은 덕분에 그동안 부석(剖析 명확히 분석함)해 보라는 그의 독촉을 받고는 어쩔 수 없이 모르는 것을 억지로 아는 체하며 조목별로 답해 보냈으니 부끄러운 일이다.

그러나 이렇게 할 즈음에 많이 사색하며 탐구하고 누차 격렬한 전투를 치르다 보니, 문득 학문에 진보되는 바가 있음을 느끼는 동시에, 전일에 터득하지 못한 것을 많이 터득하게 되고 또 전인(前人)이 드러내지 못했던 것을 드러낸 것도 더러 있었다. 만약 이를 이어받아 계속 행해 나가면서 생각하고 또 생각할 수만 있으면 반드시 귀신이 통하게 해 주는 묘한 경계[51]가 있을 것인데, 악업(惡業)이 많이 얽어매고 질병이 때로 침노하는 바람에 촛불을 밝히고 쓰는 일〔取燭之書〕[52]을 오래도

51 귀신이……경계 : "생각하고 생각하며 또 거듭 생각할지니, 이렇게 생각을 해도 통하지 않으면 귀신이 통하게 해 줄 것인데, 이는 귀신의 힘이 아니라 정기의 극치라고 해야 할 것이다.〔思之思之 又重思之 思之而不通 鬼神將通之 非鬼神之力也 精氣之極也〕"라는 관중(管仲)의 말이 전한다.《管子 卷16 內業》《성리대전(性理大全)》 권57에도 이 내용을 인용한 정이(程頤)의 말이 수록되어 있다.

52 촛불을……일 : 독서하고 사색하면서 자신이 터득한 것을 글로 기록해 두는 것을 말한다. 여대림(呂大臨)이 지은 장재(張載)의 행장 중에 "종일토록 방 안에 단정히

록 중단하여 산길의 잡초가 다시 눈앞을 가로막았으니, 이를 어쩌면 좋단 말이냐. 탄식하고 탄식할 따름이다.

대저《역(易)》의 도(道)는 광대무궁(廣大無窮)하지만 실제로는 일용(日用)의 지근한 경지를 벗어나지 않는다. 정전(程傳 정이(程頤)의 주역 해설)이 비록 복서(卜筮)의 한 가지 일을 빠뜨리긴 하였지만, 의리가 정심(精深)하고 문장이 농후(醲厚)해서 잠심(潛心)하여 체험하면 의미가 심장하니, 본의(本義 주희의 주역 해설)와 합쳐서 완미하지 않으면 안 될 것이다. 자네가 일찍이 한 번 읽었다고 하더라도 이런 식으로 그만두어서는 안 되니, 모쪼록 빠른 시간 내에 다시 탐구한다면 다행이겠다. 그러다가 의아하게 생각되는 부분이 있을 때마다 바로 기록해서 나에게 보여 준다면 피차간에 서로 도움을 주면서 성인(聖人)이 제작(制作)한 본의(本意)를 엿볼 수도 있을 터인데, 이에 대해서 어떻게 생각하느냐?

신기(神氣)가 요즈음 조금 나아지는 것 같기에 저번에 인재(麟宰)의 편지에 답하면서, 4, 5월이 교차하는 시기에 잠깐 금강산(金剛山)에 들어갈 요량으로 그에게 미리 준비하도록 하였다. 이 일이 만약 이루어진다면 동쪽으로 옮겨 온〔東移〕 하나의 일이 비록 여지없이 낭패스럽게 되기는 하였지만 그래도 뒤에 할 말이 있게 될 것인데, 과연 그렇게 될 수 있을는지 모르겠다. 그러나 끝내는 근력이 쇠잔해진 것을 느끼고

앉아서 서적을 좌우에 늘어놓고는, 머리 숙여 읽고 우러러 생각하면서 터득한 것이 있으면 기록을 하였는데, 혹은 한밤중에 일어나 앉아서 촛불을 밝히고 쓰곤 하였으니, 도에 뜻을 두고 정밀하게 사색하는 일을 잠시라도 쉬거나 잊은 적이 없었다.〔終日危坐一室 左右簡編 俯而讀 仰而思 有得則識之 或中夜起坐 取燭以書 其志道精思 未始須臾息亦未嘗須臾忘也〕"라는 말이 나온다.《張子全書 卷15》《宋史 卷427 道學列傳1 張載》

있으니, 혹 노기복력(老驥伏櫪)[53]의 뜻과 비슷하게 될까 두렵기도 한데, 이것이 바로 염려되는 점이다.

53 노기복력(老驥伏櫪) : 늙은 천리마가 구유에 엎드려 있다는 뜻으로, 가슴에 품은 뜻은 비록 씩씩해도 현실적으로 행하기는 어려운 것을 비유하는 말이다. 조조(曹操)가 지은 〈보출하문행(步出夏門行)〉이라는 악부가(樂府歌)에 "늙은 천리마가 구유에 엎드려 있어도 뜻은 언제나 천 리 밖이요, 열사의 나이가 비록 늙었어도 장한 마음은 변함이 없네.〔老驥伏櫪 志在千里 烈士暮年 壯心不已〕"라고 한 데서 유래한 것인데, 진(晉)나라 왕돈(王敦)이 만년에 자신의 뜻대로 되지 않자 술을 마실 때마다 이 노래를 부르면서 타호(唾壺)를 두드려 타호가 모두 깨지곤 했다는 고사가 전한다. 《世說新語 豪爽》

사제 치공에게 답하는 글 병오년(1786, 정조10) 윤7월

答舍弟穉共 丙午閏七月

회령(晦令)[54]의 아들이 저번에 과연 와서 보았는데, 그 사람됨이 지극히 좋았다. 그런데 약간 이야기하자마자 곧장 병에 대해서 이야기하는 것이 매우 장황하였고, 저녁에 밥을 먹는 것이 또 몇 숟가락에 불과하였으므로, 이를 보고는 마음이 지극히 어수선해져서, 우옹(尤翁 송시열(宋時烈))이 "삼시 세끼에 한 되의 밥을 먹고 하루에 백 리를 갈 수 없으면 학문도 해낼 수 없다.……" 한 말을 애오라지 거론하여 그를 경책(警策)하였다.

그런데 앉아서 조금 시간을 두고서 그의 행동거지를 살펴보고 그의 이야기를 들어 보았더니, 외면은 비록 청약(淸弱)해도 내면은 실로 강명(剛明)하였으며, 여기에 또 담기(膽氣)까지 있어서 앞으로 큰일을 해낼 만하였다. 그리고 이튿날 아침 식사 때에는 또 많이 먹을 줄을 알았으니, 대개 전날 저녁에는 피곤해서 그런 것일 뿐이었다. 그래서 대화를 나누다가 이어서 기수(氣帥)[55] 운운의 설을 가지고 신신당부하

54 회령(晦令) : 미상이다. 혹시 자(字)가 회가(晦可)인 송명흠(宋明欽)을 말하는 것이 아닐까 추측해 본다. 그는 1755년(영조31)에 옥과 현감(玉果縣監)으로 나갔다가 모친상을 당해 사직하였고, 1764년에 경연관(經筵官)이 되어 정사를 논하다가 파직되었다. 녹문과는 이종사촌 간으로 녹문보다 6년 연상이었으며, 동생인 송문흠(宋文欽, 1710~1752)과 함께 외암(巍巖) 이간(李柬)이 주장한 인물성구동(人物性俱同)의 낙론(洛論)을 지지하였다.

55 기수(氣帥) : '뜻은 기의 장수〔志 氣之帥〕'라는 말을 줄인 것으로, 심지(心志)를 굳게 하여 객기(客氣)를 단속하는 것을 비유할 때 쓰는 말인데, 《맹자》 〈공손추 상(公孫丑上)〉에 이에 대한 내용이 자세히 나온다.

였더니, 그가 즉시 알아듣고는 옳은 말씀이라고 동의하였다.

그리고 그 스스로 말하기를 "내면은 외면과 달라서 그다지 약해 빠지지는 않았고, 독선기신(獨善其身)[56]하려는 뜻도 없다.……" 하였는데, 범 문정(范文正)의 선우후락(先憂後樂)[57]의 풍도(風度)에 감명을 받은 것이 있는 듯하였다. 후생(後生)의 무리 가운데에 혹 뜻을 지닌 자가 있어도 기대할 만한 자는 전혀 없었는데, 이 사람은 기품(氣禀)과 지취(志趣)가 다른 무리와는 결코 비교할 바가 아니었으니, 용맹스럽게 전진하며 나태하지 않을 수만 있다면, 앞으로 성취하는 것을 어떻게 헤아릴 수 있겠느냐.

헤어질 임시에 다시 '제일등(第一等) 운운'의 설[58]을 가지고 경책하

56 독선기신(獨善其身) : 홀로 자기 몸을 선하게 한다는 뜻으로, 본래는 자신의 수양에 중점을 두고 절조를 지키는 것을 가리켰으나, 뒤에는 시비를 야기(惹起)할까 두려워하여 오직 자기 한 몸만 생각하고 다른 일에는 관심을 두지 않는 것을 의미하는 말로 많이 쓰이게 되었는데, 《맹자》〈진심 상(盡心上)〉의 "곤궁할 때에는 홀로 자기 몸을 선하게 하고, 뜻을 얻으면 천하 사람들과 그 선을 함께한다.〔窮則獨善其身 達則兼善天下〕"라는 말에서 나온 것이다.

57 범 문정(范文正)의 선우후락(先憂後樂) : 선우후락은 먼저 근심하고 뒤에 즐긴다는 뜻으로, 언제나 나라와 백성을 걱정하여 노심초사하는 것을 말한다. 송(宋)나라 범중엄(范仲淹)이 지은 〈악양루기(岳陽樓記)〉의 "옛사람들은 높이 묘당에 있을 때에는 백성을 걱정하였고, 멀리 강호에 있을 때에는 임금을 걱정하였다. 따라서 조정에 나아가서도 걱정이요 물러나서도 걱정이었으니 어느 때에 즐거워할 수가 있었겠는가. 이는 필시 천하의 근심은 누구보다도 먼저 근심하고 천하의 즐거움은 모두가 즐거워한 뒤에 즐거워하겠다는 마음 때문이었을 것이다.〔居廟堂之高 則憂其民 處江湖之遠 則憂其君 是進亦憂 退亦憂 然則何時而樂耶 其必曰先天下之憂而憂 後天下之樂而樂歟〕"라는 말에서 나온 것이다. 문정(文正)은 범중엄의 시호(諡號)이다.

58 제일등(第一等) 운운의 설 : 정호(程顥)가 "제일등은 다른 사람에게 양보하고 자기는 제이등이나 되겠다고 말하지 말라. 이렇게 말한다면 이는 곧 스스로 포기하는

였더니, 그가 말이 떨어지자마자 응낙하고는, 또 말하기를 "서울에 갔다가 돌아온 뒤에 검원(黔院)[59]에 거접(居接)하면서 이곳에 왕래하며 《대학(大學)》을 배울 계획을 세우고 싶다.……" 하였다. 과연 계획대로 될 수 있을지는 모르겠다만, 만약 그렇게만 된다면 정말 더할 나위 없이 좋을 것이다. 죽음이 임박한 나이에 그만 이런 인물을 얻게 되다니, 실제로 서로 믿으면서 함께 공부한다면, 그 기쁨이 응당 어떠하겠느냐.

눌옹(訥翁 이민보(李敏輔))이 또 글을 보내어 의심스럽고 난해한 문제를 다소 제기하였는데, 그는 주자(朱子)의 서부(書部)를 죄다 열람하고 나서 또 지금은 《가례(家禮)》를 보고 있는 중이다. 지기(志氣)가 갈수록 더욱 엄려(嚴厲)해지고 호학(好學)하는 것이 늙을수록 더욱 독실(篤實)해지니, 참으로 기이한 일이다.

걸아(杰兒)는 이미 산에서 내려왔느냐? 지손(持孫)은 요즈음 제대로 학업에 열중하느냐? 노극(老極)의 아들은 요즈음 다시 왕복한 것이 있느냐? 이런 자들이 많아지면 점차 풍속을 이룰 수도 있을 것 같기에, 내가 매양 간절한 심정으로 잊지 못하고 있다. 백승(伯承)과 같은 자로

것이 된다. 비록 인에 거하지 않고 의에 따라 행동하지 않는 자와는 그 차이가 같지 않다 할지라도, 자기 자신을 작게 여기는 것은 마찬가지이다. 학문으로 말한다면 곧 도에 뜻을 두어야 할 것이요, 사람으로 말한다면 곧 성인에 뜻을 두어야 할 것이다.〔莫說道將第一等 讓與別人 且做第二等 才如此說 便是自棄 雖與不能居仁由義者差等不同 其自小一也 言學便以道爲志 言人便以聖爲志〕"라고 한 이야기를 가리키는데, 《근사록(近思錄)》 권2 〈위학류(爲學類)〉에 소개되어 있다.

59 검원(黔院) : 동춘당(同春堂) 송준길(宋浚吉)의 서원인 검담서원(黔潭書院)을 말한다. 충북 청원군(清原郡) 문의(文義)에 있다.

말하면, 사람됨은 더없이 좋지 않은 것이 아니지만, 너무 약하고 담기가 부족한 것이 유감인데, 그사이에 다시 어떻게 되었는지 모르겠다. 김군(金君)이 "강왕(康旺)한 것이 소장(少壯)과 같다.……" 한 것은, 그날 밤에 이야기를 꽤 오래 하였는데도 피곤한 기색이 없자 그가 매우 기이하게 여겼었는데, 아마도 이 때문에 그가 그런 말을 한 것 같다.

사제 치공에게 답하는 글 11월

答舍弟穉共 十一月

신매(申妹)[60]가 경의요략(經義要略)을 점찬(點竄 수정)해서 보냈는데, 요즘 일이 매우 많아서 이런 한가한 일에는 틈을 낼 수 없기에 부득이 자네에게 대신 수고해 달라고 부탁하게 되었으니, 모쪼록 상세히 살펴보고 윤색(潤色)을 한 뒤에 1본(本)을 등사(謄寫)해서 남겨 두고 이 종이는 도로 보내 주면 좋겠다.

윤형(尹兄)[61]이 질문한 예(禮)에 대한 답변은 며칠 전에 근근이 기초(起草)하여 보냈는데, 과연 어떻게 생각할지 모르겠다. 대저 전첨(前籤 앞서 붙인 찌)의 내용을 윤형이 거의 모두 청종(聽從)하였는데, 유독 부인(婦人)의 부장참최(不杖斬衰)에서 효대(絞帶)를 포(布)로 바꾸는 것과 관련된 두 조목만은 의견이 맞지 않았기 때문에 다시 번거롭게 설명하는 일을 면하지 못하였다.

이 노인은 견식(見識)이 이미 높은데, 여기에 또 마음을 비우고 남의 좋은 점을 받아들여 자기를 버리고 남을 따를 줄 아니, 이와 같이 좋은 재상(宰相)을 어디에서 얻을 수 있겠느냐. 사람으로 하여금 경복(敬服)하여 용탄(聳歎)하는 일을 그만둘 수 없게 한다. 조석으로 곡(哭)을

60 신매(申妹) : 녹문의 누이동생인 임윤지당(任允摯堂)을 말한다. 291쪽 주35 참조.

61 윤형(尹兄) : 윤동섬(尹東暹, 1710~1795)을 말한다. 본관은 파평(坡平)이고, 자는 덕승(德升)이며, 호는 팔무당(八無堂)이다. 녹문과는 외사촌 형제간이다. 1754년(영조30)에 증광 문과의 갑과로 급제하여 이조와 공조의 판서를 역임하고 우참찬을 거쳐 판중추부사로 치사(致仕)하였다. 서예에 능하여 금석문이 많이 전한다.

하고 전(奠)을 올리는 일과 현훈(玄纁)[62]에 관한 일과 협제(祫祭)[63]를 지내고 나서 사당에 들이는〔入廟〕 등의 일은 바로 대절목(大節目)에 해당하는 것들인데, 모두 이미 홀기(笏記)[64] 안에서 개정했다고 한다. 이제 의견이 안 맞는 두 조목을 또 받아들인다면 자연히 세상에 점차로 행해질 것이니, 이보다 더 큰 다행이 어디에 있겠느냐.

62 현훈(玄纁) : 검은 비단과 붉은 비단이라는 뜻으로, 속백(束帛) 즉 다발로 묶어서 망자(亡者)를 위한 마지막 예물로 영구에 안치하여 함께 땅속에 묻는 것이다.

63 협제(祫祭) : 사당 안의 여러 신위(神位)에 함께 제사 지내는 것을 말한다. 이 제사를 지내고 나서 신사자(新死者)의 신위를 사당으로 들인다.

64 홀기(笏記) : 혼례나 제례 등 제반 의식의 순서와 절차를 기록한 책을 말한다.

사제 치공에게 답하는 글 정미년(1787, 정조11) 4월

答舍弟穉共 丁未四月

나는 요즈음 아침에는 《춘추(春秋)》 1, 2년의 분량과 함께 사전(四傳)[65]을 보고, 밥을 먹은 뒤에는 《차의(箚疑)》를 교정(校正)한다. 그 사이에 회의(會意. 회심(會心))의 대목이 많이 나와서 나도 모르게 얼굴을 펴고 환히 웃곤 하는데, 다만 종일토록 잠깐이라도 한가한 때를 가지지 못한 채 때때로 피곤하면 누워서 휴식할 따름이다. 80세의 늙은이가 죽을 날이 머지않았는데 무엇이 안타까워서 이렇게 고생을 사서 하는가 하는 생각이 스스로 들기도 한다마는, 그래도 그만두려 하면 또 불안해지곤 하니, 대개 이것 역시 '그만두려고 생각해도 그만둘 수 없는 것〔欲罷不能〕'[66]이라고 하겠다. 그리고 잠을 자고 밥을 먹는 것도 줄어드는 것을 느끼지 못해서 몸을 관리하고 보호하는 도리에 해가 되지는 않을 듯하니, 이 역시 기이한 일이다. 이와 같은 상황에서 또

65 사전(四傳) : 네 개의 《춘추》 해설서를 말한다. 《좌씨전(左氏傳)》·《공양전(公羊傳)》·《곡량전(穀梁傳)》을 《춘추》 삼전(三傳)이라고 하고, 여기에 송나라 호안국(胡安國)이 지은 소위 《호씨전(胡氏傳)》을 합쳐서 《춘추》 사전이라고 한다.

66 그만두려고……것 : 안연(顔淵)이 스승인 공자의 도에 대해서 감탄하며 술회한 뒤에 "선생님께서는 차근차근 사람을 잘 이끌어 주시면서, 학문으로 나의 지식을 넓혀 주시고 예법으로써 나의 행동을 단속하게 해 주셨다. 그래서 그 공부를 그만두려고 생각해도 그만둘 수 없어서 나의 재주를 다하고 보니 부자의 도가 내 앞에 우뚝 서 있는 듯 보이긴 하는데, 아무리 따라가려 해도 그 길을 알지 못하겠다.〔夫子循循然善誘人 博我以文 約我以禮 欲罷不能 旣竭吾才 如有所立卓爾 雖欲從之 末由也已〕"라고 말한 《논어》 〈자한(子罕)〉의 내용 중에서 발췌한 것이다.

생각해 보건대, 아이들이 장자(長者)의 꾸지람을 들으면서도 학업에 열중하려 하지 않는 것은 도대체 무슨 심보인가 하고 여겨지기에, 한편으로는 괴이하게 여기고 한편으로는 탄식을 하다가 또다시 혼자 웃고 말았다. 뇌상(牢床)[67]의 도화(圖畫)를 베껴 보낸다.

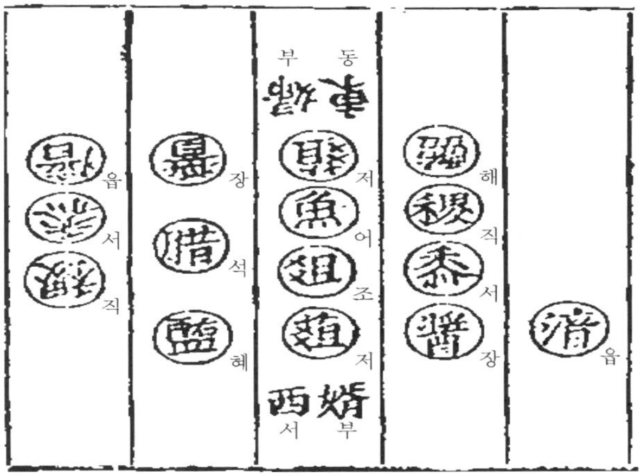

석(腊 포(脯))은 말린 꿩〔乾雉〕으로-통째로 올린다.- 토끼를 대신해도 무방하다. 어(魚)와 돈(豚)은 서로 이어서 진설하는 반면에, 석(腊)은 양조(兩俎)의 북쪽에 단독으로 진설하기 때문에 특(特)이라고 말한 것이다.[68] 읍(湆)은 삶은 돼지 국물인데, 국물만 올리고 고기는 담지 않는다. 어(魚)는 붕어〔鮒〕 14마리[69]이다. 회(會)는 서(黍)와 직(稷)을

67 뇌상(牢床) : 혼례에서 친영(親迎)할 적에 차리는 음식상을 말한다.

68 어(魚)와……것이다 : 《의례(儀禮)》 〈사혼례(士昏禮)〉에 "돈조(豚俎)가 들어오면 두(豆)의 동쪽에 진설한다. 어(魚)는 돈조의 동쪽에 이어서 진설하고, 석(腊)은 돈조와 어조(魚俎)의 북쪽에 단독으로 진설한다.〔俎入 設于豆東 魚次 腊特于俎北〕"라는 말이 나온다.

담는 그릇의 뚜껑이니, 단지 서와 직의 남쪽과 북쪽에다 열어 두면 되지 항렬(行列)에 들여놓을 필요는 없다. 두(豆)의 동쪽이라고 한 두(豆)는 저(葅 김치)를 가리킨다.

일찍이 백고(伯高 김종후(金鍾厚))와 왕복하며 이 도화를 확정하였다. 우리 집에서는 전후의 혼례 때 모두 이에 의거해서 진설하였는데, 지금도 이를 본떠서 거행하면 좋을 것이다. 역형(櫟兄 송명흠(宋明欽))의 도화 역시 여기에서 나온 것으로서 바로 이것이 초본(初本)일 텐데 그 안에 불편(不便)한 곳이 있기 때문에 고친 것인 듯싶다.

69 14마리 : 물고기의 정수(正數)는 원래 15마리인데, 신랑 신부의 짝을 이루게 하려고 하나를 빼어 14마리로 한 것이다.

사제 치공에게 답하는 글 8월
答舍弟穉共 八月

〔문〕 "성인과 범부가 품수(稟受)한 것에 비록 순(純)하고 잡(雜)한 구별이 있다고 하더라도, 그들이 똑같이 이 오행(五行)의 정통(正通)을 얻었기 때문에, 바로 이 정통의 정상(精爽)이 방촌(方寸) 가운데에서 허령통철(虛靈洞徹)한 것이다.……" 한 것에 대하여

〔답〕 담일(湛一)이 원래 조종(祖宗)인 것이고, 정(正)·통(通)은 편(偏)·색(塞)과 상대되는 개념이니 오히려 제2층[70]에 속하는 것이다. 지금 정통의 정상이라고 말하면 또 편색(偏塞)의 정상이 있는 것처럼 되니, 그렇다면 기질에 따라서 각각 정상이 있다는 말이 성립되지 않겠느냐. 원래 심(心)은 단지 담일이 신령한 것일 뿐이다. 그리고 《주자어록(朱子語錄)》에서 정상과 정영(精英)을 말한 것도 오히려 '거칠게 대충 넘긴〔粗淺〕' 혐의가 있는 만큼 살아 있는 눈으로 보면서 내심으로 영회(領會)해야 할 것이요, 오직 《맹자》의 주(註)에서 "사람의 신명이니, 모든 이치를 구비하여 온갖 일에 대응하는 것이다.……〔人之神明所以具衆理應萬事……〕"[71] 한 것만이 바로 지언(至言)이라고 할 것이다.

70 제2층 : 형이상(形而上)을 의미하는 제1층에 대하여 형이하(形而下)를 가리키는 용어이다. 예컨대 주돈이(周敦頤)의 〈태극도(太極圖)〉에서, 무극이태극(無極而太極)이 제1층이라고 한다면, 그 아래의 음양(陰陽)·오행(五行)·남녀(男女)·만물(萬物) 등의 권(圈)은 제2층에 속한다고 할 수 있다.

71 사람의……것이다 : 《맹자》 〈진심 상(盡心上)〉의 제1장에서 심(心)을 풀이한 주희의 해설에 보인다.

〔문〕 "그 체(體)를 말하면 담일(湛一)이라고 말하는 데에 지나지 않으니, 이는 요순(堯舜)으로부터 도인(塗人)에 이르기까지 매한가지이다.[72] 그 박탁(駁濁)이 뒤섞여서 가지런하지 않은 것과 같은 것은 바로 형기(形氣)의 사재(渣滓 찌꺼기)에 속한 것으로서 원래 심체(心體)와는 관계가 없는 것이다. 대개 심(心)을 기질과 합해서 말하면 물론 똑같이 하나의 기〔一氣〕라고 말할 수 있겠지만, 나누어서 말을 하면 그 지위(地位)와 정상(情狀)이 실로 준절(峻截)한 것이다. 왜냐하면 정추(精粗)의 체(體)가 다르고, 통국(通局)의 실(實)이 다르기 때문이다.……" 한 것에 대하여

〔답〕 심(心)은 기(氣)가 신령한 것〔神〕이고 이(理)가 묘(妙)한 것이다. 그러므로 기(氣)와 합해서 기라고 말하는 경우도 있고, 이(理)와 합해서 이라고 말하는 경우도 있지만, 기질(氣質)과 똑같이 눈으로 볼 수 있는 유형(有形)의 기(氣)로서 기질은 추기(粗氣)이고 심(心)은 정기(精氣)인 것이 아니다. "합해서 말하면 똑같이 하나의 기이다.……" 한 것은 끝내 정밀하지 못하다는 느낌이 든다.

〔문〕 "원래 심선(心善)과 성선(性善)은 동일한 선(善) 자이지만, 전자는 기(氣)의 담일(湛一)한 것을 가지고 말한 것이고, 후자는 이(理)의 무망(無妄)한 것을 가지고 말한 것이니, 그 뜻이 원래 자별

72 요순(堯舜)으로부터……매한가지이다 : 《맹자》 〈고자 상(告子上)〉의 "이 아름다운 덕을 좋아한다.〔好是懿德〕"에 대한 주희의 집주(集註)에 "성(性)이 즉 이(理)이다. 이 이(理)는 요순으로부터 도인에 이르기까지 매한가지이다.〔性卽理也 理則堯舜至於塗人一也〕"라는 정자(程子)의 말이 인용되어 있다. 도인(塗人)은 보통 사람을 가리킨다.

(自別)하다고 할 것이다. 그런데도 이를 배척하는 자는 그만 '심(心)이 만약 선하다면, 이는 심이 바로 구(矩)이고 바로 인(仁)인 것이다.'[73]라고 하는가 하면, 또 말하기를 '성(性)이 선하고 심(心)이 또 선하다면 이는 근본을 둘로 하는 것이다.'[74]라고 하니, 이는 어쩌면 남을 공격하기에 급한 나머지 그 뜻을 살필 겨를이 없어서 그런 것이 아니겠는가.……" 한 것에 대하여

〔답〕 전적으로 심(心)의 체단(體段)만을 말한다면, 단지 신명(神明)이나 영각(靈覺) 등의 글자를 사용해야 마땅하고, 그 덕(德)을 병론(竝論)한 뒤에야 심선(心善)이라고 말할 수 있는 것이다. 선(善) 자를 쓰는 순간에 벌써 심(心)과 성(性)이 합해지는 것이니, 대개 심과 성은 원래 일물(一物)일 뿐이기 때문이다. 신명이라고 하고 선(善)이라고 하는 것은 단지 하나의 당체(當體)에 대해서 '옆으로 보느냐 비스듬히 보느냐〔橫側看〕'의 차이일 뿐이다.[75] 저번에 심(心)이 순선(純善)하다

73 심(心)이……것이다 : 한원진(韓元震)의 《남당집(南塘集)》 권13 〈여윤서응(與尹瑞膺)〉에 "심(心)이 과연 지선하다면, 심이 바로 구(矩)이고 심이 바로 인(仁)일 것이니, 어떻게 공자가 '종심소욕불유구'라고 말하겠으며, 어떻게 '안회(顔回)는 마음속으로 석 달 동안이나 인(仁)을 어기지 않았다.'라고 말하겠는가.〔心果至善 則心卽矩也 心卽仁也 何以曰從心所欲不踰矩 何以曰其心三月不違仁乎〕"라는 말이 나온다.

74 성(性)이……것이다 : 《남당집》 권18 〈답김홍보(答金弘甫)〉에 "불교는 단지 심이 선하다고만 하니 이것은 그래도 근본을 하나로 한 것이다. 그런데 금일의 논을 보면, 이미 성이 선하다고 해 놓고 또 심이 선하다고 하였다. 이는 근본을 둘로 한 것이니, 어찌 거꾸로 불교의 비웃음을 사는 일이 되지 않겠는가.〔釋氏只言心善 猶是一本 今日之論 旣曰性善 又曰心善則是二本也 豈不反爲釋氏之所笑〕"라는 말이 나온다.

75 신명이라고……뿐이다 : 심(心)을 보는 각도에 따라서 달리 표현한 것에 불과하다는 말이다. 횡측간(橫側看)은 소식(蘇軾)의 "옆으로 보면 능선이요 비스듬히 보면 봉우

고 논한 것이 대체로는 옳지만, 이런 곡절에 대해서는 미처 정밀하게 생각하지 못한 것 같다.-신명(神明)과 선(善)은 한 덩어리〔混淪〕로 보아야 하겠지만, 영실(靈實)[76]이 나뉘는 것에 대해서는 알아 두지 않으면 안 될 것이다.-

〔문〕 "혹자는 말하기를 '심(心)과 기(氣)에 비록 정(精)하고 추(粗)한 차이가 있다고 하더라도, 이미 기(氣)의 정상(精爽)은 성인(聖人)이나 범부(凡夫)나 똑같은 것이라고 말한 이상에는 심(心)은 단지 허명(虛明)한 기상(氣像)일 뿐이니, 미(美)하고 악(惡)한 그 본색(本色)과 같은 것으로 말하면 어찌 기질(氣質)을 따라서 다른 것이 없을 수 있겠는가.'라고 한다. 그러나 이에 대해서 나는 다음과 같이 생각한다. 이것이 바로 경화(鏡火)의 비유[77]가 나오게 된 까닭이니, 남당(南塘 한원진(韓元震)) 등 제공(諸公)이 착오를 범한 곳이 바로 여기에 있다고 하겠다. 이는 대개 이 심(心)이 나온 근원을 궁구하지 않고, 단지 기질 위에 나아가서 그 정상(精爽)을 논하기 때문이니, 그렇게 되면 당연히 미발(未發)의 때에 똑같지 않다는 의심이 생기게 될 것이요, 끝내는 명덕(明德)에도 우열이 있다고

리라. 보는 곳의 원근에 따라 산의 고저가 각각 같지 않다. 여산의 진면목을 알지 못하는 것은, 자신이 이 산속에 들어 있기 때문일 뿐.〔橫看成嶺側成峰 遠近高低各不同 不識廬山眞面目 只緣身在此山中〕"이라는 시구에서 발췌한 것이다. 《蘇東坡詩集 卷23 題西林壁》

76 영실(靈實) : 허령불매(虛靈不昧)와 진실무망(眞實無妄)을 합친 말인데, 각각 심(心)과 성(性)을 비유하는 말로 쓰이기도 한다.

77 경화(鏡火)의 비유 : 거울〔鏡〕과 불〔火〕은 심(心)을, 거울의 광(光)과 불의 명(明)은 허령(虛靈)을, 거울의 재료인 쇠〔鐵〕의 정추(精粗)와 불꽃의 미성(微盛)은 기품(氣稟)을 각각 비유한다.

결론짓는 오류를 면치 못하게 될 것이다. 대개 일찍이 듣건대, 사람이 얻어서 심(心)으로 삼은 것은 바로 천지가 만물을 내는 심이요, 이기(二氣 음양)가 절로 그러한 양능(良能)이라고 하였다. 이 심은 배태(胚胎)되기 이전에 세워져서 능히 형기(形氣)의 모(母)가 되는 것이요, 배태된 뒤에 갖추어져도 형기에 구애되지 않는 것이다. 주자(朱子)가 기(氣)의 정상(精爽)이라고 말한 것은, 바로 원초(原初)에 품수(稟受)한 양능(良能)이 형기의 모가 되는 이것을 가리켜 말한 것이지, 형기가 이미 갖추어진 뒤에 품수한 것을 따라 그 기의 정상이 모여서 영각(靈覺)이 되는 것을 말한 것이 아니다. 그러니 기질을 도외시하고서 심(心)을 이야기해도 물론 안 되겠지만, 기질에 나아가서 심을 구해도 안 될 것이다. 그러므로 '기질은 기질이고, 영각은 영각이다.〔氣質自氣質 靈覺自靈覺〕'라고 하는 것이니, 말류(末流)가 똑같지 않은 것은 원래 본체의 담일(湛一)과는 상관이 없는 것이다.……" 한 것에 대하여

〔답〕 이 하나의 단락은 지극히 좋다. 전인(前人)이 발명하지 못한 것을 발명했다고 말해도 좋겠다.

사제 치공에게 답하는 글 9월
答舍弟穉共 九月

부인(婦人)이 제주(題主 신주(神主)에 글자를 써넣는 것)를 하는 것은 끝내 근거가 없다는 느낌이 든다. 비록 지친이 없다고 하더라도, 조금 먼 종족 가운데 제사를 섭행할 만한 자가 어찌 없겠느냐. 부제(祔祭)로 말하면 고의(高儀)[78]에 "대상 다음 날에 제사를 행한다.〔大祥翌日行祭〕"라는 문구가 있다마는, 주자(朱子)는 이것도 미안하게 여겼다. 그러나 다음 날이라면 그래도 이를 근거로 해서 행할 수 있겠지만, 이날을 넘기는 것은 논의의 대상이 아니라고 하겠다. 다만 지금 당한 복상(服喪)의 경중이 어떠한지 모르겠는데, 만약 조부상(祖父喪) 때문에 연기해서 행할 경우에는 형세상 장례 뒤에 행해야 할 것이다. 과연 그렇다면 장례 이후 대상(大祥) 이전에 행할 수 있는 길이 있을 수도 있겠다만, 어떨지 모르겠다.

78 고의(高儀) : 남송(南宋)의 고항(高閌)이 지은 《후종례(厚終禮)》의 의절(儀節)을 가리킨다. 고항의 자는 억숭(抑崇)이고, 시호는 헌민(憲敏)이다. 어려서부터 정이(程頤)의 학문을 추종하였고, 태학(太學)에 들어가서 양시(楊時)에게 배웠으며, 고종(高宗) 소흥(紹興) 원년(1131)에 진사(進士)에 선발되어 여러 관직을 역임하고 예부시랑(禮部侍郎)에 임명되었으나 진회(秦檜)의 미움을 받고 탄핵되었다. 그가 찬집한 《후종례》는 주희에 의해 많이 채용되었으며, 그의 저술인 《춘추집주(春秋集註)》는 성인(聖人)의 포폄(褒貶)하는 의례(義例)를 드러내 발명했다는 점에서 호안국(胡安國)의 이른바 《호씨전(胡氏傳)》보다도 뛰어나다는 평을 받기도 하였다.

사제 치공에게 답하는 글

答舍弟穉共

병암서원(屛巖書院)에서 고문(告文)을 작성하면서 여기에서 보낸 것을 썼다고 들으니 흐뭇하다.

'교수(教授)……'라는 말이 물론 있다마는, 사람을 논할 때에는 먼저 그 대절(大節)을 살펴보아야 하는 법이다. 현량(賢良)[79]이 복과(復科)된 뒤에도 줄곧 도망해 숨어서 세상과 서로 잊고 지냈으니, 이 하나의 절조만 보아도 워낙 우뚝하여 아무도 따라올 수가 없다. '드높은 풍도가 아득히 멀다.〔高風緬邈〕'라는 이 하나의 구(句)는, 곧장 고죽(孤竹 백이(伯夷) 숙제(叔齊))이나 연릉(延陵 계찰(季札))과 더불어 똑같이 백세(百世)의 스승이 될 수 있는 것이니, 어찌 꼭 도학이나 문장을 따져야만 하겠느냐.

주자(朱子)의 "진짜 사부(士夫)가 되고 싶지, 가짜 도학자는 되지 않으려다."라는 이 말[80]이 진절(眞切)한 맛이 있어서 매양 연소배들과

79 현량(賢良) : 현량과(賢良科)의 준말로, 학문과 덕행이 뛰어난 인재를 천거하게 한 제도이다. 천거과(薦擧科)라고도 한다. 사림(士林)을 등용하려는 조광조(趙光祖)의 건의에 따라 1519년(중종14) 4월에 120인의 후보자들을 근정전(勤政殿)에 모아 놓고 과시(科試)하여 28인을 선발하였는데, 그해 11월에 기묘사화(己卯士禍)가 일어나면서 파방(罷榜)이 되었고, 1545년(인종1) 6월에 복과(復科)를 명하였으나, 명종이 즉위하면서 다시 박탈되었다가, 1568년(선조1) 10월에 완전히 회복되었다.

80 주자(朱子)의……말 : 명나라 소보(邵寶)가 "진짜 사부가 되고 싶지, 가짜 도학자는 되지 않으려다.〔願爲眞士夫 不願爲假道學〕"라고 한 말이 《명사(明史)》 권282 〈소보열전(邵寶列傳)〉에 실려 있다. 주자라고 한 것은 녹문의 착오이다.

이야기하는데도 영회(領會)하지 못하니, 탄식할 일이다. 현량을 파방한 뒤에 다시 책 보따리를 싸 들고 장옥(場屋 과거시험장)에 들어간 자들 중에도 서원에서 제향을 받는 자가 있는데, 신공(申公)[81]의 고풍(高風)은 여기에 비하면 어찌 황곡(黃鵠)과 양충(壤蟲)의 차이[82]와 같을 뿐이겠느냐.

81 신공(申公) : 신준미(申遵美)이다. 본관은 평산(平山)이고, 서령(署令) 신원(申援)의 아들로 서울에 살았으며, 자는 사휴(士休)이다. 학행과 재식(才識)이 있다는 천거를 받고, 1519년(중종14) 4월에 설행한 과시(科試)에서 28인에 들어 한림(翰林)에 발탁되었는데, 현량과가 혁파되자 공주(公州)에 우거하다가 인종 때 복과(復科)되면서 전한(典翰)에 임명되었으나 나아가지 않고 지조를 지켰다.

82 황곡(黃鵠)과 양충(壤蟲)의 차이 : 천양지차(天壤之差)와 같은 말이다. 황곡은 한 번에 천리를 난다는 큰 새의 이름이고, 양충은 땅속의 애벌레를 말한다. 《회남자(淮南子)》〈도응훈(道應訓)〉에 "나는 선생과 비교하면 황곡과 양충과도 같다. 종일 걸어도 지척을 벗어나지 못하는데 스스로 빠르다고 생각하니, 어찌 슬프지 아니한가.〔吾比夫子 猶黃鵠與壤蟲也 終日行不離咫尺而自以爲速 豈不悲哉〕"라는 말이 나온다.

사제 치공에게 답하는 글 무신년(1788, 정조12) 1월

答舍弟穉共 戊申正月

여기 있는 나는 새해를 맞아 온갖 감회가 들면서 스스로 슬픔을 이기지 못하겠다. 몸은 피곤하고 기운은 소진되어 쓰러져 누워서 일어나지 못한 것이 벌써 며칠이나 되었다. 다만 때때로 책상머리에 나아가서 책을 뽑아 눈가림을 하다가 회심처(會心處)를 만나면 애오라지 다시 한 번 웃곤 하는데, 나도 무엇 때문에 이렇게 하는지 알지 못하겠다.

금년은 바로 우리 집의 수년(讎年)[83]인데, 모진 목숨이 여태 붙어서 이해를 다시 보게 될 줄이야 어찌 생각했겠느냐. 응당 25일에 맞춰 병을 무릅쓰고 직접 가서 조금이라도 하늘에 사무친 슬픔을 풀어야 하겠다마는, 지금의 근력(筋力)으로 보면 가망이 없을 듯하니, 이것이 무슨 사람이겠느냐. 제수(祭需)도 조금 넉넉하게 해야 할 텐데, 제가(諸家)의 가력(家力)이 모두 이 모양이라서 제수를 돕는 것도 뜻대로 하기 어려울 것이니, 이를 생각하면 마음이 아프다. 이렇게 살아서 또 무엇을 하겠느냐. 슬프고 슬플 따름이다.

83 수년(讎年) : 원수와 같은 해라는 뜻으로, 어버이가 돌아가신 해를 말한다. 달은 수월(讎月), 날은 수일(讎日)이라고 한다. 녹문은 1728년(영조4) 무신년에 18세의 나이로 부친상을 당하였다.

사제 치공에게 답하는 글
答舍弟穉共

역지(櫟誌 역천(櫟泉) 송명흠(宋明欽)의 지문(誌文))는 시간을 두고 세밀하게 검토하여 처리하겠다. 우옹(尤翁 송시열(宋時烈))이 언젠가 "계곡(谿谷 장유(張維))은 매양 말하기를 '글을 지으면 많이 고쳐서 내 글이 그대로 남아 있지 않으니, 작문(作文)을 배운 것이 매우 한스럽다.……' 하였는데, 청음(淸陰 김상헌(金尙憲))은 그렇지 않아서 요청하면 그대로 고쳐 주며 어렵게 여기지 않았으니, 이로(二老)의 도량이 현절(懸絶)하다.……" 하였다. 우옹의 이 말이 참으로 좋긴 하다마는, 시비(是非)와 취사(取舍)를 자기의 소견대로 해야지, 또 어떻게 꼭 굽혀서 순종해야 한단 말이냐. 글을 지어내는 것만도 매우 어렵고 껄끄러운 일인데, 또 그 글에 대하여 이처럼 의논이 많아서 분주히 부탁을 들어주느라 피곤하니, 이것이 답답하기만 하다.

사제 치공에게 답하는 글

答舍弟穉共

아이들이 혹시나 올까 하고 며칠 동안 고대하던 차에, 인편에 "체증(滯證)이 조금 나은 만큼 가까운 시일 안에 꼭 와서 보겠다."라는 소식을 받고 보니 매우 기쁘다.

나의 병세는 날이 갈수록 중하게 더해져서 어제는 거의 영결(永訣)하는 글을 지으려고까지 하였다마는, 스스로 판단하건대 정신(精神)이나 범백(凡百)의 상황으로 볼 때 필시 금년에 그 지경에까지 이르지는 않을 것으로 여겨진다. 그리고 병이 비록 이와 같긴 하지만 간혹 조금 차도를 보이고 있고, 또 회심처(會心處)가 있기라도 하면 가슴속에서 신기(神氣)가 발발(勃勃)해지면서 문득 팔극(八極)[84]을 휘젓고 다니는 기상이 있음을 느끼곤 하니, 기식(氣息)이 비록 실낱같이 되었다고 하더라도, 이른바 '이(理)에 뿌리를 두고 끝없이 생겨나는 것'[85]이

84 팔극(八極) : 사방팔방의 끝이라는 뜻으로, 이 세계 전체 즉 우주를 뜻하는 말이다. 참고로 《장자(莊子)》 〈전자방(田子方)〉에 "대저 지인으로 말하면, 위로 청천을 엿보고 아래로 황천에 잠기며 팔극을 휘젓고 다니면서도 신기가 변하지 않는다.〔夫至人者 上闚青天 下潛黃泉 揮斥八極 神氣不變〕"라는 말이 나온다.

85 이(理)에……것 : 녹문이 《회암집(悔菴集)》 권45 〈답요자회서(答廖子晦書)〉에 나오는 내용을 발췌하여 인용한 것인데, 관련 부분만 소개하면 다음과 같다. "기(氣)가 흩어지고 나면 이미 변화되어서 남아 있지 않지만, 이(理)에 뿌리를 두고 날마다 생겨나는 것은 원래 호연해서 끝이 없는 것이다. 그래서 상채가 '나의 정신은 바로 조고의 정신이다.'라고 말한 것인데, 이것도 대개는 이런 의미라고 하겠다.〔氣之已散者 旣化而無有矣 其根於理而日生者 則固浩然而無窮也 故上蔡謂我之精神卽祖考之精神 蓋爲此也〕"

있어서 여전히 원두(源頭 물이 발원하는 곳)에 물이 넘실거리기 때문에 그런 것이 아닌가 생각되기도 하는데, 만약 그렇다면 더욱 믿을 만한 구석이 있기에 이것으로 자위하기도 한다. 그런데 병은 날로 심해지고 원기는 날로 저하되기에 의구(疑懼)하는 가운데 어찌할 바를 모르겠는데, 삼(蔘)도 이미 다 떨어지고 닭도 계속 잇기가 어려워서 마음이 근심스럽고 어수선하기만 하다.

지난밤에는 설사 증세가 다행히 발작하지 않아서 조금 평온하게 지낼 수 있었다. 그리고 밥을 먹고 싶은 생각도 조금씩 싹트는 것 같으니, 이를 인하여 위기(胃氣)가 조금 안정될 수 있으면 살아날 수도 있겠다마는, 과연 그렇게 될 수 있을지 모르겠다. 그러나 시간을 다투어 찾아와야 할 걱정거리는 당분간 없을 것이 분명하니, 자네가 비록 오고 싶어도 모쪼록 더 조섭을 하여 완전히 걱정할 것이 없게 된 뒤에나 여기에 오는 것이 좋겠다. 제사를 올리는 일도 이미 지났는데, 그날 내가 사람도 귀신도 아닌 혼침한 상태라서 일어나서 곡하는 소리도 내지 못하였으니, 이것이 무슨 사람이라고 하겠느냐. 그저 눈물이 흘러서 얼굴을 적실 따름이다.

병으로 혼미한 중에 홀연히 부유대업(富有大業)과 일신성덕(日新盛德)[86] 2구(句)의 말이 생각나기에, 윤형(尹兄)이 써 준 것을 찾아내어 좌우(坐隅)에 걸었는데, 필체가 너무 졸삽(拙澁)하여 호방(豪放)한 뜻

86 부유대업(富有大業)과 일신성덕(日新盛德) : 《주역》 〈계사전 상(繫辭傳上)〉의 "풍부하게 소유하는 것을 대업(大業)이라고 이르고, 날로 새로워지는 것을 성덕(盛德)이라고 이른다.〔富有之謂大業 日新之謂盛德〕"라는 말을 가리킨다. 녹문이 서예에 능했던 외사촌 형제 윤동섬(尹東暹)에게 이 글씨를 큰 글자로 써 달라고 청한 글이 《녹문집》 제7권 병오년(1786, 정조10) 8월의 〈내형 윤 판서에게 답하는 글〔答內兄尹判書〕〉에 나온다.

이 전혀 없어서 숭천비지(崇天卑地)[87]의 글씨와는 결단코 비슷하지도 않으니 사람으로 하여금 번민에 잠기게 한다. 병이 조금 뜸해지면 직접 대자(大字)로 써서 걸어 두고 싶은데 쓸 만한 붓이 없으니 자네의 대필(大筆) 한 자루를 보내 주기 바란다.

87 숭천비지(崇天卑地) : 《주역》 〈계사전 상〉의 "지혜는 높이는 역할을 하고, 예법은 낮추는 역할을 하는데, 높이는 것은 하늘을 본받은 것이요, 낮추는 것은 땅을 본받은 것이다.〔知崇 禮卑 崇效天 卑法地〕"라는 말을 압축한 것이다.

사매 신씨부[88]에게 답하는 글 병오년(1786, 정조10)

答舍妹申氏婦 丙午

〔문〕 "《중용(中庸)》 27장의 '돈후한 자세를 견지하며 예를 숭상한다.〔敦厚以崇禮〕'[89]에 대해서, 나의 생각에는 존심(存心)에 소속시켜야 마땅할 것 같은데, 주자(朱子)는 숭례(崇禮)를 치지(致知)에 속한다고 하였다.……" 한 것에 대하여

〔답〕 이미 아는 것을 함영하는 것으로〔涵泳已知〕 온고(溫故)를 해석하고, 이미 능한 것을 돈독히 하는 것으로〔敦篤已能〕 돈후(敦厚)를 해석하였으니, 그렇다면 돈후는 응당 존심(存心)에 속해야 하고, 숭례(崇禮)는 응당 치지(致知)에 속해야 하는 것이다. 대개 이 5구(句)의 10사(事) 중에서, 위의 5사(事)는-존덕성(尊德性)과 치광대(致廣大)와 극고명(極高明)과 온고(溫故)와 돈후(敦厚)이다.- 존심에 해당하는 것으로서 위의 "높음이 하늘에 다하였다.〔峻極于天〕"라는 글에 응하고, 아래의 5사는-도문학(道問學)과 진정미(盡精微)와 도중용(道中庸)과 지신(知新)과 숭례(崇禮)이다.-

88 신씨부(申氏婦) : 녹문의 누이동생인 임윤지당(任允摯堂)을 말한다. 291쪽 주35 참조.

89 돈후한……숭상한다 : 《중용장구(中庸章句)》 제27장에 "군자는 덕성을 존숭하고 학문을 연구한다. 넓고 큰 것을 끝까지 추구하면서도 정밀하고 은미한 것을 완전히 파악하고, 높고 밝은 최고의 경지를 이루면서도 중용의 길을 걷는다. 옛것을 익히면서 새것을 알고, 돈후한 자세를 견지하며 예를 숭상한다.〔君子尊德性而道問學 致廣大而盡精微 極高明而道中庸 溫故而知新 敦厚以崇禮〕"라는 말이 나온다. 뒤에 이어지는 녹문의 답변은 주희의 집주를 다시 반복해서 알기 쉽게 설명해 준 것이다.

치지에 해당하는 것으로서 위의 "위의(威儀)가 삼천 가지이고, 예의(禮儀)가 삼백 가지이다.〔三千三百〕"라는 글에 응하는 것이다. 숭례는 바로 일용(日用)의 사물에 나아가서 변별하고 그 절문(節文)과 도수(度數)의 상세한 내용을 복습하는 것이니, 그렇다면 그것은 응당 치지에 속해야 하는 것으로서 '도체의 세세함을 다하는 것〔盡乎道體之細〕'임이 분명하다.

〔문〕 28장의 고문(考文)과 동궤(同軌)·동문(同文)·동륜(同倫)의 뜻에 대하여

〔답〕 문(文)은 서(書 글자)의 점 찍고 선을 그은〔點畫〕 형상을 말하고, 고(考)는 고찰해서 증정(證正)하는 것을 말한다. 《중용혹문(中庸或問)》에 "주(周)나라 사람들은 여(輿)를 애용하였는데, 이 여는 폭이 6척(尺) 6촌(寸)이었으므로, 땅에 드러난 그 바퀴 자국의 광협(廣狹 대소의 정도)이 하나같았다. 그래서 수레를 만들 때에는 반드시 여기에 맞게 한 뒤에야 방하(方夏)에 다니면서 통하지 않는 곳이 없게 할 수 있었다."라고 하였고, 또 "궤(軌)는 수레바퀴의 자국이다. 《주례(周禮)》에 의하면, 사도(司徒)가 백성에게 도예(道藝)를 가르치는데 서(書)가 그중의 하나를 차지하였고, 또 외사(外史)[90]가 서명(書名 서체)을 사방에 알려 주는 일을 관장하였으며, 대행인(大行人)[91]의 법은 또

90 외사(外史) : 경기(京畿) 이외의 지역에 왕명이나 사방의 지지(地志) 즉 지리서(地理書) 등을 선포하던 주나라 관직의 이름이다.

91 대행인(大行人) : 천자와 제후 사이의 중대한 외교상의 예의(禮儀)를 주관하던 주나라 관직 이름이다.

9년마다 한 번씩 알려 주도록 하였으니, 그 제도의 상세함이 이와 같았다. 비록 주나라 말기에 해내(海內)가 분열(分裂)하였어도 이것을 바꿀 수 없었다가, 진(秦)나라가 육국(六國)을 멸망시킨 뒤에야 수레〔車〕는 6척으로 법도를 삼고 글자〔書〕는 소예(小隸)로 법도를 삼는 등 주나라 제도를 처음으로 개정하였다."라고 하였다.[92] 윤(倫)은 제정(制定)한 예문(禮文)의 차제(次第)를 말한다.

〔문〕 33장의 "군자는 행동하지 않아도 스스로 공경하며, 말하지 않아도 스스로 신실하다.〔君子不動而敬 不言而信〕" 및 "드러나지 않는 덕〔不顯惟德〕"의 뜻에 대하여

〔답〕 '부동이경(不動而敬)'과 '불언이신(不言而信)'은 말하거나 행동하지 않아도 성(誠)과 경(敬)이 내면에 있음을 말한 것이다.-신(信)은 바로 성(誠)이다.- 위의 구절에서는 근독(謹獨)을 말하고 이 구절에서는 계구(戒懼)를 말하였는데, 근독은 남이 보지 못하고 듣지 못하는 것이니 이발(已發)에 속하는 것이고, 계구는 자기가 보지 못하고 듣지 못하는 것이니 미발(未發)에 속하는 것이다. 장구(章句)에서 "자신을 위한 공부가 더욱더 치밀하다.〔爲己之功益加密矣〕"라고 한 것은 바로 이 때문인데, 내서(來書 보내온 글)를 보니 '근독' 두 글자에 대해서 살펴본 것이 아직 정밀하지 못한 듯하다. 불현(不顯)의 뜻에 대해서 자네가 "26장과

92 중용혹문(中庸或問)에……하였다 : 녹문이 《혹문》의 내용 중에서 추려서 인용한 것인데, 녹문의 글답지 않게 다소 산만한 느낌을 준다. 방하(方夏)는 중국을, 소예(小隸)는 소전(小篆)과 예서(隸書)를 말하는데, 《혹문》에는 각각 방내(方內)와 소전예서(小篆隸書)로 되어 있다. 도예(道藝)는 학문과 기능이다.

상반된다."라고 말한 것은 옳다. 상반되기 때문에 집주(集註)에서 "빌려서 인용했다.〔借引〕"라고 말한 것이니, 이 차(借) 자에 주목해야 한다.

〔문〕 "《대학(大學)》 전(傳) 3장(章)에서 〈기욱(淇澳)〉의 시(詩)를 인용하여 말하기를 '여절여차는 학문에 대해서 말한 것이요, 여탁여마는 스스로 닦는 것이다.〔如切如磋者 道學也 如琢如磨者 自修也〕'라고 하였는데, 주자(朱子)가 이를 해석하여 말하기를 '다스리는 것이 두서가 있고, 더욱 정밀하게 되도록 노력하는 것을 말한 것이다.〔言其治之有緒而益致其精也〕'라고 하였다. 그러나 나의 생각에는 '여절여탁(如切如琢)은 학문을 말한 것이고, 여차여마(如磋如磨)는 자수(自修)를 말한 것이다.'라고 한다면 온당할 듯하다."라고 한 것에 대하여

〔답〕 주자(朱子)가 말하기를 "뼈와 뿔은 문리(紋理)를 찾아낼 수 있어서 절차하는 일이 용이하니 시조리(始條理)[93]의 일을 말한 것이요, 옥과 돌은 완정(完整)하고 견확하여 탁마하는 일이 어려우니 종조리의

93 시조리(始條理) : 음악의 조리를 시작한다는 뜻으로, 음악의 조리를 마친다는 뜻의 종조리(終條理)와 함께 써서, 처음부터 끝까지 일 처리를 원만하게 하는 것을 비유하는 말로 쓰이는데, 《맹자》〈만장 하(萬章下)〉의 "공자는 집대성한 분이라고 말할 수 있다. 집대성이란 종(鍾)과 같은 금속 악기의 소리가 먼저 퍼지게 하고 나서, 맨 마지막에 경쇠와 같은 옥의 소리로 거두어들이는 것을 말한다. 맨 처음에 금속 악기로 소리를 내는 것은 음악의 조리를 시작함이요, 옥으로 거두어들이는 것은 음악의 조리를 마침이다. 조리를 시작하는 것은 지(智)의 일이요, 조리를 마치는 것은 성(聖)의 일이다.〔孔子之謂集大成 集大成也者 金聲而玉振之也 金聲也者 始條理也 玉振之也者 終條理也 始條理者智之事也 終條理者聖之事也〕"라는 말에서 나온 것이다.

일을 말한 것이다.〔骨角脈理可尋 而切磋之功易 所謂始條理之事也 玉石渾全堅確 而琢磨之功難 所謂終條理之事也〕"라고 하였다. -《대학혹문(大學或問)》에 보인다.- 이것을 상세히 완미하면 의심이 저절로 없어질 것이다.

〔문〕 10장의 "군자에게는 큰 도가 있다.〔君子有大道〕"의 주(註)에서 운운한 것에 대하여

〔답〕 거기위(居其位)[94] 세 글자에는 깊은 뜻이 별로 들어 있지 않다. 상문(上文)에서 일단 "군자는 지위를 가지고 말한 것이다.〔君子以位言之〕"라고 했기 때문에 여기에서 다시 위(位) 자를 제기한 것이니, 이것이 '거기위' 앞에 '군자'라는 글자를 붙여서 읽어야 하는 이유이다. 그리고 충(忠)은 심(心)에 대해 말한 것이고 신(信)은 사(事)에 대해 말한 것으로, 모두 성의(誠意)에 해당하는 일이요 혈구(絜矩)의 근본이 되는 것이니, 충(忠)을 수기(修己)에 소속시키고 신(信)을 치인(治人)에 소속시키면 안 된다.

"말이 갈수록 더욱 간절하다.〔語益加切〕"라는 집주(集註)의 뜻은 다음과 같다. 처음에는 단지 민중을 얻고〔得衆〕과 민중을 잃는〔失衆〕 것으로 나라를 얻고〔得國〕 나라를 잃는〔失國〕 근본을 삼았는데, 그다음에 또 선(善)과 불선(不善)으로 득중(得衆)과 실중(失衆)의 근본을 삼은 것은 이전에 비해서 한층 더 나아가 말이 더욱 간절해진 것이고, 마지막에 다시 충신(忠信)과 교태(驕泰)가 득실의 근본이라고 말한

94 거기위(居其位) : '그 지위에 거하여'라는 뜻인데, 집주(集註)의 "군자는 지위를 가지고 말한 것이다. 도는 그 지위에 거하여 자신을 닦고 남을 다스리는 방법을 말한다.〔君子以位言之 道謂居其位而修己治人之術〕"라는 말에서 나온 것이다.

것은 곧장 심술(心術)의 은미한 곳에 나아가 천리(天理) 존망의 기틀을 드러내 밝힌 것이니, 이는 선(善) 불선(不善)의 1절(節)에 비해 또 한층 더 나아간 것으로서 이제는 더 이상 나아갈 곳이 없이 말이 또 더욱 간절해졌다는 것이다.

내서(來書)에서 "여기에서 말한 득실을 명덕(明德)의 존망이라는 시각에서 살펴보면, 선과 불선, 득중과 실중이 그 안에 있다."라고 한 것은 글을 제대로 파악한 것이다.

사매 신씨부에게 답하는 글
答舍妹申氏婦

두 차례나 답장을 부쳤는데도 아득히 답음(答音)이 없어서 혹시라도 편지가 침체(沈滯)되어 전달되지 못했나 하여 줄곧 그 생각이 가슴에 걸려 있었는데, 홀연히 영문(營門)으로부터 7월 24일에 쓴 수서(手書)를 전달받고는, 장마와 무더위 속에서 조리하며 생활하는 모든 일이 편안하다는 것과 아이들의 홍진(紅疹)이 지극히 순하게 넘어간 것을 자세히 알았다. 그 기쁨만도 뭐라고 말할 수가 없는데, 전에 보낸 서신 두 통도 모두 제대로 전달될 수 있었으니, 자네의 지극한 정성과 돈독한 사랑이 아니라면 어떻게 오백 리나 떨어진 지역으로 바꿔 가며 우송하는 과정에서 가라앉거나 지연되는 일이 없이 순탄하게 오고 가는 일[95]이 이처럼 쉽게 될 수가 있었겠느냐. 고인(古人)이 "지성(至誠)이면 쇠와 돌도 뚫는다."라고 말한 것을 지금 비로소 실감하겠다.

나의 병은 요즈음 나아져서 지팡이를 짚고 안에 출입할 수 있게 되었다. 게다가 송촌(松村)의 김녀(金女)가 또 지금 와서 머물기 때문에 이것으로 꽤나 적막한 생활에 위안이 되어서 흐뭇하다. 그동안《차의

95 가라앉거나……일 : 서신이 제대로 전해지는 것을 말한다. 진(晉)나라 은선(殷羨)이 예장군(豫章郡)의 태수(太守)로 있다가 임기를 마치고 떠날 즈음에 사람들이 100여 통의 편지를 주면서 경성(京城)에 전달해 줄 것을 청하였는데, 석두(石頭)까지 와서 모조리 물속에 던져 놓고는 "가라앉을 놈은 가라앉고 떠오를 놈은 떠올라라. 은홍교가 우편배달부 노릇을 할 수는 없다.〔沈者自沈 浮者自浮 殷洪喬不能作致書郵〕"라고 말했다는 고사가 있다. 홍교(洪喬)는 은선의 자이다.《世說新語 任誕》

(箚疑)》를 교정(校正)하는 일로 수십 일 동안 골몰하다가 이제 겨우 마칠 수 있어서 원고를 보낼 예정으로 있다. 그리고 얼마 전에 3책(冊)을 우선 베껴서 보내온 글씨를 보니 매우 정밀하고 아름다웠는데, 그 나머지도 차례로 베껴서 보내오기로 하였다. 이제 머지않은 날에 책으로 펴낼 수 있게 되었으니, 그 기쁨이 어떻다고 하겠느냐. 뜻밖에 이런 방백(方伯)을 만나서 이런 대역(大役)을 마무리하게 된 것이 마치 하늘이 도우신 것만 같으니, 이제는 남은 회한이 없을 수 있게 되었다.

윤 태형(尹台兄 윤동섬(尹東暹))이 또 자기가 편찬한 소위 《상제례홀기(喪祭禮笏記)》의 두 대권(大卷)을 나에게 보내면서, 논할 만한 곳이 있으면 찌〔籤〕를 붙여서 논하게 하였다. 그 책을 보니 일용(日用)에 매우 절실한데, 그의 견식이 왕왕 정밀하고 투철하니, 팔순의 노재상(老宰相)이 예(禮)를 좋아하고 학문에 근면하여 이런 대문자(大文字)를 성취할 줄은 생각지도 못하였다. 한정(閑靜 송문흠(宋文欽))의 지문(誌文)은 이미 작성하였다만, 역형(櫟兄 송명흠(宋明欽))의 지문은 아직 초고(草藁)도 짓지 못했으니 매우 안타깝다. 《차의》의 사본(寫本)은 또 불가불 한번 직접 교정을 본 뒤에야 정본(定本)을 만들 수 있는데, 이 일이 또한 매우 호대(浩大)하니, 제갈(諸葛)의 식소사번(食少事煩)[96]과 같아서 매우 안타깝다마는, 그래도 다행인 것은 정신이 그다지

96 식소사번(食少事煩) : 매일 먹는 밥의 양은 매우 적고, 처리하는 사무는 매우 번다하다는 뜻으로, 허약한 신체로 무거운 임무를 감내하지 못하는 것을 비유하는 말로 쓰인다. 제갈량(諸葛亮)이 오장원(五丈原)에서 위(魏)나라 사마의(司馬懿)와 대치하고 있을 적에, 사마의가 제갈량의 사신에게 그의 기거와 식사량과 정사(政事)에 대해서 물어보자, 사신이 매일 3, 4되(升)의 밥을 먹고 20벌(罰) 이상의 일을 모두 직접 처리한다고 대답을 하니 "제갈공명이 어찌 오래 버틸 수 있겠는가.〔諸葛孔明其能久乎〕"라고

감소하지 않았다는 점이다. 종일토록 정신을 쓰노라면 피곤한 정도야 심하긴 하지만 눈을 감고서 한두 시각쯤 휴식을 취하면 곧바로 예전처럼 되어 그다지 손상을 받지 않으니, 어쩌면 남헌(南軒)이 "필시 하늘의 뜻일 것이다.〔殆天意者耶〕"라고 말한 것인지도 모르겠다.[97]

치공(穉共 임정주(任靖周))이 지난 보름 전에 와서 모였고, 김녀(金女)의 모자(母子)와 두 사위가 17일에 맞춰서 또 왔기에 종일토록 단란하게 보냈다. 그 이튿날에는 치공이 별도로 몇 그릇의 음식을 마련하고 순사(巡使)가 또 주효(酒肴)를 보내와서, 헤어져 있던 끝에 이틀간의 즐거움을 얻었으니, 부침(浮沈)하는 인간 세상에서 얻기 어려운 일이라고 말할 만하였는데, 유독 한스러운 것은 자네와 자리를 함께하지 못한 것이었다. 어떤 일이든 흠결 없이 아주 좋게 되기는 어려운 것이 대개 이와 같으니, 이를 또 어떻게 하겠느냐.

하였는데, 과연 얼마 지나지 않아서 제갈량이 54세의 나이로 병사(病死)하여 정군산(定軍山)에 묻힌 고사에서 유래한 것이다. 《三國志 卷35 蜀書 諸葛亮傳》《晉書 卷1 宣帝紀》 공명(孔明)은 제갈량의 자이다.

97 남헌(南軒)이……모르겠다 : 녹문이 자신의 작업을 주희의 일에 견준 자부심 어린 표현이다. 남헌은 주희의 절친한 벗으로, 주희·여조겸(呂祖謙)과 함께 동남(東南)의 삼현(三賢)으로 일컬어진 장식(張栻)을 가리킨다. 학자들이 그를 존경하여 남헌 선생이라고 불렀다. 자(字)는 경부(敬夫)이다. 장식이 죽은 뒤 반년이 지난 때에 주희가 그를 추억하면서, 자신이 지은 제경(諸經)의 설을 장식이 보고는 "한가한 가운데에서 이 일을 성취할 수 있었던 것은 필시 하늘의 뜻이라는 것을 이제야 알았다.〔乃知閑中得就此業殆天意也〕"라는 내용의 글을 자기에게 보냈다고 술회하는 대목이 《회암집(晦菴集)》 권34 〈답여백공(答呂伯恭)〉에 나온다.

사매 신씨부에게 답하는 글

答舍妹申氏婦

요즘에는 영문(營門)의 인편도 끊어져서 날마다 사람을 보내려고 꾀하였지만 생각대로 전혀 되지 않았다. 그런데 홀연히 사람이 와서 종이를 이어서 쓴 수독(手牘)을 전해 주었는데, 흡사 머리를 맞대고 대소사를 빠짐없이 마음껏 이야기하는 것과 같았으니, 그 기쁨을 어떻게 말로 다 할 수 있겠느냐. 그리고 경의(經義)의 차록(箚錄)을 보건대, 필획이 예전 그대로이고 사색이 정밀하여, 신기(神氣)가 보통 때와 같은 것을 상상할 수 있었으므로, 두 번 세 번 펼쳐 놓고 완미하는 동안에 더욱 그지없이 흐뭇하였다.

서신을 보낸 뒤로 모든 일이 편안하며 아소(兒少)도 모두 탈이 없느냐? 성긴 숲 속 높다란 난간이 매일 꿈속에 들어오는데, 어느 때나 다시 이 몸을 봉천(鳳川) 귀석(龜石)의 사이에 놔두게 될지 모르겠다. 여기서는 지난 20일 사이에 가묘(家廟)에 참배하러 말 등에 실려서 계실(溪室)에 갔다가 사흘을 머물고는 바로 돌아왔는데, 다행히 병세가 더치지는 않았으나 치통이 요즘 들어 심해져서 매우 참기 어려워 잠자고 밥 먹는 것 모두가 편치 못하니 답답하기만 하다.

역지(櫟誌 송명흠(宋明欽)의 지문(誌文))는 최근에 겨우 초고를 작성하였다. 아직 탈고하지는 못했어도 대체는 또한 볼 수가 있는데, 자네와 함께 한번 읽어 보지 못하는 것이 유감이다. 경의(經義) 1지(紙)는 우선 놔뒀다가 당부한 대로 계실(溪室)에 보내어 베껴 쓰도록 할 것이요, 그 뒤에 본초(本草)를 돌려보내는 것도 자네가 말한 대로 하겠다.

사매 신씨부에게 보내는 글 정미년(1787, 정조11) 1월
與舍妹申氏婦 丁未正月

나는 또 나이 한 살을 더 먹어 팔순에서 세 살이 모자랄 뿐이니, 한편으로는 놀랍고 한편으로는 서글퍼서 어떻게 마음을 다잡을 수가 없다. 그런데 납정(臘正 12월과 1월)의 두 제사를 이 여사(旅舍)에 앉아서 행하지 못할 뿐만 아니라 망곡(望哭)하는 일도 빠뜨릴 수밖에 없으니, 통운(痛霣)의 망극한 심정을 갑절이나 억누르기 어렵다.

치공(穉共 임정주(任靖周))이 주갑(周甲 회갑)을 맞는 날이 어느새 박두하였는데, 그와 같은 병골(病骨)이 이렇게까지 나이를 향유할 수 있게 된 특별한 기쁨이야 물론 말로 표현할 수도 없다마는, 그가 홀연히 주갑의 노인이 되었고 보면 우리들이 늙은 것은 응당 어떻다고 하겠느냐. 지나간 날을 생각하며 감회에 젖노라니 흐르는 눈물을 주체하지 못하겠다.

나는 그날에 맞춰서 수로(水路)를 통해 서쪽으로 내려가 웅진(熊津 공주(公州))까지 가서는 육로(陸路)를 취해 그곳에 가서 한바탕 단란한 모임을 가져 보려고 한다. 그런데 자네는 거리가 멀어서 회합(會合)할 인연이 없으니, 이를 생각하면 창연(悵然)해지는 심정을 떨쳐 버릴 수가 없는데, 자네의 마음도 필시 그러할 것이다. 그날 부득불 조그마한 술자리라도 마련해야 할 터인데, 본가(本家)는 밥도 제대로 못 먹으니 어떻게 해 볼 도리가 없을 듯하고, 나 역시 도와줄 힘이 없으니 마음이 아프다만 또 어떻게 하겠느냐.

나는 여기에 몇 달 있는 동안, 집안 사이의 자질구레한 근심거리를 완전히 잊어버리고 날마다 여러 젊은이와 더불어 강설(講說)하면서 일용(日用) 간에 진보하는 대목이 없지 않음을 스스로 느끼고 있다마는, 기력이 쇠해 없어져서 고무(鼓舞) 진작(振作)하려 해도 안 되는 것을 어찌하겠느냐. 하고 싶은 일이 매우 많은데 3, 4년 이내에는 마무리할 가망이 없으니, 매양 이 생각이 떠오를 때면 그저 혼자서 개연히 장탄식을 할 따름이다.

요즈음 《주차(朱箚)》[98]를 교정하는 일로 심안(心眼)을 잠시도 쉬지 못하였으니 노곤함이 또한 매우 심하였다. 옆에 있는 사람들은 모두 무엇 때문에 고생하며 이런 일을 하느냐고 괴이하게 여기지만, 나 자신은 이 일을 즐기면서 스스로 피곤한 줄을 알지 못하니, 한자(韓子)가 "가령 도(道)가 나로 말미암아 조금이라도 전해진다면, 비록 죽어 없어진다 하더라도 절대로 유감이 없을 것이다."[99]라고 한 것이 그야말로 진절(眞切)한 말이라고 하겠다. 모르겠다만 이 뒤로 다시 얼마만큼의 세월을 빌려서 얼마만큼의 사업을 이룰 수 있을거나.

윤 태형(尹台兄 윤동섬(尹東暹))이 홀기(笏記)를 몇 차례 왕복하는 과정에서 거의 모두 청종(聽從)하였지만, 그래도 한두 가지 계합(契合)하지 못한 것이 남아 있다. 그런데 일전에 서한을 받아 보건대 "끝내 의혹을 풀지 못하겠으니, 우선 견식(見識)이 진보하기를 기다리겠다.……" 하였고, 또 장난삼아 말하기를 "팔십 노인이 팔십 노인과 왕복

98 주차(朱箚) : 《주자대전차의(朱子大全箚疑)》를 말한다. 266쪽 주7 참조.

99 가령……것이다 : 《창려집(昌黎集)》 권18 〈여맹상서서(與孟尙書書)〉에 이 말이 나온다. 한자(韓子)는 한유(韓愈)에 대한 경칭이다. 대본에는 '使道由我而粗傳 雖滅死萬萬無恨'으로 되어 있으나, 원문은 '使其道由愈而粗傳 雖滅死萬萬無恨'이다.

하면서 견식이 진보하기를 기다리겠다고 말하다니, 조화옹(造化翁)이 옆에서 들으면 필시 박장대소(拍掌大笑)할 것이다."라고 하였으므로, 그것을 읽고서 내가 포복절도(抱腹絶倒)하였는데, 그냥 이를 언급하여 한번 웃을 자료로 제공하는 바이다.

사매 신씨부에게 답하는 글 11월

答舍妹申氏婦 十一月

노복(奴僕)이 와서 전한 수자(手字)를 받고는 위로가 되며 기뻤다. 다만 풍단(風丹 단독(丹毒))의 증세가 빈발(頻發)하는 것이 이와 같으니, 지금 비록 조금 나았다고 하더라도 앞으로 어떻게 될지 염려스러워 걱정되는 마음을 말로 다 할 수 없다.

나는 금년에 갑절이나 더 추위를 타서 하루 종일 오들오들 떨며 이불을 뒤집어쓰고 앉아 있는데, 이 때문에 모든 일이 제대로 이루어지지 않고 있다. 《차의(箚疑)》를 교정하는 일도 아직 4책이 남아 있는데 그것조차 마무리하지 못하고 있으니 다른 것들은 말을 안 해도 알 수 있을 것이다. 그러나 탄식한들 어떻게 하겠느냐.

영백(嶺伯)[100]이 장차 무이(武夷)의 《소학(小學)》[101]을 간행하려 하기에 원본(原本)을 이제 방금 보냈고, 《차의》도 장차 등출(謄出)한다고 하기에 교정을 끝낸 9책을 저번에 먼저 보냈다. 그리고 사행(士行)

100 영백(嶺伯) : 경상도 관찰사 김광묵(金光默)을 가리킨다. 본관은 청풍(淸風)이고, 자는 중회(仲晦)이다. 1767년(영조43)에 춘당시(春塘試)에 급제하였으며, 벼슬이 이조 참판에 이르렀다. 그는 송문흠(宋文欽)의 사위인데, 경상 감사로 있던 1788년(정조12)에 장인의 문집인 《한정당집(閒靜堂集)》을 간행하였다. 아래에 보이는 사행(士行)은 송문흠의 자이다.

101 무이(武夷)의 소학(小學) : 주희가 무이에서 편집한 《소학》을 말한다. 무이는 주희가 문인들과 강학하던 민중(閩中) 즉 복건(福建) 무이산(武夷山)의 무이정사(武夷精舍)를 가리킨다.

형의 문집도 간행할 예정이라고 하였다.

대로사(大老祠)[102] 비문의 어제(御製)와 어필(御筆)을 이미 모두 새겨서 세웠다고 하니, 이것이 얼마나 성대한 거조(擧措)라고 하겠느냐. 죽은 뒤에까지 임금의 지우(知遇)를 받는 것이 이와 같은 것은 천고에 한 사람뿐이라고 할 것이니, 이것이 어찌 덕이 성대하면 천리(天理)가 자연히 이와 같아서 그런 것이 아니겠느냐. 감탄하여 마지않는 바이다. 그러나 그 사람을 존경하기보다는 그 도를 실행하는 것이 낫고, 백세(百世)토록 감회에 젖기보다는 지금 바로 직접 가까이하는 것이 나은데, 이를 가지고 우리 임금에게 들려 드릴 사람이 없는 것이 유감이다.

금일에 제사하는 일을 또 지나쳐 버리고 한번 곡(哭)을 하지도 못하였으니, 가슴 아픈 비참한 심정을 어떻게 말하겠느냐. 숭아(崧兒)가 이미 성장해서 장가를 들었으니, 삭참(朔參 초하루 참례(參禮))을 인하여 입후(立後)하려는 뜻을 먼저 고하려 한다. 금일의 제사도 그로 하여금 섭행하게 하였다.

102 대로사(大老祠) : 송시열(宋時烈)의 사당 이름이다. 1785년(정조9) 9월에 왕명으로 영릉(寧陵) 즉 효종(孝宗)의 능이 있는 여주(驪州)에 송시열의 서원을 세운 뒤에 대로사라고 이름하였다. 정조가 편액(扁額)의 글씨를 직접 써서 사액(賜額)하고 제문(祭文)을 지어 근시(近侍)를 보내 치제(致祭)하게 하였다.

사매 신씨부에게 답하는 글 무신년(1788, 정조12) 2월
答舍妹申氏婦 戊申二月

사람을 보내려다가 아직 못 하고 있던 차에 병세가 갑자기 크게 더치면서 반귀반인(半鬼半人)의 상태가 되었으므로 다른 것은 언급할 겨를이 없다. 저번에 뜻밖에 사람이 찾아왔는데, 병중에 슬프고 괴로운 내용의 말을 차마 보지 못하겠기에 아이로 하여금 단지 하문(下文)의 위로하는 1절(節)을 거론하게 했었는데, 지금 이에 대한 말은 하나도 없이 그만 "이제는 죽은 누이로 알아 달라.……〔今則以死妹知之……〕" 하였으니, 이것이 무슨 말이냐. 자네는 글을 읽고서 의리를 아는 사람인데, 그만 아들을 뒤따라 죽으려고 하다니, 자하(子夏)가 상명(喪明)[103]했을 적에 증자(曾子)의 꾸지람이 어떠하였더냐. 그가 비록 죽었어도 다른 아들과 딸을 보양(保養)하여 성립(成立)시킬 수 있다면 그가 살아 있는 것과 무엇이 다르겠느냐.

전서(前書)에서 내가 갖추 말한 이 도리를 마음속으로 사량(思量)해야 마땅할 터인데, 사매(死妹)라는 두 글자가 사람으로 하여금 놀라서 눈물짓게 하니 스스로 감당해 내지 못하겠다. 자네가 이렇게 매몰차게 말을 하다니, 내 병은 종내 나아지기 어려울 듯하다. 지금 이후로는

103 상명(喪明) : 실명(失明) 즉 시력을 잃는 것을 말하는데, 아들의 죽음을 당하다는 뜻으로 많이 쓰인다. 자하(子夏)가 서하(西河)에서 노년을 보내던 중에 아들의 죽음에 충격을 받고는 너무 상심한 나머지 눈이 멀었는데, 동문인 증자(曾子)의 꾸지람을 받자 "내가 벗들을 떠나 혼자 살다 보니 그렇게 되었다.〔吾離群而索居〕"라고 자책하며 사과했던 고사가 있다. 《禮記 檀弓上》

죽은 오빠〔死兄〕로 간주하고 다시는 더 이상 안부를 물어보지도 말아라. 장일(葬日)이 머지않은 지금, 멀리 밖에서 상상하며 눈물로 얼굴을 적실 따름이다. 나머지는 정신이 혼미해서 말을 불러 주기도 어렵다. 만약 자네를 다시 보지 못하고 죽는다면, 그 슬픔이 응당 어떠하겠느냐.

종질 육에게 답하는 글 기축년(1769, 영조45) 5월
答從姪焴 己丑五月

〔문〕《가례(家禮)》 반부(班祔)[104]의 주(註)에서 "질(姪)의 부친이 스스로 사당을 설치했을 경우에는 그쪽으로 옮겨서 따라간다.〔姪之父自立祠堂則遷而從之〕"라고 한 것에 대하여

〔답〕 위의 사감[105]장(四龕章)의 주(註)에 이르기를 "만약 적장과 함께 거할 경우에는 죽은 뒤에 그 자손이 사실에 사당을 설치한다.〔若與嫡長同居 則死而後其子孫爲立祠堂於私室〕"라고 하였다. 그런데 부주(附註)에서 양씨(楊氏 양복(楊復))가 다시 선생(先生 주희)의 설을 거론하여 말하기를 "같은 증조에게서 나온 후손들끼리 함께 거하면, 종형제와 재종형제가 있게 된다.……〔同居同出於曾祖 便有從兄弟再從兄弟……〕" 하였는데, 이 장(章)에서 "질(姪)의 부친이 스스로 사당을 세운다."라고 말한 것은 바로 이 경우를 가리키는 것이다.

상문(上文)에 나오는 '자질(子姪)'의 질(姪)은 친질(親姪)이나 종질

104 반부(班祔) : 부위(祔位)를 반차(班次)에 따라 종가의 사당에다 합부(合祔)하는 것을 말한다. "부위는 방친 가운데 후사가 없거나 항렬이 낮고 나이가 어린 자로서 먼저 죽은 자의 신위(神位)를 말한다.〔祔位 謂旁親無後及卑幼先亡者〕"라는 양복(楊復)의 해설이 《가례(家禮)》 반부조(班祔條)의 부주(附註)에 나온다.

105 사감(四龕) : 사당 안에 설치한 4대의 감실(龕室)을 말한다. 《가례》 사당장(祠堂章)에 "사당 안에 네 개의 감실을 만들어 선세의 신주를 봉안한다.〔爲四龕以奉先世神主〕"라는 말이 나온다. 4대는 고조·증조·조부·부친을 말하는데, 그 신주를 담은 나무 그릇을 주독(主櫝)이라고 하고, 그들의 신위를 정위(正位)라고 한다.

(從姪)과 재종질(再從姪)을 통틀어 가리켜 말한 것이고, '질지부(姪之父)'의 질(姪)은 단지 종질(從姪) 이하만을 가리켜 말한 것이다. 위와 아래의 질(姪) 자가 같지 않은 것을 의심할 수 있을 법도 하다마는, 그 뜻은 "질(姪) 중에 자기 부친이 스스로 사실에 사당을 설치한 경우에는 옮겨서 따라간다."라고 말하는 것과 같다.

대개 질(姪)을 반부하는 것을 모두 꼭 그렇게 한다는 것이 아니라, 그중에서 사당을 설치한 경우에는 이와 같이 한다는 것인데, 친질의 경우는 그 부친이 사당을 설치할 일이 없기 때문에 어세(語勢)로 볼 때 자연히 종질 이하로 귀결되는 것이니, 이 점을 상세히 완미하면 자연히 의심이 없어질 것이다. 한강(寒崗 정구(鄭逑))의 설로 말하면, 소목(昭穆)의 차서를 잃은 것일 뿐만이 아니다. "조카의 부친이 스스로 사당을 설치했다.〔姪之父自立祠堂〕"라고 말한 것이 어찌 조카의 부친이 죽어서 그의 사당을 설치한 것을 말하는 것이겠는가. 이는 결코 주자(朱子)의 뜻이 아니니, 따를 수 없다.

〔문〕 허행장(許行章)의 "그러므로 고어(古語)에 이르기를, 혹자는 마음을 수고롭게 하며 혹자는 힘을 수고롭게 하나니〔故曰或勞心或勞力〕"라는 구절의 집주(集註)에 나오는 '이 네 개의 구〔此四句〕'라는 말이 의당 '식어인자(食於人者)'의 위에 있어야 하는데 '견식어인야(見食於人也)'의 아래에 있기 때문에 '사인(食人)'과 '식어인(食於人)'도 '네 구〔四句〕' 안에 들어 있는 것처럼 된 것이 의심스럽습니다.[106]

106 허행장(許行章)의……의심스럽습니다 : 《맹자》 〈등문공 상(滕文公上)〉의 허행장에서, 맹자가 진상(陳相)과 토론하는 과정에서 "故曰 或勞心 或勞力 勞心者 治人

〔답〕 이 단락은 언해(諺解)의 풀이가 잘못되었다. 사계(沙溪 김장생(金長生))는 식어인(食於人) 이상을 고어(古語)에 소속시켰으나 이것도 옳은 것 같지는 않다. 나의 생각으로는 '혹노심(或勞心)'에서 '통의야(通義也)'까지가 모두 고어라고 여겨진다. 네 개의 구는 '혹노심 혹노력(或勞心或勞力)'이 1구(句)이고, '노심자(勞心者)'에서 '치어인(治於人)'까지가 1구이고, '치어인자(治於人者)'에서 '식어인(食於人)'까지가 1구이고, '천하지통의야(天下之通義也)'가 1구이다.

勞力者 治於人 治於人者 食人 治人者 食於人 天下之通義也"라고 말한 대목 가운데 '故曰'의 내용이 어디까지 이어지느냐 하는 문제를 제기한 것이다. 언해(諺解)를 따른 전통적인 해석에 의하면 "그러므로 고어(古語)에 이르기를 '혹자는 마음을 수고롭게 하며 혹자는 힘을 수고롭게 하나니, 마음을 수고롭게 하는 자는 남을 다스리고 힘을 수고롭게 하는 자는 남에게 다스려진다.'라고 하였다. 남에게 다스려지는 자는 남을 먹여 주고, 남을 다스리는 자는 남에게 얻어먹는 것이 천하의 공통된 의리이다."로 번역되는데, 주희의 집주에서는 "치어인은 남에게 다스림을 받는 것이다. 사인(食人)은 부세를 내어서 관가(官家)에 공급하는 것이요, 식어인은 남에게 얻어먹는 것이다. '이 네 개의 구〔此四句〕'는 모두 고어인데, 맹자가 인용한 것이다.〔治於人者 見治於人也 食人者 出賦稅以給公上也 食於人者 見食於人也 此四句皆古語而孟子引之也〕"라고 해설하였다.

종질 육에게 답하는 글
答從姪焴

〔문〕 허행장(許行章)의 '혹노심(或勞心) 혹노력(或勞力)'의 한 단락에 대해서, 저번에 수야(秀野)[107]에게 질문했더니, 답하기를 "혹노심(或勞心) 혹노력(或勞力)은 바로 왈(曰)의 아래에 있으니 사람들이 모두 고어(古語)인 줄을 알겠지만, '노심자(勞心者)' 이하의 4구에 대해서는 후인(後人)이 고어로 간주하지 못할 염려가 있기 때문에, '차사구(此四句)'라는 세 글자를 표출하여 '노심(勞心)' 이하로부터 '식어인(食於人)'까지가 모두 고어임을 보여 준 것이다.……" 하였습니다. 이 설이 대문(大文)과 집주(集註)와 언해(諺解)의 뜻에 모두 들어맞는데, 모르겠습니다만 어떻게 생각하십니까?

〔답〕 '혹노심(或勞心)'에서 '식어인(食於人)'까지는 분명히 6구이다. 그렇다면 위의 2구를 제외하고 단지 아래의 4구만 거론하여 "이 네 개의 구가 모두 고어이다.……〔此四句皆古語……〕" 하는 것은 제대로 된 훈고(訓詁)가 못 될 듯하니, 또 어찌 사람의 의혹을 불러일으키지 않겠느냐. 그리고 '식어인(食於人)' 이상을 고어라고 한다면, '천하지통의야

107 수야(秀野) : 광주(廣州)의 수야에 살면서 그 지명을 별호로 삼았던 김종후(金鍾厚, 1721~1780)를 가리킨다. 본관은 청풍(淸風)으로, 자는 백고(伯高)이고, 호는 본암(本庵)·진재(眞齋)이며, 섬촌(蟾村) 민우수(閔遇洙)의 문인이다. 어려서부터 시부(詩賦)로 문명(文名)이 있었고, 생원이 된 뒤에 성리학자로 이름이 났으며, 학행으로 천거되어 장령과 경연관 등을 지냈다. 저서에 《본암집(本庵集)》이 있고, 편서에 《가례집고(家禮集考)》와 《청풍세고(淸風世稿)》가 있다.

(天下之通義也)' 6자만 단독으로 맹자의 말이 되니, 문맥이 접속되지 않을 것 같다.

고인의 문자는 어의(語意)가 끝나는 곳을 구(句)로 삼으니, 전서(前書)에서 내가 운운한 것은 의심할 것이 없을 듯하다. 사옹(沙翁)은 '혹노심(或勞心)'과 '혹노력(或勞力)'을 나누어 2구로 만들었고, '노심자(勞心者)' 이하는 나의 설처럼 하였으니, 이는 '반쯤 올렸다가 다시 떨어뜨리는〔半上落下〕' 격이 되지 않을까 싶다. 시험 삼아 이런 내용으로 수야에게 다시 물어서 나에게 알려 주는 것이 어떻겠느냐?

집주에서 '천하통의(天下通義)'의 1구를 제기하여 말하지 않은 것은, 이 1구에는 주석(註釋)할 만한 것이 별로 없기 때문이다. 중국 사람들은 모두 구법(句法)에 밝기 때문에, 단지 '차사구(此四句)' 3자를 말하기만 해도 결어까지 그 안에 포함된다는 것을 바로 알 수 있는데, 우리나라 사람들은 구법을 모르기 때문에 혼자서 의심을 내는 것이다.

〔문〕 맹자(孟子)가 〈소반(小弁)〉을 '스스로 원망한〔自怨〕' 시라고 여겼다면, 순(舜)을 증거로 삼는 것이 물론 당연합니다. 그러나 맹자의 뜻은, 바야흐로 〈소반〉이 '어버이를 원망한〔怨親〕' 시라고 하면서, 천리(天理)와 인정(人情)의 당연한 바에서 나온 것이라고 하였으니, 그렇다면 순(舜)이 스스로 그 자신을 원망한 것〔自怨其身〕으로 증거를 삼은 것은 어찌 서로 모순되는 것이 아니겠습니까.[108]

108 맹자(孟子)가……아니겠습니까 : 맹자가 《시경》 〈소아(小雅) 소반(小弁)〉의 시에 대한 고자(高子)의 평을 비판하는 《맹자》 〈고자 하(告子下)〉의 대문과 집주의 내용을 임육(任焴)이 거론하며 질문한 것이다.

〔답〕 맹자가 또 언제 곧장 〈소반〉의 원망이 '원친(怨親)'을 한 것이라고 말한 적이 있었더냐. 대개 애통하고 절박한 심정이 극에 이른 나머지, 그 언사(言辭)가 혹 원친을 한 데에 가까웠을 뿐이지, 대체적인 내용은 '자원(自怨)'을 한 것이니, 시(詩)의 주석을 함께 참작해서 보아야 할 것이다.

종질 육에게 답하는 글 경자년(1780, 정조4)

答從姪焴 庚子

임금과 스승과 어버이〔君師父〕의 상(喪)이 똑같이 삼년이라고 하더라도, 은(恩)으로 하고 의(義)로 하는 그 뜻은 각각 같지 않다.

주자(朱子)가 일찍이 방상(方喪)에 대하여 논하기를 "어찌 꼭 거적자리를 깔고 흙덩어리를 베며 물이나 마시고 죽이나 먹으면서 삼년 동안 피눈물을 흘리며 진짜로 부모상에 거하는 것처럼 하는 것이겠는가."라고 하였는데,[109] '스승의 상〔師喪〕'을 당했을 적에 '어버이 상을 당한 것처럼 하는 것〔若喪父〕' 역시 그러하다. 그리고 일단 "복(服)이 없다."[110]라고 말했고 보면, 벼슬하면 안 되는 의리도 없다고 할 것이니,

109 주자(朱子)가……하였는데 : 《회암집(晦菴集)》 권96 〈군신복의(君臣服議)〉에 "그렇다면 이른바 방상이라는 것이 어찌 꼭 천하의 사람으로 하여금 거적자리를 깔고 흙덩어리를 베며 물이나 마시고 죽이나 먹으면서 삼년 동안 피눈물을 흘리며 진짜로 부모상에 거하는 것처럼 하는 것을 말하는 것이겠는가.〔然則所謂方喪者 豈曰必使天下之人寢苫枕塊 飮水食粥 泣血三年 眞若居父母之喪哉〕"라는 말이 나온다. 방상(方喪)은 통상(通喪)인 부모의 삼년상에 준하여 임금의 상복을 입는 것을 말한다. 거적자리를 깔고 흙덩어리를 베는 것은, 효자가 상중(喪中)에 비통한 뜻을 표하기 위해 취하는 행동으로, 보통 부모상을 당한 것을 비유하는 말로 쓰인다. 《의례》 〈기석례(旣夕禮)〉에 "의려에 거하며, 거적자리를 깔고 흙덩어리를 벤다.〔居倚廬 寢苫枕塊〕"라는 말이 나온다. 의려는 상주가 거하는 여막을 말한다.

110 복(服)이 없다 : 《예기》 〈단궁 상(檀弓上)〉의 '심상삼년(心喪三年)'에 대한 정현(鄭玄)의 주(註)에 "심상은 슬퍼하는 모습이 부친상을 당한 것과 같은데, 복이 없는 것이다.〔心喪 戚容如父而無服也〕"라고 하였다. 심상은 스승의 상을 당했을 때, 비록 상복은 입지 않더라도 슬퍼하는 마음만은 상복을 입고 있을 때처럼 하는 것을 말한다.

벼슬에 나아가면 조복(朝服) 차림으로 조회를 하고 직책을 맡아 일을 다스려서 봉공(奉公)하는 일을 극진히 하는 것이요, 벼슬에서 물러나면 소복(素服) 차림으로 집에 거하며 소식(蔬食)을 하고 바깥채에 묵으면서 '마음속의 애통함〔心哀〕'을 극진히 하는 것이다. 이 두 가지는 대개 병행을 해도 서로 어긋나지 않는 것으로, 애당초 '약상부(若喪父)'의 의리를 해치는 것이 또한 없는 것이다.

이러한 까닭에 고금(古今)의 칙령(勑令)을 살펴보아도, 사상(師喪)을 당하면 해직(解職)한다는 문구가 원래 없고, 송조(宋朝)로부터 아조(我朝)의 제현(諸賢)에 이르기까지 '스승을 위한 복〔師服〕' 때문에 관직을 그만둔 이가 있었다는 말을 도시 듣지 못하였다. 이것이 어찌 스승을 위하는 정성이 금인(今人)보다 못해서 그런 것이겠느냐. 참으로 의리상으로도 벼슬을 그만둬야 할 이유가 없고, 국법으로도 허락하지 않았기 때문이다.

만약 "근세에 사상을 당했을 적에 기년(期年)·9월·5월·3월의 복(服)을 입는 자들이 많은데, 이것이 삼년(三年)과는 다른 점이 있기 때문에 이와 같이 하는 것이다."라고 말을 한다면, 이는 결코 그렇지 않다. 대저 기년이나 9월 이하의 복제(服制)를 둔 것은 그야말로 예(禮)의 말실(末失 말세의 잘못)인데, 율곡(栗谷 이이(李珥)) 이하의 여러 선생이 이를 미처 조감(照勘 검토)하지 못한 것이다.

만약 이를 인하여 마침내 "기년이나 9월 이하의 복을 입는 자에게는 '약상부'의 의리가 없으니 관직을 그만둘 필요가 없는 것이다."라고 말한다면, 비록 사계(沙溪 김장생(金長生))가 율곡을 섬기고 양송(兩宋 송시열(宋時烈)과 송준길(宋浚吉))이 사계를 섬기고 수암(遂庵 권상하(權尙夏))이 우옹(尤翁 송시열)을 섬긴 것을 가지고도, 공문(孔門)의 칠십자(七十

子)[111]가 될 수 없어서, 부(父)는 중(重)하고 사(師)는 경(輕)하다는 설이 힘을 얻게 되고 말 것이니, 어찌 윤리를 너무도 어그러뜨려 손상하는 것이 아니겠느냐.-만약 '약상부(若喪父)'의 의리에 입각해서 기년·9월의 잘못을 바로잡는다면 괜찮지만, 기년·9월의 잘못된 복제를 고집하여 거꾸로 "기년이나 9월의 복을 입는 자에게는 '약상부'의 의리가 없다."라고 말한다면 옳지 않다.- 이런 설을 제기하는 자는 대개 관직을 그만두지 않는 것이 애당초 '약상부'의 의리를 해치지 않는 것임을 모르고서, 억지로 해석을 하여 뜻이 통하게만 하려다가 자기의 주장이 말이 되지 않는다는 것도 스스로 깨닫지 못한 것이다.

내유(來諭 보내온 글)에서 '면재(勉齋 황간(黃榦))……' 하였는데, 모르겠다만 달리 참고할 만한 문자가 또 있느냐? 단지 《송사(宋史)》 본전(本傳)의 "심상(心喪) 삼년을 끝내고……" 한 것[112]으로만 본다면, 관직을 그만둔 증거로 삼기에 부족할 듯싶다. 대개 소희(紹熙) 갑인년[113]에

111 공문(孔門)의 칠십자(七十子) : 훌륭한 스승 문하의 뛰어난 제자를 비유하는 말이다. 《맹자》 〈공손추 상(公孫丑上)〉에 "칠십 명의 제자가 공자에게 열복(悅服)하였다.〔七十子之服孔子也〕"라는 말이 나오고, 또 《사기(史記)》 〈공자세가(孔子世家)〉에 "공자가 시서예악을 교재로 가르쳤는데, 제자가 대개 삼천 명에 이르렀으며, 그중에서 육예를 몸으로 통달한 사람이 72인이었다.〔孔子以詩書禮樂教 弟子蓋三千焉 身通六藝者七十有二人〕"라는 말이 나온다.

112 송사(宋史)……것 : 《송사》 권430 〈황간열전(黃榦列傳)〉에 "주희의 부음을 듣고는, 황간이 심상 삼년을 지내었으며 그 일이 끝나자 가흥부 석문주고의 감역(監役)에 조용(調用)되었다.〔訃聞 榦持心喪三年畢 調監嘉興府石門酒庫〕"라고 하였다.

113 소희(紹熙) 갑인년 : 소희는 남송(南宋) 광종(光宗)의 연호로, 갑인년은 1194년인데, 《송사(宋史)》 권430 〈황간열전〉에 의하면 그가 태주 주무에 임명된 것은 영종(寧宗)이 즉위했을 때의 일로 기록되어 있다. 갑인년 7월에 영종이 광종의 뒤를 이어 즉위하였다.

면재가 처음 선생(先生 주희)의 추천으로 장사랑(將仕郎)에 보임되어 태주 주무(台州酒務)가 되었다가 곧바로 모친상을 당해서 관직을 그만두었고, 그 뒤를 이어 경원(慶元)의 화(禍)[114]를 만나 다시 관직에 조용(調用)되지 못했다가 가태(嘉泰) 임술년(1202)에 이르러 시론(時論)이 조금 가라앉은 뒤에야 가흥 주고(嘉興酒庫)에 조용되었는데, 그 관직에 조용된 것이 마침 선생의 상이 끝난 뒤에 있었기 때문에 사씨(史氏 사관(史官))가 글을 쓴 것이 이와 같이 된 것일 뿐이지, 면재가 본래 관직에 있던 중에 선생의 상을 당해 그만두었다가 상이 끝나고 나서 조용된 것을 말한 것이 아니다.

주자(朱子)가 연평(延平)[115]의 상을 당한 것이 바로 계미년(1163)에 부소(赴召 소명(召命)에 응하는 것)할 때에 있었는데, 무학(武學)에 임명되자 그 직명(職名)을 배수(拜受)하고 돌아왔다. 삼년(三年)의 여부를 비록 상고할 수 없다고 하더라도, 일사(一事)의 처지[116]에서 처신한 것이 이와 같았으니, 그 의리를 단연코 알 수가 있다. 사람들의 말이

114 경원(慶元)의 화(禍) : 주희(朱熹)의 학문을 위학(僞學)이라 하여 금단(禁斷)한 이른바 '경원 당금(慶元黨禁)'의 사건을 말한다. 영종(寧宗) 경원 연간에 한탁주(韓侂胄)와 조여우(趙汝愚)가 권력 쟁탈전을 벌일 적에 주희 등이 조여우의 편을 들었는데, 한탁주가 득세한 뒤에 승상 조여우 이하 59인을 모조리 몰아내는 한편, 도학(道學)을 위학이라고 규정하고 일절 금지하도록 하였다. 위학이란 거짓된 학문이라는 뜻으로, 욕망에 따라 자기 뜻대로 살려고 하는 것이야말로 인간의 진정한 속성인 만큼, 이를 단속하여 굳이 수양하게 하려는 주희의 학문은 허위라고 한탁주가 주장하면서 도학을 배척하는 명분으로 삼았다.《宋史 卷434 蔡元定列傳, 卷474 韓侂胄列傳》

115 연평(延平) : 주희의 스승인 이통(李侗, 1093~1163)의 별호이다.

116 일사(一事)의 처지 : 스승을 임금이나 어버이와 똑같이 섬겨야 하는 제자의 입장이라는 말이다.

어수선하여 혼란스러우면 성인(聖人)의 가르침으로 결단해야 하니, 스승을 섬기는 것을 주자처럼 하는 것이 또한 옳지 않겠느냐. 나의 견해는 이와 같은데, 도리에 비추어 볼 때 그다지 어긋나지 않을 듯하다. 바라건대 다시 의심하지 말고 안심하고 벼슬살이를 하면서, 단지 '심애(心哀)'의 여러 절목(節目)에 힘을 기울이도록 하라.

종질 육에게 답하는 글 갑진년(1784, 정조8) 3월
答從姪焴 甲辰三月

신부(新婦)가 구고(舅姑 시아버지와 시어머니)를 뵙는 예(禮)에서는 구고가 주(主)가 되기 때문에, 신부가 구고를 뵌 뒤에 구고가 조부모에게 데리고 가서 보이는 것인데, 이렇게 하는 예(禮)의 뜻이 정심(精深)하니, 어찌 위배해서야 되겠느냐. 비록 거리가 멀다고 하더라도, 먼저 아중(衙中)에서 구(舅)를 뵙는 예를 행하고, 신부가 환경(還京)한 뒤에 바로 서호(西湖)에 가서 절하게 하는 것이 타당할 듯하다. 혹시라도 그대로 머물러 있고 돌아오지 않을 경우에는, 가을 무렵에 조부모가 내려온 뒤에 구(舅)가 신부를 데리고 가서 뵙도록 해야 할 것이다. 기억하건대, 옛날에 이녀(李女)가 혼례를 치른 뒤에, 정계(淨溪)가 매우 가까웠어도 먼저 가서 절하지 않고, 이듬해에 먼저 경중(京中)에서 구고를 뵙는 예를 행했었다.

종질 육에게 답하는 글 윤3월

答從姪焴 閏三月

〔문〕《가례(家禮)》〈관례(冠禮)〉 빈지조(賓至條)에 “주인이 이내 읍(揖)을 하고 가면, 빈(賓 관례를 주관하는 사람)과 찬자(贊者 빈(賓)을 보좌하는 사람)가 따라간다.〔主人遂揖而行 賓贊從之〕”라고 하였습니다. 이에 대해서 망사(亡師)[117]는 설하기를 “《의례(儀禮)》에는 무릇 읍을 할 때 답하는 글이 없다.”라고 하였습니다만, 〈사관례(士冠禮)〉의 “빈(賓)과 읍을 하고 들어간다.〔與賓揖入〕”와 〈향음주례(鄕飮酒禮)〉의 “빈(賓)과 주(主)가 ‘모두 읍을 하고 자리로 돌아간다.〔皆揖復席〕’”와 〈향사례(鄕射禮)〉의 “섬돌 앞에서 교차할 때 서로 읍을 한다.〔階前相揖〕”의 글을 가지고 유추하건대, 읍에는 답이 있음을 알 수 있으니, 이를 언급하지 않은 것은 그 문구를 생략한 것일 뿐입니다. 오직 〈사관례〉의 “찬자에게 읍을 한다.〔揖贊者〕”와 〈향음주례〉의 “중빈에게 읍을 한다.〔揖衆賓〕”의 경우에 있어서는, 찬(贊)이나 중빈(衆賓)은 단지 정빈(正賓)을 수종(隨從)하기 때문에 주인이 이미 그 예(禮)를 생략해서 찬과 중빈 모두 답이 없는 듯합니다. 〈관례〉의 “빈이 관례의 대상자에게 읍을 한다.〔賓揖將冠者〕” 및 〈혼례(昏禮)〉의 “주인이 신부에게 읍을 한다.〔主人揖婦〕”의 경우는, 인도(引導)하려는 것이지 예양(禮讓)하는 것이 아니기 때문에 역시

117 망사(亡師) : 임육이 《맹자》 허행장(許行章)을 수야(秀野)에게 여쭈었다는 글이 있는 것으로 보아, 김종후(金鍾厚)가 아닌가 추측해 본다. 352쪽 주107 참조.

답이 없는 듯합니다.

〔답〕 읍에 어찌 답이 없을 수 있겠느냐. 〈사관례〉의 "찬자에게 읍을 한다."와 〈향음주례〉의 "중빈에게 읍을 한다."의 경우도 문구를 생략한 것인 듯싶다. 〈관례〉의 "빈이 관례의 대상자에게 읍을 한다."와 〈혼례〉의 "주인이 신부에게 읍을 한다."의 경우는 인도하려는 것이지 예양하는 것이 아니라고 말한 것은 제대로 파악한 것 같다.

〔문〕 초가(初加)[118]에 대해서 홀기(笏記)[119]에 "찬자가 건(巾)의 끈을 매어 준다.〔贊者結巾纓〕"라고 하였습니다. 이에 대해서 망사(亡師)는 설하기를 "《가례》에는 찬자(贊者)가 단지 건(巾)을 바치기만 하고 '마무리하는 것〔卒〕'은 없는데, 삼가(三加)에 이르기까지 모두 같으니, 그렇다면 폭건(幅巾)의 끈〔帶〕도 빈(賓)이 찬자에게 받아서 매는 것이다.……" 하였습니다.

〔답〕 〈사관례〉의 초가에서 "찬자가 마무리한다.〔贊者卒〕"라고 하였는데, 그 주(註)에 "마무리한다는 것은 규항[120]을 설치하고 끈을 묶는 것이다.〔卒謂設缺項結纓也〕"라고 하였다. 그리고 재가(再加)에서 "찬자

118 초가(初加) : 관례(冠禮) 때 1차로 치포관(緇布冠)을 씌우는 것을 말한다. 시가(始加)라고도 한다. 그리고 2차로 피변(皮弁)을 씌우는 것을 재가(再加)라고 하고, 3차로 작변(爵弁)을 씌우는 것을 삼가(三加)라고 한다. 또 이 세 가지를 합쳐서 삼가(三加)라고 칭하기도 한다.

119 홀기(笏記) : 의식의 순서와 절차를 기록한 책을 말한다.

120 규항(缺項) : 관을 쓸 적에 벗겨지지 않게 비녀 대신 목에 매는 끈을 말한다. '缺'의 음에 대해서 정현(鄭玄)은 "《시경》에 나오는 '유규자변(有頍者弁)'의 규(頍)로 읽어야 한다."라고 하였다.

가 굉(紘)[121]을 마무리한다.〔贊者卒紘〕"라고 하였는데, 그 주에 "굉을 마무리함은 끈을 이어서 매는 것을 말한다.〔卒紘謂繫屬之〕"라고 하였다. 경문(經文)이 명백한 것이 이와 같으니, 《가례》에서 끈을 매는 것〔結纓〕을 말하지 않은 것은 글을 생략한 것인 듯하다. 지금은 응당 《의례》를 따라야 할 것이다.

〔문〕 초(醮)를 행할 때 "관자가 재배하고 자리에 오른다.〔冠者再拜升席〕"라고 하였습니다.[122] 이에 대해서 망사(亡師)는 설하기를 "〈사관례〉에 의하면 자리에 나아가는 것이 관자(冠者)가 잔을 받고〔受觶〕 찬관자(贊冠者)가 포해(脯醢)를 올린 뒤에 있다."라고 하였습니다.

〔답〕 고례(古禮)에 의하면, 관자가 잔을 받을 때에는 자리 서쪽 남향의 위치에 그대로 있다가, 잔을 받고 나서 비로소 자리에 올라가 포해를 제(祭)[123]하고 술을 제하는 것으로 되어 있다.

〔문〕 "관자가 이내 서쪽을 향하여 찬자에게 절한다.〔冠者遂西向拜贊

121 굉(紘) : 비녀의 양쪽 끝부분에 매어서 관을 고정하는 끈을 말한다.

122 초(醮)를……하였습니다 : 《가례(家禮)》 〈관례(冠禮)〉에 나오는 내용을 임육이 정리해서 소개한 것이다. 이후 처음에 거론하는 인용문들도 모두 이와 같다. 관자(冠者)는 관례의 대상자를 말한다. 초는 존자(尊者)가 비자(卑者)에게 술을 따라 주는 것〔酌酒〕으로, 비자가 답례를 하지 않는다. 정현(鄭玄)은 "술을 따라 주기만 하고 주고받는 절차가 없는 것을 초라고 한다.〔酌而無酬酢〕"라고 하였다.

123 제(祭) : 덜어 낸다〔除〕는 뜻이다. 음식과 술을 들기 전에 그 음식과 술을 처음으로 만든 자에게 감사한다는 뜻으로 음식을 조금 덜어 내고 술을 기울여 땅에 조금 붓는 것을 말한다.

者〕"라고 하였습니다. 이에 대해서 망사(亡師)는 설하기를 "이는 《서의(書儀)》[124]에서 연유한 것으로, 부형(父兄)에게는 배현(拜見)이라고 말한 반면에, 찬자(贊者)에게는 단지 배(拜)라고만 말하고 현(見)을 말하지 않은 것은 대개 사례(謝禮)를 주로 했기 때문이다. 이는 원래 사관(士冠)의 예(禮)와는 같지 않은데, 《가례》는 또 나아가 여기에다 놔두었다. 고례(古禮)는 단지 찬자만 보기 때문에 서쪽을 향하지만, 이 경우는 빈(賓)에게 절하는 곳에서 그대로 찬자에게 절하는 것이니, 그렇다면 역시 그대로 남쪽을 향해야 마땅하다."라고 하였습니다.

〔답〕《의례》에는 찬자에게 배(拜)할 때 원래 현(見) 자가 있다. 《서의》에 현(見) 자가 없는 것은 우연일 뿐이요, 사례 때문이 아니다. 《가례》에서 빈(賓)에게 절하는 대목 뒤로 옮겨 놓은 것도 단지 편리함을 따른 것인 듯하다. 대개 빈에게 절하는 것은 원래 음주(飮酒)의 상례(常禮)일 뿐이요 사례하는 것이 아닌데, 어찌 유독 찬자에게만 특별히 사례를 한단 말이냐. 비록 초(醮)의 뒤에 있다고 하더라도 초와는 본래 상관이 없는 일이니, 동쪽과 서쪽에서 서로 절하는 《의례》의 본문을 적용하는 것이 실로 마땅하다.

〔문〕"관자가 북쪽을 향하여 부모에게 절을 하면, 부모가 그를 위해 일어난다.〔冠者北向拜父母 父母爲之起〕"라고 하였습니다. 이에 대해

124 서의(書儀) : 송(宋)나라 사마광(司馬光)이 지은 예서(禮書)이다. 《사마서의(司馬書儀)》라고도 한다. 각종 서식(書式) 1권, 관의(冠儀) 1권, 혼의(昏儀) 2권, 상의(喪儀) 6권으로 되어 있다.

서 망사(亡師)는 설하기를 "부(父)와 빈(賓)을 뵙지 않는 것〔不見〕은《개원(開元)》[125]과《서의》모두 고례(古禮)와 같은데,《가례》만 유독 부친을 뵙는〔見父〕 의절(儀節)을 두었으니, 이는 어쩌면 소(疏)의 설에 기인한 것인지도 모르겠다. 그리고 '부가 그를 위해 일어난다〔父爲之起〕'는 것을, 만약 '모친이 관자에게 절하는〔母拜〕' 예(禮)[126]와 비등하게 여긴다면, 이는 〈상복(喪服)〉의 전(傳)에서 '부모에게 무슨 구별이 있느냐'[127]라고 말한 것과 비슷하게 될 듯한데,

125 개원(開元) : 당 현종(唐玄宗) 개원 연간에 제정한 예, 즉《개원례(開元禮)》를 말한다.《대당개원례(大唐開元禮)》라고도 한다.

126 모친이……예(禮) :《의례》〈사관례(士冠禮)〉에서 아들이 모친을 뵐 적에 "모친은 배수례(拜受禮)를 행하고 아들은 배송례(拜送禮)를 행한다.〔母拜受 子拜送〕"라고 하였다. 배수례는 자기가 무엇을 받기 전에 먼저 행하는 배례(拜禮)를 말하고, 배송례는 남에게 무엇을 준 뒤에 행하는 배례를 말한다. 즉 모친이 절한 대상은 아들이 아니라 아들이 관례를 통해 받은 자(字)를 가리킨다. 이에 대해 "母拜 受 子拜 送"으로 구두를 떼어 "모친이 절한다. 받는다. 아들이 절한다. 보낸다."로 풀기도 하는데, 이는 오류이다. 망사 즉 김종후는 잘못된 구두를 적용해서 '모친이 아들에게 절하는 것'으로 해석하여 문제를 제기하였는데, 녹문은 이 잘못에 대해서는 일부러 언급하지 않은 것으로 보인다.

127 부모에게……있느냐 :《의례》〈상복(喪服)〉 부장기(不杖期) 장의 "인후가 된 사람은 그 부모를 위해 기년복(期年服)으로 보답한다.〔爲人後者 爲其父母 報〕"라는 조목의 전(傳)에 "금수는 어미가 있는 것만 알고 아비가 있는 것은 모른다. 시골 사람들은 부모에게 무슨 구별이 있느냐고 한다. 도회지 사람들은 부친을 높일 줄을 안다. 대부와 학사는 조부를 높일 줄을 안다. 제후는 그들의 태조에게까지 제사를 올린다. 천자는 그들의 시조를 나오게 한 하늘에게까지 제사를 올린다.〔禽獸 知母而不知父 野人曰 父母何算焉 都邑之士 知尊禰矣 大夫及學士 知尊祖矣 諸侯及其太祖 天子及其始祖之所自出〕"라는 말이 나온다. 대본에는 '父母何數焉'으로 되어 있는데, '數'는 '算'의 잘못이기에 바로잡아 번역하였다.

《후한서(後漢書)》〈예의지(禮儀志)〉의 주(註)에서 '아들의 절에 답하는 잘못'을 갖추 말하였으니, 그 의리가 삼엄하다.……" 하였습니다.

〔답〕《의례》에서는 모친은 뵙고 부친은 뵙지 않으며, 《가례》에서는 사당(祠堂)에서 뵙고 나서 부모와 제친(諸親)을 동시에 뵙는데, 양쪽 모두 각각 의의(意義)가 있는 것 같다. 그리고 고례의 의문(儀文)에는 미비한 점이 많고, 또 사당에서 뵙는 한 절목이 없는데, 비록 《예기》〈증자문(曾子問)〉에 의거할 만한 점이 있다고 하더라도 절목의 사이에서 억지로 꿰어 맞추기 어려운 점이 있다. 대개 고금의 사정이 이미 다른 만큼, 이러한 곳은 근거 없이 억측하기보다는 일체 《가례》에 이루어진 예문(禮文)에 의거하여 실천하는 것이 나을 듯도 싶은데, 그렇게 하면 허물을 줄일 수도 있을 것이다. 그리고 '부가 그를 위해 일어난다〔父爲之起〕'라는 것을 가지고, '부모에게 무슨 구별이 있느냐〔父母何算〕'라고 말한 것과 비슷하다고 한 것은 유추한 것이 너무 지나치지 않았나 싶기도 하다. 그리고 〈예의지〉의 주에서 '아들의 절에 답한 잘못'을 엄하게 배척한 것으로 말하면, '임금이 신하에게 절을 하는〔君拜臣〕' 의리[128]로 미루어 보더라도 여기에까지 이르지는 않을 듯싶다. 《의례》는 유독 주공(周公)이 지은 경(經)이 아니더냐.

128 임금이……의리 : 태갑(太甲)과 이윤(伊尹), 성왕(成王)과 주공(周公)의 관계처럼, 임금이라도 신하에게 절을 하는 경우가 있을 수 있다는 말이다. 그리고 《서경》〈익직(益稷)〉에, 순(舜) 임금의 노래를 이어받아 고요(皐陶)가 노래하자, 그 노래를 다 듣고 나서 "순 임금이 절을 하며 '옳은 말이다. 가서 공경히 하라.'라고 하였다.〔帝拜曰兪 往欽哉〕"라는 내용이 나온다.

종질 육에게 답하는 글 4월
答從姪焴 四月

존장을 뵙는〔見尊長〕 하나의 의절(儀節)을 폐한다면 미안하지 않을 수 있겠느냐. 고금의 사정이 다른 만큼, 이런 곳은 일체 《가례(家禮)》에 준거(遵據)하여 행하기만 하면 될 것이다. 만약 고례(古禮)에 구애받은 나머지 현재 행해야 할 예(禮)를 거꾸로 폐한다면, 《가례》는 장차 시렁에 올려놓고 쓰지 않을 작정이냐? 이해할 수가 없다.

그리고 부친을 뵙지 않는 것〔不見父〕과 같은 것은 일단 《의례(儀禮)》에 분명한 문구가 있으니 실로 근거가 없다고 할 수 없지만, 형제와 고자(姑姊)의 경우는 《의례》에 분명히 서로 절한다〔相拜〕는 문구가 있는데, 문득 불현부(不見父)의 뜻을 따라 유추하여 "형제는 이미 사당 안에서 보았으니 다시 볼 것이 없다."라고 말한다면 너무 지나치지 않겠느냐. 형제가 온몸에 흑색의 복장을 착용하고서〔畢袗玄〕 자기 자리에 서 있는 것이 어찌 사당 안에서 서로 보는 경우와 비등하지 않겠으며, 《의례》에서 관례(冠禮)를 마친 뒤에 서로 보게 하였고 보면 사당 안에서 본 자만 어찌 유독 다시 보지 않는단 말이냐. 이미 《가례》를 어기고는 또 《의례》까지 어겼으니, 반쯤 올렸다가 다시 떨어뜨린〔半上落下〕 것이 심하다고 할 만하다. 그리고 세속의 상정(常情)으로 말하더라도, 관례를 마치고 나서 존장과 제친(諸親)을 절하고 뵙지 않는다면 그것이 무슨 도리라고 하겠느냐.

종질 육에게 답하는 글
答從姪焴

〔문〕 "자로(子路)는 고이 죽지 못할 듯하다.……〔由也 不得其死……〕"[129] 한 것에 대하여

〔답〕 부득기사(不得其死)는 질곡사(桎梏死)[130]라고 말한 것과 같다. 비간(比干)의 죽음에 대해서 어떻게 부득기사했다고 말할 수 있겠는가. 논한 것이 타당하다.

〔문〕 대신(大臣)과 대신(臺臣)은 지위와 진퇴 면에서 실제로 같지 않은 점이 있긴 합니다만, 기묘년(1519, 중종14)의 사화(士禍)가 국가의 안위와 관계되는 것이었고 보면, 대신(大臣)의 신분에 있는 자가 오히려 자신의 거취(去就)를 걸고서라도 쟁집할 수 없었단 말입니까. 정 문익(鄭文翼)[131]이 사류(士類)를 구호하는 활동을 한 그

129 자로(子路)는……듯하다 : 자로의 기상이 강강(剛强)한 것〔行行如也〕을 보고는 공자가 "자로는 고이 죽지 못할 듯하다.〔若由也 不得其死然〕"라고 말한 내용이 《논어》 〈선진(先進)〉에 나온다. 자로는 그 뒤에 위(衛)나라 공회(孔悝)의 난에 목숨을 잃었다.

130 질곡사(桎梏死) : 질곡, 즉 구속(拘束) 수금(囚禁)되어 죽는 것을 말한다. 《맹자》 〈진심 상(盡心上)〉에 "명 아닌 것이 없다고 하겠지만, 그중에서도 정명(正命)을 순리로 받아야 할 것이다. 자기의 도리를 다하고서 죽음을 맞는 것이 정명이요, 질곡에 매여서 죽는 것은 정명이 아니다.〔莫非命也 順受其正 盡其道而死者 正命也 桎梏死者 非正命也〕"라는 말이 나온다.

131 정 문익(鄭文翼) : 정광필(鄭光弼, 1462~1538)을 가리킨다. 기묘사화(己卯士禍) 당시에 영의정의 신분으로 조광조(趙光祖)의 사사(賜死)를 반대하다가 영중추부

공(功)은 공이라고 하겠습니다만, 이미 제이층(第二層)에 떨어져 있었으니 이는 결코 유자(儒者)의 심법(心法)이 아닙니다. 그는 어쩌면 적 양공(狄梁公)[132]의 부류가 아닐까 합니다.

〔답〕 그 말이 옳다. 대저 인신(人臣)의 의리는 왕릉(王陵)[133]을 표준으로 삼아야 한다. 조금이라도 공리(功利)를 계모(計謀)하는 마음이 있으면, 그것은 곧 유자의 법문(法門)이 아니다.

사로 좌천되기도 하였으나, 실상은 그 이전에 조광조의 개혁 정치를 극력 저지하는 등 두 얼굴의 모습을 드러내었다는 점에서 임육이 이렇게 평한 것이 아닌가 한다. 대본에는 '鄭忠翼'으로 되어 있는데, 정광필의 시호는 문익(文翼)이기에 '忠'을 '文'으로 바로잡아 번역하였다.

132 적 양공(狄梁公) : 양국공(梁國公)에 추봉(追封)된 당나라의 적인걸(狄仁傑)을 가리킨다. 그는 후대에 명재상으로 추앙을 받기도 하지만, 다른 한편으로 자기 아들인 예종(睿宗)을 폐위하고 직접 황제가 되어 국호를 주(周)로 고친 무측천(武則天)을 그가 배격하지 않고 도우며 대신(大臣)의 지위를 향유했다는 점에서, 이씨(李氏)의 당나라에 대해 실절(失節)했다는 비판을 받기도 한다.

133 왕릉(王陵) : 최고 통치자의 앞에서 의리에 입각하여 적극적으로 직간(直諫)을 하며 쟁집(爭執)한다는 뜻의 '면절정쟁(面折廷爭)'의 고사로 유명한 전한(前漢)의 재상이다. 여후(呂后)가 여씨(呂氏)들을 왕으로 임명하려고 하자, 그가 우승상(右丞相)의 신분으로 "고제(高帝)가 '유씨가 아닌데 왕이 될 경우에는 천하가 다 함께 공격하라.〔非劉氏而王 天下共擊之〕' 하였다."라면서 강력히 반대하였는데, 좌승상 진평(陳平)과 강후(絳侯) 주발(周勃)이 "안 될 것이 없다.〔無所不可〕"라면서 여후의 뜻에 동의하자, 왕릉이 "무슨 면목으로 지하에서 고제를 뵈려 하는가.〔何面目見高帝地下〕"라고 그들을 면박(面駁)하니, 두 사람이 "지금 면절정쟁하는 것은 우리가 그대만 못하지만, 사직을 보전하고 유씨의 후손을 안정시키는 것은 그대가 또한 우리보다 못할 것이다.〔於今面折廷爭 臣不如君 全社稷定劉氏後 君亦不如臣〕"라고 답했다는 기록이 전한다.《史記 卷9 呂太后本紀》

종질 육에게 보내는 글 정미년(1787, 정조11) 12월

與從姪焴 丁未十二月

요즈음 추위가 극심한 때에 어버이를 모시고 지내는 생활이 내내 청승(淸勝)하리라 믿는다. 공무(公務)의 여가에는 하는 일이 뭐가 있느냐? 모쪼록 독서를 폐하지 말고 심흉(心胸)을 활짝 열어젖히고서 안목을 높고 크게 할 것이요, 한갓 눈앞의 사적인 이해나 호오에 얽매이지 말 것이다. 그리하여 말없이 스스로 맑게 성찰하는 가운데, 천지 사이에 원래 하나의 공정하고 광대한 의리가 있음을 볼 수 있게 되면, 한세상을 허비하는 사람이 되지 않을 수 있을 것이다. 스스로 생각해도 여생이 얼마 남지 않았는데도, 매양 고요한 밤에 잠들지 못할 때면 왕왕 옛날의 호장(豪壯)했던 마음이 나도 모르게 솟아 나오곤 한다. 그래서 종이를 앞에 두고서 붓 가는 대로 그냥 언급하게 되었으니, 웃지 말고 유념해 주면 다행이겠다. 서울에서 혹시 연소한 자로서 자질이 아름답고 학문에 부지런하여 가망이 있는 자를 찾을 수 있겠느냐? 최근에 김생 기서(金生基胥) 형제와 이생 상재(李生象載)를 보았는데, 모두 배우기를 좋아해서 매우 가망이 있기에 마음이 흐뭇하였다.

종자 열에게 답하는 글 임인년(1782, 정조6) 7월

答從子烈 壬寅七月

여기는 그럭저럭 지내고 있다. 신매(申妹)[134]가 보름 전에 와서 모여 밤낮으로 단란한 시간을 보내는데, 부침(浮沈)하는 이 세상의 즐거운 일 가운데 이보다 더한 것이 또 어디에 있겠느냐. 너의 대인(大人 부친)이 바야흐로 풍악(楓嶽 금강산)에 유람하려 하는데, 마구니가 장난치는 일이 없이 멋진 일을 이룰 수 있게 될지 아직은 잘 모르겠다만, 나의 마음도 벌써 일만 이천 봉우리 사이로 뛰어올라 날아가는 것을 느끼는 판에, 장차 그곳에 갈 사람의 심정은 또 어떠하겠느냐. 돌아올 적에는 또 여기에 들르기로 하였는데, 처음부터 끝까지 대여섯 달 동안 상종(相從)하며 주선(周旋)한 것이 실로 근년에 없었던 일이라서 그 기쁨을 말할 수가 없다. 과거를 볼 날이 점차 다가오는데, 공부는 착실히 잘하고 있느냐? 노유(老儒)가 고시(考試)를 감독하는데, 아무렇게나 응시해서야 되겠느냐. 용맹스럽게 다녀오도록 하라.

134 신매(申妹) : 녹문의 누이동생인 임윤지당(任允摯堂)을 말한다. 291쪽 주35 참조.

족질 노에게 답하는 글 계묘년(1783, 정조7) 9월

答族姪魯 癸卯九月

〔문〕 담제(禫祭)[135] 때 착용하는 복장에 대하여

〔답〕 제사를 지낼 때에는 칠립(漆笠 옻칠을 한 갓)과 흑대(黑帶)와 흑종건(黑騣巾 검은 말총 건)으로 하고,-검은 삼승포(三升布)를 쓰거나 혁대(革帶)가 좋을 것 같다.- 제사가 끝나면 묵립(墨笠)과 묵대(墨帶)로 한다.-종건(騣巾)은 그대로 착용한다.-

〔문〕 협제(祫祭)[136] 뒤에 입묘(入廟)하는 것에 대하여

〔답〕 입묘하는 하나의 일은 대절목인데, 바로잡아 행할 수 있게 되었으니 다행이다. 길제(吉祭)를 지내는 날에 침(寢)에서 신주를 받들어 정침(正寢)의 설위(設位)하는 곳으로 나아가고, 제사가 끝나면 체천(遞遷)[137]을 행하고 나서 신위(新位)를 정감(正龕)으로 올려 들여놓는다.

135 담제(禫祭) : 대상(大祥)을 지낸 뒤에 한 달을 건너서 지내는 제사로, 초상부터 윤달을 따지지 않고 27개월이 되는 달 하순의 정일(丁日)이나 해일(亥日)에 지내는 제사를 말한다. 담제를 지내는 달을 담월(禫月)이라고 하고, 그때 입는 옷을 담복(禫服)이라고 한다. 대상은 죽은 뒤 2년, 정확하게는 25개월 만에 지내는 제사를 말한다.

136 협제(祫祭) : 합제(合祭), 즉 사당의 신위(神位)들을 모아서 함께 제사하는 것이다. 이 제사가 끝나면 신위(新位) 즉 새 신주(神主)를 사당으로 들이는데, 이를 입묘(入廟)라고 한다.

137 체천(遞遷) : 대수(代數)가 다한 선조의 신주를 다른 곳으로 옮기는 것을 말한다. 보통 최장방(最長房)의 집으로 옮기는데, 최장방은 4대 이내의 자손 가운데 항렬이 가장 높은 연장자를 말한다.

〔문〕 담제 지내기 전의 삭망전(朔望奠)의 곡(哭)에 대하여

〔답〕 곡을 하고 전(奠)을 행해도 무방하다. 그러나 담제를 지낸 뒤에는 비록 입묘하기 전이라도 곡을 해서는 안 된다.

〔문〕 길제(吉祭)를 지내기 전에 미리 기일을 고하는 예(禮)가 없으면 안 되는데, 아직 입묘하기 이전이고 보면 묘(廟)와 침(寢)에 같은 날 각각 고해야 합니까? 그리고 고사(告辭)에는 뭐라고 써야 하는지 상가 하교해 주시기 바랍니다.

〔답〕 담제를 지낸 다음 날에 바로 길제를 지낼 날을 정하고서 묘(廟)에 고하는데, 그 의절(儀節)은 시제(時祭) 복일(卜日)의 의절 중에서 '축이 중문을 연다.〔祝開中門〕' 이하의 것을 쓰고, 고사는 "효손 모는 이번에 선고인 모관 부군의 상기가 이미 다하였으므로, 다음 달 모일에 조고에게 세사를 공경히 올리려고 합니다.……〔孝孫某 玆以先考某官府君 喪期已盡 將用來月某日 祗薦歲事于祖考……〕" 하면 된다. 그런데 가령 달을 넘겨서 길제를 행할 경우에 그 사이의 사고(事故)를 혹 알 수 없을 때에는 단지 3일 이전에 고해도 괜찮다. 그리고 고묘(告廟)한 뒤에는 다시 침(寢)에 고해야 하는데, 그 고사는 "효자 모는 이번에 상기가 이미 다하였으므로 장차 모월 모일에 협향의 예를 행하고 천주하며 입묘하려 하기에 감히 고합니다.……〔孝子某 玆以喪期已盡 將用某月某日 行祫享之禮 遷主入廟敢告……〕" 하면 된다. 출주(出主 신주를 내오는 것)할 때의 고사는 "지금 체천하는 일로 장차 협향의 예를 행하려고 하기에 감히 청합니다.……〔今以遞遷 將行祫享之禮 敢請……〕" 하면 된다. 그리고 사당에서 출주할 때의 고사에서, '현조비 모봉 모씨(顯祖妣某封某氏)'아래에다 "선비인 모봉 모씨를 또한 선고에게 배향하려

합니다.……〔先妣某封某氏 亦將配享于先考……〕" 해야 할 것이다.

〔문〕 모친이 먼저 사망했으면 부친상을 마친 뒤에 또한 개제(改題)해야 하는데, 비위(妣位 모친의 신위)에 대한 문자를 열서(列書)하지 않는 이것은 비위가 바야흐로 부위(祔位)에 있기 때문에 그런 것입니까?

〔답〕 비위가 바야흐로 부위에 있는데 열서를 한다면 미안할 것 같다. 단지 말단의 "슬픈 마음을 금하지 못하겠습니다.〔不勝感愴〕" 아래에다 "선비인 모봉 모씨의 신주를 또한 개제해야 하겠기에……〔先妣某封某氏神主 亦當改題……〕" 하는 말을 첨가해 넣는 것이 어떻겠느냐?

〔문〕 "《비요(備要)》[138]의 〈제찬도(祭饌圖)〉를 보면, 소채(蔬菜)와 포(脯)와 해(醢)는 《요결(要訣)》[139]의 '각각 세 가지씩 놓는다.〔各三品〕'라는 뜻을 따랐다.……" 한 것에 대하여

〔답〕 포(脯)와 해(醢)를 세 가지〔三品〕로 하는 것과 변두(籩豆)를 우수(偶數)로 하는 설에 대해서 나에게 말해 준 내용이 대개는 모두 옳다고 하겠다. 《가례(家禮)》에서 음식상을 차린 것〔設饌〕은 본래 고례(古禮)가 아니고 모두 시식(時食 제철 음식)을 참작해서 그렇게 한 것이다. 그런데 우리나라의 시식은 또 송(宋)나라 시대와는 같지 않으니, 어떻

138 비요(備要) : 김장생(金長生)이 편찬한 《상례비요(喪禮備要)》를 말한다. 신의경(申義慶)이 편집한 《상제서(喪制書)》를 정리하고 《가례(家禮)》의 미비한 부분을 보충한 것이다.

139 요결(要訣) : 이이(李珥)가 지은 《격몽요결(擊蒙要訣)》을 말한다.

게 《가례》를 일체 준행할 수 있겠느냐. 우리 집에서 설찬(設饌)할 때에는 포(脯)와 자반(佐飯 소금에 절인 생선 요리)을 똑같이 한 그릇으로 해서 서쪽에다 놓고, 그다음에 소채(蔬菜) 두 그릇, 그다음에 청장(淸醬 묽은 간장), 그다음에 생채(生菜), 그다음에 해(醢), 그다음에 침채(沈菜 김치), 그다음에 식해(食醢)를 놓는데, 침채와 청장은 삼품(三品) 안에 들어가지 않는다. 예전부터 이와 같이 하였는데, 과연 어떨는지 모르겠다. 일단 시식을 참작하지 않을 수 없는 상황이고 보면, 우선 집안에서 행해 온 옛 의절(儀節)을 따르더라도 그다지 잘못은 아닐 것 같다. 초접(醋楪 식초 접시)은 《가례》를 따르면 될 것인데, 고칠 필요가 뭐가 있겠느냐.

족질 노에게 보내는 글
與族姪魯

담제(禫祭)의 한 의절(儀節)에 대해서는 전서(前書)에서 이미 답하였으니 나의 뜻을 모두 알 수 있을 것이다. 대개 추후에 문상(聞喪)을 하고서 이상(二祥 소상(小祥)과 대상(大祥))을 뒤로 물려서 행하는 것과 오래도록 장례를 지내지 못했거나 다른 일이 있어서 물려서 행하는 것은 같지 않다.

애가(哀家 상을 당한 자네의 집)의 일을 가지고 말해 보건대, 만약 담제를 이달에 행하면 26개월 만에 담제를 지내는 것이 되니, 어찌 대단히 미안한 일이 되지 않겠느냐. 그래서 나의 생각으로는 "때를 넘기면 제사 지내지 않는다."[140]라는 것으로 단안을 내려, 다음 달 정일(丁日)에 제사는 설행하지 말고 변제(變除 변복(變服) 제상(除喪))만 행하고, 길제(吉祭)는 11월 초 정일(丁日)에 행하고 싶은 것이다. 이렇게 하는 것이 타당할 것 같은데, 어떻게 생각할는지 모르겠다.

담월(禫月)이 지나지 않았는데 마침내 폐하고 담제를 지내지 않는 것이 미안한 것 같기도 하지만, 만약 소호(素縞 상복) 차림으로 제사를 거행한다면, 이는 흉(凶)한 시기에 길(吉)한 제사를 행하는 것이 되니 그렇게는 할 수가 없고, 그렇다고 해서 만약 곧바로 변제(變除)를 행하

140 때를……않는다 : 《예기》〈증자문(曾子問)〉에 "군자는 때를 넘기면 제사 지내지 않는다. 이렇게 하는 것이 예이다.〔君子過時不祭 禮也〕"라는 공자(孔子)의 말이 나온다.

려고 하면 단상(短喪 상기(喪期)를 단축하는 것)의 혐의가 있어서 더욱 미안하게 된다. 전서에서 답한 것은 대개 깊이 생각해서 정한 것이니, 모쪼록 다시 자세히 살피도록 하라.

족질 노에게 답하는 글 무신년(1788, 정조12) 1월
答族姪魯 戊申正月

〔문〕 하교하기를 "사종설(四種說)[141]은 단지 장자(長子)의 신상(身上)에 나아가 논하는 것이 합당하다."라고 하셨습니다. 그런데 전(傳)에서 "선조(先祖)에게 정체가 된다.〔正體於上〕"라고 한 것에 대해서, 그 소(疏)에서 "그 부조가 위에서 적자에서 적자로 계승하였고, 자기가 또 뒤에서 적자로 계승하였기 때문에 정체어상이라고 말한 것이다.〔以其父祖嫡嫡相承於上 己又是嫡承之於後 故云正體於上〕"라고 하였으니, 부(父)·조(祖)·기(己)의 3세(世)를 아울러 거론한 것이 분명합니다. 그리고 계후(繼後 입양하여 후사가 됨)한 자도

141 사종설(四種說) : 가통(家統)을 이은 아들이라도 부모가 그를 위해 삼년복을 입지 않는 네 가지 경우가 있다는 설을 말한다. 가공언(賈公彦)의 《의례소(儀禮疏)》 권29 〈상복(喪服)〉에 "비록 승중(承重)을 했어도 삼년복을 입지 않는 네 가지 종류가 있다. 첫째는 정(正)·체(體)이기는 하나 전중을 하지 못한 것이니〔正體不得傳重〕 적자(嫡子)에게 폐질이 있어서 종묘를 주관할 수 없는 경우요, 둘째는 전중은 했으나 정·체가 아닌 것이니〔傳重非正體〕 서손(庶孫)이 뒤를 이은 경우요, 셋째는 체이기는 하지만 정이 아닌 것이니〔體而不正〕 서자(庶子)를 세워 후사로 삼은 경우요, 넷째는 정이기는 하지만 체가 아닌 것이니〔正而不體〕 적손(嫡孫)을 세워 후사로 삼은 경우를 말한다."라는 말이 나오는 데에서 유래한 것이다. 여기에서 정(正)은 적장(嫡長)을 의미하고, 체(體)는 그 몸이 부조(父祖)를 계승한 것을 의미한다. 1660년(현종1)의 기해예송(己亥禮訟) 때 당시 집권 세력이었던 송시열 등의 서인(西人) 쪽에서는 이 사종설 가운데 세 번째가 효종(孝宗)에게 해당한다고 하여, 인조(仁祖)의 계비(繼妃)인 자의대비(慈懿大妃) 조씨(趙氏)가 효종을 위해 삼년복 대신에 기년복(期年服)을 입어야 한다고 주장하여 관철시켰다.

적적상승(嫡嫡相承)했다고 말할 수 있습니까? 이 소(疏)의 설을 가지고 살펴보건대, 정체(正體)가 된 이후에 적적상승이 될 수 있으니, 단지 장자의 신상만을 가지고 말한 것이 아닙니다. 사종설 중에 어떤 것이 계후를 가리켜 말한 것입니까? 양타자(養他子)[142]의 타(他) 자는 지자(支子)입니까, 타성(他姓)입니까?

〔답〕 정체어상(正體於上)의 정체(正體)라는 글자는 바로 장자(長子)를 가리켜 말한 것이다. 이미 부(父)의 정체가 되었다면, 조(祖)와 예(禰)에 대해서도 어찌 정체가 되지 않겠느냐. 그리고 3세(世) 중에 설혹 계후한 자가 있다고 하더라도, 일단 승중(承重)하여 정체가 된 상태에서 일월(日月)이 이미 오래되었고 보면, 이것이 바로 "곁가지가 벋어서 바른 줄기가 되는 경우도 있다."[143]라고 하는 것이니, 어찌 적적상승했다고 말할 수 없겠으며, 또 어떻게 자손이 감히 추폄(追貶 소급해

142 양타자(養他子) : '다른 아들을 길러 후사로 삼는다.〔養他子爲後〕'의 준말이다. 《예기》〈상복소기(喪服小記)〉 주(註)의 "전중하려는 자가 적(適)이 아닐 경우에는, 그에 대한 복을 서자처럼 입는다.〔將所傳重者 非適 服之如庶子〕"라는 말에 대하여, 소(疏)에서 "비적은 서자로서 전중한 자이거나 다른 아들을 길러 후사로 삼은 자를 말한다.〔非適 謂以庶子傳重 及養他子爲後者也〕"라고 해설한 데에서 나온 것이다.

143 곁가지가……있다 : 정이(程頤)의 "종자의 법을 세우는 것은 또한 천리라고 할 것이다. 이를 비유하건대, 나무에는 반드시 뿌리에서 곧바로 올라간 하나의 줄기가 있고 이와 함께 반드시 곁가지가 있는 것과 같으며, 또 물이 멀리 흘러가더라도 반드시 바른 근원이 있고 이와 함께 반드시 갈라진 물줄기가 있는 것과 같으니, 이는 절로 그렇게 되는 형세인 것이다. 그런데 곁가지가 벋어서 줄기가 되는 경우도 있는 법이니, 그렇기 때문에 옛날에 천자가 나라를 세워 주면 제후가 종(宗)을 빼앗는다고 말한 것이다.〔立宗子法 亦是天理 譬如木必有從根直上一榦 亦必有旁枝 又如水雖遠必有正源 亦必有分派處 自然之勢也 然而又有旁枝達而爲榦者 故曰古者天子建國 諸侯奪宗云〕"라는 말을 발췌하여 인용한 것이다.《二程遺書 卷18》《近思錄 卷9 治法》

서 편하하는 것)할 수 있는 것이겠느냐.

무왕(武王 문왕(文王)의 차남)과 왕계(王季 태왕(太王)의 삼남)는 모두 이른바 체이부정(體而不正)이라는 것에 해당한다. 만약 너의 말대로라면 무왕이 성왕(成王)에 대해서, 그리고 성왕이 강왕(康王)에 대해서 또한 참최(斬衰)를 입을 수 없단 말이냐? 하나하나 따지고 들어가면 결코 '미루어 적용할 수 없을 것〔推不去〕'이다. 비록 기해(己亥)의 일을 가지고 말하더라도, 효묘(孝廟)가 만약 차적(次嫡)이 아니었다면 필시 기년(朞年)의 설은 나오지 않았을 것이다. 무릇 예(禮)를 의논할 때에는 먼저 대체를 살펴서 경문(經文)으로 단안을 내려야 마땅하니, 어찌 지말(支末)의 절문(節文)에 얽매인 나머지 거꾸로 대체를 잃어서야 되겠느냐. 우옹(尤翁 송시열)은 이에 대해서 또한 정론(定論)이 아직 있지 않았고, 남에게 답한 글에서도 왕왕 감히 알지 못하겠다고 하였다.

계후한 아들은 사종설 중에서 전중비정체(傳重非正體)에 해당하는 것 같다. 다른 아들을 길러서 후사로 삼는 것〔養他子爲後〕은 동성(同姓)과 이성(異姓)을 통틀어 말한 것 같다. 내가 들은 바에 의하면, 맹강릉 양여(孟江陵養汝)와 김 비안 익균(金比安翼均)이 모두 차자(次子)로 승중(承重)하였는데 그 아들을 위해 참최복을 입은 것에 대해서 사람들이 잘못이라고 하지 않았다.

종자 걸에게 답하는 글 병신년(1776, 영조52) 2월
答從子杰 丙申二月

애타게 기다리고 있던 차에 마필(馬匹)이 그냥 돌아갔으니, 그 놀라움이 어떠하였겠느냐. 요즈음 시봉(侍奉)하는 생활이 평안하고 길상(吉祥)하다니 이것은 기쁘다마는, 낭옥(廊屋)에 여역(癘疫)이 이처럼 치성하니 장래의 걱정을 말로 다 할 수가 없다. 집에서 나가서 피하려고 한 것은 참으로 계책을 잘 세운 것이다. 네가 이렇게 조치를 잘하고 또 피소(避所)에 머물러서 모시려고 하는 그 생각이 지극히 선하기에, 너무도 기분이 좋은 나머지 서로 떨어져 있는 서운한 감정을 실로 느끼지 못하겠다. 모쪼록 잡인(雜人)의 왕래를 두절(杜絶)하고, 맑은 마음으로 조용히 앉아서 책을 보고 글을 지어 나의 기대에 부응해야 지극히 마땅할 것이다.

《강목(綱目)》에는 그 대목이 없는 것 같다. 강감(綱鑑)[144]의 당기(唐紀) 이하를 계속 보다가 그 안에 선악(善惡)과 득실(得失)을 논할 만한

144 강감(綱鑑) : 주희의 《자치통감강목(資治通鑑綱目)》의 체례(體例)를 채택하여 통사(通史)를 정리해서 편집한 책들을 말한다. 명나라 왕세정(王世貞)의 《강감회찬(綱鑑會纂)》과 원황(袁黃)의 《원료범강감(袁了凡綱鑑)》, 청나라 오승권(吳乘權)의 《강감이지록(綱鑑易知錄)》 등이 유명하다. 이 중에서 왕세정의 강감이 《봉주강감(鳳洲綱鑑)》으로 회자되면서 그 사단(史斷)이 사람의 의표(意表)를 찌른다는 호평을 받았는데, 강감의 사단이 매우 좋다는 녹문의 언급이 있는 것으로 보아, 본문에서 말하는 강감은 《봉주강감》인 듯하다. 사단은 사평(史評)과 같은 말인데, 어떤 사건의 맨 뒤에다 편자가 결론적으로 비평하며 단안을 내리는 것을 말한다.

곳이 있으면, 모두 사단(史斷)처럼 소론(小論)을 작성하여 한 책으로 기록해 만들어서 나에게 보이도록 하라. 강감(綱鑑)의 사단이 매우 좋으니, 만약 상세히 본다면 식해(識解)가 크게 진보할 뿐만 아니라 글 짓는 방법도 알 수 있을 것이다. 절대로 시간을 허비하며 놀지 말고 열심히 공부하기를 바라 마지않는다.

조아에게 답하는 글 을사년(1785, 정조9) 여름
答照兒 乙巳夏

편지를 보건대, 요즈음 모든 정황이 평안하고 공부도 착실히 하는 것이 흐뭇하였다마는 모쪼록 더 노력하도록 하라. 지난번에 나에게 말한 호기(浩氣)[145]와 야기(夜氣)[146]로 말하면, 그 둘이 비록 같지 않은 것 같아도, 야기가 청명(淸明)하면 양심(良心)이 발현(發見)하는데, 양심이 발현하는 것이 바로 호기가 발현하는 것이다. 이 기운을 인하여 밝은 아침과 낮 사이에 힘을 써서, 인욕(人欲)이 날로 줄어들고 천리(天理)가 날로 밝아져서 호기가 날이 갈수록 점차 확충되어 처음의 상태를 회복하게 해야 할 것이니, 이렇게 하면 밝은 아침과 낮 사이에 청명한 것이 항상 야기처럼 되면서 호기가 유행하여 천지와 더불어 그 위대함을 함께하게 될 것이다. 대개 야기는 특별한 기가 아니라, 단지 호기가 곡상(牿喪)[147]한 것이 밤을 틈타고서 발현한 것일 뿐이다.

145 호기(浩氣) : 호연지기(浩然之氣)를 말한다. "그 기의 속성으로 말하면 지극히 크고 지극히 강하다. 따라서 이를 곧게 잘 기르면서 해침을 당하는 일이 없게끔 하면, 그 기운이 하늘과 땅 사이에 가득 차게 될 것이다.〔其爲氣也 至大至剛 以直養而無害 則塞于天地之間〕"라는 말이 《맹자》 〈공손추 상(公孫丑上)〉에 나온다.

146 야기(夜氣) : 밤사이에 생겨나는 천지의 맑은 기운을 말하는데, 유가(儒家)에서는 이 기운을 흔히 사람의 양심(良心)에 비겨서 중하게 여긴다. 그런데 외물을 접하기 이전의 청명한 새벽에는 이런 마음이 남아 있다가 낮에 불선(不善)한 행위를 함으로 말미암아 점점 사라지게 된다고 하는데, 이것을 제(齊)나라 우산(牛山)의 나무에 비유해서 자세히 설명한 내용이 《맹자》 〈고자 상(告子上)〉에 나온다.

147 곡상(牿喪) : 제지를 받아서 소멸하는 것을 말한다. 《맹자》 우산장(牛山章)에는 곡망(牿亡)으로 나온다. 곡망(梏亡)이라고도 한다.

종손 지상에게 답하는 글 정미년(1787, 정조11) 2월
答從孫持常 丁未二月

편지를 보고서 어버이 모시며 공부하는 생활이 평안하다는 것을 알고는 매우 위로되었다. 별지(別紙)에 의문(疑問)을 제기한 것이 특히 기뻤는데, 계속해서 이와 같이 하면 자연히 날마다 발전할 것이니 더욱 노력하기 바란다. 그리고 장(章)마다 의문점을 모아서 조목별로 정리해 두었다가 인편이 있을 때마다 나에게 보여 주면 매우 좋겠다. 학문이 이루어지느냐 이루어지지 않느냐는 오직 근면하냐 나태하냐〔勤惰〕에 달려 있는데, 근타(勤惰)의 근본은 또 뜻에 달려 있는 것이다. 따라서 평소에 항상 스스로 격앙(激仰)하고 강개(慷慨)하면서 분약(奮躍)하여 나아갈 것이요, 절대로 조잔하게 움츠러들며 물러나는 마음을 내지 말기를 바라 마지않는다.

〔문〕《심경(心經)》〈경재잠(敬齋箴)〉 주(註)의 '연역불해박절……(然亦不解迫切……)'[148]에 대하여

〔답〕 공부를 해 본 뒤에야 비로소 박절(迫切)한지 박절하지 않은지를

148 연역불해박절(然亦不解迫切) : 주희가 지은 〈경재잠(敬齋箴)〉에 대해서 혹자가 "종용하여 박절하지 않은 뜻이 부족한 것 같다.〔少些從容不迫之意〕"라고 의문을 제기하자, 주희가 대답한 말 중에 "지금 공부해 보지도 않고서 곧장 뒷문을 열어 놓고 도망하려는 것과 같다. 나는 또한 무엇이 박절한지를 알지 못하겠다.〔今未曾做工夫 便要開後門然 亦不解迫切〕"라는 내용이 나온다. '然'은 '亦'에 붙여서 읽기도 하고, '解'는 번역문처럼 '알다'라고 해석하거나 어조사로 처리하기도 한다.

알 수 있는데, 지금 공부를 원래 해 보지 않은 상태에서 박절하리라고 미리 의심을 한다면, 이는 상대와 칼날을 맞대어 보기도 전에 먼저 달아날 길을 열어 두는 것과 같다. 더구나 이 잠(箴)은 본래 박절한 것에 대해서는 아랑곳하지 않고, 단지 사람이 공력(功力)을 쓰지 않는 것을 걱정하고 있으니, 이 단락의 대의(大意)는 그저 이와 같을 뿐이다. 그리고 해(解) 자는 깊이 살필 필요가 없다.

종손 지상에게 답하는 글 6월

答從孫持常 六月

오잠(五箴)[149]에 대해서-잠편(箴編)에 보인다.- 그 뜻을 제대로 깊이 궁구하고 이해하는 바가 있었느냐? 학문을 하는 시작과 끝이 여기에서 벗어나지 않으니, 모쪼록 익숙히 보고 깊이 체득하기 바란다. 비록 과거 공부를 할 때라도, 오직 이 근본에 해당하는 한 단락의 일을 절대로 포기하거나 잊어버리지 말고, 항상 스스로 제기(提起)하고 진작(振作)하여 선심(善心)이 접속(接續)되게 한다면 지극히 좋을 것이다.

149 오잠(五箴) : 《녹문집》 권22에 수록되어 있는 〈진덕오잠(進德五箴)〉을 말한다. 이 잠은 녹문이 17세 되던 정미년(1727, 영조3) 봄에 역병(疫病)을 피해 검담서원(黔潭書院)으로 가서 사우(士友)와 강학할 적에 5개 조목으로 자신을 경계한 글이다.

종손 지상에게 답하는 글 7월

答從孫持常 七月

《중용(中庸)》이 물론 초학자가 급하게 여길 바는 아니지만, 일단 시작했다면 어찌 대충 보아 넘겨서야 되겠느냐. 과정(課程)을 축소하여 차분하게 읽고 정밀하게 사색하면서, 아침저녁으로 음송(吟誦)하여 몸에 녹아들어서 배어들게 하면, 자기도 느끼지 못하는 사이에 그 의미가 갈수록 깊어지면서 자연히 진보하게 되어, 의리가 정미(精微)한 곳도 점차로 통달할 수 있을 것이니, 시험 삼아 이 방식대로 한번 공부해 보기 바란다.

〔문〕 "《중용》에서 천명과 솔성을 말한 것은 도심을 말한 것이다.〔其曰天命率性則道心之謂〕"[150]라는 하나의 단락이 있는데, 이 위에서는 모두 인심(人心)과 도심(道心)을 겸해서 말하다가 여기에 와서는 인심은 말하지 않고 도심만 말한 까닭이 무엇입니까?

〔답〕 정일집중(精一執中)[151]을 하면 인심이 또한 도심인 것이니, 단지

150 중용에서……것이다 : 주희의 〈중용장구서(中庸章句序)〉에 나오는 말을 발췌한 것이다.

151 정일집중(精一執中) : 《서경》 〈대우모(大禹謨)〉의 "인심은 위태하고 도심은 은미하니, 오직 정밀하고 한결같이 하여 그 중도(中道)를 진실로 잡아야 한다.〔人心惟危 道心惟微 惟精惟一 允執厥中〕"라는 16자를 압축한 말인데, 주희 등의 송유(宋儒)가 이것을 십육자심전(十六字心傳)으로 강조하며 유가(儒家)의 도통(道統)으로 삼은 뒤로부터, 수양과 치국의 원리로 숭상되어 왔다.

천명(天命)과 솔성(率性)만 말해도 인심과 도심이 모두 그 안에 들어 있는 것이다.

〔문〕 하위상(下爲上)의 상(上)은 빈(賓)을 가리키고, 제자(弟子)는 제(弟)와 자(子)를 말하는 것입니까? 옥관에 이른다〔至于沃盥〕는 것은 옥관자(沃盥者)가 장(長)에게 바치는 것을 의미합니까?[152]

〔답〕 빈(賓)의 제자에서 장(長)은 바로 빈(賓)이 되고, 형제(兄弟)의 자(子)에서 장(長)은 바로 장형제(長兄弟)가 된다. 제자는 제(弟)와 자(子)를 말한다. 헌작(獻酌)하는 것이 옥관(沃盥)에 이른다는 것은, 헌작하는 예(禮)가 옥관하는 자에게까지 미친다는 말이다.

〔문〕 제20장의 "사람의 심리는 정치에 민감하게 반응한다.〔人道敏政〕"에서 인(人) 자는 군상(君上)을 가리킵니까?

〔답〕 임금과 신하를 가리킨다.

〔문〕 사지보례(士之報禮)의 예(禮) 자는, '예로 부린다〔使禮〕'는 예(禮)로서 도석(倒釋)해야 하는 것입니까, 아니면 '보답하는 예(禮)'

152 하위상(下爲上)의……의미합니까 : 《중용장구》 제19장의 대문(大文)과 집주(集註)와 소주(小註)에 나오는 내용을 질문한 것이다. 하위상은 종묘의 제사를 마치고 술을 함께 마실 적에 아랫사람이 윗사람에게 술잔을 권하는 것을 말하는데 "다 함께 술을 마실 적에 아랫사람이 윗사람에게 권하는 것은 천한 신분의 사람도 참여시키기 위함이다.〔旅酬 下爲上 所以逮賤也〕"라는 대문에서 발췌한 것이다. 옥관자(沃盥者)는 제사에 필요한 기물(器物)을 씻는 등 천한 일을 하는 자를 말한다. 옥세자(沃洗者)라고도 한다. 지우옥관(至于沃盥)은 체천(逮賤)을 해설한 주희의 말로 소주에 나온다.

라고 말하는 것입니까?[153]

〔답〕 도석하는 것이 옳다.

153 사지보례(士之報禮)의……것입니까 : 《중용장구》 제20장에 "임금이 신하들을 자기 몸처럼 보살피면, 사(士)가 보례하는 것이 중하다.〔體群臣則士之報禮重〕"라는 말이 나오는데, 이 보례(報禮)를 '보답하는 예'라고 순석(順釋)하는 것이 옳은지, '예에 보답하는 것'이라고 '뒤에서부터 거꾸로 새기는 것〔倒釋〕'이 옳은지 묻는 것이다.

녹문집

제12권

잡저
雜著

심경 무신년(1728, 영조4)

心經 戊申

찬 贊

호요(好樂)와 분치(忿懥)[1]를 인심(人心)에 소속시킨 것은 아무래도 온당하지 못하다. 생각건대, 서산(西山)[2]이 사단(四端) 칠정(七情)의 이발(理發) 기발(氣發)의 설[3]과 인심(人心) 도심(道心)의 형기(形氣) 성

1 호요(好樂)와 분치(忿懥) : 좋아하는 감정과 분노하는 감정을 말하는데, 《대학장구(大學章句)》 정심장(正心章)의 "몸을 닦는 것은 마음을 바르게 함에 있다는 말의 뜻은 무엇인가? 마음이 분노하는 감정의 영향을 잘못 받으면 반응이 바르게 되지 못하고, 두려워하는 감정의 영향을 잘못 받으면 반응이 바르게 되지 못하고, 좋아하는 감정의 영향을 잘못 받으면 반응이 바르게 되지 못하고, 걱정하는 감정의 영향을 잘못 받으면 반응이 바르게 되지 못하기 때문이다.〔所謂修身在正其心者 心有所忿懥則不得其正 有所恐懼則不得其正 有所好樂則不得其正 有所憂患則不得其正〕"라는 말에서 발췌한 것이다.

2 서산(西山) : 《심경(心經)》의 저자인 진덕수(眞德秀, 1178～1235)의 호이다. 본래 성이 신씨(愼氏)였으나 효종(孝宗)의 휘(諱)를 피하여 진(眞)으로 고쳤다고 한다. 그의 학문은 주희를 종주(宗主)로 떠받드는데, 경원(慶元)의 당금(黨禁) 이후에 정주학이 다시 번성하게 된 데에는 그의 힘이 컸다는 평을 받고 있다.

명(性命)의 논[4]에 구애받은 나머지, 반드시 칠정을 인심에 소속시키고 사단을 도심에 소속시키려 하였기 때문에 이렇게 말한 것이 아닌가 한다. 자사(子思)는 희로애락(喜怒哀樂)이 절도에 맞는 것〔中節〕을 달도(達道)라고 하였고, 정자(程子)는 칠정(七情)을 성(性)의 동(動)이라고 하였다. 칠정이 만약 인심일 뿐이라면, 이는 자사와 정자가 한쪽에 치우친 논리를 주장한 것이 된다. 그리고 예컨대 호색(好色)이야 물론 인심이겠지만, 호선(好善)도 인심이라고 할 것인가?

《대학장구(大學章句)》에서 분치(忿懥)를 해석하여 단지 "노여워하는 것이다."라고 하였고, 또 "네 가지[5]는 심(心)의 용(用)이다."라고 하였으니, 그 뜻은 바로 사람들이 분치를 부정(不正)한 것으로 오인(誤認)할까 두려워했기 때문이다. 그런데 쌍봉(雙峯 요로(饒魯))에 이르러서는 그만 말하기를 "분은 노여움이 심한 것이고, 치는 노여움이 그대로 있는 것이다.〔忿者怒之甚 懥者怒之留〕"라고 하였으니, 이것만도 이미 주자(朱子)의 본지(本旨)를 잃었다고 할 것인데, 지금 와서 또 서산

3 사단(四端)……설 : 《주자어류(朱子語類)》 권53에 "사단은 이(理)가 발한 것이고, 칠정은 기(氣)가 발한 것이다.〔四端是理之發 七情是氣之發〕"라는 말에서 나온 것이다. 사단은 사람의 본성인 인의예지(仁義禮智)에서 우러나오는 측은지심(惻隱之心)·수오지심(羞惡之心)·사양지심(辭讓之心)·시비지심(是非之心)을 말하고, 칠정은 사람의 일곱 가지 감정인 희로애구애오욕(喜怒哀懼愛惡欲)을 말한다.

4 인심(人心)……논 : 주희가 지은 〈중용장구서(中庸章句序)〉의 "심(心)의 허령지각은 하나일 뿐인데, 인심과 도심이 다른 점이 있다고 하는 것은, 하나는 형기의 사(私)에서 생겨나고 하나는 성명의 정(正)에서 근원하여, 지각을 하는 것이 같지 않기 때문이다.〔心之虛靈知覺 一而已矣 而以爲有人心道心之異者 則以其或生於形氣之私 或原於性命之正 而所以爲知覺者不同〕"라는 말에서 기인한 것이다.

5 네 가지 : 분치(忿懥) 등 네 가지의 감정을 말한다. 393쪽 주1 참조.

이 전적으로 인심에 소속시켰으니, 그 잘못이 더욱 크다고 하겠다.-쌍봉의 견해는 심각하고, 서산의 견해는 편파적인데, 서산의 병통이 더욱 크다.-

대개 칠정(七情)은 인심(人心)·도심(道心)과 선(善)·악(惡)의 총명(總名)이다. 희(喜)에는 인심도 있고 도심도 있으며, 선도 있고 악도 있는데, 노(怒)와 애(哀)와 낙(樂)의 경우도 모두 그렇지 않은 것이 없다. 예컨대 사냥을 좋아하는 것〔喜獵〕과 술을 좋아하는 것〔喜酒〕은 인심이고, 독서를 좋아하는 것〔喜讀書〕과 검속을 좋아하는 것〔喜檢束〕은 도심인데, 이 인심과 도심이 그 중(中)을 얻으면 선(善)이 되지만, 사냥을 좋아하되 그 절도를 벗어나고 술을 좋아하되 그 절도를 벗어나는 경우와 독서를 좋아하고 검속을 좋아하되 거꾸로 상지(喪志)[6]와 구박(拘迫)[7]의 병통에 빠질 경우에는-이것이 바로 율곡(栗谷)이 '도심으로 시작했다가 인심으로 끝난다.〔始道心 終人心〕"라고 한 것이다.- 악(惡)이 되는 것이니, 이를 통해서 추리를 하면 다른 것도 알 수가 있다. 지금 이와 같이 분석하지 않고서 그만 범연히 칠정을 거론하여 한마디로 단정하기를 "이것은 인심이다."라고 한다면, 이것이 과연 무슨 도리이겠는가.

《석의(釋疑)》[8]에 이르기를 "이 욕(欲)이라는 글자가 맹자가 말한 과

6 상지(喪志) : 완물상지(玩物喪志)의 준말로, 쓸데없는 물건을 가지고 노는 데에 몰두한 나머지 소중한 자기의 본심을 잃어버리는 것을 말한다. 《서경》〈여오(旅獒)〉의 "사람 때문에 정신이 팔려서 노닐다 보면 자기의 덕을 상실하고, 물건 때문에 정신이 팔려서 노닐다 보면 본래의 뜻을 잃게 된다.〔玩人喪德 玩物喪志〕"라는 말에서 유래한 것인데, 송유(宋儒) 정호(程顥)의 문인인 사양좌(謝良佐)가 사서(史書)를 잘 외우며 박학다식한 것을 자부하자, 정호가 "잘 외우고 많이 알기만 하는 것은 장난감에 정신이 뺏겨 본심을 잃는 것과 같다.〔以記誦博識 爲玩物喪志〕"라고 비판한 말이 《근사록(近思錄)》 권2 〈위학류(爲學類)〉에 나온다.

7 구박(拘迫) : 강제로 구속하며 핍박하는 것을 말한다.

욕[9]의 욕(欲)과 같다면 병통이 없을 것이다.〔此欲字 若是孟子寡欲之欲則無病〕"라고 하였는데, 나의 생각으로는 비록 과욕의 욕이라고 하더라도 역시 병통이 있을 듯싶다. 과욕의 욕은 바로 순(舜)이 말한 인심(人心)[10]이니, 이미 인심인 이상에는 병통이 있을 것은 분변하지 않아도 알 수 있는 것이다.-만약 분치(忿懥) 호요(好樂)의 두 구절이 없다면 욕(欲)자에 병통이 없겠지만, 욕(欲) 자를 가지고 이 구절의 아래에서 받았기 때문에 병통이 있는 것이다.- 근원이 되는 첫머리에서 이미 착오를 범했기 때문에 종종 용어를 구사하는 것 중에 이와 같이 된 것들이 많은데, 퇴옹(退翁 이황(李滉)) 역시 서산(西山)의 병통을 면하지 못했기 때문에 이와 같은 곳을 명확하게 변파(辨破)하지 못한 것이 아닌가 한다.

칠정(七情)을 인심(人心)에 소속시키고서, 도심(道心)을 논할 때에는 또 별도로 인의중정(仁義中正)을 거론하고 있는데, 모르겠다만 이 칠정 이외에 또 따로 인의중정이 발하는 곳이 있다는 말인가. 도심에

8 석의(釋疑) : 송시열(宋時烈)이 숙종(肅宗)의 명을 받고 편찬한 《심경석의(心經釋疑)》를 말한다. 이덕홍(李德弘)이 스승인 이황(李滉)에게 물어서 기록한 《심경질의(心經質疑)》를 바탕으로 정리하면서, 송시열 자신과 박세채(朴世采) 등 기호학파(畿湖學派)의 견해를 첨가해 해설하였다.

9 맹자(孟子)가 말한 과욕(寡欲) : 《맹자》 〈진심 하(盡心下)〉에 "마음을 기르는 방법으로는 욕심을 적게 하는 것보다 좋은 것이 없다.〔養心莫善於寡欲〕"라는 말이 나온다.

10 순(舜)이 말한 인심(人心) : 인심유위(人心惟危)의 인심을 말한다. 순이 우(禹)에게 선위(禪位)할 때에 "인심은 위태하고 도심은 은미하니, 오직 정밀하게 살피고 일관되게 행동하여 그 중도(中道)를 진실로 잡아야 한다.〔人心惟危 道心惟微 惟精惟一 允執厥中〕"라는 이른바 십육자심전(十六字心傳)의 말을 당부한 내용이 《서경》 〈대우모(大禹謨)〉에 나온다.

관한 한 단락의 말은 본래 병통이 없는데, 상단(上段)의 말이 이와 같이 된 연고로 하단(下段) 역시 명백하지 못하게 되어, 마침내 나정암(羅整菴)[11]의 "도심은 체(體)이고, 인심은 용(用)이다."라는 주장과 비슷하게 되고 말았다.-서산(西山)의 이 병통은 정암과 같지 않지만 어세(語勢)가 비슷하다. 다만 서산의 병통이 정암보다도 심하다.- 지금 상단 1구[12]의 말을 고쳐서 "인심은 무엇인가 하면, 형기에서 생겨나는 것이니, 귀라는 것과 눈이라는 것이요, 입이라는 것과 코라는 것이다.〔人心伊何 生於形氣 曰耳曰目 曰口曰鼻〕"라고 해 보면 어떨까 하는 생각이 들기도 한다.-미(味), 색(色), 취(臭), 성(聲)이라고 할 수도 있다.- 그렇게 하면 두 단락 모두에 병통이 없어져서 주자(朱子)의 뜻에 합치할 것도 같은데, 어떨지 모르겠다.

"잠시라도 혹 방(放)하면〔須臾或放〕"의 방(放) 자는 탕(蕩) 자의 의사(意思)로서, 욕(欲)이 유탕(流蕩)하는 것을 말한다. 혹자는 "방(放)은 방과(放過 방기(放棄))의 뜻으로서, 공부를 방과하는 것을 말한다."라고 한다. 두 설이 모두 통하지만, 단지 앞의 설은 조금 평간(平簡 평이)하고, 뒤의 설은 한 단계 더 깊이 들어간 것 같다.

11 나정암(羅整菴) : 정암은 명나라 나흠순(羅欽順)의 호이다. 대체적으로는 주자학(朱子學)을 신봉하면서도, 단지 일원기론(一元氣論)을 주장하는 차이점을 보이고 있다. 그의 저술인 《곤지기(困知記)》 권상(上) 3장(章)에 "도심은 적연부동한 것으로, 지극히 정밀한 체(體)를 볼 수 없기 때문에 은미하다. 인심은 감이수통하는 것으로, 지극히 변하는 용(用)을 헤아릴 수 없기 때문에 위태하다.〔道心寂然不動者也 至精之體不可見故微 人心感而遂通者也 至變之用不可測故危〕"라는 말이 나온다.

12 상단 1구 : "인심은 무엇인가 하면, 형기에서 생겨나는 것이니, 호요(好樂)가 있고, 분치(忿懥)가 있다.〔人心伊何 生於形氣 有好有樂 有忿有懥〕"라는 구절을 말한다.

인심(人心)은 위태하여 불안하기 때문에 방(放)이라고 하였고, 도심(道心)은 미묘하여 보기 어렵기 때문에 실(失)이라고 하였다. 수유(須臾)와 호망(毫芒)의 두 문자도 각자 해당하는 곳이 있으니,[13] 바꿔서 말하면 문리(文理)가 성립되지 않는다.

정(情)은 하나이지만 용(用)은 둘이다. 호색(好色)과 호선(好善)을 예로 들면, 좋아하는〔好〕 정(情)은 하나이지만, 감응하는 대상이 같지 않기 때문에 인심이 되기도 하고 도심이 되기도 하니, 이것이야말로 '틈을 용납하지 않는〔不容隙〕' 곳이다. 이에 대해 살피기를 반드시 정밀하게 한 뒤에야 차실(差失)이 없을 수 있는 것이다. 그런데 서산(西山)의 이 구절을 보면, 말이 정밀하지 않은 것은 아니지만, 서산이 이미 칠정(七情)을 전적으로 인심에 귀속시키고서, 별도로 인의중정(仁義中正)을 거론하여 도심을 해석했고 보면 바로 이(理)와 기(氣)를 둘로 나누어 보는 병통을 면치 못하고 있다. 나는 그가 '그 사이에 틈을 용납하지 않는다고 말한 것'이 정확하게 어떤 곳을 가리키는 것인지 알지 못하겠다.

이 편(篇)은 수십 구(句)에 불과하지만, 1부(部) 《심경(心經)》의 대지(大旨)를 간추려 파악할 수 있다. 그리하여 사람으로 하여금 책을 펴자마자 요연(瞭然)히 먼저 융통(融通)하게 해 주니 최고의 걸작이라고 하겠다.

처음의 4구는 1편(篇)의 강령(綱領)이다. 다음의 8구는 인심(人心)

13 수유(須臾)와……있으니 : 〈심경찬(心經贊)〉의 "잠시라도 혹 방심하면〔須臾或放〕"은 인심에 해당하고, "털끝만큼이라도 혹 잃으면〔毫芒或失〕"은 도심에 해당한다는 말이다.

을 설명하고, 다음 8구는 도심(道心)을 설명하고, 다음 8구는 정일집중(精一執中)을 설명한다. 이상은 전적으로 '위미정일(危微精一)'의 십육자(十六字)를 해석하여, 그것이 만세토록 심학(心學)의 연원이 됨을 밝히고 있다.

'성현이 번갈아 나와서〔聖賢迭興〕' 이하 4구는 또 상단을 이어받아서, 후세의 성현(聖賢)이 순(舜)·우(禹)의 말을 체득하여 서로 이어 입언(立言)을 해서 미래의 세상에 보여 준 것을 말함으로써, 위의 "만세토록 심학은 이것이 바로 연원이다.〔萬世心學 此其淵源〕"의 구에 응하고 있다. 그리고 '계구(戒懼)' 이하 20구는 '인욕을 막는 것〔遏人欲〕'과 '천리를 보존하는 것〔存天理〕'을 나누어 말하고 있는데, 단락마다 인심·도심의 2구와 상응한다.

다음 4구는 또 총체적으로 말하여 발휘(發揮)하면서 아울러 면려(勉勵)의 뜻을 덧붙이고 있다. 다음 4구는 또 내용을 합괄(合括 개괄(概括))하면서, 극치존양(克治存養) 네 글자로 위쪽의 20구를 모두 포괄하고 있으니, 1편의 뜻이 여기에서 대략 마무리되고 있다. '유차도심(維此道心)' 이하 12구는 이면(裏面)으로 나아가서 다시 도심(道心)의 1구를 추출(抽出)하여 그것이 주인임을 밝히고 있는데, 그 수단(手段)이 한층 더 매끄럽다.

다음 4구는 또 경(敬)이라는 한 글자를 가지고 1편을 총결산하고 있다. 경(敬)은 성학(聖學)의 시종(始終)의 요체(要諦)이다. 정밀하게 하고〔精〕 일관되게 하며〔一〕 극치(克治)하고 존양(存養)함에 있어서, 공력을 쓰는 그 요체는 모두 경에서 벗어나지 않으니, 이것으로 결론을 맺은 것이 적절했다고 하겠다.

마지막 8구는 자기가 이 편(篇)을 편집한 뜻을 말하고 있다. 대개

이 편은 《심경》 4권(卷)에 나오는 명언(名言)을 뽑아내어 구성하였으니, 이 편을 보면 《심경》의 취지를 알 수가 있다. 다만 유감스러운 것은, 서산(西山)이 "모색[14]할까 두려워한다.〔茅塞是懼〕"라는 구절을 작성할 적에 "모르겠다만, 모색할까 두려워하는 이 정(情)은 인심인가 도심인가?" 하고 의문을 제기한 사람이 없었다는 점이다. 그랬다면 서산이 어떻게 대답했을지 모르겠다.

오성(五性 인의예지신(仁義禮智信))은 심(心)의 전체(全體)이고, 칠정(七情)은 심의 대용(大用)이다. 칠정이 형기(形氣)에서 발하는 것은 인심(人心)이고, 칠정이 의리(義理)에서 발하는 것은 도심(道心)이다. 이 인심과 도심이 절도에 맞는〔中節〕 것은 천리(天理)이고, 인심으로서 욕(慾)에 흐르는 것과 도심으로서 지나치거나 모자란 것은 인욕(人欲)이다. 그러나 이와 같이 말하는 것은 그래도 '끌어와서 한데 합친〔牽合〕' 주장이 될 수 있다. 옛사람이 사단(四端)과 칠정을 논한 곳이 있고, 인심과 도심을 논한 곳이 있고, 천리와 인욕을 논한 곳이 있는데, 그 말이 다르고 그 뜻이 각기 같지 않다. 따라서 지금 만약 사단과 칠정을 논한다면 단지 순리(純理)와 겸기(兼氣)의 설에 의거하여 말할 수 있을 뿐이고, 인심과 도심을 논한다면 단지 형기와 성명(性命)의 가르침에 따라 나눌 수 있을 뿐이고, 천리와 인욕을 논한다면 단지 공사(公私)와 선악(善惡)의 예(例)를 따라 해석할 수 있을 뿐이요, 이것을 가지고 저것과 한데 합치거나 동쪽의 것을 가져다가 서쪽으로

14 모색(茅塞) : 띠풀이 뒤덮어서 길을 막는다는 뜻으로, 《맹자》 〈진심 하(盡心下)〉에 나오는 말인데, 원래 지선(至善)한 본심이 외물에 막혀서 드러나지 않는 것을 비유하는 말로 쓰인다.

끌어와서는 안 되니, 그렇게 하면 이(理)에는 유익함이 없이 한갓 본지(本旨)만 어지럽히게 될 것이다.

《대학연의(大學衍義)》를 상고하건대, 서산(西山)이 인심과 도심에 대해서 논하기를 "이른바 형기의 사(私)라고 하는 것은 성(聲)과 색(色)과 취(臭)와 미(味)를 가리키고, 성명의 정(正)이라고 하는 것은 인(仁)과 의(義)와 예(禮)와 지(智)를 가리킨다. 궁실(宮室)에서 편안히 지내려 하고 선복(膳服 의식(衣食))을 아름답게 하려 하는 것과, 비빈과 시어의 봉양을 받고 관유(觀遊 관상(觀賞) 유람(游覽))와 전렵(田獵 사냥)을 즐기는 이것은 인심이 발한 것이다. 부귀는 믿을 수 없는 것임을 알고서 자신을 단속하여 걱정하며 수고하는 것과, 교치(驕侈 교만과 사치)를 멋대로 부리면 안 된다는 것을 알고서 자신을 절제하여 공경하며 검소히 하는 이것은 도심이 발한 것이다.〔所謂形氣之私者 指聲色臭味也 性命之正者 指仁義禮智也 宮室之欲其安 膳服之欲其美 與夫妃嬪侍御之奉 觀遊田獵之樂 此人心之發也 知富貴之不可恃而將之以憂勤 知驕侈之不可肆而節之以恭儉 此道心之發也〕"[15]라고 하였는데, 이와 같은 의논은 인심과 도심의 본의(本義)에 대해서 명확히 알지 못했다고 말할 수가 없다. 또 '형기(形氣)의 사(私)'의 사(私) 자에 대해서 논하기를 "사(私)는 내가 홀로 하는 것이니, 사은이나 사친의 사(私)와 같다.……〔私是我之所獨 如私恩私親之私……〕" 하였으니, 그렇다면 인심은 악한 것이 아니라는 뜻에 대해서도 제대로 살피지 못했다고 말할 수가 없다.

15 이른바……것이다 : 서산(西山) 진덕수(眞德秀)가 저술한 《대학연의(大學衍義)》의 내용 중에서 녹문이 중요한 대목만 발췌하여 인용한 것이다. 이하의 인용문도 마찬가지이다.

그렇다면 찬문(贊文)에 드러난 병통은 도대체 어디에서 연유한 것일까. 다시 상고해 보건대, 서산이 또 하나의 설을 내놓기를 "《대학》에서 '호요하고 우환하면 그 바름을 얻지 못한다.'라고 말한 것은 이른바 인심이 유탕(流蕩)하는 것을 막으려는 것이다.〔大學言好樂憂患則不得其正所謂遏人心之流耳〕"-서산의 말은 여기까지이다.-라고 하였는데, 이것은 바로 찬문의 말과 그 의맥(意脈)이 동일하다. 나름대로 생각해 보건대, 이 늙은이가 인심과 도심의 본지(本旨)에 대해서 모르지 않으면서도, 단지 "호요(好樂)와 분치(忿懥)를 형기에 일방적으로 소속시키면 안 된다." 라는 것을 제대로 살피지 않은 까닭에, 마침내 이와 같은 병폐가 있음을 깨닫지 못한 것인데, 그 병통의 근원을 궁구해 보면 "칠정(七情)은 기(氣)가 발한 것이다."[16]라는 한 구절에 걸려서 그런 것 같기도 하다.

심학도 心學圖

적자(赤子)와 대인(大人), 양심(良心)과 본심(本心)을 배열한 것에는 깊은 뜻이 들어 있지 않고, 단지 옛사람들이 마음에 대해서 설한 것들을 모아서, 그 말에 각각 주견(主見)이 있음을 보여 준 것일 뿐이다. 대개 옛사람이 마음에 대해서 설한 것이 하나가 아니다. 적자의 마음을 말한 것이 있고 대인의 마음을 말한 것이 있으며, 양심을 말한 것이 있고 본심을 말한 것이 있는 등, 그 말이 같지 않고 뜻이 따라서 또 다르다. 그러므로 이 말들을 한 폭(幅)에 모아서 그 귀취(歸趣)를 살펴보려고 한 것인데, 여러 말들을 모으다 보니 종류별로 대거(對擧)하는

16 칠정(七情)은……것이다 : 주희의 말이다. 394쪽 주3 참조.

것이 없을 수 없기 때문에 좌우로 나누어 배열한 것일 뿐이니, 여기에 어찌 깊은 뜻이 들어 있겠는가.

혹자가 말하기를 "이 도표에서 취집한 것이 그저 종류별로 모아 놓은 것일 뿐이요 원래 의미가 없는 것이라면, 없애 버려도 될 것인데 무엇을 귀하게 여겨서 취했단 말인가."라고 하기에, 내가 다음과 같이 말하였다.

인심(人心) 도심(道心)과 정일(精一 유정유일(惟精惟一)) 택집(擇執 택선(擇善) 고집(固執))으로부터 그 이하의 내용을 보면 마음의 공부가 갖추어져서 종신토록 무궁한 묘미가 있으니, 그 의미를 어찌 다 헤아릴 수 있겠는가. 그리고 대인과 적자, 양심과 본심으로 말하면, 공부도 아니고 차서도 없어서 긴요한 점이 없는 것 같기도 하다. 그렇지만 적자의 마음은 인욕(人欲)에 빠지기 이전의 양심이니 사람이 처음 태어날 때에는 본래 불선(不善)한 점이 없음을 볼 수가 있고, 대인의 마음은 의리가 모두 갖추어진 마음이니 공부가 경지에 이르면 대인에 이를 수 있음을 볼 수가 있다. 학자가 이를 통해서 적자의 마음은 내 마음의 진면(眞面)이고 대인의 마음은 내 공부의 표적(標的)임을 알아서, 진실하게 정일과 존알(存遏 존천리(存天理) 알인욕(遏人欲))의 일에 힘을 쓴다면, 성인(聖人)으로 나아가는 문로(門路)가 단연코 따로 있지 않을 것이니, 사자(四者 대인 적자 양심 본심)의 조목이 또 어찌 의미가 없겠는가. 내가 깊은 뜻이 들어 있지 않다고 말한 것은 묶어서 배열한 뜻을 가리킨 것이지, 이것을 말한 것이 아니다.

천리를 보존하고〔存天理〕 인욕을 막는〔遏人欲〕 이 두 개의 공부가 본시 양쪽의 공부이긴 하다. 그러나 만약 전적으로 알인욕(遏人欲)의 공부에만 뜻을 두고 존천리(存天理)는 그저 효과를 거두는〔收效〕 정도로 치부하려 한다면, 모르겠다만 막는다고 하는 것을 과연 어떻게 힘쓸 것이며, 그 공부를 또 어떻게 성취할 수가 있겠는가. 그래서 나는 이 두 가지는 수레의 두 바퀴와 같아서 어느 하나를 폐하면 안 된다고 생각한다.

생각건대, 임은(林隱)[17]은 이 〈심학도〉를 지은 뜻이 반드시 있을 것이다. 그런데 황돈(篁墩)[18]이 《심경(心經)》 편(篇)의 첫머리에 이를 게재하였고, 퇴계(退溪 이황(李滉))가 또 심밀(深密)하다고 극구 칭찬하였으니, 두 분 현자(賢者)가 또한 어찌 살펴본 것이 없이 그렇게 하였겠는가. 그런데 율곡(栗谷 이이(李珥)) 때에 와서 처음으로 불만스럽다는 주장을 제기하여, 퇴계와 왕복하며 토론한 것이 무려 수백 언(言)에 이르렀다. 그 뒤로 학자들이 마침내 서로 쟁론하여 헐뜯으면서, 〈심학도〉의 본의(本意)는 구명(究明)하지 않고 그저 율곡이 만들어 놓은 설에 의거하여 거리낌 없이 분란을 일으키는가 하면, 더러는 율곡이 생각지도 못했던 의논을 발하기도 하였으니, 신기한 것을 좋아하는 말세의 속폐(俗弊)로서는 본래 당연한 일이기도 하였다.

지금 퇴계와 율곡 두 선생의 설을 참고하여 생각해 보건대, 퇴계의

17 임은(林隱) : 원나라 정복심(程復心, 1257~1340)의 호이다. 자는 자견(子見)이다. 이학(理學)을 전공하며 《사서장도(四書章圖)》와 《사서찬석(四書纂釋)》을 지었다.

18 황돈(篁墩) : 명나라 정민정(程敏政, 1445~1499)의 별호이다. 10세에 신동으로 천거되어 조명(詔命)을 받고 한림원 독서(翰林院讀書)가 되었으며, 55세로 세상을 마칠 때까지 해박한 지식으로 일세를 풍미하였다. 《황돈집(篁墩集)》 등 저서가 매우 많으나, 서산(西山) 진덕수(眞德秀)의 《심경(心經)》을 해설하고 보완한 《심경부주(心經附註)》가 특히 유명하다.

설이 끝내 원확(圓確)하고 정상(精詳)하여 도저히 깨뜨릴 수 없는 반면에, 율곡의 주장은 언뜻 보면 쾌활(快豁)하여 걸리는 것이 없는 것 같지만 끝내는 먼저 흠집을 찾아내는 병통을 면치 못했다고 여겨진다. 율곡이 크게 공박(攻駁)한 것은 '구방심(求放心)'이 '극복(克復)'의 아래에 있으면 안 된다는 것으로, 그 설을 보면 "'구방심'은 초학(初學)이 입문하는 곳이니, '극복'의 아래에다 배열하면 어찌 되겠는가.……" 하였다.

그런데 이에 대한 퇴계의 답서(答書)를 보면 "그대는 구방심을 종신(終身)의 사업(事業)으로 여기는가, 아니면 한번 묵고 떠나가는 여인숙 정도로 여기는가?"라고 하였고, 또 "구방심이 단지 초학이 입문하는 곳이라면 맹자(孟子)가 어째서 '초학의 도는 놓친 그 마음을 찾는 것'이라고 말하지 않고, 바로 '학문의 도는 다른 것이 아니라……' 하였겠으며,[19] 정자(程子)는 또 어째서 아무렇지도 않게 '성인의 천언만어(千言萬語)는 단지……' 하였겠는가[20]"라고 하였으며, 또 "구방심에 대해서는 정밀하게 설할 수도 있고 간략하게 설할 수도 있다. 간략하게 설한다면 초학이 입문하는 곳이 되겠지만, 정밀하게 설한다면 안자(顔子)

19 맹자(孟子)가……하였겠으며 : 맹자가 "인(仁)은 사람의 마음이요, 의(義)는 사람의 길이다.〔仁人心也 義人路也〕"라고 전제하고는, "학문의 도는 다른 것이 아니라 놓친 마음을 찾는 것일 뿐이다.〔學問之道無他 求其放心而已矣〕"라고 말한 대목이 《맹자》〈고자 상(告子上)〉에 나온다.

20 정자(程子)는……하였겠는가 : 정호(程顥)가 "성현의 수많은 말씀들도 그 요점을 살펴보면 단지 사람으로 하여금 이미 놓친 마음을 단속해서 다시 사람 몸 안으로 들어오게 하려는 것일 뿐이다. 그리하여 스스로 그 마음을 찾아서 위를 향해 나아간다면 그것이 곧 공자가 말씀하신 대로 아래로 인간의 일을 배우면서 위로 하늘의 이치를 체득하는 일이 될 것이다.〔聖賢千言萬語 只是欲人將已放之心 約之 使反復入身來 自能尋向上去 下學而上達〕"라고 말한 것을 가리키는데, 《근사록(近思錄)》 권4 〈존양류(存養類)〉에 나온다.

의 불원복(不遠復)[21]도 어찌 구방심의 공부가 아니겠는가."라고 하였다.-이 몇 단락의 말이 문집(文集)에 나오는데, 그 전문(全文)을 기억할 수는 없지만 대의(大意)는 이와 같다.- 이 몇 마디 말을 보면 참으로 물샐틈없다는 말이 여기에 해당한다고 하겠다.

퇴계는 또 말하기를 "이 도표(圖表)가 대개 생소하고 익숙한 것〔生熟〕을 가지고 대략적으로 선후를 나눈 것이라서, 정심(正心)・수신(修身)・치지(致知)・성의(誠意)에 참으로 등급이 있는 것과는 같지 않지만, 그 뜻은 단지 성인(聖人)의 심법(心法)이 또한 한 가지가 아니니 모두 공력을 들이지 않으면 안 된다고 하는 것이다."[22]라고 하였으니, 이것은 또 임은(林隱)의 본지(本旨)를 더 이상 빠뜨린 것이 없이 드러내 밝혔다고 하겠다.

그런데 지금 헐뜯는 자는 "퇴계는 의방(依倣 모방)하려고만 힘쓰고 선현(先賢)과 다른 의견을 제기하려 하지 않기 때문에 그 설이 이와 같으니, 아무래도 율곡의 설이 명백하고 쇄락(灑落)한 것만은 못하다."

21 불원복(不遠復) : 멀리 가지 않고 되돌아온다는 뜻으로, 잘못을 깨닫고서 바로 올바른 길로 들어서는 것을 말한다. 《주역》 〈복괘(復卦) 초구(初九)〉에 나오는 이 말을 다시 〈계사전 하(繫辭傳下)〉에서 설명하면서 '안씨(顔氏)의 아들'을 예로 들었는데, 안씨의 아들은 바로 공자가 가장 아꼈던 안회(顔回) 즉 안자(顔子)를 가리킨다.

22 이 도표(圖表)가……것이다 : 퇴계가 선조(宣祖)에게 올린 〈진성학십도차(進聖學十圖箚)〉에서 설명한 이 부분의 원문을 소개하면 다음과 같다. "분류하고 대치하되 많아도 싫어하지 않고서, 성학의 심법이 또한 한 가지가 아닌 만큼 모두 공력을 쓰지 않으면 안 된다는 것을 보여 주었습니다. 그리고 위에서 아래로 배열한 것들은, 단지 얕고 깊으며 생소하고 익숙한 대체적인 것을 가지고 말하면 이런 것이 있다는 것이지, 그 공정의 절차에 치지・성의・정심・수신과 같이 선후가 있다고 말하는 것은 아닙니다.〔分類對置 多而不厭 以見聖學心法亦非一端 皆不可不用功力云爾 其從上排下 只以淺深生熟之大概言之有如此者 非謂其工程節次 如致知誠意正心修身之有先後也〕"

라고 비평한다. 대저 퇴계는 일생 동안 침잠하면서 의문점을 논란하였지 구차하게 동조하지는 않았다. 그리고 이 도표로 말하면, 《성학십도(聖學十圖)》에 걸어 놓고 그 아래에다 평일의 언론을 그대로 기재해 놓기까지 하였다. 가령 그가 진실한 자득처(自得處)가 없으면서, 논한 것이 그저 의방에서 나온 것일 뿐이라면, 하필 이를 표출하여 〈태극도(太極圖)〉·〈서명도(西銘圖)〉·〈소학도(小學圖)〉·〈대학도(大學圖)〉·〈심성정도(心性情圖)〉의 사이에 나란히 배열하였겠는가. 그런데도 지금 그만 그 본지는 구명하지 않고 입에서 나오는 대로 공격하는 것이 이와 같으니, 어찌 탄식을 금할 수 있겠는가. 내 생각에는 퇴계의 설이 아무래도 정론(定論)으로 여겨지는데, 어떨는지 모르겠다.

존천리(存天理) 쪽에는 확충(擴充)하는 문자를 누락하였는데, 그 까닭이 무엇인지 모르겠다. 그리고 부동심(不動心)과 종심(從心 종심소욕불유구(從心所慾不踰矩))을 좌우로 나누어 소속시킨 것도 미안할 듯하다. 아마도 수효(收效)하는 곳과 착공(著工)하는 곳이 다르다고 여겨서일 터인데, 유정(惟精)과 유일(惟一)의 예(例)에 의거하여, 두 개를 겹쳐서 바로 아래에다 연결시키면 병통이 없을 것 같다.

존알(存遏 존천리(存天理)와 알인욕(遏人欲))의 공부를 물론 양쪽으로 나누어 설할 수도 있겠지만, 그중에 문득 관통하여 하나가 되는 묘리가 있으니, 그렇다면 또한 너무 심하게 분개(分開)[23]하면 안 될 것이다.

23 분개(分開) : 각기 다르다는 입장에서 부분적으로 분석하여 해석하는 것을 말한다. 전체를 한 덩어리로 보고 통틀어 이해하는 혼륜(渾淪)과 상대되는 말이다.

더구나 효과를 거두는 면에 있어서는 어떻게 양쪽의 별다른 일이 될 수가 있겠는가. 그런데 나름대로 도설(圖說)의 어맥(語脈)을 자세히 살펴보건대, 각각의 간가(間架)와 각각의 노자(路子)에 한계가 분명해서 서로 관련되지 않는 듯한 점이 분명히 있는 것 같다. 이는 작은 흠결이 아닌데도 퇴계가 이에 대해서 아무 말도 없는 것은 미처 상세히 살펴보지 못한 탓일지도 모르겠다. -일단 알인욕(遏人欲)에 대한 공부를 말해 놓고는 "반드시 부동심(不動心)의 경지에 이른다.……" 했고 보면, 알지 못하는 자가 볼 때 어찌 '부동심은 단지 알인욕의 효험을 말한다.'라고 생각하지 않겠는가. 일단 존천리(存天理)에 대한 공부를 말해 놓고는 "반드시 종심(從心) 즉 종심소욕불유구(從心所慾不踰矩)의 경지에 이른다.……" 했고 보면, 알지 못하는 자가 볼 때 어찌 '종심은 단지 존천리의 효험을 말한다.'라고 생각하지 않겠는가.-

적자(赤子)에게도 인심(人心)이 있고 도심(道心)이 있으며, 대인(大人)에게도 인심이 있고 도심이 있다. 그러나 적자의 인심과 도심은 단지 지각(知覺)이 아직 분명하지 못한 중에 약간 그 단서만 있을 뿐이니, 이것은 "이미 발했지만 도와 멀리 떨어져 있지 않다.〔已發而去道未遠也〕"[24]라고 하는 것이요, 대인의 경우는 도심이 주인이 되어 인심이 그 명을 듣는 것이니, 이것은 바로 "인심이 또한 도심이 된다.〔人心亦道心〕"[25]라고 하는 것이다.

24 이미……않다 : 적자의 마음을 이발(已發)이라고 보는 것이 맞느냐는 질문에 정이(程頤)가 대답한 말인데, 《이정유서(二程遺書)》 권18에 이 내용이 수록되어 있다.

25 인심이……된다 : 성인의 심(心)에 대한 이이(李珥)의 언명이다. 《율곡집(栗谷集)》 권10 〈답성호원(答成浩原)〉에 "성인은 기질이 청수하고 성(性)이 그 체(體)를 온전히 하여 털끝만큼도 인욕의 사(私)가 없으므로, 발동할 적에 마음이 하고자 하는

그런데 지금 도설(圖說)에서는 그만 인심을 적자의 마음 아래에서 이어받고, 도심을 대인의 마음 아래에서 이어받아, 같은 종류별로 소속시킨 것처럼 하고 있으니, 보기에 온당하지 못한 인상을 준다. 그러나 본문을 가지고 깊이 체득하면, 그의 견해가 잘못된 것이 아니라 바로 어구(語句)에 병통이 있음을 알 수 있다.

대개 인심은 욕(欲)에서 깨달아지는 것이라서 적자심(赤子心)의 아래에다 "인욕에 아직 빠지지 않았다.〔人欲未汨〕"라는 구절을 두었고, 도심은 의리(義理)에서 깨달아지는 것이라서 대인심(大人心) 아래에다 "의리가 충분히 갖추어졌다.〔義理具足〕"라는 구절을 둔 것인데, 그 말이 우연찮게 상대(相對)가 되기 때문에 마침내 이와 같이 나누어 소속시킨 것이다. 그리고 그 아래에 바로 이어서 "이는 두 가지 마음이 있는 것이 아니라, 실로 형기에서 생겨나면……〔此非有兩樣心 實以生於形氣……〕" 하고는 적자와 대인의 구를 내려놓았으니, 이를 통해서 그 본의(本義)에는 잘못이 없음을 알 수가 있는 것이다.-황돈(篁墩) 정민정(程敏政)의 "단서를 구하여 공력을 쓴다.〔求端用功〕"라는 설은 임은(林隱) 정복심(程復心)의 본지(本旨)를 얻은 것으로, 퇴계의 주장과 합치한다.-

대로 따라도 법도를 넘지 않아서 인심이 또한 도심이 되는 것이다. 이를 비유하자면 청정한 그릇에 물을 담으면 한 점의 찌꺼기도 없는 까닭에, 그것이 발동할 적에 본래 맑은 물이 쏟아져 나와 흘러내리는 것도 모두 맑은 물인 것과 같다.〔聖人氣質清粹 性全其體 無一毫人欲之私 故其發也 從心所欲 不踰矩 而人心亦道心也 譬如清淨之器儲水 無一點塵滓 故其動也 水之本清者傾瀉而出 流行者皆清水也〕"라는 말이 나온다.

위미정일장 危微精一章[26]

인심(人心)과 도심(道心)은 어디에서 발하는지를 보고 분별해야 하는데, 형기(形氣) 쪽에서 발하는 것이 인심이고, 의리(義理) 쪽에서 발하는 것이 도심이다. 혹생(或生)과 혹원(或原)[27]이라는 것도 발하는 곳을 기준으로 해서 말한 것이다. 운봉(雲峯 원나라 호병문(胡炳文))이 말하기를 "생(生)은 기(氣)가 일단 용사(用事 작용)한 때에 비로소 생겨나는 것이고, 원(原)은 대본(大本)의 측면에서 설한 것이다."[28]라고 하였는데,-본주(本註)에 보인다.- 이 설이 지극히 정밀하다. 대개 이 양자(兩者)가 비록 이(理)에 근원하고 기(氣)에서 발하지 않는 것은 아니지만, 인심은 결국 형기 이후의 물사(物事)이기 때문에 생(生) 자와 사(私) 자를 사용한 것이고, 도심은 원두(源頭)상에서 곧장 아래로 내려오는 것이기 때문에 원(原) 자와 정(正) 자를 사용한 것일 뿐이니, 인심은 기(氣)에서만 발하고 도심은 이(理)에서만 발한다는 말은 아니다.

26 위미정일장(危微精一章) : 《서경》 〈대우모(大禹謨)〉의 "인심은 위태하고 도심은 은미하니, 오직 정밀하게 살피고 일관되게 행동하여 그 중도(中道)를 진실로 잡아야 한다.〔人心惟危 道心惟微 惟精惟一 允執厥中〕"라는 말을 주제로 논한 글이다. 보통 〈인심도심장(人心道心章)〉이라고 칭한다.

27 혹생(或生)과 혹원(或原) : 주희가 인심과 도심을 논하면서 "하나는 형기의 사(私)에서 생겨나고 하나는 성명의 정(正)에서 근원한다.〔或生於形氣之私 或原於性命之正〕"라고 한 말에 나오는 혹생과 혹원을 가리킨다. 394쪽 주4 참조.

28 생(生)은……것이다 : 주희의 〈중용장구서(中庸章句序)〉의 소주(小註)에 "생(生)은 기(氣)가 일단 용사한 때에 비로소 생겨나는 것이다. 반면에 원(原)은 대본의 측면에서 설한 것으로, 기(氣) 안에 있으면서도 기에 섞이지 않는 면을 지적하여 말한 것이다.〔生是氣已用事時方生 原是從大本上說來 就氣之中 指出不雜於氣者言之〕"라는 운봉 호씨(雲峯胡氏)의 말이 보인다.

역건구이장 易乾九二章[29]

"사(邪)를 막으면 성(誠)이 보존된다.〔閑邪則誠存〕"[30]라고 했지만 "사를 막고 성을 보존한다.〔閑邪而存誠〕"라고 해도 된다. 한사(閑邪)하는 일을 놔두고 존성(存誠)을 구하는 것도 물론 안 되겠지만, 전적으로 한사에만 의존하고 성(誠)은 절로 보존되도록 그냥 놔두어서도 안 된다.[31]

초려(草廬)[32]가 두 개의 사(邪) 자를 나누어 말한 것은 지극히 도리

29 역건구이장(易乾九二章) : 《주역》 〈건괘(乾卦) 구이(九二) 문언(文言)〉의 '한사존기성(閑邪存其誠)'이라는 공자(孔子)의 말을 주제로 논한 글이다. 보통 〈한사존성장(閑邪存誠章)〉이라고 칭한다.

30 사(邪)를……보존된다 : '한사존기성(閑邪存其誠)'에 대해서 정이(程頤)는 "사(邪)를 막으면 성이 저절로 보존된다.〔閑邪則誠自存〕"라고 해설하였다.

31 한사(閑邪)하는……된다 : 송명흠(宋明欽)이 '한사(閑邪)와 존성(存誠)은 둘이 아니고 하나가 아니냐'라는 질문을 받자, "정자는 한사와 존성을 논하면서, 비록 두 가지 일이지만 또한 하나의 일일 뿐이라고 하였지만, 중사가 해설하기를 '한사하는 일을 놔두고 존성을 구하는 것도 물론 안 되겠지만, 전적으로 한사에만 의존하고 성(誠)은 절로 보존되도록 그냥 놔두어서도 안 된다.'라고 하였는데, 나는 그 말이 원만하고 확실한 것이 좋기 때문에, 정자와 중사의 두 해설을 다 인정하고 싶다.〔程子論閑邪存誠曰 雖是兩事 亦只是一事 仲思解之曰 固不可舍閑邪而求存誠 亦不可專靠閑邪而聽誠於自存 愚愛其圓確 故蓋欲兩存之〕"라고 대답한 말이 《역천집(櫟泉集)》 권5 〈답시해(答時偕)〉에 보인다. 중사(仲思)는 녹문의 자이다.

32 초려(草廬) : 원(元)나라 오징(吳澄)의 호이다. 임천 오씨(臨川吳氏)로 많이 알려졌다. 그의 이학(理學)이 주자학(朱子學)을 계승하였으면서도, 도문학(道問學)보다 존덕성(尊德性)을 중시하는 등 육학(陸學)의 본심론(本心論)에 기울어지는 경향을 띠어, 선학(禪學)에 오염되었다는 비평을 받기도 하였는데, 녹문의 그에 대한 본문의 비판도 이와 무관하지 않은 것으로 보인다. 《원사(元史)》 권171 〈오징열전(吳澄列傳)〉

에 맞지 않는다. 그리고 사무사(思無邪)[33]를 성의(誠意)에 소속시키고 한사(閑邪)를 정심(正心)에 소속시킨 것은 더더욱 자잘하게 쪼갠 정도가 심하다고 하겠다. 주자(朱子)는 말하기를 "사무사는 뜻이 참되고 마음이 바르게 된 효과이다.〔思無邪是意誠心正之效〕"라고 하였다. 그렇다면 한사는 성의(誠意) 정심(正心)의 일인 만큼, 사무사의 공부를 할 때에도 한사를 한 연후에 사사(邪思)가 없게 될 것이니, 어떻게 한사를 하지도 않고서 저절로 사사가 없어질 리가 있겠는가. 무사(無邪)와 한사(閑邪)의 두 사(邪) 자에 다른 점이 있는 것을 발견하지 못하겠는데, 지금 반드시 나누어서 둘로 하며 말하기를 "먼저 사무사로 그 뜻을 참되게 한 뒤에야 한사로 그 마음을 바르게 한다."라고 하면, 이는 성의와 정심의 공부가 동떨어져서, 반드시 1건(件)을 다한 뒤에야 비로소 다른 1건이 있게 될 것이니, 이것이 무슨 도리라 하겠는가. 또 그가 말하는 정심 공부라는 것도 부념(浮念 들뜬 생각)을 제거하는 데에 지나지 않는데, 그 부념도 바로 사욕(私欲)인 것이다. 그런데 지금 그만 사욕을 막는 조항 뒤에다 부념을 제거하는 공부를 별도로 제기하였으니, 나는 그가 장차 어떻게 공부에 착수할 것인지 알지 못하

에 초려가 "주자가 도문학에 공을 많이 쏟은 반면에 육자정은 존덕성을 위주로 하였다. 그런데 도문학을 한다 해도 존덕성에 기초하지 않으면 언어와 훈석의 말단에 치우치는 폐단을 빚어내기 마련이다. 따라서 학문은 반드시 존덕성을 근본으로 삼아야 제대로 될 수가 있다.〔朱子於道問學之功居多 而陸子靜以尊德性爲主 問學不本於德性 則其弊必偏於言語訓釋之末 故學必以德性爲本 庶幾得之〕"라고 말한 내용이 보인다. 육자정(陸子靜)은 심학(心學)을 제창한 상산(象山) 육구연(陸九淵)을 말한다.

33 사무사(思無邪) : 생각에 삿됨이 없다는 뜻으로, 《논어(論語)》〈위정(爲政)〉에 "《시경》에 나오는 삼백 편의 시를 한마디로 결론짓는다면, 그것은 바로 생각에 삿됨이 없다고 하는 것이다.〔詩三百 一言以蔽之 曰思無邪〕"라는 공자의 말이 나온다.

겠다. 단락마다 이야기하는 것이 병폐 아닌 것이 없으니, 그의 본래면목(本來面目)이 여지없이 눈앞에 모두 드러났다고 하겠다.

"외물(外物)이 밖에서 접근해도 그것을 막아서 내면을 범하지 않게 한다.〔物接于外 閑之而不干乎內〕"[34]라는 말은 완연히 좌선(坐禪)하며 입정(入定)하는 기미(氣味)를 느끼게 한다. 대개 한사는 정밀하게 설하든〔精說〕 대강 설하든〔粗說〕 모두 통한다. 추설(粗說)을 하면, 하나의 일이 잘못되면 고치고 하나의 마음이 악하면 막는 것이 한사이고, 정설(精說)을 하면, 안자(顔子)의 불이과(不貳過)와 불원복(不遠復)[35] 또한 한사인 것이다.-인욕(人欲)에 따라 발동하면 망(妄)이 있게 되는데, 이 망이 곧 사(邪)이다.- 사무사는 바로 이 한사의 효과이니, 반드시 천리(天理)에 따라 발동하여 망(妄)이 없는 경지에 이른 뒤에야 사무사의 극공(極功)을 이루게 되는 것이다.-가까이 말한다면 초학(初學)이 입문(入門)하는 곳이 물론 여기에 있다고 하겠지만, 멀리 말한다면 비록 성인(聖人)의 불면이중(不勉而中)[36]의 경지에 이르는 것이라 할지라도 이 길 말고 또 어떻게 가능하겠는가.-

34 외물(外物)이……한다 : 《심경부주(心經附註)》에 소개된 오징(吳澄)의 말이다.
35 불이과(不貳過)와 불원복(不遠復) : 불이과는 같은 잘못을 두 번 다시 범하지 않는다는 뜻으로, 공자가 요절한 수제자 안회(顔回)를 술회하면서 칭찬한 말인데, 《논어》 〈옹야(雍也)〉에 나온다. 불원복은 잘못을 깨닫고 올바른 길로 얼른 복귀하는 것을 말한다. 406쪽 주21 참조.
36 불면이중(不勉而中) : 억지로 힘쓰지 않아도 과불급(過不及)이 없는 중용의 도리에 합치하는 성인의 경지를 말한다. 《중용장구(中庸章句)》 제20장에 "성(誠)의 경지에 이르면 억지로 힘을 쓰지 않아도 중용에 합치하고, 굳이 생각을 하지 않아도 터득을 해서 자연히 도와 일치하는데, 이런 분이 바로 성인이다.〔誠者 不勉而中 不思而得 從容中道 聖人也〕"라는 말이 나온다.

곤육이장 坤六二章[37]

마음속으로 항상 공경하면 주(主 주재(主宰))가 있게 되는데, 이 주가 있으면 바로 안이 곧아지게 된다. 대개 안을 곧게 하는 것〔直內〕을 '고요할 때〔靜時〕'의 공부 쪽에만 해당시키면 안 되니, 경(敬)은 동(動)과 정(靜)과 관통하는 길인 까닭이다. 정(靜)할 때 함양(涵養)하는 것과 동(動)할 때 성찰(省察)하는 것 모두 경(敬) 아닌 것이 없기 때문에, 단지 마음이 주재를 보존하는 것〔心存主宰〕만을 가지고 말할 수 있으니,-섭씨(葉氏)가 "동하든 정하든 이 마음이 항상 보존되어 있는 것이다.〔若動若靜 此心常存〕"라고 하였다.[38]- 만약 전적으로 직내(直內)를 함양 공부로 삼는다면 이는 아직 완비되지 못한 것이다.

혹자가 말하기를 "이 말대로라면 우옹(尤翁 송시열)이 '근독(謹獨 홀로 있을 때 삼가는 것)은 의(義)에 속한다.'라고 말한 것은 잘못인가?"라고 하기에,-우옹이 말하기를 "주자(朱子)는 '의(義)는 마음속으로 일을 결단하는 것이니, 마음으로 내면에서 결단하면 외면이 바로 방정(方正)해진다.'라고 하였다. 이것을 가지고 살펴보면 근독은 바로 의에 속하는 것이다.……" 하였다.- 내가 답하기를 "근독은 의(義)이고, 삼갈 수 있게 하는 것은 경(敬)인데, 우옹의 뜻도

37 곤육이장(坤六二章) : 《주역》 〈곤괘(坤卦) 육이(六二)〉의 "군자는 공경히 하여 안을 곧게 하고, 의롭게 하여 밖을 방정하게 한다.〔君子敬以直內 義以方外〕"라는 말을 주제로 논한 글이다. 보통 〈경이직내장(敬以直內章)〉이라고 칭한다.

38 섭씨(葉氏)가……하였다 : 섭씨는 《근사록집해(近思錄集解)》의 저자인 섭채(葉采)를 말한다. 그는 《주자어록(朱子語錄)》을 편집한 주희의 제자 섭미도(葉味道)의 아들로, 자는 중규(仲圭)이고, 호는 평암(平巖)이다. 이 내용은 《근사록집해》 권4 존양편(存養篇) '주일무적(主一無適)'의 주(註)에 나온다.

그러하다. 이미 '경(敬)은 동정(動靜)을 겸한다.'라고 말했고 보면 그 뜻을 알 수가 있다."라고 하였다. 혹자가 또 말하기를 "근독은 하나인데, 혹 경에 속하기도 하고 혹 의에 속하기도 한다면 이는 확실한 주장이 되지 못할 듯싶다."라고 하기에, 내가 다음과 같이 답하였다.

의(義)는 시비(是非)를 분별하고 기미(幾微)를 살피는 측면에서 말했으니 이는 근독을 하는 일이고, 경(敬)은 마음이 주재(主宰)를 보존하여 일무(一無)[39]의 상태를 유지하는 차원에서 말했으니, 이는 삼갈 수 있게 하는 방도인 것인데, 깊이 연구해 보면 이를 알 수 있다.-마음속으로 시비를 분별하고 기미를 살피면 바로 외면에 드러나면서 외면이 바로 방정해지니, 경(敬)은 단지 내면을 곧게 하는 것이다.- 대강 설하면 직내(直內)하는 것이 정시(靜時)의 공부이고 근독 이하는 모두 의(義)에 속하지만, 세밀히 분석하면 이와 같이 설해야만 물샐틈없게 되어 의리가 분명해질 듯하다.-정자(程子)가 "안을 곧게 한다는 것은 바로 주일의 뜻이다.〔直內乃主一之義〕"라고 말한 그 뜻도 이와 같다.-

경(敬)은 동(動)과 정(靜)에 통하지만 정(靜)이 근본이 되기 때문에, 계신공구(戒愼恐懼)를 지경(持敬 공경심을 유지하는 것)의 근본으로 삼는

39 일무(一無) : 주일무적(主一無適)의 준말이다. 이는 송유(宋儒) 정이(程頤)가 경(敬)을 설명하기 위해서 제시한 명제인데, 주일(主一)은 하나를 위주로 한다는 뜻으로 마음을 전일(專一)하게 하는 것을 말하고, 무적(無適)은 옮겨 감이 없다는 뜻으로 마음속에 잡념이 없게 하는 것을 말한다. 《이정수언(二程粹言)》 권상(上)에 "주일을 경이라 하고, 무적을 일이라 한다.〔主一之謂敬 無適之謂一〕"라는 정이의 말이 나오고, 《주자어류(朱子語類)》 권120에 "정자가 말한 주일무적의 주일은 단지 전일하게 하는 것을 의미한다.〔程子所謂主一無適 主一只是專一〕"라는 주희(朱熹)의 말이 나온다. 녹문은 주일무적의 적(適) 자를 휘(諱)하여 주일무지(主一無之)라는 표현을 쓰고 있다.

것이다. 의(義)는 지(知)와 행(行)을 겸하지만 지(知)가 단서가 되기 때문에, 격물치지(格物致知)를 명의(明義 의리를 밝히는 것)의 단서로 삼는 것이다. 이 본(本) 자와 단(端) 자를 자세히 살펴보아야 할 것이다.

혹자가 주자(朱子)에게 '하루에 만 가지 일을 한꺼번에 응해야 하는 도리'에 대해서 질문하자, 주자가 답하기를 "한꺼번에 응하는 도리는 또한 없으니, 1건마다 이회(理會)하는 것이 필요하다. 주일(主一)은 동정(動靜)을 겸하는 것이다.……" 하였고, 또 이르기를 "주일을 하는 것이 언제 일찍이 하나의 일에 응체된 적이 있었던가. 주일을 하지 않으면 이 일을 지금 이회하는 중에도 다른 일에 마음이 걸리게 될 것이니, 이것이 바로 한쪽 구석에 응체되는 것이다."라고 하였다. 또 묻기를 "현재 이 일에 응하여 아직 끝나지 않았는데, 또 하나의 일이 닥쳐오면 어떻게 해야 하는가?"라고 하자, 답하기를 "1건을 마무리하고 나서 또 다른 1건을 이회해야 하니, 또한 뒤섞어서 응하는 도리는 없는 것이다. 다만 매우 부득이한 경우에는 그 경중을 저울질해서 처리해야 할 것이다."라고 하였다.

퇴계가 율곡에게 묻기를 "경(敬)은 주일무지(主一無之 주일무적(主一無適))하는 것인데, 혹 사물이 한꺼번에 몰려오기라도 하면 어떻게 응접하는가?"라고 하니, 율곡이 답하기를 "주일무지하는 것은 경(敬)의 요법(要法)이고, 수작만변(酬酢萬變 온갖 변화에 응수하는 것)하는 것은 경의 활법(活法)이다. 만약 사물에 대해서 하나하나 궁리하여 그 당연한 법칙을 각각 알아 놓는다면, 임시(臨時)에 응접할 적에 마치 거울이 사물을 비추는 것과 같아서 동쪽으로 응하고 서쪽으로 답하면서도 심체(心體)가 자여(自如)할 것이니, 이는 평소에 판단해 둔 것이 분명하기 때문이다. 먼저 궁리해 두지 않았다가 매사를 임시에 상량(商量)하게 되면, 하나의 일을 상량하는 동안에 다른 일이 벌써 빗나가고 말 것이니, 어떻게 함께 응접할 수가 있겠는가. 대개 정중(靜中)에 주일무지하는 것은 경(敬)의 체(體)요, 동중(動中)에 수작만변하며 그 주재(主宰)를 잃지 않는 것은 경의 용(用)이다.……" 하였다.

내가 율곡의 설을 살펴보건대, 이는 뜻이 참되고〔意誠〕 마음이 바르게 된〔心正〕 뒤에는 사물이 오는 대로 응하더라도 어느 것이나 중(中) 아님이 없게 된다는 것이니, 이는 초학(初學)이 갑자기 바랄 수 있는 것이 아니다. 모름지기 주자(朱子)의 설과 같이 해야만 비로소 절실(切實)하고 평순(平順)해서 공부하는 데에 근거가 있게 될 것이다. 그리고 주일무지는 동정(動靜)과 상하(上下)에 모두 통하는 것이니, 비록 수작만변하는 때라도 어찌 이것을 놔두고 할 수가 있겠는가. 그런데 지금 그만 주일무지를 경의 체라고 하고 수작만변을 경의 용이라고 하여, 마치 주일무지 이외에 다시 수작만변의 공부가 있는 것처럼 하였으니, 이는 잘못이 아닐까 싶다.-문집을 상고해 보건대, 이는 바로 소시(少時)의 의논인데 별집(別集)에 나온다.-

주일(主一)이라는 것은 마음이 전일(專一)함을 주로 함이요 무지(無之 무적(無適))라는 것은 마음이 주작(走作 다른 데로 달아나는 것)하지 않는 것이니, 모두 마음 위에 나아가 말한 것이다. 일단 주일이라고 말했으면 경(敬) 자의 뜻이 이미 밝혀졌는데도, 반드시 무지라는 말을 덧붙여서 일(一) 자를 해석한 것은, 사람들이 주일을 오로지 하나의 일에만 손대는 것으로 오인한 나머지, 응체되어 통하지 않는 병통이 있게 될까 염려해서이다. 그래서 다시 무지라는 두 글자를 거론함으로

써, 이른바 주일이라는 것은 단지 마음속에 주재(主宰)를 보존한 것인 만큼, 동(動)하든 정(靜)하든 만나는 대로 응정(凝定)하여, 혼란(昏亂)과 주작(走作)의 잘못됨이 없게 하는 것임을 밝힌 것이다. 대개 일(一)이라는 글자는 이면(裏面)의 마음이 전일한 곳에 나아가 말한 것이지, 외면의 사물과 교섭(交涉)하는 것이 아니다. 그래서 주자(朱子)가 합쳐서 말하기를 "주일무지(主一無之)를 경(敬)이라고 한다."라고 하였으니, 이 말이 더욱 분명하고 절실하다고 하겠다.

주일무지(主一無之) 네 글자로 경(敬) 자의 뜻을 드러내 밝힌 것이 친절하고 원족(圓足)하여 본디 여온(餘蘊 미진(未盡)한 점)이 없다고 하겠지만, 다시 3설로 보충한 뒤에야 비로소 물샐틈없게 된다고 하겠다. 정제엄숙(整齊嚴肅)의 설[40]이 없으면 "외면을 수렴하지 않아도 마음이 거만하지 않을 수 있다."라는 설이 침입할 것이고, 상성성(常惺惺)의 설[41]이 없으면 억지로 파악하려다가 마음이 혼매해지는 걱정거리가 편승할 것이고, 기심수렴(其心收斂)의 설[42]이 없으면 또 주일(主一)을

40 정제엄숙(整齊嚴肅)의 설 : 《심경부주(心經附註)》에 있는 정이(程頤)의 "정제하고 엄숙하면 마음이 절로 한결같아진다.〔整齊嚴肅則心自一〕"라는 말을 가리킨다. 혹자가 "사람이 한가히 거할 적에 몸은 나태해도 마음은 거만하지 않을 수 있느냐?〔人之燕居形體怠惰 心不慢 可否〕"라고 묻자, 정이가 "두 다리를 뻗고 앉아 있으면서 마음이 거만하지 않은 경우가 어디에 있겠는가.〔安有箕踞而心不慢者〕"라고 대답하고는, 평소에 홀로 있을 적에도 엄숙하게 무릎 꿇고 앉아 있던 여여숙(呂與叔) 즉 여대림(呂大臨)의 예를 거론하며 칭찬한 고사가 전한다. 《二程遺書 卷18》《近思錄 卷4 存養類》

41 상성성(常惺惺)의 설 : 《심경부주》에 있는 상채 사씨(上蔡謝氏), 즉 사양좌(謝良佐)의 "경은 항상 마음이 깨어 있게 하는 법이다.〔敬是常惺惺法〕"라는 말을 가리킨다. 상성성은 원래 선불교의 용어이다.

42 기심수렴(其心收斂)의 설 : 《심경부주》에 있는 화정 윤씨(和靖尹氏), 즉 윤돈(尹

드러내 밝힐 방도가 없게 될 것이다. 한쪽 방향에서 들어가면 세 방향의 것도 물론 그 안에 들어 있겠지만, 다시 1건(件)씩 이회(理會)해야만 비로소 완전히 갖추어져서 폐단이 없게 될 것이다.

손지상장 損之象章[43]

주자(朱子)가 말하기를 "사리의 옳고 그름을 살펴보다가 자기가 옳고 남이 그른 것을 보게 되면 그 순간에 다툼이 더욱 격렬해진다.〔觀理之是非 纔見己是而人非 則其爭愈力〕"[44]라고 하였고, 또 말하기를 "만약 그 도리의 옳고 그름을 알았다고 하더라도 굳이 따지려 하지 않는 것이 좋다. 만약 자기가 바른 것을 알고서 또 노한다면 상태가 더욱 악화될 것이다.〔若知其理之曲直 不必較却好 若見其直而又怒則愈甚〕"[45]라고 하

焞)의 "경이란 것은 마음을 수렴하여 한 물건도 용납하지 않는 것을 말한다.〔敬者 其心收斂 不容一物之謂〕"라는 말을 가리킨다.

43 손지상장(損之象章) : 《주역》 〈손괘(損卦) 상(象)〉의 "산 아래에 못이 있는 것이 손(損)이니, 군자는 이것을 보고서 분노를 징계하고 욕심을 막는다.〔山下有澤 損 君子以 懲忿窒欲〕"라는 말을 주제로 논한 글이다. 보통 〈징분질욕장(懲忿窒慾章)〉이라고 칭한다.

44 사리의……격렬해진다 : 《주자어류(朱子語類)》 권95에 나온다. 대본에는 '觀理之是非'가 '觀理是非'로 되어 있는데, 《주자어류》에 근거하여 '理' 뒤에 '之'를 보충하여 번역하였다.

45 만약……것이다 : 앞 인용문의 바로 뒤 항목에 이어지는 내용인데, 이는 정호(程顥)가 장재(張載)에게 보낸 〈정성서(定性書)〉 중에서 '분노의 감정'에 대해 언급한 부분을 주희가 평한 글이다. 이 정성서의 내용이 여기뿐만 아니라 뒤의 글에도 관련되어 나오는 만큼, 미리 관계되는 부분을 소개하면 다음과 같다. "사람의 감정 가운데 매우 쉽게 일어나면서 제어하기 매우 어려운 것은 분노라고 할 것이다. 하지만 분노의 감정이 일어

였다.-주자의 말은 여기까지이다.- 이 뜻이 물론 좋기는 하지만, '사리의 옳고 그름을 살펴본다'고 하는 것은 피아(彼我)의 곡직(曲直)만 가리키는 것이 아니니, 자기 분노의 타긴(打緊 타당함) 여부와 과분(過分 과도함) 여부에 대해서 더욱 스스로 돌이켜 보아야 옳을 것이다. 이와 같이 하면 '내가 분노할 만한 요소가 상대방에게 있었지 자기와는 본래 상관이 없다.'[46]라는 사실을 묵묵히 영회(領會 인식)할 수 있을 것이니, 이 두 가지 설을 합해야만 비로소 완전히 갖추어지게 될 것이다.

나는 정씨(程氏)의 이 말[47]을 매우 좋아하는데, 항상 나름대로 힘을 써서 조금은 그 맛을 알고 있다. 하나의 역경(逆境)을 만나 노기가 분분(憤憤)해지면서 제어하기 어렵다가도, 한번 이 말을 제기하여 떠올리게 되면 조금 전의 분노를 일시에 죄다 잊어버리고서 심기(心氣)

날 때에 문득 그 분노를 잊어버리고서 사리의 옳고 그름을 살필 수 있다면, 또한 외물(外物)이 나를 유인하는 것 역시 미워할 대상이 아니라는 것을 알게 될 터인데, 이쯤 되면 도에 있어서 또한 생각이 반절은 넘었다고 할 것이다.〔夫人之情 易發而難制者 惟怒爲甚 第能於怒時 遽忘其怒而觀理之是非 亦可見外誘之不足惡 而於道亦思過半矣〕" 이 말은 《심경부주》 본장(本章)과 《근사록(近思錄)》 권2 〈위학류(爲學類)〉에 실려 있다.

46 내가……없다 : 자기에 대해서도 철저히 반성해서 잘못이 없다는 것을 알게 되면, 자기가 분노한 것이 상대방의 잘못 때문이지 자기와는 관계가 없다는 사실을 알게 되어 마음이 차분히 가라앉을 것이라는 말이다. 정이(程頤)가 안회(顔回)의 불천노(不遷怒)를 해설하면서, 순(舜) 임금이 사흉(四凶)을 처벌할 적에 "분노할 요소가 저들에게 있었으니 자기와 무슨 상관이 있었겠느냐.〔可怒在彼 己何與焉〕"라고 예를 들어 말하고는, 이는 마치 거울이 물건을 비출 적에 미추(美醜)가 물건에 달려 있어서 그대로 비춰 줄 뿐인 것과 같다는 비유를 들기도 하였다. 《論語集註 雍也》

47 정씨(程氏)의 이 말 : 정호(程顥)의 〈정성서(定性書)〉에 나오는 말을 가리킨다. 419쪽 주45 참조.

가 자연히 평활(平濶)해지곤 한다. 그리하여 피아의 곡직을 미처 따지기도 전에 이미 벌써 나의 분노가 지극히 타당하지 않음을 알게 되어 신기(神氣) 또한 그다지 괴롭게 시달리지도 않는데, 이를 인하여 스스로 아무 말 없이 경책(警責)하며 자성(自省)하노라면, 나도 모르게 계속해서 웃음이 터져 나오기도 한다. 명도(明道 정호(程顥))의 이 말이 참으로 명언(名言)임을 알겠으니, 상절(上節)에서 말한 것은 대개 체험을 통해서 얻어졌다고 스스로 생각한다.

분노할 때에만 이렇게 힘을 쓸 것이 아니라, 무릇 정욕(情慾)이 발할 때마다 모두 이 방법에 의지해야 할 것이다. 거망(遽忘)이라는 두 글자가 지극히 묘한데, 사리를 살피는 것〔觀理〕이 바로 사(思) 자의 뜻이라고 하겠다.[48]

익지상장 益之象章[49]

선으로 옮겨 가고〔遷善〕 허물을 고치려면〔改過〕, 먼저 자기를 높이고

48 거망(遽忘)이라는……하겠다 : 거망과 관리(觀理)와 사(思) 자는 "문득 그 분노를 잊어버리고서 사리의 옳고 그름을 살필 수 있다면, 또한 외물(外物)이 나를 유인하는 것 역시 미워할 대상이 아니라는 것을 알게 될 터인데, 이쯤 되면 도에 있어서 또한 생각이 반절은 넘었다고 할 것이다.〔遽忘其怒而觀理之是非 亦可見外誘之不足惡 而於道亦思過半矣〕"라는 〈정성서(定性書)〉 원문의 문자에서 추출한 것이다.

49 익지상장(益之象章) : 《주역》 〈익괘(益卦) 상(象)〉의 "바람과 우레가 익(益)이니, 군자는 이것을 보고서 선(善)을 보면 옮겨 가고 허물이 있으면 고친다.〔風雷益 君子以 見善則遷 有過則改〕"라는 말을 주제로 논한 글이다. 보통 〈천선개과장(遷善改過章)〉이라고 칭한다.

남을 무시하는 습성과 우물쭈물 얼버무리는〔遮前掩後〕 태도를 제거해야 한다. 그리고 그 도량을 넓혀야 하는데, 도량을 넓히려면 먼저 식견을 길러야 한다. 식견이 좁고 비루하기 때문에 도량이 좁은 것이고, 도량이 좁기 때문에 천선(遷善)에 겁을 내고 개과(改過)에 인색한 것이다.

의리(義理)의 마음이 주(主)가 되면 일체 외물(外物)이 자연히 들어올 수 없게 된다. 다만 함양(涵養)이 미숙하여 근맥(根脈)이 변화되지 않으면, 한번 외물과 접촉할 적에 홀연히 싹이 돋아나서 막을 수 없으니, 명도(明道)의 사냥을 좋아하던 버릇[50]도 이와 같은 것이라고 생각한다. 다만 명도처럼 마음 다스리는 것이 치밀하지 않으면, 그런 일이 있자마자 곧바로 알아채는 것을 어떻게 이와 같이 할 수 있었겠는가. 학자가 외물의 유혹을 끊고 기미(幾微)를 살필 적에는 마땅히 이를 법도로 삼아야 할 것이다.

속(速) 자와 맹(猛) 자는 의사(意思)가 자별(自別)하니,[51] 속(速)은

50 명도(明道)의……버릇 : 정명도(程明道) 즉 정호(程顥)의 모귀희렵(暮歸喜獵)의 고사를 말한다. 《심경부주》 본장(本章)에 "나는 나이 16, 17세 때에 사냥을 좋아하였다. 그러다가 얼마 뒤에 자신 있게 말하기를 '이제는 이 버릇이 없어졌다.'라고 하였더니, 주무숙(周茂叔)이 이르기를 '어찌 말을 그렇게 쉽게 하는가. 단지 그 마음이 밑에 숨어서 발하지 않을 뿐이니, 어느 날 싹터서 일어나면 다시 처음처럼 될 것이다.'라고 하였다. 그로부터 12년이 지난 뒤에 저녁에 돌아오다가 전야 사이에서 사냥하는 자를 보고는 나도 모르게 기뻐하는 마음이 일어났으니, 과연 아직도 그렇지 않다는 것을 그때 비로소 알았다.〔予年十六七時 好田獵 既而自謂已無此好 周茂叔曰 何言之易也 但此心潛隱未發 一日萌動 復如初矣 後十二年暮歸 在田野間 見田獵者 不覺有喜心 方知果未也〕"라는 정호의 말이 소개되어 있다. 무숙(茂叔)은 주돈이(周敦頤)의 자이다.

단지 인순(因循 꾸물거리는 것)하지 말라는 뜻이고,-즉 "들으면 바로 실행한다.〔聞斯行之〕"[52]라는 뜻이다.- 맹(猛)은 대단히 용맹스럽게 힘을 쓰는 것이다. 천(遷)은 천우교목(遷于喬木)[53]의 천(遷)이니 이쪽에서 저쪽으로 옮겨 가는 것을 말하고, 개(改)는 개폐승묵(改廢繩墨)[54]의 개(改)이니 잘못을 도려내어 바르게 복구하는 것을 말한다. 천(遷) 자는 담박하고 개(改) 자는 험준하니, 천선(遷善)이 평지(平地)에서 운반하며 앞으로 나아가는 것과 같다면, 개과(改過)는 구덩이 속에 떨어졌다가 빠져나오는 것과 같다고 하겠다. 천선하는 것은 자기의 소행이 비록 대단히 도리에 어긋나지는 않더라도 미진한 부분이 있음을 깨달으면 즉시 옮겨서 지선(至善)의 경지에 머무르고자 하는 것이다. 개과하는 것은

51 속(速) 자와……자별(自別)하니 : 《심경부주》 본장(本章)의 "천선은 바람이 신속한 것처럼 해야 하고, 개과는 우레가 맹렬한 것처럼 해야 한다.〔遷善 當如風之速 改過 當如雷之猛〕"라는 주희의 말에 나오는 속(速)과 맹(猛)의 차이를 말한다.

52 들으면 바로 실행한다 : 염유(冉有)가 '들으면 바로 실행해야 하는지' 묻자, 공자가 "들으면 바로 실행해야 한다.〔聞斯行之〕"라고 대답한 고사가 《논어》 〈선진(先進)〉에 나온다.

53 천우교목(遷于喬木) : 《시경》 〈소아(小雅) 벌목(伐木)〉의 "나무 찍는 소리 쩡쩡 울리고, 새들은 재잘재잘 즐겁게 노래하네. 깊은 골에서 훌쩍 날아서는, 높은 나무 위로 자리를 옮겨 앉네.〔伐木丁丁 鳥鳴嚶嚶 出自幽谷 遷于喬木〕"라는 말에서 추출한 것이다.

54 개폐승묵(改廢繩墨) : 《맹자》 〈진심 상(盡心上)〉의 "큰 목수는 졸렬한 목공을 위하여 먹줄과 먹통을 쓰는 방식을 고치거나 없애지 않으며, 명궁인 예(羿)는 졸렬한 사수를 위하여 활을 잔뜩 당기는 규정을 바꾸지 않는다.〔大匠不爲拙工改廢繩墨 羿不爲拙射變其彀率〕"라는 맹자의 말에서 나온 것이다. 대본에는 '變改繩墨'으로 되어 있는데, 뜻은 대동소이하지만 경서를 인용한 녹문의 뜻을 존중하여 '變改'를 '改廢'로 바로잡아 번역하였다.

대단한 허물이나 악행을 교정(矯正)하여 바로잡고자 하는 것인데, 그런 과정에서 미진한 부분이 있으면 그것 역시 허물이라는 것을 아울러 융회관통(融會貫通 투철하게 인식하는 것)해야 할 것이다.

복초구장 復初九章[55]

혹자가 묻기를 "'안자(顔子)가 만약 차실(差失 과실(過失))이 없었다면 곧 성인(聖人)이었을 것이다.'[56]라는 정자(程子)의 해설이 그럴듯하다. 이것을 가지고 살펴본다면, 안자가 석 달 동안 인(仁)을 어기지 않을〔三月不違仁〕 때[57]에는 곧 성인과 분별(分別 구별(區別))할 것이 없다가, 석 달이 지나서 어기는 일이 없을 수 없게 되고 나면 그 뒤에 성인과 차이가 있게 된다는 그런 말인가?"라고 하기에, 내가 다음과 같이 말하였다.

55 복초구장(復初九章) : 《주역》 〈복괘(復卦) 초구(初九)〉의 "멀리 가지 않고 돌아오기 때문에 후회함에 이르지 않으니, 크게 선하고 길하다.〔不遠復 无祗悔 元吉〕"라는 말과 관련하여, 공자가 안씨(顔氏)의 아들 즉 안회(顔回)에 대하여 "불선이 있으면 알아채지 못한 적이 없고, 일단 알고 나면 다시 행한 적이 없었다.〔有不善 未嘗不知 知之 未嘗復行也〕"라고 칭찬한 《주역》 〈계사전 하(繫辭傳下)〉의 말을 주제로 하여 논한 글이다. 보통 〈불원복장(不遠復章)〉이라고 칭한다.

56 안자(顔子)가……것이다 : 《심경부주》 본장(本章)에 "안자는 대개 성인과 거의 모두 같았으나, 단지 이런 점에 곧 분별이 있었다. 만약 이런 점이 없었다면 곧 성인이었을 것이다.〔顔子大率與聖人皆同 只這便有分別 若無則便是聖人〕"라는 정자(程子)의 해설이 있다.

57 석 달……때 : 공자가 안회(顔回)에 대해서 "그는 마음속으로 석 달 동안이나 인을 어기지 않았다.〔其心三月不違仁〕"라고 칭찬한 말이 《논어》 〈옹야(雍也)〉에 나온다.

그렇지 않다. 불위인(不違仁)과 종심소욕(從心所欲)[58]은 그 기상(氣象)이 원래 같지 않다. 불위(不違)라는 것은 겨우 어긋나지 않게 할 수 있을 뿐으로서 억지로 노력한다〔勉强〕는 뜻이 들어 있는 데 반하여, 종심(從心)은 바로 불면이중(不勉而中)[59]의 뜻이다. 그리고 불개기락(不改其樂)과 낙재기중(樂在其中)[60]과 같은 뜻도 이와 같으니, 어떻게 분별할 것이 없다고 말할 수 있겠는가.

대개 반드시 대이화지(大而化之)[61]를 한 뒤에야 비로소 차실이 없게 되는 것이니, 이런 지위에 미치지 못하면 끝내 차실이 혹 있게 되는 것을 면치 못한다. 안자에게 차실이 있는 것은 바로 겨우 어긋나지

58 종심소욕(從心所欲) : 종심소욕불유구(從心所慾不踰矩)의 준말이다. 《논어》〈위정(爲政)〉에 "내 나이 일흔 살이 되자, 이제는 마음에 하고 싶은 대로 따라 해도 법도에 어긋나지 않게 되었다.〔七十而從心所欲 不踰矩〕"라는 공자의 말이 나온다.

59 불면이중(不勉而中) : 억지로 힘쓰지 않아도 중도(中道)에 합치하는 경지를 말한다. 413쪽 주36 참조.

60 불개기락(不改其樂)과 낙재기중(樂在其中) : '낙을 바꾸려 하지 않는다.'와 '낙이 그 속에 들어 있다.'라는 뜻으로, 안회와 공자의 안빈낙도(安貧樂道)의 생활을 표현한 말인데, 이 속에도 엄연히 면(勉)과 불면(不勉)의 차이가 있다는 말이다. 《논어》〈옹야(雍也)〉에 "어질다, 안회여. 한 그릇 밥과 한 표주박 물을 마시며 누항에 사는 것을 사람들은 근심하며 견뎌 내지 못하는데, 안회는 그 낙을 바꾸려 하지 않으니, 어질도다, 안회여.〔賢哉 回也 一簞食 一瓢飮 在陋巷 人不堪其憂 回也 不改其樂 賢哉 回也〕"라고 칭찬하는 공자의 말이 실려 있고, 또 〈술이(述而)〉에 "거친 밥을 먹고 물을 마시며 팔을 굽혀 베개를 삼더라도 낙이 또한 그 속에 들어 있다.〔飯疏食飮水 曲肱而枕之 樂亦在其中〕"라고 하는 공자의 말이 나온다.

61 대이화지(大而化之) : 대인(大人)으로서 화(化)의 경지에 든다는 뜻으로, 《맹자》〈진심 하(盡心下)〉의 "충실하여 광휘가 있는 이를 대인이라고 하고, 대인으로서 자취 없는 화(化)의 경지에 들면 성인이라고 한다.〔充實而有光輝之謂大 大而化之之謂聖〕"라는 말을 발췌한 것이다.

않게〔不違〕 할 수 있을 뿐이요 '대이화지'를 못하기 때문인 것이다. 그렇다면 그가 성인과 다른 소이(所以)라고 한다면, 꼭 언젠가는 차실이 있을 것이라는 점 때문이 아니라, 단지 이 불위(不違)라는 두 글자가 바로 성인과 같지 않게 된 곳이라고 하겠다. 가령 불위인의 때에 바로 성인과 분별할 것이 없다고 한다면 이는 이미 화(化)의 경지에 든 것이니, 또 어떻게 차실이 있을 수 있겠는가. 차실이 없었다면 곧 성인이었을 것이라는 정자의 말은, 만약 이렇게 차실을 하는 때가 없다면 이미 '대이화지'한 것이겠지만, 지금 안자는 아직도 혹 차실이 있으니, 이는 바로 '대이화지'를 하지 못하여 성인과 같지 않은 데에서 연유한다는 뜻으로 말한 것이다.

안연문인장 顏淵問仁章[62]

'성편난극처(性偏難克處)'[63]의 성(性)은 바로 기질지성(氣質之性)이

62 안연문인장(顏淵問仁章) : 안연이 인(仁)을 묻자 공자가 극기복례(克己復禮)라고 답하였고, 안연이 다시 실천할 구체적인 조목(條目)을 묻자 공자가 예(禮)가 아니면 시(視)·청(聽)·언(言)·동(動)을 하지 말라고 답하였으며, 이에 대해서 정이(程頤)가 또 〈사물잠(四勿箴)〉을 지었는데, 이 장은 《논어》 〈안연(顏淵)〉에 나오는 이 내용들을 주제로 하여 논한 글이다.

63 성편난극처(性偏難克處) : 성질이 편벽되어서 극복하기 어려운 곳이라는 뜻으로, 《심경부주》 본장(本章)에 나오는 "극기는 모름지기 성질이 편벽되어서 극복하기 어려운 곳부터 이겨 나가야 한다.〔克己 須從性偏難克處克將去〕"라는 사양좌(謝良佐)의 말에서 나온 것이다. 사양좌는 정문 사선생(程門四先生) 중의 하나로 자(字)는 현도(顯道)이며, 세상에서 상채(上蔡) 선생이라고 불렀다. 정문 사선생은 사양좌·양시(楊時)·여대림(呂大臨)·유작(游酢)을 말한다.

고, 편(偏)은 강악(剛惡)이나 유악(柔惡)[64]과 같은 부류이니, 음기(陰氣)를 품수(稟受)한 것이 많으면 유(柔)에 치우치고 양기(陽氣)를 품수한 것이 많으면 강(剛)에 치우친다. 유자(柔者)의 병통은 대체로 모두 유(柔)에서 나오는 것이니 예컨대 나약(懦弱)·의이(疑貳 시기(猜忌))와 같은 종류이고, 강자(剛者)의 병통은 대체로 모두 강(剛)에서 나오는 것이니 예컨대 잔인(殘忍)·분퍅(忿愎)과 같은 종류이다. 강자에게 유병(柔病)이 있거나 유자에게 강병(剛病)이 있는 것과 같은 경우는 열 가운데 두셋에 지나지 않는다. 모름지기 자세히 점검하여, 유(柔)는 강(剛)으로 극복하고, 강(剛)은 유(柔)로 극복해야 할 것이니, 〈홍범(洪範)〉의 고명유극(高明柔克)과 침잠강극(沈潛剛克)[65]이

64 강악(剛惡)이나 유악(柔惡) : 주돈이(周敦頤)는 인성(人性)을 강(剛)·유(柔)·선(善)·악(惡)·중(中)의 5품(品)으로 나누고, 중(中) 즉 중절(中節)의 경지에 이르는 것을 목표로 하였다. 그에 의하면, 강선(剛善)에 속하는 것은 의(義)·직(直)·단(斷)·엄의(嚴毅)·간고(幹固)이고, 강악(剛惡)은 맹(猛)·애(隘)·강량(强梁)이며, 유선(柔善)은 자(慈)·순(順)·손(巽)이고, 유악(柔惡)은 나약(懦弱)·무단(無斷)·사녕(邪佞) 등인데, 그의 저서인 《통서(通書)》에 이러한 내용들이 나온다.

65 고명유극(高明柔克)과 침잠강극(沈潛剛克) : 고명은 유로 극복하고, 침잠은 강으로 극복한다는 뜻으로, 《서경》〈홍범(洪範)〉에서 정직(正直)과 강극(剛克)과 유극(柔克)의 삼덕(三德)을 말하는 대목에 나오는데, 이해를 돕기 위해 설명을 덧붙여 이 대목을 소개하면 다음과 같다. "세 가지 덕으로 말하면, 첫째가 바르고 곧은 것이요, 둘째가 강함으로 이기는 것이요, 셋째가 부드러움으로 이기는 것이다. 평화롭고 안락한 자에게는 정직으로 대하고, 강경해서 따르지 않는 자에게는 강함으로 극복하고, 유화하여 굽신거리는 자에게는 부드러움으로 극복한다. 그리고 조금 부족한 듯하면서 뒤로 물러나 숨으려 하는 자에게는 강함으로 극복하고, 조금 지나친 듯하면서 높이 드러내려 하는 자에게는 부드러움으로 극복한다.〔三德 一曰正直 二曰剛克 三曰柔克 平康正直 彊不友剛克 燮友柔克 沈潛剛克 高明柔克〕"

바로 극기(克己)하는 방법인 것이다. '난극처(難克處)'는 기질의 병이 가장 깊어서 극치(克治)하기 어려운 것을 말하니, 예컨대 동래(東萊)의 추포(粗暴)[66]나 상채(上蔡)의 긍(矜) 자[67]와 같은 것이 그것이다. 먼저 이 어려운 곳을 극복한 뒤에야 그 나머지를 차례로 극복할 수 있을 것이다.

극기(克己)를 하려면 뜻을 전일하게 하여 착실히 공부를 해야 하고, 또 가끔씩 스스로 점검하여 그 분수(分數 진퇴(進退)의 정도)를 평가해야 한다. 가령 어제 한 부분을 극복하고 오늘 또 한 부분을 극복하고 내일 또 한 부분을 극복하여, 병통이 점점 어느 정도씩 감소되고 천리(天理)

66 동래(東萊)의 추포(粗暴) : 동래는 여조겸(呂祖謙)의 호이다. 추포는 거칠고 사납다는 뜻이다. 《심경부주》 권1 〈징분질욕장(懲忿窒慾章)〉에 주희가 친구인 그에 대해서 "그는 젊었을 적에 성질이 거칠고 사나워서 음식이 마음에 안 들면 언짢게 여겨 집안의 살림살이를 때려 부수곤 하였는데, 뒷날 오래도록 병을 앓으면서 단지 《논어》 한 책을 가지고 조석으로 익히 보다가 '자기를 책망함은 후하게 하고 남을 책망함은 적게 한다.'라는 대목에 이르러 홀연히 마음속 생각이 한순간에 평온해짐을 깨달았으며, 그 뒤로는 죽을 때까지 분노를 폭발하는 일이 없었다고 하였다. 이는 기질을 변화시키는 법으로 삼을 만하다.〔說少時性氣粗暴 嫌飮食不如意 便打破家事 後日久病 只將一冊論語 早晩閑看 至躬自厚而薄責於人 忽然覺得意思一時平了 遂終身無暴怒 此可爲變化氣質法〕"라고 평한 말이 실려 있다.

67 상채(上蔡)의 긍(矜) 자 : 상채는 사양좌(謝良佐)를 말하고, 긍 자는 자랑하고 과시하는 것을 뜻한다. 그가 헤어진 지 1년 만에 스승인 정이(程頤)를 찾아가자, 정이가 그동안 무슨 공부를 했느냐고 물었다. 이에 그가 "다만 긍 자를 없애려고 했다.〔只去得箇矜字〕"라고 대답하였는데, 그 이유를 묻자 "병통이 모두 이 속에 들어 있는 만큼, 이 죄과를 굴복시키면 바야흐로 발전할 수 있을 것이기 때문이었다.〔病痛盡在這裏 若按伏得這箇罪過 方有向進處〕"라고 대답한 내용이 《심경부주》 권1 〈천선개과장(遷善改過章)〉에 실려 있다.

가 점점 어느 정도씩 회복되는 것을 느낀다면, 이것은 그야말로 지극히 좋은 소식이라고 할 터인데, 이제는 의서(意緖 생각의 실마리)를 응당 점차로 전일하게 하여 완전히 극진한 경지에 이르게 해야 하니, 그렇게 하면 더욱 쾌활해지면서 더 이상 극복할 것도 없게 될 것이다. 이와 반대로 혹 오늘이 어제와 같고 내일이 오늘과 같아서 전혀 진전이 없다면, 극기라는 것도 단지 헛소리일 뿐이니 또 무슨 공부를 이루겠는가. 이 분수에 관한 설이 지극히 차서(次序)가 있고 지극히 조리(條理)가 있으니, 어떤 공부든 간에 모두 이와 같이 힘을 써야만 비로소 착실하게 발전할 수 있을 것이다.

서산(西山)은 물(勿) 자를 사(思)에 해당시켰는데,[68] 퇴계(退溪)가 정잠(程箴)의 성사(誠思)의 구절을 거론하여 그 설이 부당함을 밝혔다. 백운 허씨(白雲許氏)의 말을 살펴보건대 "시(視)·청(聽)·언(言)

68 서산(西山)은……해당시켰는데 : 《심경부주》 본장(本章)의 소주(小註)에 나오는 서산 진덕수(眞德秀)의 주장을 간략히 소개하면 "《서경》 〈홍범(洪範)〉에는 오사(五事)가 있다. 공자의 극기복례(克己復禮)의 조목을 보면 오사 중에 사(思)가 빠져 있으나, 사실은 금지하는 말인 물(勿) 자 속에 마음으로 생각한다는 뜻이 들어 있다."라는 것이다. 그런데 정이(程頤)의 〈사물잠(四勿箴)〉 중 동잠(動箴)을 보면 "철인은 길흉의 기미를 알고서 생각할〔思〕 때부터 참되게 하고, 지사는 선한 행동을 힘쓰면서 하는 일〔爲〕마다 정도를 준수하려고 한다.〔哲人知幾 誠之於思 志士厲行 守之於爲〕"라는 말로 시작되는데, 정이가 '성지어사(誠之於思)'라고 한 것으로 보아 동(動) 속에 이미 사(思)의 요소가 들어 있다고 하는 것이 서산의 말을 반박하는 자들의 논리이다. 본문의 성사(誠思)는 '성지어사'를 줄인 말이다. 〈홍범〉의 오사는 고대 통치자가 수신할 때의 다섯 가지 일로, 모공(貌恭)·언종(言從)·시명(視明)·청총(聽聰)·사예(思睿)를 말한다.

은 각각 하나의 일을 가리켰으나, 동(動)은 일신을 거론하여 말했기 때문에 동잠에서 심(心)을 아울러 설한 것이다.〔視聽言各指一事 動則擧一身而言 故動箴兼心說〕"라고 하였다.[69] 그리고 주자(朱子)는 말하기를 "사(思)는 동(動)의 은미함이요, 위(爲)는 동의 드러남이니, 이것은 동(動)의 정(精)과 추(粗)를 모두 겸한 것이다.〔思是動之微 爲是動之著 這箇是該動之精粗〕"라고 하였다.[70] 이 두 설에 의거하면 퇴계의 주장이 타당함을 얻은 것이다.

그런데 또 주자가 진명중(陳明仲)에게 답한 글을 살펴보건대 "극기의 조목에서 사(思)를 언급하지 않았는데, 이는 대개 조존(操存)[71]의 점진적인 공부에서는 반드시 볼 수 있는 것에서 시작하는 것으로 법도를 삼아야 하니, 그렇게 하면 절근하고 명백하여 지수하기 쉽기 때문이

69 백운 허씨(白雲許氏)의……하였다 : 백운 허씨는 원나라 허겸(許謙, 1270~1337)을 가리킨다. 자는 익지(益之)이고, 백운은 그의 호이다. 소싯적에 김이상(金履祥)의 문하에서 수학하였는데, 선유(先儒)의 설이라고 해서 무조건 따르지는 않았다. 천문(天文)·지리(地理)·전장제도(典章制度)·의학(醫學)·술서(術書) 등은 물론이요 노불(老佛)에까지 정통하였으며, 동양(東陽)의 팔화산(八華山)에서 주희의 이학(理學)을 강의할 적에는 남북 각지에서 배우려는 학자들이 운집했다고 한다. 저서에 《백운집(白雲集)》 등이 있다. 본 인용문은 바로 뒤에 나오는 주희의 말 아래에 소주(小註)로 수록되어 있다. 《心經附註 卷4 視聽言動四箴》

70 주자(朱子)는……하였다 : 정(精)과 추(粗)는 사(思)와 위(爲)를 말하는데, 사(思)와 위(爲)는 정이의 동잠 속의 '誠之於思'와 '守之於爲'에서 나온 것이다.

71 조존(操存) : 조즉존(操則存)의 준말로, 마음을 다스려서 올바른 방향으로 이끄는 것을 말하는데, 《맹자》 〈고자 상(告子上)〉의 "붙잡으면 있다가도 놓아 버리면 없어지고, 일정한 때가 없이 들락날락하면서 어디로 가는지 종잡을 수가 없는 것, 이것이 바로 마음이라는 것이다.〔操則存 舍則亡 出入無時 莫知其鄕 惟心之謂與〕"라는 말에서 나온 것이다.

었다. 그래서 오사의 차례에서도 사(思)를 가장 뒤에다 놓은 것인데, 부자 역시 여기에서 사물을 두루 거론하고 사(思)에 대해서는 언급하지 않은 것이다.〔克己之目不及思 蓋操存之漸 必自其可見者而爲之法 則切近明白 易以持守 故五事之次 思最在後 而夫子於此亦徧擧四勿而不及夫思焉〕"[72]라고 하였다. 이 설은 위의 설과 같지 않은데, 내 생각에는 위의 설은 바로 구(句)의 뜻을 해석한 것이고, 아래의 설은 대의(大意)에 입각하여 통합해 말해서 학자를 가르친 것이 아닌가 여겨진다. 그리고 정자(程子 정이(程頤))가 사잠(四箴)의 서(序)에서는 "외물에 대해 제재를 가하는 것은 내면의 마음을 기르기 위함이다.……〔制於外 所以養其中……〕" 했다가, 동잠(動箴)에 이르러서야 비로소 성사(誠思)의 구를 둔 그 뜻도 바로 이와 같으니, 서로 구애(拘礙)를 받아 그 본의를 훼손하면 안 될 것이다.

예악불가사수거신장 禮樂不可斯須去身章[73]

혹자가 말하기를 "'예(禮)라는 것은 밖에서 동하는 것이다.……'[74] 하였으니, 예(禮)는 아마도 밖에 있는 것일 것이다."라고 하기에, 내가 다음

72 극기(克己)의……것이다 : 《회암집(晦菴集)》 권43 〈답진명중서(答陳明仲書)〉에 나오는 내용 가운데 녹문이 중요 부분만 발췌해서 인용한 것이다.

73 예악불가사수거신장(禮樂不可斯須去身章) : 《예기(禮記)》 〈악기(樂記)〉의 "예(禮)와 악(樂)은 잠시라도 몸에서 떠나서는 안 된다.……〔禮樂不可斯須去身……〕"라는 내용을 주제로 하여 논한 글이다.

74 예(禮)라는……것이다 : 《예기》 〈악기(樂記)〉에 "악(樂)이라는 것은 안에서 동하는 것이고, 예(禮)라는 것은 밖에서 동하는 것이다.〔樂也者 動於內者也 禮也者 動於外者也〕"라는 말이 나온다.

과 같이 말하였다.

악(樂)은 밖에서 들어와서 안을 동하게 하는 것이요, 예(禮)는 안에서 나와서 밖에 드러나는 것이다. 악이 발서(發舒 발산(發散))를 주로 한다면, 예는 구속(拘束)을 주로 하는 것이다. 심(心)은 화이(和易 온화하고 평이한 것)가 필요하고, 신(身)은 수칙(收飭 수렴하여 정돈하는 것)이 필요하기 때문에 "악으로 마음을 다스리고, 예로 몸을 다스린다.〔樂以治心 禮以治躬〕"라고 말한 것이니, 예를 밖에 있는 것으로 여긴 것은 아니다.

주자(朱子)가 "예(禮)의 악(樂)이고, 악의 예이다."[75]라고 말한 것은 뭉뚱그려 한데 합쳐서〔渾淪〕 해설한 것이다. 그리고 "근엄하면서도 태평하고 조화로우면서도 절제한다.〔嚴而泰 和而節〕"[76]라고 말한 것은 또 예(禮)를 주(主)로 하면서 악(樂)을 겸하는 뜻이 그 속에 들어 있다. 대개 나누어서 이야기할 경우에는 물론 대칭(對稱)하여 상대적으로 말할 수 있겠지만, 전적으로 예(禮)를 주로 하여 말할 경우에는 엄(嚴)과 화(和)를 겸한 뒤에야 비로소 예의 전체를 다 포괄할 수 있으니, 그렇다면 악(樂)은 원래 처음부터 예의 밖〔外〕에 있는 것이 아니다.

75 예(禮)의……예이다 : 《논어》 〈학이(學而)〉의 "예의 용은 화가 귀함이 된다.〔禮之用 和爲貴〕"와 관련하여, 주희가 "예의 화한 곳이 곧 예의 악이고, 악에 절도가 있는 곳이 곧 악의 예이다.〔禮之和處便是禮之樂 樂有節處便是樂之禮〕"라고 말한 내용이 《주자어류(朱子語類)》 권22에 나온다.

76 근엄하면서도……절제한다 : 《논어》 〈학이〉 예지용장(禮之用章)에 "근엄하면서도 태평하고 조화로우면서도 절제하는 이것은 이(理)의 당연함이요 예(禮)의 전부이다.〔嚴而泰 和而節 此理之自然 禮之全體也〕"라는 주희의 해설이 보인다.

만약 예(禮)에 종사(從事)하여 이른바 '천리(天理)의 절문(節文)과 인사(人事)의 의칙(儀則)'[77]을 극진히 할 경우에는 악(樂)의 공용(功用)이 자연히 그 안에 들어 있으니, 이것이 바로 공자(孔子)가 안자(顏子)를 가르칠 적에 단지 극기복례(克己復禮) 1구만을 설한 이유라고 할 것이요, 이천(伊川 정이(程頤))이 "외물에 대해 제재를 가하는 것은 내면의 마음을 기르기 위함이다.〔制於外 所以養其中〕"라고 말한 이유라고 할 것이다.

"종일토록 단정히 앉아 있는 모습이 흙으로 사람의 형상을 빚은 조각과 같았다.〔終日端坐如泥塑人〕"[78]라고 한 이것은 예(禮)로 몸을 다스린 것이요, '한 덩어리의 온화한 봄기운〔一團和氣〕'[79]이라고 한 이것은 악(樂)으로 마음을 다스려서 그 기상이 밖으로 퍼져 나온 것이다. 단좌여

77 천리(天理)의……의칙(儀則) : 《논어》〈학이〉 예지용장에서 "예(禮)라는 것은 천리의 절문이요 인사의 의칙이다.〔禮者 天理之節文 人事之儀則〕"라고 주희가 해설하였는데, 그 소주(小註)에 "절(節)은 등급이다. 문(文)은 곧이곧대로 하지 않고 완곡하게 하는 모양이다.〔節者 等級也 文者 不直截而回互之貌〕"라는 주희의 말이 나온다. 의칙(儀則)은 법칙(法則)이라는 말과 같다.

78 종일토록……같았다 : 정호(程顥)의 문인인 사양좌(謝良佐)가 스승의 용모를 표현한 말로, 《심경부주》 본장(本章)에 나온다.

79 한 덩어리의 온화한 봄기운 : 화기애애한 기상이 풍겨 나오는 것을 표현한 말이다. 정명도(程明道) 즉 정호가 홀로 앉아 있을 적에는 석고상(石膏像)처럼 보이다가도, 일단 사람을 접하면 일단(一團)의 화기(和氣)가 뭉쳐 있는 것처럼 보였다는 고사가 전한다. 《二程全書 卷12》 또 "주공섬(朱公掞)이 여주(汝州)에 가서 명도 선생을 만나보고 돌아와서는 사람들에게 '내가 한 달 동안이나 봄바람 속에 앉아 있었다.〔在春風中坐了一月〕'라고 말했다."라는 내용이 주희의 《이락연원록(伊洛淵源錄)》 권4에 나온다. 공섬은 주광정(朱光庭)의 자이다.

이소(端坐如泥塑)만 할 뿐 화락하게 마음을 다스리는 일이 없다면 구박(拘迫)과 고고(枯槁)의 걱정이 있어서 소침(銷沈)에 빠지고 말 것이요, 단지 화락만을 힘쓸 뿐 장엄하게 몸을 다스리는 일이 없다면 방자(放恣)와 방탕(放蕩)의 병통이 있어서 유탕(流蕩)에 빠지고 말 것이다. 이것이 바로 명도(明道) 선생의 학문이 예악(禮樂)의 근본에 통달하여 내외의 공부가 각기 그 극치에 나아간 것이다.

〈내칙(內則)〉에 "13세에 음악을 배우고 시가(詩歌)를 읊다가, 20세에 비로소 예(禮)를 배운다."[80]라고 하였는데, 이것은 악(樂)이 예(禮)보다 먼저 있는 것이다. 공자(孔子)가 "예(禮)를 통해 세우고, 음악을 통해 완성한다."[81]라고 하였는데, 이것은 예가 악보다 먼저 있는 것이다. 그리고 〈악기(樂記)〉에서는 또 악과 예를 내(內)와 외(外)로 나누어서 말하였다. 대개 이 두 가지는 원래 선후를 가지고 말할 수는 없는 것으로서, 내외로 서로 기르면서 잠시라도 몸에서 떠나게 해서는 안 되는 것이다. 어려서도 예악으로 신심(身心)을 다스리고, 장성해서도 예악으로 신심을 다스려야 하니, 초학(初學)으로부터 성인(聖人)에 이르기까지 공부는 이 두 가지에 지나지 않는다.

80 13세에……배운다 : 《예기》 〈내칙(內則)〉에 "13세가 되면 음악을 배우고 시가를 읊으며 작무(勺舞)를 배운다. 15세 이상이 되면 상무(象舞)를 배우고 활쏘기 및 말 다루는 법을 배운다. 20세가 되면 관례(冠禮)를 행하고 비로소 예(禮)를 배운다.〔十有三年 學樂誦詩舞勺 成童舞象 學射御 二十而冠 始學禮〕"라는 말이 나온다.

81 예(禮)를……완성한다 : 《논어》 〈태백(泰伯)〉에 "시를 통해서 마음을 일으키고, 예를 통해서 원칙을 세우고, 음악을 통해서 덕성을 완성한다.〔興於詩 立於禮 成於樂〕"라는 공자의 말이 나온다.

반정화지장 反情和志章[82]

성정(性情)의 바름을 회복하여 뜻을 화(和)하게 하는 것〔反情和志〕은 마음을 다스리는 것이요, 선류(善類)에 견주어서 자기의 행실을 이루는 것〔比類成行〕은 몸을 다스리는 것이다. 간교한 소리와 어지러운 색〔姦聲亂色〕을 보고 듣는 사이에 머물러 두지 않으면〔不留聰明〕 보고 듣는 것이 모두 바른 소리와 바른 색일 것이고, 음란한 음악과 어긋난 예법〔淫樂慝禮〕을 마음속에 접하지 않으면〔不接心術〕 받아들이고 접하는 것이 모두 바른 음악과 바른 예법일 것이다. 게으르고 오만한 기운〔惰慢之氣〕은 악(樂)이 잘못되어 방사(放肆)로 흐른 것이요, 삿되고 편벽된 기운〔邪僻之氣〕은 예(禮)가 잘못되어 회곡(回曲)으로 흐른 것이다. 신체에 베풀지 아니하면〔不設於身〕 베풀어지는 것이 화평(和平)하고 정대(正大)할 것이며, 호오(好惡)가 잘못되지 않게 하면서 치탕(熾蕩)하지 못하게 경계하면 성정(性情)이 바름을 얻어서 뜻〔志〕도 이에 따라 화(和)할 것이며, 머물러 두지 않고 접하지 않으면서〔不留不接〕 또 신체에 베풀지 아니하면〔不設〕 악류(惡類)에 빠져들지 않아

82 반정화지장(反情和志章) : 《예기》 〈악기(樂記)〉의 "군자는 성정(性情)의 바름을 회복하여 자기의 뜻을 화(和)하게 하고, 선류(善類)에 견주어서 자기의 행실을 이룬다. 간교한 소리와 어지러운 색을 보고 듣는 사이에 머물러 두지 않으며, 음란한 음악과 어긋난 예법을 마음속에 접하지 않으며, 게으르고 오만하고 삿되고 편벽된 기운을 신체에 베풀지 아니한다. 그리하여 이목구비와 심지(心知) 즉 마음의 지각과 백체 모두가 화순(和順)하고 정직(正直)한 길을 따라서 의(義)를 행하게 한다.〔君子反情以和其志 比類以成其行 姦聲亂色 不留聰明 淫樂慝禮 不接心術 惰慢邪辟之氣不設於身體 使耳目鼻口心知百體 皆由順正以行其義〕"라는 말을 주제로 하여 논한 글이다.

행실을 이룰 수 있을 것이다.

머물러 두지 않고 접하지 않는 것〔不留不接〕은 밖에서 들어오는 것을 방지함이니, 이는 바로 공자가 "예가 아니면 보지 말고, 예가 아니면 듣지 말라.〔非禮勿視 非禮勿聽〕"라고 말한 것이요, 신체에 베풀지 않는 것〔不設〕은 안에서 나가는 것을 신중히 함이니, 이는 바로 공자가 "예가 아니면 말하지 말고, 예가 아니면 하지 말라.〔非禮勿言 非禮勿動〕"라고 말한 것이다. 대저 이렇게 하면 밖으로는 백체(百體)가 모두 화순하고 정직함〔順正〕을 연유하여 행하는 것이 의(義)일 것이고, 안으로는 심지(心志)가 모두 화순하고 정직함을 연유하여 보존되는 것이 의(義)일 것이다. 예악(禮樂)을 극론(極論)하다가 의(義)로 결론을 맺은 것은, 대개 마음을 다스리고 몸을 다스리는 목적이 하나의 시(是 옳음)를 이루는 데에 지나지 않기 때문이다.

상장(上章)에서는 예(禮)와 악(樂)을 나누어 말하였고, 이 장에서는 한데 합쳐서 말하였는데, 이는 대개 도리를 평범하게 설명하면 물론 내외로 나누어 소속시킬 수 있지만, 공부를 세밀하게 추진하려면 서로 보완하지 않고서 이루어지는 경우가 없기 때문이다. 또 상장에서는 마음을 다스리고 몸을 다스리는 효과를 극론한 반면에, 이 장에서는 오로지 사특함을 막고〔閑邪〕 자기를 극복하는〔克己〕 일을 말하였는데, 이는 대개 상장에서 말한 것은 중점을 천리를 보존하는 데〔存天理〕에 두었고, 하장(下章)에서 말한 것은 중점을 인욕을 막는 데〔遏人欲〕에 두었기 때문이니, 모름지기 이 양장(兩章)을 통틀어 체득하고 완미해야만 예악의 묘한 이치를 완전히 파악하고, 수정(修正)하는 공을 극대화할 수 있을 것이다.

인개유불인인지심장 人皆有不忍人之心章[83]

맹자가 '확충(擴充)'이라는 두 글자를 꺼내어 긴절(緊切)하게 공력(功力)을 쓸 곳을 사람들에게 보여 주었다. 대개 사단(四端)은 사람마다 모두 지니고 있는 것이지만, 단지 확충하는 방법을 모르기 때문에 발동하는 대로 곧장 없어져서 그 본연(本然)의 상태를 회복하지 못하고 있다. 만약 군자가 그런 줄을 알고서 추광(推廣 미루어 넓히는 것)하는 공력을 가한다면, 우리가 품부받은 용량(容量)을 충족시킬 수 있을 것이다.

우선 자기를 다스리는 것〔治己〕을 가지고 말하자면 다음과 같다. 그 몸이 곤경에 빠진 것을 생각하여 자기 일처럼 안타깝게 생각하는 것은 측은지심(惻隱之心)이 발한 것이니, 이를 추광하면 극기(克己)를 하고 행서(行恕)[84]를 하여 그 심덕(心德)을 온전히 함으로써 인(仁)의 용량을 충족시킬 것이다. 남보다 못한 것을 부끄럽게 여겨서 분발하여

83 인개유불인인지심장(人皆有不忍人之心章) : 맹자가 "사람이라면 모두 사람을 차마 해치지 못하는 마음을 갖고 있다.〔人皆有不忍人之心〕"라고 전제한 뒤에, 사단(四端)을 설명하면서 "우리에게 있는 사단을 모두 확충할 줄 알면, 마치 불붙기 시작하고 샘솟기 시작하는 것과 같을 것이니, 제대로 확충한다면 사해를 보전할 수 있을 것이요, 확충하지 못한다면 부모도 섬길 수 없을 것이다.〔凡有四端於我者 知皆擴而充之矣 若火之始然 泉之始達 苟能充之 足以保四海 苟不充之 不足以事父母〕"라고 말하였는데, 본장(本章)은 《맹자》 〈공손추 상(公孫丑上)〉에 나오는 이 내용을 주제로 하여 논한 것이다.

84 행서(行恕) : 서(恕)를 행한다는 뜻의 정주학 용어이다. 서는 내 마음을 미루어 남을 이해하고 배려하는 것을 의미한다. 자공(子貢)이 종신토록 명심할 한마디 말을 청했을 때, 공자가 "그것은 '서'라는 글자일 것이다. 자기가 하고 싶지 않은 일을 남에게 베풀지 말아야 한다.〔其恕乎 己所不欲勿施於人〕"라고 일러 준 말이 《논어》 〈위령공(衛靈公)〉에 나온다.

스스로 일어나는 것은 수오지심(羞惡之心)이 발한 것이니, 이를 추광하면 일 처리를 정당하게 하며 자신을 졸렬하지 않게 함으로써 의(義)의 용량을 충족시킬 것이다. 남이 자기를 칭찬하는 말을 들으면 뒤로 물러나 겸양하는 것은 사양지심(辭讓之心)이 발한 것이니, 이를 추광하면 내외를 수치(修治)하여 행동이 절문(節文 예절)에 합치함으로써 예(禮)의 용량을 충족시킬 것이다. 일의 시비를 보고서 반드시 가부를 따지려 하는 것은 시비지심(是非之心)이 발한 것이니, 이를 추광하면 머물 곳을 알아 안정을 취하고〔知止有定〕[85] 만 가지 이치에 환히 밝음으로써 지(智)의 용량을 충족시킬 것이다.

이로부터 유추하면 남을 다스리는 것〔治人〕도 어떠한지 알 수가 있다. 이 측은지심을 추광하면, 인류를 사랑하고〔仁民〕과 생물을 아끼는 일〔愛物〕에 각기 그 마음을 극진히 하여, 하나의 풀 하나의 나무라도 제자리를 얻지 못하는 것이 없게 될 것이다. 이 수오지심을 추광하면, 상하(上下)와 귀천(貴賤)에 대해 각기 그 분한(分限)을 극진히 하여, 호령(號令)을 발하고 시행함에 그 어떤 것도 불합리한 것이 없게 될 것이다. 이 사양지심을 추광하면, 제도(制度)와 문물(文物)이 찬란하게 갖추어진 가운데, 이륜(彝倫)에 질서가 잡히면서 여민오변(黎民於變)[86]하게 될 것이다. 이 시비지심을 추광하면, 권도(權度)에 정해짐이 있게 되고 거조(擧措)가 타당함을 얻어서, 강목(綱目 대강(大綱)과 세목

85 머물……취하고 : 《대학장구(大學章句)》 경 1장에 "머물 곳을 안 뒤에야 안정을 취하게 되고, 안정을 취한 뒤에야 마음이 고요해지고, 마음이 고요해진 뒤에야 외물에 동요되지 않을 수 있다.〔知止而後有定 定而後能靜 靜而後能安〕"라는 말이 나온다.

86 여민오변(黎民於變) : 《서경》 〈요전(堯典)〉의 "백성들이 성군의 덕에 크게 감화된 나머지 온 누리에 화평한 기운이 감돌았다.〔黎民於變時雍〕"라는 말을 발췌한 것이다.

(細目))을 시행할 적에 의구심이 없게 될 것이다. 이처럼 '확충'이라는 두 글자의 맛이 무궁하니, 맹씨의 공이 어떻다고 하겠는가.

사람에게 사단(四端)이 있는데도 확충하지 못하는 것은, 이와 상반되는 것이 개입하여 해치기 때문이다. 서산(西山)이 말하기를 "측은지심이 발하면 잔인(殘忍)한 마음이 이를 해치고, 사양지심이 발하면 탐모(貪冒)의 마음이 한데 뒤섞이고, 수오지심이 발하면 구차(苟且)한 마음이 여기에 편승하고, 시비지심이 발하면 혼망(昏妄)의 마음이 이를 해친다."[87]라고 하였는데, 이 말이 지극히 맛이 있다. 이러한 까닭에 확충을 잘하려면 반드시 먼저 해치는 것들을 제거해야 하니, 그렇게 하지 않으면 선(善)이 끝내 악(惡)을 이기지 못하여 인욕(人欲)의 사(私)가 끝내 천리(天理)의 공(公)을 멸하고 말 것이다. 또 사단과 비슷하지만 사실은 사단이 아닌 것들이 있다. 예컨대 고식적인 인(仁)[88]과 행행(悻悻)히 진퇴하는 의(義)[89]와 왜곡하는 예(禮)와 천착하는 지

87 측은지심이……해친다 : 대본에는 '惻隱之發 殘忍害之 辭讓之發 貪冒雜之 羞惡之發 苟且間之 是非之發 昏妄賊之'로 되어 있는데, 서산(西山) 진덕수(眞德秀)가 지은 《대학연의(大學衍義)》 권5에는 원문이 '惻隱之發而殘忍奪之 辭遜之發而貪冒雜之 羞惡之發而苟且間之 是非之發而昏妄賊之'로 되어 있다.

88 고식적인 인(仁) : 《예기》 〈단궁 상(檀弓上)〉에 "군자는 도덕에 입각해서 사람을 사랑하는 반면, 소인은 그저 고식적으로만 사람을 좋아한다.〔君子之愛人也以德 細人之愛人也以姑息〕"라는 말이 나온다.

89 행행(悻悻)히 진퇴하는 의(義) : 상대방이 자기 말을 들어주지 않으면 노기(怒氣)를 띠고 그 자리를 곧장 떠나면서 자신을 의롭게 여기는 것을 말한다. 맹자가 제왕(齊王)과 뜻이 맞지 않아 제나라를 떠날 적에 그래도 혹시 왕이 잘못을 고칠까 하는 생각 때문에 짐짓 천천히 가면서 사흘 밤을 넘긴 뒤에야 주읍(晝邑)을 나갔는데, 윤사(尹士)

(智), 그리고 주자(朱子)가 말한 '측은(惻隱)이 부당할 때의 측은이나, 수오(羞惡)가 부당할 때의 수오'[90] 같은 것 등이 모두 이것이니, 모름지기 정밀하게 살피고 생각해야만 도적을 자식으로 오인(誤認)하는 걱정거리에서 벗어날 수 있을 것이다.

시인장 矢人章[91]

사람의 측은지심(惻隱之心)은 곧 하늘의 생물지심(生物之心 만물을 낳아 기르는 마음)이다. 그러므로 천지(天地) 사이에 가득한 것은 생물지심 아닌 것이 없고, 강자(腔子)[92]에 가득한 것은 측은지심 아닌 것이 없는

란 사람이 이 일을 가지고 맹자를 비난하자, 맹자가 "내가 어찌 속 좁은 사내처럼 임금에게 간하여 받아 주지 않으면 성을 내며 얼굴에 노기를 드러내고, 한번 떠나면 하루 종일 쉬지 않고 간 뒤에야 묵겠느냐.〔予豈若是小丈夫然哉 諫於其君而不受則怒 悻悻然見於其面 去則窮日之力而後宿哉〕"라고 말한 고사에서 나온 것이다.《孟子 公孫丑下》

90 측은(惻隱)이……수오 :《주자어류(朱子語類)》 권53에 "측은과 수오에도 절도에 맞는 것이 있고 맞지 않는 것이 있다. 가령 측은이 부당할 때의 측은이나, 수오가 부당할 때의 수오와 같은 것은 곧 절도에 맞지 않는 것이다.〔惻隱也 羞惡也 有中節不中節 若不當惻隱而惻隱 不當羞惡而羞惡 便是不中節〕"라는 주희의 말이 나온다.

91 시인장(矢人章) : 시인(矢人)은 화살 만드는 사람을 가리킨다. 본장(本章)은 "화살 만드는 사람이 어찌 갑옷 만드는 사람보다 인(仁)하지 못하겠는가마는, 화살 만드는 사람은 오직 사람을 상하지 못할까 걱정하고, 갑옷 만드는 사람은 오직 사람을 상할까 걱정한다.……〔矢人豈不仁於函人哉 矢人唯恐不傷人 函人唯恐傷人……〕"라고 한《맹자》〈공손추 상(公孫丑上)〉의 내용을 주제로 하여 논한 글이다. 보통 〈시인함인장(矢人函人章)〉이라고 칭한다.

92 강자(腔子) : 가슴과 배 사이에 있는 빈 곳으로, 옛사람들이 심장(心臟) 부근을 지칭하던 말인데, 우리 몸의 내면을 뜻하는 말로 쓰인다.

것이다. 생물지심 아닌 것이 없기 때문에 원(元)에서 형(亨)으로 형에서 이(利)로 이에서 정(貞)으로 끊임없이 순환하여 끝없이 낳고 기르는〔生生〕 뜻이 일찍이 그치거나 멈춘 적이 없고, 측은지심 아닌 것이 없기 때문에 수오(羞惡)와 사양(辭讓)과 시비(是非)의 마음이 서로 교대로 용(用)이 되는 가운데 측은지심이 두루 통하지 않음이 없는 것이다.

무엇을 가지고 측은지심이 두루 통하지 않음이 없는 것을 아는가? 대개 하늘은 만물을 낳는 것으로 대덕(大德)을 삼는데, 사람이 이 하늘의 덕을 얻어서 그것으로 덕을 삼는 것이다. 이것이 이른바 인(仁)이라는 것이니, 이 인의 이(理)가 혼연(渾然)하고 수연(粹然)하게 방촌(方寸)을 가득 채우고 사체(四體)를 흠뻑 적시는 것이다.

그것이 아직 발하기 이전〔未發〕에도 공평(公平) 측달(惻怛)하고 감통(感通) 주류(周流)하는 이(理)는 이미 모두 갖추어져 있다. 이것이 이른바 인(仁)의 성(性)이요 측은(惻隱)의 체(體)이니, 주자(朱子)가 "측은지심이 있어야만 동할 줄을 안다."[93]라고 한 것이 바로 이것이다.

그러다가 그것이 외물(外物)에 감응하여 발할 적에는 애연(藹然)하기가 봄날의 태양이 막 떠오르고 봄풀이 바야흐로 싹트는 듯하여, 공평 측달하고 감통 주류하는 용(用)이 이로 말미암아 행해지니, 이것이 이른바 측은(惻隱)의 정(情)이요 인(仁)의 용(用)인 것이다. 그리하여 비록 감응하는 것이 같지 않은 탓으로 발하는 것에 각각 주재(主宰)하는 것이 있어서 측은·수오·사양·시비의 명목(名目)이 있다고 하더라도, 처

93 측은지심이……안다 : 《주자어류(朱子語類)》 권53에 "오직 측은지심이 있어야만 동할 줄을 아는 것이니, 만약 측은지심이 없다면 동할 줄을 알지 못한다.……동하는 곳에는 바로 측은지심이 있다.……〔惟是有惻隱之心方會動 若無惻隱之心 却不會動……動處便是惻隱……〕"라는 주희의 말이 실려 있다.

음 발하여 애연하게 되는 것은 애당초 측은의 작용 아닌 것이 없고, 비록 이미 드러난 뒤라도 이른바 측은이라고 하는 것은 은연중에 삼자(三者)의 가운데에 유행(流行)하지 않은 적이 없으니, 주자가 "동하는 곳에는 바로 측은지심이 있다.……〔動處便是惻隱……〕" 한 것이 이것이다.

대개 하늘에는 사덕(四德 원형이정(元亨利貞))이 있지만 그중에서 원(元)이 삼덕을 통괄하고, 사람에게는 사성(四性 인의예지(仁義禮智))이 있지만 인(仁)이 삼성을 포괄하고, 성(性)에는 사단(四端)이 있지만 측은이 삼단을 관통하는 것이다. 그러나 성(性)은 천(天)에서 나오고, 정(情)은 성(性)에서 발하니, 모두 하나의 이(理)일 뿐이다.

구방심장 求放心章[94]

강자(腔子)는 단지 몸뚱이〔軀殼〕의 안에 있으니, 대개 마음이란 굳이 외부로 향하는 시선을 거두고 생각을 집중할 것 없이, 지극히 고요한 곳을 얻고 나서야 보존되는 것이라는 식으로 여긴다면, 이런 생각은 거꾸로 공적(空寂)에 떨어지고 말 것이다.[95] 단지 볼 적에는 밝게 볼 것을 생각하고 들을 적에는 밝게 들을 것을 생각하며, 발은 무게 있게

94 구방심장(求放心章) : 《맹자》 〈고자 상(告子上)〉의 "인(仁)은 사람의 마음이요 의(義)는 사람의 길이다.……학문의 길은 다른 것이 없다. 자기가 놓친 마음을 찾는 것일 뿐이다.〔仁人心也 義人路也……學問之道無他 求其放心而已矣〕"라는 말을 주제로 하여 논한 글이다. 보통 〈인인심장(仁人心章)〉이라고 칭한다.

95 강자(腔子)는……것이다 : 정이(程頤)의 "마음은 강자 안에 있어야 한다.〔心要在腔子裏〕"라는 말을 잘못 해석하면 불교의 공적(空寂)한 이론으로 빠질 위험이 있다는 말이다. 강자에 대해서는 440쪽 주92 참조. 정이의 말은 《이정유서(二程遺書)》 권7에 보인다.

하려고 하고 손은 공손하게 하려고 하면서 외물(外物)을 따라가지 않게 한다면, 이것이 곧 마음을 강자 안에 있게 하는 것이다. 만약 강자 밖으로 빠져나가게 하면, 보아도 보이지 않을 것이고 들어도 들리지 않을 것이니, 다시 무슨 공부를 논하겠는가. 주자(朱子)가 요진경(廖晉卿)에게 답하기를 "그대는 마음을 놓친 것이 이미 오래되었으니 우선 정신을 수렴하고 나서 〈옥조(玉藻)〉의 구용(九容)을 자세히 체인(體認)한 뒤에 의사(意思)가 있을 때까지 기다렸다가 독서를 하는 것이 좋겠다."라고 하였는데,[96] 이것이야말로 방심(放心)을 거두는 공부를 긴절(緊切)하고 평실(平實)하게 가르쳐 준 것이다. 체득한 것이 깊지 않고서야 어떻게 이런 말을 해 줄 수가 있겠는가.-뒤에 《어류(語類)》 및 면재(勉齋 황간(黃榦))의 설을 따라서, 학문은 모두 방심(放心)을 구하기 위함이라는 뜻으로 글을 지었는데, 계제(季弟)[97]에게 보낸 글에 보인다.-

96 주자(朱子)가……하였는데 : 요진경(廖晉卿)이 무슨 글을 읽어야 하느냐고 묻자, 주희가 답하기를 "그대는 마음을 놓친 것이 이미 오래되었다. 정신을 수습하는 일도 아직 정해지지 않아서 다른 곳으로 도망치지 않는 때가 없으니, 우선 정신을 수렴해야만 비로소 독서에 대해서 생각해 볼 수 있을 것이다.〔公心放已久 精神收拾未定 無非走作之時 可且收斂精神 方好商量讀書〕"라고 하고, 또 "〈옥조〉에 나오는 구용의 대목을 우선 자세히 체인하고 나서 의사가 있으면 그때에 독서를 하는 것이 좋겠다.〔玉藻九容處且去仔細體認 待有意思 却好讀書〕"라고 한 내용이 《주자어류(朱子語類)》 권120에 보인다. 구용(九容)은 군자의 아홉 가지 모양으로 '발 모양은 무게 있게 하고, 손 모양은 공손하게 하고, 눈 모양은 단정하게 하고, 입 모양은 다물어야 하고, 소리 모양은 조용하게 하고, 머리 모양은 곧게 하고, 기상의 모양은 엄숙하게 하고, 서 있는 모양은 덕스럽게 하고, 안색의 모양은 장엄하게 하는 것〔足容重 手容恭 目容端 口容止 聲容靜 頭容直 氣容肅 立容德 色容莊〕'을 말하는데, 《예기》 〈옥조(玉藻)〉에 나온다.

97 계제(季弟) : 녹문의 막냇동생인 임정주(任靖周)를 말한다. 녹문이 계사년(1773, 영조49) 9월에 그에게 부친 편지 〈사제 치공에게 보내는 글〔與舍弟穉共〕〉에 이 내용이 상세히 나온다. 《녹문집》 권10에 수록되어 있다.

정(靜)할 때에는 함양(涵養)을 하고 동(動)할 때에는 성찰(省察)을 하는 이것이 바로 마음을 강자 안에 있게 하는 방법이다.

겸소애장 兼所愛章[98]

손가락이 남과 같지 않으면 싫어할 줄 알면서도 마음이 남과 같지 않으면 싫어할 줄을 알지 못하며, 의관(衣冠)에 더러운 것이 묻어 있으면 세탁할 줄 알면서도 방촌(方寸)에 더러운 것이 있으면 세척할 줄 알지 못하는 것은 도대체 어째서인가? 여기에는 반드시 그 이유가 있을 터인데, 저울에 달아 본 뒤에야 경중(輕重)을 알고, 자로 재 본 뒤에야 장단(長短)을 아는 법이니,[99] 학자가 이에 대해서 저울에 달아 보고 자로 재 보며 깊이 살펴서 깨닫는 때가 와야만 비로소 제대로 힘을 쓸 수 있을 것이다.

내가 일찍이 두 단락의 설을 제기한 적이 있다. 그것은 즉 옛날의 학자는 심지(心志)를 위했는데 오늘날의 학자는 구복(口腹)을 위하고, 옛날의 학자는 이치를 밝히기 위해 독서하였는데, 오늘날의 학자는

98 겸소애장(兼所愛章) : 《맹자》 〈고자 상(告子上)〉의 "사람이 자기의 몸에 대해서는 아끼는 것이 똑같으니, 아끼는 것이 똑같으면 기르는 것도 똑같아야 할 것이다.…… 〔人之於身也 兼所愛 兼所愛則兼所養也……〕"라는 말을 주제로 하여 논한 글이다.

99 저울에……법이니 : 《맹자》 〈양혜왕 상(梁惠王上)〉에 "저울에 달아 본 뒤에야 경중을 알고, 자로 재 본 뒤에야 장단을 아는 법이다. 어떤 사물이든 모두 그러하지만, 마음의 경우는 더욱 그러하다.〔權然後知輕重 度然後知長短 物皆然 心爲甚〕"라는 맹자의 말이 나온다.

겨우 생계를 잇기 위해 독서한다는 것이었다. 그런데 지금 남헌(南軒 장식(張栻))의 이 단락을 보건대, 더욱 송연(悚然)해짐을 느끼겠으니, 이 단락을 읽고서 두렵게 여기며 분발하는 뜻이 없다면 그는 사람이 아니라고 하겠다.-본장(本章)에 남헌의 설이 나온다.-

어아소욕장 魚我所欲章[100]

사람이 삽시간에 선단(善端)이 기(氣)에 엄폐되지 않고 곧바로 나왔다가, 이것저것 생각하며 계교하는 것을 허용하기만 하면 으레 욕(欲)에 끌려다니곤 한다. 예컨대 어린아이가 우물로 기어가는 것을 언뜻 보기라도 하면 측은지심(惻隱之心)이 곧바로 튀어나왔다가, 틈이 생기기만 하면 그 순간에 영예를 낚으려는〔要譽〕 생각과 교분을 맺으려는〔內交〕 마음이 발작하는 것이다. 이 장(章)의 뜻이 바로 이와 같기 때문에, 주자(朱子)가 "혹 위태롭고 급박할 때에는 사생(死生)도 잘 결단하면서, 편안할 때에는 많고 적음을 따지는 일을 면치 못한다."[101]라고 한

100 어아소욕장(魚我所欲章) : 《맹자》 〈고자 상(告子上)〉의 "생선 요리도 내가 원하는 것이요, 곰 발바닥 요리도 내가 원하는 것이다. 그러나 두 가지를 동시에 얻을 수 없다면, 나는 생선을 버리고 곰 발바닥을 택하겠다. 삶도 내가 원하는 것이요, 의리도 내가 원하는 것이다. 그러나 두 가지를 동시에 얻을 수 없다면, 나는 삶을 버리고 의리를 택하겠다.……〔魚我所欲也 熊掌亦我所欲也 二者不可得兼 舍魚而取熊掌者也 生亦我所欲也 義亦我所欲也 二者不可得兼 舍生而取義者也……〕"라는 내용을 주제로 하여 논한 글이다.

101 혹……못한다 : 본장(本章)의 원주(原註)에 나오는 "대개 수오지심은 사람이 본래 가지고 있는 것이지만, 혹 위태롭고 급박할 때에는 사생도 잘 결단하면서, 편안할 때에는 많고 적음을 따지는 일을 면치 못한다. 이 때문에 군자는 잠시라도 이에 대해서

것이니, 참으로 이에 대해서 왜 그런지 돌이켜 보고 나서 욕(欲)을 끊어 없애고 선단을 확충하는 공부를 가한다면, 절로 우뚝 수립하는 바가 있어서 의(義)를 이루 다 쓸 수 없게 될 것이다.

계명이기장 鷄鳴而起章[102]

"정찰어동정지간호리지차심기위소양지판……(精察於動靜之間毫釐之差審其爲霄壤之判……)" 한 것에 대해서,《석의(釋疑)》는 그만 구두(句讀)를 호리지차(毫釐之差)에서 끊고 심기위(審其爲) 이하의 1구를 단구(單句)로 처리하여 해독하였는데, 이는 깊이 살피지 못한 것 같다. 내 생각에는 간(間) 자에서 구두를 떼는 것이 옳을 듯하다.[103]

성찰하지 않으면 안 되는 것이다.〔蓋羞惡之心 人所固有 然或能決死生於危迫之際 而不免計豐約於宴安之時 是以君子不可頃刻而不省察於斯焉〕"라는 말에서 발췌한 것이다.

102 계명이기장(鷄鳴而起章) :《맹자》〈진심 상(盡心上)〉의 "새벽에 닭이 울자마자 일어나서 부지런히 선행을 힘쓰는 자는 순 임금의 무리요, 새벽에 닭이 울자마자 일어나서 부지런히 이익을 구하는 자는 도척(盜跖)의 무리이다. 순 임금과 도척의 구분을 알고 싶은가? 그것은 다름이 아니라 단지 이익을 탐하고 선행을 좋아하는 그 사이에 있을 뿐이다.〔雞鳴而起 孳孳爲善者 舜之徒也 雞鳴而起 孳孳爲利者 跖之徒也 欲知舜與跖之分 無他 利與善之間也〕"라는 내용을 주제로 하여 논한 글이다.

103 정찰어동정지간호리지차심기위소양지판(精察於動靜之間毫釐之差審其爲霄壤之判)……듯하다 : "정찰어동정지간……" 한 것은《심경부주》본장(本章)의 주(註)에 나와 있는 남헌 장씨(南軒張氏) 즉 장식(張栻)의 말인데, 이에 대해서 송시열(宋時烈)의《심경석의(心經釋疑)》에서 호리지차(毫釐之差)를 상구(上句)에 연결해서 "동과 정 사이에서 털끝만 한 차이라도 정밀하게 살펴서, 그것이 하늘과 땅 차이라는 것을 살펴야 한다.〔精察於動靜之間毫釐之差 審其爲霄壤之判〕"라고 해석한 것을 두고, 녹문이 잘못이라고 지적하면서, 자신은 "동과 정 사이에서 정밀하게 살펴, 털끝만 한 차이라도 하늘

육씨(陸氏)의 설[104]이 매우 통쾌하게 느껴진다. 이 설은 외물(外物)을 따라다니느라 분주한 말학(末學)의 습속을 바로잡는 데에 더욱 절실한 말이라고 여겨지는데, 이를 인해 또 기억나는 것이 있다.

어떤 사람이 율곡(栗谷 이이(李珥))에게 묻기를 "우리나라 사람 중에는 오도(吾道)를 높이고 이단(異端)을 억누를 줄 알지 못하는 자가 없는데, 중국 사람은 무슨 연고로 잘못 들어가는 자가 많으냐?"라고 하니, 선생이 답하기를 "중국 사람은 모두 마음 쓸 곳〔用心處〕을 얻으려고 힘쓰기 때문에 혹 잘못 들어가는 일을 면치 못하기도 한다. 하지만 그래도 우리나라 사람들이 마음 쓸 곳이 없어서 날마다 허위(虛僞)의 명리(名利)에 바삐 좇아다닌 나머지 양심(良心)이 날로 없어지고 풍속이 날로 야박해지는 것보다야 낫지 않겠는가."라고 하였다.-대의(大意)가 이와 같다. 율곡의 설은 여기까지이다.-

우리가 하루라도 실제적인 일에는 실로 손을 대지 못한 채, 한갓 선유(先儒)가 남겨 준 것을 붙잡고서 상산(象山 육구연(陸九淵))의 무리를 기롱하고 매도하기만 할 뿐 다시 거들떠보려고 하지 않는데, 지금 그의 설을 살펴보면 이 역시 원래 직절(直截)하기도 하고 원래 자득한 곳이 있기도 하여, 우리가 인순(因循)만 하고 떨치지 못한 채 앞뒤를 재며 우물우물하는 것과는 같지 않으니, 가령 그가 이런 사실을 알 수 있다면 어찌 남몰래 비웃지 않겠는가. 주자가 "오도(吾道)에 중하게 누를 끼칠 것이다."[105]라고 말한 것이 바로 이를 가리킨 것이니, 율곡 선생의 설이

과 땅 차이라는 것을 살펴야 한다.〔精察於動靜之間 毫釐之差審其爲霄壤之判〕"라고 해석하는 것이 옳다고 생각한다는 말이다.

104 육씨(陸氏)의 설 : 상산(象山) 육구연(陸九淵)이 의(義)와 이(利)에 대해서 논하며 시속(時俗)을 신랄하게 비판한 글로, 《심경부주》 본장(本章)에 수록되어 있다.

어찌 깊이 가슴 아파하면서 준엄하게 질책한 것이 아니겠는가.

대개 학자가 먼저 의(義)와 이(利)에 대해서 철저히 깨달은 뒤에야 비로소 의거(依據)할 곳이 있게 될 것이요, 그렇게 하지 않으면 백발이 될 때까지 경서(經書)를 궁구하더라도 단지 공허할 따름이라서 본심을 수습할 날은 오지 않을 것이니, 어찌 두렵게 여기지 않을 수 있겠는가.

과욕장 寡欲章[106]

예컨대 색(色)을 좋아하는 자는 무엇을 하려고 하느냐 하면, 그것은 그 눈을 쾌하게 하고 그 욕(欲)을 풀어 보려고 하는 데에 지나지 않는다. 그러니 이에 대해서 탐구하여 뜻을 정하고 돌이켜 생각함으로써 그것이 몸을 해치고 마음을 해치는 폐해를 확실히 알아야 할 것이요, 이와 함께 소체(小體)와 대체(大體)[107]의 경중의 차등을 분명히 알아서

105 오도(吾道)에……것이다 : 《회암집(晦菴集)》 권30 〈답장흠부(答張欽夫)〉에 "이런 설이 유행하면, 거꾸로 이단(異端)의 공격을 받아서, 오도에 중하게 누를 끼칠 것이다.〔此說流行 反爲異學所攻 重爲吾道累矣〕"라는 주희의 말이 나온다.

106 과욕장(寡欲章) : 《맹자》 〈진심 하(盡心下)〉의 "마음을 기르는 데에는 욕심을 적게 가지는 것이 최상이다. 사람이 욕심을 적게 가지면 본심이 보존되지 못하는 것이 있을지라도 적을 것이요, 사람이 욕심을 많이 가지면 본심이 보존되는 것이 있을지라도 적을 것이다.〔養心莫善於寡欲 其爲人也寡欲 雖有不存焉者寡矣 其爲人也多欲 雖有存焉者寡矣〕"라는 말을 주제로 하여 논한 글이다. 보통 〈양심장(養心章)〉이라 칭한다.

107 소체(小體)와 대체(大體) : 《맹자》 〈고자 상(告子上)〉에 "대체를 따르면 대인이 되고, 소체를 따르면 소인이 된다.〔從其大體爲大人 從其小體爲小人〕"라는 맹자의 말이 나오는데, 주희는 "대체는 마음을 가리키고 소체는 이목(耳目) 등의 기관을 가리킨다." 라고 해설하였다.

정신을 똑바로 차리고 기력(氣力)을 분발해야 할 것이다. 그리하여 근주(根株)를 끊어 없애고 영대(靈臺)를 말끔히 씻어 내는 동시에, 반드시 때때로 단속하고 살펴서 중단되지 않게 해야 옳을 것이다. 그렇지 않으면 알지도 못하고 깨닫지도 못하는 사이에 지각(知覺)이 유인하고 정욕이 기승을 부려서, 끝내는 '생을 잊고 욕정을 따르는 지경'[108]에 이르지 않는 경우가 거의 드물 것이니, 두렵게 여기지 않아서야 되겠는가. 다른 경우도 유추하면 모두 그러하다.

범씨심잠 范氏心箴[109]

수족동정(手足動靜)[110]은 사지(四肢)를 거론하여 말한 것이다. 마음이 보존된 상태에서는 이목비구(耳目鼻口)와 사지(四肢) 백체(百體)가 그 명령을 따르지 않음이 없지만, 마음에 조금이라도 틈이 있으면 그 틈을 타고 들어와서 마음을 병들게 한다. 예컨대 색(色)을 멀리하려는

108 생을……지경 : 정이(程頤)가 어려서는 몸이 약했는데 72세가 된 지금에 와서 근력을 비교해 보면 젊었을 때보다 줄어든 것이 없다고 하자, 제자인 장사숙 역(張思叔繹)이 양생(養生)을 잘해서 그런 것이냐고 물어보니, 이천이 말없이 있다가 "나는 생을 잊고 욕정을 따르는 것을 부끄러워한다.〔吾恥忘生徇慾〕"라고 대답한 내용이 《심경부주》 권1 〈징분질욕장(懲忿窒慾章)〉에 소개되어 있다.

109 범씨심잠(范氏心箴) : 송(宋)나라 범준(范浚)의 〈심잠(心箴)〉을 소재로 하여 논한 글이다. 주희가 이 〈심잠〉을 《맹자집주(孟子集註)》 〈고자 상(告子上)〉 균시인야장(鈞是人也章)의 장하주(章下註)에서 소개하기도 하였다.

110 수족동정(手足動靜) : 〈심잠〉에 "생각건대 입과 귀와 눈과 수족 동정이 그 사이에 끼고 틈을 파고들어서 마음의 병이 된다.〔惟口耳目 手足動靜 投間抵隙 爲厥心病〕"라는 말이 나온다.

생각을 조금 소홀히 하면 눈〔目〕의 욕망이 편승하고, 성(聲)을 좇아내려는 뜻을 조금 느슨히 하면 귀〔耳〕의 욕망이 편승하는데, 다른 경우도 이를 유추하면 알 수가 있다. 정자(程子)가 "외면에 조금이라도 틈이 있으면 바로 달아난다.〔外面有些罅隙便走了〕"[111]라고 한 것은 이목(耳目)과 관련한 공부를 조금 느슨하게 하면 마음이 곧 달아남을 말한 것이고, 이 잠(箴)에서는 마음과 관련한 공부를 조금 게을리하면 이목의 욕망이 바로 뚫고 들어옴을 말한 것이니, 이것이 바로 내외(內外)의 공부를 함께 닦지 않으면 안 되는 이유이다.

후론 後論

궁리(窮理)하여 선(善)을 밝히고 역행(力行)하여 실천하는 것이야말로 주 부자(朱夫子)가 평생토록 학문을 한 규모(規模)이다. 선후를 가지고 말을 하면 아는 것〔知〕이 앞에 있고 경중을 가지고 말을 하면 행하는 것〔行〕이 중하다고 하겠지만, 행하기만 하고 먼저 궁리하지 않으면 소경처럼 깜깜한 길을 지팡이로 두들기며 가다가[112] 이단(異端)으로 흘러 들어갈 것이고, 알기만 하고 곧장 역행하지 않으면 앵무새처럼 흉내만 낼 뿐이라서 속학(俗學)과 다름없이 될 것이다. 그러니 지와 행 이 두 가지는 수레의 두 바퀴와 같고 새의 두 날개와 같은 만큼, 한쪽에 치우치면 바로 그 순간에 한쪽의 폐단이 있게 되는 것이다.

111 외면에……달아난다 : 《이정유서(二程遺書)》 권7에 "마음은 강자 안에 있어야 한다.〔心要在腔子裏〕"라는 명구의 뒤에 보인다.

112 소경처럼……가다가 : 대본에는 '擿埴冥行'으로 되어 있는데, '擿'은 '擿'의 잘못이기에 바로잡아 번역하였다.

이 때문에 부자(夫子)가 학자를 가르칠 때에는, 반드시 먼저 독서하고 강문(講問)하는 공부를 통하여 '응당 멈춰야 할 곳〔所當止〕'[113]이 어디인지 알게끔 하였고, 그 뒤에 거경(居敬)과 극기(克己)의 일을 계속하여 소당지(所當止)를 얻게끔 한 것이다. 그러고는 서척(書尺)으로 왕복하는 사이와 장석(丈席)에서 제회(提誨)할 즈음에 가르침을 더하여, 상호 토론을 하며 증세에 맞게 투약(投藥)을 함으로써, 그 체(體)와 용(用)을 나란히 닦고 지(知)와 행(行)을 동시에 진행하여 자연히 규구(規矩) 안으로 젖어 들어 동화되게끔 하였다.

대개 그 학문이 지중(至中)하고 지정(至正)하기 때문에 그 가르침이 지명(至明)하고 지실(至實)하였으니, 이는 "성인(聖人)을 기다려도 의혹되지 않고, 귀신에게 물어보아도 의심이 없다."[114]라는 것이라고 하겠다. 참으로 학자들이 이 뜻을 깊이 체득하여 선생의 가르침을 힘껏 따랐다면, 성(聖)이든 현(賢)이든 어느 경지인들 이르지 못했겠는가. 그런데 어찌하여 종유(從遊)하던 무리는 그 뜻을 깨닫지 못하고서 왕왕 문의(文義)에만 힘을 쏟을 뿐 본원(本原)의 공부는 오히려 소홀히 하여, 서로 이끌고 구이(口耳)[115]의 말학(末學)으로 빠져들었단 말인가.

113 응당……곳 : 지고지선(至高至善)의 경지를 말한다. 《대학장구(大學章句)》 경(經) 1장(章)의 '지지(知止)'에 대한 주(註)에 "지(止)란 응당 멈춰야 할 곳이니, 바로 지선이 있는 곳이다.〔止者 所當止之地 卽至善之所在也〕"라고 하였다.

114 성인(聖人)을……없다 : 《중용장구(中庸章句)》 제29장의 "군자의 도는 자신이 지닌 덕을 근본으로 하여 일반 백성에게 징험을 하는 것이요, 삼왕에게 상고해도 오류가 없는 것이요, 천지에 세워 놓아도 어긋나지 않는 것이요, 귀신에게 물어보아도 의심이 없는 것이요, 백세토록 성인을 기다려도 의혹되는 일이 없는 것이다.〔君子之道 本諸身 徵諸庶民 考諸三王而不謬 建諸天地而不悖 質諸鬼神而無疑 百世以俟聖人而不惑〕"라는 말을 발췌한 것이다.

그러다가 만년에 이르러 덕(德)을 이룰 사람이 없는 것을 보고는 사도(斯道)를 전하기 어려울 것을 염려한 나머지, 마침내 이면(裏面)에 다시 나아가 근본이 되는 1단(段)의 공부를 추출하여 누차 제기하며 엄하게 책려(策勵)함으로써, 학자가 신심(身心)을 수습하여 평실(平實)한 곳으로 돌아오기를 소망하였다.

그러나 그것도 자기가 이미 잘하는 것을 인하여 아직 이르지 못한 경지를 힘쓰게 하는 데에 불과한 것으로서, 상산(象山 육구연(陸九淵))의 무리가 강습(講習)을 완전히 버리고 돈오(頓悟)를 도(道)로 삼는 것과는 같지 않았으니, 퇴도(退陶 이황(李滉)) 선생이 "우리 유가(儒家)의 법을 스스로 써서, 서로 도와주고 서로 구제하면서 대중지정(大中至正)한 도(道)에 나아간 것이다."[116]라고 한 것이 그 전모(全貌)를 명확하게 파악한 것이라고 말할 만하다.

아, 지금부터라도 주자(朱子)의 마음을 묵묵히 체득하여 사도(斯道)

115 구이(口耳) : 귀로 듣고 입으로 곧장 내놓는다는 뜻으로, 되새김질해서 소화하려고는 하지 않고 얼른 밖으로 드러내어 과시하는 것을 말한다. 《순자(荀子)》 〈권학(勸學)〉의 "소인이 공부하는 것을 보면, 귀로 듣고는 곧바로 입으로 내 놓는다. 입과 귀의 거리는 불과 네 치일 따름이니, 일곱 자나 되는 이 몸을 어떻게 아름답게 할 수가 있겠는가.〔小人之學也 入乎耳 出乎口 口耳之間則四寸耳 曷足以美七尺之軀哉〕"라는 말에서 나온 것이다.

116 우리……것이다 : 주희가 만년에 상산(象山) 즉 육구연(陸九淵)에게 승복하여 그의 설을 따랐다는 주장을 퇴계가 반박하면서 "이는 바로 우리 유가(儒家)의 법을 스스로 써서, 서로 도와주고 서로 구제하면서 대중지정한 도(道)에 나아간 것일 뿐이니, 어찌 초년에는 문의의 말단에 떨어져서 완전히 길을 잃었다가 육상산을 접한 뒤에야 비로소 깨닫고 본원으로 거두어 돌아간 것이겠는가.〔此乃自用吾法 而自相資相救 以趨於大中至正之道耳 豈初年全迷於文義之末 及見象山然後始悟 而收歸本原乎哉〕"라고 말한 내용을 발췌한 것이다. 《退溪集 卷41 心經後論, 韓國文集叢刊 30輯》

에 전일하게 힘쓰는 자는 금석(金石)을 꿰뚫고 신명(神明)에 통할 수 있을 것이다. 애석하게도 당시의 학자들 중에는 이 뜻을 받들어 담당하는 자가 없었지만, 도(道)는 어느 때이고 없어질 수 없는 것이고 가르침은 어느 때이고 전해지지 않을 수 없는 것이니, 비록 천백 년 뒤에 태어났다 하더라도, 참으로 이미 이루어진 가르침을 인하여 지행(知行) 양쪽의 공부를 착실히 진행하여 날마다 그 덕을 새롭게 하면서 죽은 뒤에야 그만둘 수 있다면, 부자(夫子)가 소망했던 것이 꼭 우리를 기다려서 부응하지 않는다고 할 수도 없고, 이 도통(道統)이 꼭 우리로부터 전해지지 않는다고 할 수도 없을 것이다. 그러니 바라건대 동지(同志)와 더불어 함께 노력해 보고자 한다.

황돈(篁墩 정민정(程敏政))의 실수는 전적으로 초려(草廬 오징(吳澄))의 설을 취한 데에 있다. 주자의 초년과 만년의 학설이 나뉜다는 문제에 대해서는, 이미 지적할 만한 실제의 자취가 있을 뿐만 아니라 문인이 운운한 것이 또 있으니, 이를 잘 살폈으면 크게 어긋나는 지경에는 이르지 않았을 것이다. 지금 만약 초려의 설을 제거하고 자계(慈溪)[117]의 설로 마무리한다면, 거의 흠이 없게 될 것이다.

117 자계(慈溪) : 자계 황씨(慈溪黃氏) 즉 황진(黃震, 1213~1280)을 말한다. 자는 동발(東發)이다. 그가 죽은 뒤에 문인들이 문호(文浩) 선생이라는 사시(私諡)를 올렸다. 주돈이(周敦頤)와 이정(二程)과 주희로 이어지는 이학(理學)의 전통을 존중하고 따랐다. 저서에 경사(經史)를 고증한 《황씨일초(黃氏日抄)》 100권이 있다. 《심경부주》 권4 〈존덕성재명(尊德性齋銘)〉에 녹문이 말한 그의 설이 실려 있는데, 주요 내용은 이정(二程)의 제자 중에도 선학(禪學)에 물든 자가 많았는데 주희 역시 초년에는 선학에 거의 빠질 뻔했다가 곧바로 빠져나왔다는 것, 고원(高遠)을 추구하지 말고 평실(平實)을 지향하면서 지(知)와 행(行)을 병진해야 한다는 것 등으로 되어 있다.

소학 무신년(1728, 영조4) 기유년(1729, 영조5)

小學 戊申己酉

제사 題辭

배근달지(培根達支)[118]를 해설한 말은 본지(本旨)를 잃은 것 같다. 그런데 집설(集說)을 살펴보건대, 배근(培根)을 소학(小學)에 소속시키고 달지(達支)를 대학(大學)에 소속시킨 것이 나의 의견과 우연히 합치하였다. 대개 건학(建學)과 입사(立師)를 먼저 통틀어 말하였고, 그 뒤에 이어서 소학과 대학을 나누어 말하였는데, 배근과 달지의 구(句)가 그 중간에 끼어 있고 보면, 그 뜻이 또한 분명하다고 하겠다.

학교를 세우고 스승을 세워서〔建學立師〕 뿌리를 북돋우고 가지를 벋게 하는〔培根達支〕 이것은 옛날의 성왕(聖王)이 백성을 새롭게 할〔新民〕 때 썼던 법이다. 그러나 만약 측은하게 여긴다〔惻〕는 한 글자가 없다면 허다한 법제(法制)가 단지 허문(虛文)으로 돌아갈 뿐이기 때문에 《대학혹문(大學或問)》에서 또한 "어찌 그들을 측은하게 여겨 구제할 생각을 하지 않을 수 있겠는가."[119]라고 말한 것이다. 맹자(孟子)가

118 배근달지(培根達支) : 뿌리를 북돋우고 가지를 벋게 한다는 뜻으로, 주희가 지은 〈소학제사(小學題辭)〉의 "성인이 이를 측은하게 여겨, 학교를 세우고 스승을 세워서, 그 뿌리를 북돋우며 그 가지를 벋게 하듯 하였다.〔惟聖斯惻 建學立師 以培其根 以達其支〕"라는 말에서 나온 것이다.

119 어찌……있겠는가 : 《대학혹문》에 "지금 내가 일단 다행히 스스로 밝힌 점이 있고 보면, 저 중인이 똑같이 이것을 품수했으면서도 스스로 밝히지 못한 채 지금 미혹의

"선왕이 차마 사람을 해치지 못하는 마음을 지니고서, 이에 사람을 차마 해치지 못하는 정사를 행하였다.〔先王有不忍人之心 斯有不忍人之政〕"[120]라고 말하였는데, 이는 대개 이런 마음이 있어야 이런 정사가 있는 것이니, 이런 마음이 없고서야 어떻게 이런 정사가 있겠느냐는 뜻으로 말한 것이다. 《중용(中庸)》에서 "성이 아니면 이루어질 일이 없다.〔不誠無物〕"라고 말한 것도 바로 이런 뜻인데, 나는 성(誠)이라는 이 한 글자를 매우 좋아해서, 일찍이 "가르치는 자도 이것이 없으면 가르칠 수 없고, 배우는 자도 이것이 없으면 배울 수 없으며, 어버이를 섬길 때에도 이것이 없으면 자식 노릇을 할 수 없고, 임금을 섬길 때에도 이것이 없으면 신하 노릇을 할 수 없으며, 왕자(王者)와 패자(霸者)의 구분도 여기에 있고, 순(舜)과 도척(盜跖)의 구분도 여기에 있으며, 인욕(人欲)을 제거하고 천리(天理)를 회복하는 기틀도 여기에 있고, 천지를 제자리에 있게 하고〔位天地〕 만물을 기르는〔育萬物〕 공도 여기에 있는 것이다."라고 말한 적이 있다.

이 편(篇)은 《대학장구(大學章句)》의 서문과 그 규모가 동일하다. '원형이정(元亨利貞)'에서 "합리성만 있고 강제성은 없다.〔有順無强〕"까지는 바로 서문 제1절의 뜻이고, "보통 사람들은 무지하기 때문에〔衆人蚩蚩〕"에서 "그 가지를 벋게 하듯 한다.〔以達其支〕"까지는 바로 서문

길에서 되는대로 행동하며 비오와 구천한 가운데에 빠져 있는데도 자각하지 못하는 것을 보고서, 어찌 그들을 측은하게 여겨 구제할 생각을 하지 않을 수 있겠는가.〔今吾旣幸有以自明矣 則視彼衆人之同得乎此 而不能自明者 方且甘心迷惑沒溺於卑汚苟賤之中 而不自知也, 豈不爲之惻然而思有以救之哉〕"라는 말이 나온다.

120 선왕이……행하였다 : 《맹자》〈공손추 상(公孫丑上)〉의 인개유불인인지심장(人皆有不忍人之心章)에 나온다.

제2절의 뜻이고, 소학(小學)과 대학(大學)에 대해서 말한 2절은 바로 서문 제3절의 뜻이고, "성세(盛世)가 멀어지고 성인이 돌아가시어〔世遠人亡〕" 1절은 바로 서문 제4절과 제5절의 뜻이고, "다행히 이 양심은〔幸玆秉彛〕" 1절은 바로 서문 말절(末節)의 뜻이다. 비록 상세하고 간략한 점에서는 같지 않다고 하더라도, 글을 지어서 부친 뜻은 하나로 관통되어 있다.

다만 이 편(篇)은 소자(小子)를 가르치는 것이 목적이기 때문에 평실(平實)하고 간절(簡切)하게 하려고 노력하였다. 가령 "무릇 이것은 그 처음에……〔凡此厥初……〕"와 "어버이를 사랑하고 경을 공경함과……〔愛親敬兄……〕"의 2절과 같은 것은 《대학장구》 서문에는 없는 것인데, 재삼 간절히 말해 주어 동자(童子)가 흥기하여 선(善)을 지향하게 하려고 하였다. 그리고 서문에는 "총명하고 예지로워……〔聰明睿智……〕" 이하의 1단(段)이 "기품에 구애를 받아……〔氣稟所拘……〕" 한 1단의 아래에 있는데, 이것이 바로 이 편의 "성인이 이를 측은하게 여겨〔惟聖斯惻〕" 1절의 뜻이라서 "오직 성인은 본성대로 하시는 분이라〔惟聖性者〕" 1절은 서문에 없는 것이다.

이것이 비록 문세(文勢)에 따라서 각각 타당하게 된 것이라고 하더라도 그 속에 의미가 들어 있지 않은 것은 아니다. 서문은 소학과 대학을 나누어 말하다가 끝에 가서 대학으로 합쳐서 마무리한 데 반하여 이 편은 소학으로 마무리를 하는 등 각기 주로 하는 바가 있기 때문에 그렇게 한 것이다. 그리고 서문에서는 기품(氣稟)과 물욕(物欲)을 함께 거론하여 말한 반면에, 여기에서는 단지 물욕만 말하고 기품에 대해서는 말하지 않았는데, 이는 동자가 알기 어렵기 때문에 우선 이해하기 쉬운 것부터 거론하여 말한 것이다. 대저 서문을 요약하면 이 편(篇)이 되고, 이 편을 부연(敷衍)하면 서문이 되니, 이는 이른바 상호 발명(發明)해 주는 것이라고 하겠다.

입교 立敎

남반혁(男鞶革)의 주(註)에서 "반(鞶)은 큰 띠〔大帶〕이다."라고 하였다. 살펴보건대, 주자(朱子)가 말하기를 "혁대(革帶)는 정대(正帶)이니 옷을 묶는 것이다. 큰 띠를 설하는 것은 바로 거듭 묶기 위한 것이니, 신(申)에는 '거듭'이라는 뜻이 들어 있기 때문에 신(紳)이라고 말하는 것이다."라고 하였다. 이에 의거하면 반(鞶)은 바로 정대이니, 지금 운운한 것은 검토를 잘못한 것인 듯싶다.[121]

아홉 살 이전에 집안에 거할 때는 가르치는 권한이 장자(長者)에게 있기 때문에 가르친다〔敎〕라고 말을 하였고, 열 살부터 집을 나가서 밖의 스승에게 배울 때에는 '나아가 배운다〔就學〕'는 뜻이 들어 있고 또 열심히 공부하느냐의 여부가 그 자신에게 달려 있기 때문에 배운다

121 남반혁(男鞶革)의……듯싶다 : "남자아이는 띠를 가죽으로 하고, 여자아이는 띠를 실로 한다.〔男鞶革 女鞶絲〕"라는 말에 대해서, 반(鞶)을 띠〔帶〕로 해석하지 않고, 수건 등을 집어넣는 '작은 주머니〔小囊〕'라고 주장하는 설을 녹문이 반박한 것이다. 주희가 "혁대는 정대로서 옷을 묶는 것이니, 오로지 거기에 무엇을 차기 위해서가 아니다. 큰 띠를 설하는 것은 바로 거듭 묶기 위한 것이니, 신(申)에는 '거듭'이라는 뜻이 들어 있기 때문에 신(紳)이라고 말하는 것이다.〔革帶是正帶 以束衣者 不專爲佩 而設大帶 乃申束之耳 申重也 故謂之紳〕"라고 언급한 부분 중에서, 녹문이 원문은 상관없이 내용만 간추려서 인용하였다.《儀禮集編 卷22 喪服》

〔學〕라고 말을 하였으니, 글자를 놓은 뜻이 깊다고 하겠다.

위에서는 곧장 "옷은 비단으로 하지 않는다.〔衣不帛〕"라고 하였고, 아래에서는 "갖옷과 비단옷을 입을 수 있다.〔可以衣裘帛〕"라고 한 그 뜻이 자별(自別)하다고 하겠는데,[122] 대개 '할 수 있다〔可以〕'라는 것은 단지 그렇게 해도 무방하다는 뜻이다.

"곧으면서도 온화하며〔直而溫〕" 이하의 4구(句)[123]는 사람들에게 기질(氣質)을 바로잡는 방법을 가르쳐 준 것이다. 상장(上章)에서 설(契)에게 명할 때에는 백성을 두루 가르치는 것이기 때문에 단지 "오교(五敎 오륜(五倫))를 공경히 시행한다.〔敬敷五敎〕"라고 하였으니, 이는 대개 소학(小學)의 교육이라고 하겠다. 그러나 이 장에서는 주자(胄子 제왕과 귀족의 적자(嫡子))를 가르치기 때문에 기질을 변화시키는 방법을 극구 말하면서 악(樂)에 대해서도 함께 언급하여 도주(陶鑄)하고 함화(涵化)하는 묘리를 극진히 설명하였으니, 이는 대학(大學)의 도라고 하겠다.

"지(知)와 인(仁)과 성(聖)과 의(義)와 충(忠)과 화(和)이다."에서

122 위에서는……하겠는데 : 열 살이 되면 "옷 입을 때 저고리와 바지를 비단으로 하지 않는다.〔衣不帛襦袴〕"라고 한 것과, 스무 살이 되어 관례(冠禮)를 행한 뒤에는 "갖옷과 비단옷을 입을 수 있다.〔可以衣裘帛〕"라고 한 것을 가리킨다.

123 곧으면서도……4구(句) : 순 임금이 기(夔)에게 명한 말 가운데 "곧으면서도 온화하며, 관대하면서도 엄숙하며, 강하면서도 사납지 않으며, 간이(簡易)하면서도 오만하지 않게 한다.〔直而溫 寬而栗 剛而無虐 簡而無傲〕"라는 네 구절을 말한다.

인(仁) 자를 '사욕이 없는 것〔無私欲〕'으로 훈고(訓詁)한 것은 옳지 않다. 왜냐하면 이미 육덕(六德)을 아울러 말하고 있는 데다가, 성(聖) 자에 대해서도 '통하지 않음이 없는 것〔無不通〕'으로 해석하였으니, 그렇다면 인(仁) 자도 응당 고유(固有)한 뜻으로 해석해야 하기 때문이다. 따라서 언해(諺解)에서 인자(仁慈)라고 해석한 것이 옳다고 하겠다.

'副'은 필력절(必歷切)이니 음(音)이 벽(璧)이다. 이는 희생의 몸통을 가르고 찢는 것을 말하는데, 《주관(周官)》〈종백(宗伯)〉에 "벽고(副辜)를 해서……"[124]라고 한 내용이 보인다. 이 글자는 가운데에 도(刀)가 들어가야 하는데, 여기서는 인(人)을 집어넣었으니 잘못되었다.-벽(副)은 육예(六藝)를 설명한 주(註)에 보인다.-

"안색을 단정히 가다듬으면 마음속이 반드시 경건해진다.〔顏色整齊中心必式〕"라고 한 것은, 학자에게 공경하는 마음을 지니는〔持敬〕 방법을 보여 준 것으로서 성인(聖人)의 뜻과 합치하는 점이 있다. 정자(程子)는 "두 다리를 뻗고 앉아 있으면서 마음이 거만하지 않은 경우는 있지 않다.〔未有箕踞而心不慢者〕"라고 경계하였고, 주자(朱子)는 방심(放心)을 수습하는 공부를 말할 때면 반드시 "자세히 구용을 살펴보라.〔仔細看九容〕"라고 당부하였다. 대개 학문은 단지 일용(日用)상에 있기 때문에, 반드시 정안색(正顏色)과 출사기(出辭氣)의 일[125]을 선행(先行)

124 벽고(副辜)를 해서 : 《주례(周禮)》〈춘관종백 상(春官宗伯上)〉 대종백(大宗伯)에 "희생의 몸통을 가르고 찢어서, 사방(四方) 백물(百物)의 신령에게 제사 지낸다.〔以副辜 祭四方百物〕"라는 말이 나온다.

한 뒤에야 마음이 머물러 의거할 곳이 있어서, 점차로 차제(次第)가 있게 되고 점차로 조리(條理)가 있게 되는 법이다. 그리고 상달(上達)[126] 하는 공부도 바로 여기에 있으니, 비록 행동거지와 주선하는 것이 예(禮)에 절로 맞는〔動容周旋中禮〕 성인의 경지[127]에 이르는 것이라 하더라도, 여기에서 시작하여 점점 익숙하게 하는 데에 불과할 따름이다.

흥(興)[128]이라는 것은 흥기(興起)하여 분발(奮發)하는 것으로서, 이는 곧 입지(立志)의 경계이니, 바로 공자(孔子)가 "열다섯 살에 학문에 뜻을 두었다."[129]라고 말한 그것이다. 입(立)이라는 것은 지수(持守)하

125 정안색(正顔色)과 출사기(出辭氣)의 일 : 신실하게 안색을 정돈하고, 천박하게 말을 하지 말아야 한다는 뜻으로, 《논어》 〈태백(泰伯)〉의 "군자가 귀중하게 여겨야 할 세 가지의 도가 있다. 용모를 드러낼 때에는 사납고 오만함을 멀리할 것이요, 안색을 바르게 할 때에는 신실함에 가깝게 할 것이요, 말을 할 때에는 천박하게 억지를 부리지 말아야 할 것이다.〔君子所貴乎道者三 動容貌斯遠暴慢矣 正顔色斯近信矣 出辭氣斯遠鄙倍矣〕"라는 증자(曾子)의 말에서 나온 것이다.

126 상달(上達) : 천리(天理)를 아는 것을 말한다. 《논어》 〈헌문(憲問)〉의 "나는 하늘을 원망하지도 않고 사람을 탓하지도 않는다. 아래로는 사람의 일을 배우고 위로는 하늘의 이치를 터득하려고 노력하는데, 나를 알아주는 분은 아마도 하늘뿐일 것이다.〔不怨天 不尤人 下學而上達 知我者 其天乎〕"라는 공자의 말에서 나온 것이다. 하학(下學)이 형이하(形而下)라면 상달은 형이상(形而上)의 학문을 가리킨다.

127 행동거지와……경지 : 맹자가 요순(堯舜) 탕무(湯武)와 같은 성인(聖人)의 일을 서술하면서 언급한 것인데, 《맹자집주(孟子集註)》 〈진심 하(盡心下)〉 33장에 이 내용이 나온다.

128 흥(興) : "시에서 일어나고, 예에서 서며, 악에서 완성한다.〔興於詩 立於禮 成於樂〕"라는 공자의 말에 나오는 흥을 가리킨다. 《論語 泰伯》

129 열다섯……두었다 : 《논어》 〈위정(爲政)〉에 나온다. 이하 공자의 말도 모두 그 뒤에 나온다.

는 것이 견정(堅定)하여 우뚝 수립한 것이 있는 것이니, 바로 공자가 "삼십 세에 지키는 것이 견고해졌다.〔三十而立〕"라고 말한 그것이다. 성(成)이라는 것은 덕(德)이 이루어지고 행동이 원숙해져서 심광체반(心廣體胖)[130]하고 대이화지(大而化之)[131]한 것이니, 바로 공자가 "육십 세에 귀가 순해지고〔耳順〕, 칠십 세에 마음대로 해도 법도에 어긋나지 않게 되었다.〔從心〕"라고 말한 그 경지이다.

명륜 明倫

'韠'은 벽길절(璧吉切) 즉 음이 필이다. 예복(禮服)의 폐슬(蔽膝)[132]이니, 가죽으로 만든다. 《예기(禮記)》〈잡기(雜記)〉에 "길이는 3척이고, 하부의 폭은 2척, 상부의 폭은 1척이다.〔長三尺 下廣二尺 上廣一尺〕"라고 하였다. 주자(朱子)는 말하기를 "필은 가죽으로 만들었는데, 지금은 비단으로 만든다. 중간에 목 부분이 있고, 그 목의 양쪽 끝에 어깨 부분이 있는데, 어깨에는 혁대를 꿴다.〔韠 以皮爲之 今以帛爲之 中間有頸 兩頭有肩 肩以革帶穿之〕"[133]라고 하였다.

130 심광체반(心廣體胖) : 마음속이 널찍하게 관대해지고 신체가 여유 있게 펴진다는 뜻으로, 부끄러울 것이 하나도 없는 군자의 모습을 표현한 말인데, 《대학장구(大學章句)》 전 6장에 나온다.

131 대이화지(大而化之) : 대인(大人)으로서 화(化)의 경지에 든다는 뜻이다. 425쪽 주61 참조.

132 폐슬(蔽膝) : 꿇어앉을 때 무릎이 젖거나 다치지 않게 하기 위해 가슴에서 무릎 부위까지 늘어뜨린 앞치마 모양의 옷을 말한다.

133 필(韠)은……꿴다 : 《주자어류(朱子語類)》 권91에 나오는 내용을 간추려서 인용한 것이다. 옛날에 의복 없이 지낼 적에 새의 깃털과 짐승의 가죽으로 몸의 앞뒤를

총(總 머리끈)에 대해서 공소(孔疏 공영달(孔穎達)의 해설)에 "연증(練繒 마전한 흰 비단)을 잘라 만들어서, 머리카락 밑부분을 묶고, 나머지는 상투 뒤에 늘어뜨려 장식으로 삼는다.〔裂練繒爲之 束髮之本 垂餘於髻後 以爲飾也〕"라고 하였다. 〈상례(喪禮)〉를 상고해 보건대 "포두수(布頭繻)는 바로 포총(布總)으로서, 그 밑부분을 묶은 다음에 또 그 끝부분을 묶어서 상투 뒤로 내보내는데, 늘어뜨린 길이가 6촌(寸)・8촌・1척이 된다.……" 하였다. 그리고 《가례(家禮)》의 두수(頭繻)에 대해서 경산(瓊山 구준(丘濬))이 "이것은 총(總)이니, 예주(禮註 《예기》 〈내칙(內則)〉의 해설)에서 '연증을 잘라 만들어 머리카락을 묶는다'라고 말한 것이다.……" 하였으니, 여기에 의거하면 총(總)은 바로 두수인 것이다. 길(吉)할 때에는 연증으로 만들지만, 상(喪)을 당해서는 포(布)로 만들기 때문에 포총(布總)이라고 이름 붙인 것이다.

홀기(笏記)[134]의 의미와 관련하여 자서(字書)를 상고해 보건대, 홀(笏)의 뜻은 홀(忽)이니 '홀연히 잊는 것에 대비하려는 것〔備忽忘〕'이었다. 그러므로 임금을 섬기고 어버이를 섬기며 종묘(宗廟)의 제사를 받들 적에 신분의 귀천을 막론하고 모두 홀을 손에 쥔 것이다. 〈제례(祭禮)〉에 진홀(搢笏)과 출홀(出笏)의 문자가 있는데, 진(搢)은 요대(腰帶)에 꼽는 것이요, 출(出)은 꺼내어 손에 쥐는 것이다.

타(髻)와 관련하여 〈내칙(內則)〉에서 "머리털을 잘라서 타를 만드

가렸던 것을 잊지 않으려고, 성인(聖人)이 복식 제도를 정할 적에 이 필을 만들었다는 주희의 설명이 앞에 붙어 있다.

134 홀기(笏記) : 의식의 순서와 절차를 기록한 책을 말한다.

는데, 남자아이는 각(角)을 만들고 여자아이는 기(羈)를 만들며, 그렇지 않으면 남자아이는 왼쪽에 여자아이는 오른쪽에 상투를 묶는다.〔剪髮爲鬌 男角女羈 否則男左女右〕"라고 하였는데, 그 주(註)에 "타는 머리털을 모두 깎지 않고 남겨 놓은 것이다. 협신을 각이라고 하고, 오달을 기라고 한다.〔鬌所遺髮 夾囟曰角 午達曰羈〕"라고 하였고, -엄씨(嚴氏)가 말하기를 "각(角)은 상투가 두 개이고, 기(羈)는 상투가 세 개이다.〔角雙髻 羈三髻〕"라고 하였다.- 소(疏)에 "협신은 양쪽의 각을 만들어야 할 곳에 머리털을 깎지 않고 남겨 둔 것이고, 오달은 머리털을 깎되 숨구멍이 있는 정수리 부분은 남겨 두고서 종횡으로 각각 하나씩 서로 교차시켜 통하게 한 것이다.〔夾囟者 兩旁當角處 留髮不剪 午達者 剪髮留頂 縱橫各一 相交通達〕"라고 하였으니, 이에 의거하면 깎지 않은 것이 타(鬌)인 것이다.

그런데 유씨(劉氏 유이(劉彝))는-집성(集成)에 보인다.- 뜻밖에 말하기를 "배냇머리를 잘라서 타(鬌)를 만들어 머리에 두른다.〔剪胎髮爲鬌 帶于首〕"라고 하였는데, 어디에 근거한 것인지 알지 못하겠다. 또 본주(本註)-주자(朱子)의 주(註)이다.-를 살펴보건대 "모(髦)는 머리털을 가지고 만든 것으로, 어릴 때의 타(鬌)를 상징한 것이다.〔髦用髮爲之 象幼時鬌〕"라고 하였는데, 이것은 또 유씨의 설과 합치하는 것 같다. 이는 다시 검토해 볼 문제이다.

모(髦)에 대한 언해(諺解)의 해석을 보면 "아이가 태어나서 3개월이 되면, 머리털을 잘라서 이마 양쪽으로 드리운다.……〔兒生三月 剪髮垂于兩額……〕" 하였다. 그리고 어릴 적에 중국에 다녀온 사람의 말을 들어 보니, 중국 사람은 머리털을 잘라서 머리 양쪽으로 드리웠다가, 부친이 사망하면 왼쪽의 것을 제거하고, 모친이 사망하면 오른쪽의 것을 제거하며, 양친이 모두 사망하면 모두 제거한다고 하였는데, 지금 와서 생각해 보면 이것이 바로 모(髦)라고 하는 것으로서, 언해의 해석과 합치하였다.

다만 유씨(劉氏)의 해설에 "남자아이는 왼쪽이고, 여자아이는 오른쪽이다.〔男左女右〕"라고 한 것을 보면 단지 한쪽에만 드리운 것 같은데, 이는 어쩌면 고금(古今)의 제도가 달라서 그런 것일까. 또 살펴보건대, 유씨도 《시경(詩經)》의 "저 양모를 늘어뜨린 분〔髧彼兩髦〕"[135]이라는 말을 인용하였는데, 그렇다면 양모는 남녀가 동일한데 동일하지 않은 것은 좌우(左右)라고 말한 것일까? 그리고 〈내칙(內則)〉의 '남좌여우(男左女右)'의 글 위에 "남자아이는 각(角)을 만들고 여자아이는 기(羈)를 만든다."라고 하였는데, 그렇다면 기우(奇偶)와 좌우가 옛날에는 또 하나로 정해진 것이 없었던 것일까? 이런 점들에 대해서도 상세히 살펴보아야 할 것이다.

〈내칙(內則)〉의 소(疏)에 "여자는 비녀를 꽂아야 향주머니를 차는데, 여기에서 비녀를 꽂지 않았는데도 향주머니를 찬 것은 용취[136]를 차는 것이 그 경우와는 다르기 때문이다.……〔女子笄乃著纓 此未笄而有纓者

135 저 양모(兩髦)를……분 : 《시경》 〈용풍(鄘風) 백주(栢舟)〉에 "저 양모를 늘어뜨린 분이, 실로 나의 짝이로세.〔髧彼兩髦 實維我儀〕"라는 말이 나오는데, 그 해설에 "양모는 머리털을 잘라서 숨구멍이 있는 정수리의 좌우에 끼고 있는 것이니, 아들이 부모를 섬기는 것을 상징하는 장식이다.〔兩髦者 翦髮夾囟 子事父母之飾〕"라고 하였다.

136 용취(容臭) : 취 즉 향을 담는다는 뜻으로, 향주머니〔香囊〕와 같은 말이다. 《예기》 〈내칙(內則)〉 남녀미관계자조(男女未冠笄者條)에 "향주머니를 매고 모두 용취를 차고서 동틀 녘에 부모님을 뵙는다.〔衿纓 皆佩容臭 昧爽而朝〕"라는 말이 나온다.

以佩容臭 與彼異也……〕" 하였다. 대개 며느리가 시부모를 섬기는〔婦事舅姑〕 조목에서는 단지 "향주머니를 맨다.〔衿纓〕"라고만 칭한 데 반하여, 여기에서는 반드시 "용취를 찬다.〔佩容臭〕"라는 말을 덧붙인 이유는, 이미 비녀를 꽂은 자는 항상 영(纓)을 차는데 이 영은 바로 향주머니〔香囊〕이기 때문에 다시 '패용취(佩容臭)'를 말할 필요가 없고, 아직 비녀를 꽂지 않은 자는 항상 차는 것이 아니라 단지 자기 몸의 악취가 존자(尊者)에게 풍길까 두려워서 차는 것이기 때문에 특별히 '패용취(佩容臭)' 세 글자를 덧붙여서 구별하려고 한 것이다. 내가 일찍이 영(纓)이 향낭(香囊)인데 다시 패용취라는 말을 더한 것은 말이 중첩된 것이 아닌가 의심하였고, 또 부사조(婦事條)와 분별이 있는 것 같으면서도 그 뜻을 파악하지 못한 채 우연히 그렇게 되었는가 하고 의심하였는데, 지금 소(疏)의 설을 가지고 유추하여 이런 결론을 얻게 되었으니, 고인(古人)이 언어를 구사한 뜻이 바로 이처럼 깊고 치밀하다고 하겠다.

"모든 내외의 사람들은 닭이 처음 울면〔凡內外鷄初鳴〕"의 주(註)에서 "이것은 내외의 비복(婢僕)을 말한 것이다."라고 하였는데, 지산(芝山 조호익(曺好益))의 말을 상고해 보건대 "〈내칙(內則)〉의 본문 아래에 '어린아이는 일찍 자고 늦게 일어나게 한다.〔孺子蚤寢晏起〕'라는 글이 이어져 있는데, 이 어린아이는 비복의 자식이 아닐 듯하다. 그렇다면 비복만 가리키는 것이 아니라 일가(一家)의 비유(卑幼) 남녀를 모두 합쳐서 말한 것인데, 비복도 물론 이와 같이 해야 할 것이다."라고 하였다. 대개 '범내외(凡內外)'라고 통틀어 말해 놓고 나서 1장(章)을 별도로 만들었고 보면, 비복만 단독으로 가리키지 않은 것이 분명하다고 하겠다.

부사구고조(婦事舅姑條)에서 '모(髦)에 묻은 먼지를 터는 것〔拂髦〕'에 대해 언급하지 않은 것은, 대개 모(髦)는 자기를 낳아 주신 부모의 은혜를 기억하려는 것인 만큼, 시부모를 모시는 글에서 제기하여 말할 필요는 없기 때문이다. 혹자는 우연히 그렇게 되었다고 하는데, 그 말은 옳지 않다.

"모두 이 예(禮)를 따른다.〔共帥時〕" 이상의 4장(章)[137]은 어버이 섬기는 예(禮)를 말한 것이다. 그 글이 세세하고 자잘하여 비록 번잡스러워 행하기 어려운 것 같기도 하지만, 가만히 그 뜻을 음미하고 그 글을 완미(玩味)하며 송독하노라면, 한결같이 애모하고 한결같이 공경하는 지극한 마음이 간절하지 않은 것이 없고, 당장에 행하지 않을 수 없는 것이어서, 사람으로 하여금 진심(眞心)이 뭉클 솟아나게 하는데, 오직 효성이 깊은 자라야 이를 알 수 있을 것이다.

"높은 곳에 올라가지 않는다.〔不登高〕" 이하의 4구(句)[138]는 부모가 살아 계실 때에만 해당하는 것이 아니고, 돌아가신 뒤라고 할지라도 이와 같이 해야 마땅하다. 구차히 헐뜯는 것〔苟訾〕과 구차히 웃는 것〔苟笑〕은 남의 단점을 함부로 말하는 것과 어깨를 으쓱이며 아첨하여 웃는 것〔脅肩諂笑〕[139] 등이 모두 이것이다.

137 모두……4장(章) : '부모와 구고의 처소에 있으면서〔在父母舅姑之所〕'에서부터 '모두 이 예를 따른다.〔共帥時〕'까지를 말한다.

138 높은……4구(句) : "높은 곳에 올라가지 않으며, 깊은 곳에 임하지 않으며, 구차히 헐뜯지 않으며, 구차히 웃지 않는다.〔不登高 不臨深 不苟訾 不苟笑〕"를 말한다.

"부모님이 계시면 남에게 무엇을 선물하고 바칠 적에 수레와 말은 제외해야 한다.〔父母在 饋獻不及車馬〕" 이상의 6장(章)은 모든 자식된 자의 예(禮)를 논한 것이다. 그리고 "부모님의 모습이 안 보여도 보이는 것처럼 하며, 소리가 들리지 않아도 들리는 것처럼 한다.〔視無形 聽無聲〕"라는 말과 같은 것은 효자가 어버이를 친애하는 지극한 정(情)을 형용한 것이니, 깊이 체득하면 매우 좋을 것이다.

"아들이 자기 아내를 마땅치 않게 생각하더라도〔子不宜其妻〕"[140]의 주(註)에 "아들의 정이 비록 쇠하였어도, 부부의 예를 또한 행하지 않을 수 없다.〔子情雖替 夫婦之禮 亦不可不行〕"라고 하였는데, 나의 생각에는 '효자의 마음은, 부모가 사랑하는 것을 보면 자기의 정이 처음에는 비록 쇠하였어도 반드시 마음이 풀어지며 즐거워져서 원래의 관계를 회복하게 되기 때문에 그런 것이지, 내면으로 동(動)하는 것이 없으면서 외면으로만 그렇지 않은 것처럼 꾸며 보이는 것이 아니다.'라고 여겨진다.

그리고 "개와 말의 경우도 모두 그렇게 해야 한다.〔犬馬盡然〕"[141]의

139 어깨를……것 : 《맹자》 〈등문공 하(滕文公下)〉에 "어깨를 으쓱이며 아첨하여 웃는 것은 뜨거운 여름날에 밭매는 것보다 더 고통스러운 일이다.〔脅肩諂笑 病于夏畦〕"라는 증자(曾子)의 말이 실려 있다.

140 아들이……생각하더라도 : 전문(全文)은 다음과 같다. "아들이 자기 아내를 매우 마땅하게 생각하더라도 부모가 기뻐하지 않으시면 내보내며, 아들이 자기 아내를 마땅치 않게 생각하더라도 부모가 '며느리가 나를 잘 섬긴다.'라고 하시면 아들은 부부의 예(禮)를 행하며 종신토록 쇠하지 말아야 한다.〔子甚宜其妻 父母不說出 子不宜其妻 父母曰是善事我 子行夫婦之禮焉 沒身不衰〕"

141 개와……한다 : 전문은 다음과 같다. "이 때문에 부모가 사랑하신 바를 또한 사랑하며, 부모가 공경하신 바를 또한 공경해야 하니, 개와 말의 경우도 모두 그렇게 해야

주(註)도 그렇다. 진씨(眞氏 진덕수(眞德秀))의 본설(本說)에는 "부모가 사랑하고 공경한 것에 대해서는, 그것이 비록 개와 말 같은 천한 것이라도, 사랑하고 공경해야 한다.……〔父母所愛敬者 雖犬馬之賤亦愛敬之……〕" 하였는데, 이 주에서는 그 설을 인용하면서 경(敬) 자를 제거하였으니, 이는 대개 경(敬)이라는 글자가 개와 말에는 적당하지 않다고 혐의해서 그랬을 것이다. 그러나 내 나름대로 생각건대, 군자(君子)는 공경히 대하지 않는 것이 없어야 하니, 비록 금수(禽獸)와 같이 천한 것에 대해서도 감히 소홀히 해서는 안 된다고 여겨진다. 예컨대 먹을 것을 주면서 그 노고를 살피는 것은 애(愛)이고, 함부로 때리거나 매질하지 않고 함부로 욕하거나 침 뱉지 않는 것은 경(敬)인 것이다.

부모가 사랑하시면 나의 마음도 반드시 애석(愛惜)해하며 그만두지 못하는 점이 있는 법이고, 부모가 공경하시면 나의 마음도 반드시 경중(敬重)하며 감히 소홀히 하지 못하는 법이다. 더군다나 부모가 이미 돌아가셨을 경우에는, 그 물건을 보면 우리 어버이가 사랑하고 공경했다는 생각이 측연(惻然)히 일어날 것이니, 그렇게 되면 그것을 애석하게 여기고 경중하는 것을 그만두고자 해도 차마 그렇게 하지 못하는 점이 반드시 있을 것이다. 그리고 본문에서 이미 애(愛)와 경(敬)을 함께 거론해 놓고서 '모두 그렇게 해야 한다.〔盡然〕'라는 두 글자로 그 뒤를 이었고 보면 그 뜻이 무엇인지를 알 수 있으니, 주(註)에서 경(敬) 자를 제거한 것은 옳지 않은 듯하다.

하는데, 더군다나 사람에 대해서이겠는가.〔是故父母之所愛亦愛之 父母之所敬亦敬之至於犬馬盡然 而況於人乎〕"

"기뻐하여 잊지 않는다.〔喜而不忘〕"[142]라고 할 때의 불망(不忘)이라는 두 글자 속에는 "성실하고 전일하게 하면서, 감당하지 못하는 듯, 장차 잃어버릴 듯〔洞洞屬屬 如不勝 如將失之〕" 하는 뜻이 함축되어 있으니, 효자의 마음을 가장 절실하게 형용했다고 하겠다.

여기득죄어향당주려(與其得罪於鄕黨州閭)[143]의 주(註)에 "주리에서 죄를 얻게 하는 것이다.〔使得罪於州里〕"라고 하였다. 이 사(使) 자는 바로 어버이의 신상에 대해서 설한 것인데, 나의 생각으로는 꼭 사(使) 자를 쓸 것은 없다고 여겨진다. 왜냐하면 어버이의 잘못은 바로 자기의 잘못인 만큼, 제대로 간(諫)하지 못하여 어버이를 불의(不義)에 빠지게 하면 자기의 잘못이 더욱 커져서 주리(州里)에 중하게 죄를 얻게 되기 때문이다. 본문에서 '부모(父母)'라는 글자를 제시하지 않고 단지 '여기……(與其……)'라고 한 의사(意思)가 심절(深切)한데, 깊이 체득하면 이를 알 수 있을 것이다.

142 기뻐하여 잊지 않는다 : 《예기》 〈제의(祭義)〉에 나오는 말인데, 전문은 다음과 같다. "부모가 사랑하시면 기뻐하여 잊지 않으며, 부모가 미워하시면 두려워하고 원망하지 않으며, 부모에게 잘못이 있거든 간(諫)하되 거스르지 않는다.〔父母愛之 喜而不忘 父母惡之 懼而無怨 父母有過 諫而不逆〕" 그리고 이 말 앞에 "효자는 옥을 쥔 듯, 가득 찬 것을 받들듯, 성실하고 전일하게 하면서, 감당하지 못하는 듯, 장차 잃어버릴 듯 여긴다.〔孝子如執玉 如奉盈 洞洞屬屬然 如不勝 如將失之〕"라는 말이 나온다.

143 여기득죄어향당주려(與其得罪於鄕黨州閭) : 보통은 진덕수(眞德秀)의 주(註)에 나오는 대로 '부모가 향·당·주·려에서 죄를 얻게 하기보다는'이라고 해석하는데, 녹문은 '아들 자신이 향·당·주·려에서 죄를 얻기보다는'이라고 해석해야 한다는 독특한 견해를 제시하고 있다. 향·당·주·려는 가호(家戶)의 대소에 따라 나눈 행정구역 단위이다.

만약 평일에 정성을 쌓으며 충양(忠養)[144]하여 천륜(天倫)의 정리(情理)가 완전해진 상황이 아니라면, 어떻게 변고에 대처하는 도리를 스스로 극진히 할 수 있겠으며, 부모도 어떻게 그 말을 듣고 따라서 마음을 돌릴 수 있겠는가. 그러므로 효자는 반드시 먼저 온정정성(溫凊定省)[145]하고 낙심승지(樂心承志)하는 도(道)에 힘을 기울여야만 할 것이다.

상(翔)에 대해서 정씨(鄭氏)는 장공(張拱)이라고 해설하였는데,[146] 이는 모양을 내기 위해 취하는 동작이다. 독자(讀者)가 이 몇 가지 사항에 대해서 깊이 몸 받아 얻는 것이 있으면, 스스로 그만두고자 해도 그만둘 수 없는 점이 응당 있게 될 터이니 문왕(文王)의 효(孝)도 배울 수가 있을 것이다.

144 충양(忠養) : 충심으로 봉양하는 것을 말한다. 《예기》 〈내칙(內則)〉에 "효자가 노부모를 봉양할 때에는, 그 마음을 즐겁게 해 드리고 그 뜻을 어기지 않으며, 그 눈과 귀를 즐겁게 해 드리고 그 잠자리를 편안하게 해 드리며, 그 음식을 가지고 충심으로 봉양해야 한다.〔孝子之養老也 樂其心 不違其志 樂其耳目 安其寢處 以其飮食忠養之〕"라는 증자(曾子)의 말이 나온다. 뒤에 나오는 낙심승지(樂心承志), 즉 마음을 즐겁게 해 드리며 뜻을 어기지 않고 받들어 드린다는 말도 여기에서 인용한 것이다.

145 온정정성(溫凊定省) : 동온하정(冬溫夏凊) 혼정신성(昏定晨省)의 준말로, 어버이를 정성껏 모시는 것을 말한다. 《예기》 〈곡례 상(曲禮上)〉의 "겨울에는 따뜻하게 해 드리고 여름에는 시원하게 해 드려야 하며, 저녁에는 잠자리를 보살펴 드리고 아침에는 문안 인사를 올려야 한다.〔冬溫而夏凊 昏定而晨省〕"라는 말에서 나온 것이다.

146 상(翔)에……해설하였는데 : 상(翔)은 《예기》 〈곡례 상(曲禮上)〉의 "부모가 병들면 성인이 된 아들은 머리를 빗지 않으며 길을 갈 적에 상(翔)하지 않는다.〔父母有疾 冠者不櫛 行不翔〕"라는 말에 나오는 그 상(翔)이다. 정씨는 정현(鄭玄)을 말한다. 장공(張拱)은 새가 날개를 펼치듯 팔을 벌리고 흔들어 대면서 활기차게 걷는 것을 말한다.

선상(先嘗)[147]의 주(註)에 "임금이 약을 감당할 수 있을지 헤아리는 것이다.〔度其所堪也〕"라고 하였다. 상고해 보건대, 《춘추(春秋)》에서 "허나라 세자 지(止)가 그의 임금을 시해하였다.〔許世子止弑其君〕"라고 기록한 것에 대하여, 호 문정(胡文定 호안국(胡安國))은 말하기를 "지(止)가 의원(醫員)을 택하지 않고 그 약을 함부로 썼으며, 약을 먼저 맛보지 않고 임금에게 잘못 올렸으니, 이는 군부(君父)를 소홀히 하는 마음을 지닌 것으로서 신중하지 못한 처사였다. 이는 (簒弑 찬탈과 시해)의 싹이 되고 견빙(堅氷)[148]의 조짐이 되는 것으로, 《춘추》에서 신중하게 다루는 것이기 때문에 대악의 죄를 그에게 가하고 용서하지 않은 것이다.……〔止不擇醫而輕用其藥 藥不先嘗而誤進於君 是有忽君父之心而不謹矣 此簒弑之萌堅氷之漸 春秋所謹 故加以大惡而不得辭……〕" 하였다.[149] 그렇다면 선상(先嘗)이라는 것은 '감당할 수 있을지 헤아리는

147 선상(先嘗) : 먼저 맛본다는 뜻으로, 《예기》 〈곡례 하(曲禮下)〉의 "임금이 병에 걸려 약을 먹을 때는 신하가 먼저 맛보아야 하며, 부모가 병에 걸려 약을 먹을 때는 자식이 먼저 맛보아야 한다.〔君有疾飮藥 臣先嘗之 親有疾飮藥 子先嘗之〕"라는 말에서 나온 것이다.

148 견빙(堅氷) : 두꺼운 얼음이라는 뜻으로, 사태가 점점 악화되어 어떻게 해 볼 수 없는 지경에까지 이르는 것을 비유하는 말이다. 《주역》 〈곤괘(坤卦) 초육(初六)〉의 "서리를 밟으면 두꺼운 얼음의 시절이 곧 닥친다.〔履霜堅氷至〕"라는 말에서 나온 것이다.

149 춘추(春秋)에서……하였다 : 《춘추》 소공(昭公) 19년 경문(經文)에 "여름 5월 무진일에 허 세자 지(止)가 그 임금 매(買)를 시해하였다.〔夏 五月 戊辰 許世子止弑其君買〕"라고 하였다. 《좌씨전(左氏傳)》에 의하면, 허나라 도공(悼公)이 학질에 걸렸는데, 세자 지가 올린 약을 마시고 세상을 떠나자, 태자가 진(晉)나라로 도망을 갔다고 하였으며, 《호씨전(胡氏傳)》에 의하면 세자가 약을 먼저 맛보지 못하는 등 자신의 신중하지 못한 행동을 자책하다가 한 해를 넘기지 못하고 죽었다고 하였는데, 녹문이 《호씨전》의 내용 중에서 중요 부분만 발췌하여 인용한 것이다.

것'만이 아니라, 그 안에 독(毒)이 들어 있어서 병에 해롭지 않을까 두려워하기 때문이라고 하겠다. 대개 효자의 마음은 이르지 않는 곳이 없기 때문에 이러한 일에 대해서 반드시 신중을 기하는 것이니, 환자를 간호하는 자는 이런 점을 숙지해야 할 것이다.

'천자지효(天子之孝)'의 구절[150]에 대한 진씨(眞氏 진덕수(眞德秀))의 해설은 본지(本旨)를 깊이 체득하지 못한 것 같다. 이것은 《대학(大學)》에서 "임금이 노인을 노인으로 대우하면 백성들이 효도하는 마음을 일으킨다.〔上老老民興孝〕"[151]라고 하고, "군자는 집을 벗어나지 않고서도 나라에 교화를 이룰 수 있다.〔不出家而成教於國〕"[152]라고 한 뜻과 동일하다.

150 천자지효(天子之孝)의 구절 : "부모를 사랑하는 자는 감히 남을 미워하지 않고, 부모를 공경하는 자는 감히 남에게 함부로 하지 않는다. 부모를 섬기면서 사랑과 공경을 극진히 하면, 덕교(德教)가 백성에게 더해져서 사해(四海)에 본보기가 될 것이니, 이는 천자의 효이다.〔愛親者不敢惡於人 敬親者不敢慢於人 愛敬盡於事親 而德教加於百姓 刑于四海 此天子之孝也〕"라고 말한 것을 가리킨다.

151 임금이……일으킨다 : 《대학장구(大學章句)》 전(傳) 10장에 "임금이 노인을 노인으로 대우하면 백성들이 효도하는 마음을 일으키고, 임금이 어른을 어른으로 대우하면 백성들이 공경하는 마음을 일으킨다.〔上老老而民興孝 上長長而民興弟〕"라는 말이 나온다.

152 군자는……있다 : 《대학장구》 전 9장에 "군자는 집을 벗어나지 않고서도 나라에 교화를 이룰 수 있는 것이니, 나의 효(孝)를 신하가 본받으면 임금을 잘 섬기게 되고, 제(弟)를 본받으면 장관을 잘 섬기게 되고, 자(慈)를 본받으면 대중을 잘 부리게 된다.〔君子不出家而成教於國 孝者 所以事君也 弟者 所以事長也 慈者 所以使衆也〕"라는 말이 나온다.

'나와서 객을 맞이하는 것〔出迎客〕'은 주인이 실제로 행하는 일이다.[153] 객(客)이 고사(固辭)하는 것은 먼저 들어가지 않겠다고 사양하는 것을 말한다. 만약 청(請) 자를 출영객(出迎客)의 아래에서 해석을 하여, 객이 고사했다는 이유로 주인이 들어가서 자리를 펴는 것으로 풀이한다면, 문의(文義)가 타당하지 않게 된다. 《예기(禮記)》의 본주(本註)에는 그렇게 되어 있지 않다.

'왼발을 먼저 하고 오른발을 먼저 하는 것〔先左足 先右足〕'[154]에 대한 주(註)에서 "들어가는 문에 따른 것이다.……〔順入門……〕" 한 것 역시 옳은 해설이 아니다. 주자(朱子)는 "동쪽 계단에 오르면서 왼발을 먼저 떼면 객을 등지게 되고, 서쪽 계단에 오르면서 오른발을 먼저 떼면 주인을 등지게 된다.……〔上東階而先左足則背客 上西階而先右足則背

153 나와서……일이다 : 《예기》 〈곡례 상(曲禮上)〉의 "主人請入爲席然後出迎客 客固辭 主人肅客而入"라는 글에 대해서, "주인이 들어가서 자리를 펴서 정돈한 뒤에 나와서 객을 맞이하겠다고 청할 적에, 객이 고사(固辭)하면 주인이 객에게 숙배(肅拜)하고 들어가서 자리를 편다."라고 해석하면 안 되고, "주인이 들어가서 자리를 펴서 정돈하겠다고 청한 뒤에 방에 들어갔다가 나와서 객을 맞이하는데, 이때 객이 고사하면 주인이 객에게 숙배하고 먼저 들어간다."라고 해석해야 옳다는 말이다.

154 왼발을……것 : 《예기》 〈곡례 상(曲禮上)〉의 "주인이 동쪽 계단을 올라갈 때에는 오른발을 먼저 해서 서쪽을 향하여 빈객을 응시하고, 빈객이 서쪽 계단을 올라갈 때에는 왼발을 먼저 해서 동쪽을 향하여 주인을 응시한다.〔上於東階則先右足 上於西階則先左足〕"라는 말에서 발췌한 것이다. 이 예문(禮文)에 대해서 진씨(陳氏)는 "오른발을 먼저 하고 왼발을 먼저 하는 것은, 각자 들어가는 문이 왼쪽이냐 오른쪽이냐에 따른 것이다.〔先右先左 各順入門之左右也〕"라고 해설하였는데, 녹문이 그 잘못을 지적한 것이다. 진씨는 《예기집설(禮記集說)》의 저자인 원나라 진호(陳澔)를 말한다. 주희의 말은 《주자어류(朱子語類)》 권74에 보인다.

主人……]" 하였는데, 《소학(小學)》의 본주(本註)에서 "서로 향하여 공경하는 것과 가깝다.〔近於相鄕敬〕"[155]라고 한 것도 바로 이 뜻이라고 하겠다.

경신 敬身

무불경(毋不敬)이라는 것은 안으로 심지(心志)와 밖으로 백체(百體)에서부터 하나의 어묵(語默)과 하나의 동정(動靜)에 이르기까지 조금이라도 공경하지 않음이 없는 것을 말한다. 그리고 엄약사(儼若思)와 안정사(安定辭)라는 것은 또 그중에서 요긴하고 절실한 것을 들어서 말한 것이다.[156]

대개 용모(容貌)가 불경스러우면 이목(耳目)과 수족(手足)이 모두 그 법도를 잃게 되고, 마음이 또 이를 따라 흔들리고 휩쓸려서 그 소재(所在)를 알지 못하게 된다. 그리고 언어가 불경스러우면 비루하고 조급하여 기(氣)가 지(志)를 동요시킨 나머지 진덕(進德)하고 입성(立誠)할 여지가 없게 된다.

155 서로……가깝다 : 대본에는 '近相鄕敬'으로 되어 있으나, 오해의 소지를 없애기 위하여 원문대로 '近於相鄕敬'으로 바로잡아 번역하였다.

156 무불경(毋不敬)이라는……것이다 : 《예기》〈곡례(曲禮)〉 첫머리에 "언제 어디서나 공경하는 마음이 없어서는 안 된다. 그리하여 항상 뭔가 깊이 생각하는 것처럼 진지한 자세를 취하고 말은 안정되게 해야 하니, 그렇게 하면 백성을 편안하게 할 수 있을 것이다. 거만한 마음이 자라나게 해서는 안 되며, 욕망을 무작정 따라서는 안 되며, 자기 뜻대로 채우려 해서는 안 되며, 즐거움을 극에 이르게 해서는 안 된다.〔毋不敬 儼若思 安定辭 安民哉 傲不可長 欲不可縱 志不可滿 樂不可極〕"라는 말이 나온다.

이것이 바로 성인(聖人)이 용모와 위의(威儀)를 애써 강조하면서 수기(修己)와 안민(安民)의 요체로 삼은 까닭이다. 그렇다면 비록 경(敬)의 항목을 두루 거론하지는 않았다 하더라도, 성학(聖學)의 문호(門戶)가 이미 엄약사와 안정사라는 여섯 글자 속에 분명히 드러나 있으니, 진씨(眞氏 진덕수(眞德秀))가 성인이 남긴 말씀이라고 한 것이 당연하다.

《논어(論語)》에서는 독경(篤敬)을 해석하여 '경에 돈독한 것〔篤於敬〕'이라고 하였는데, 여기에서는 언해(諺解)에서 독(篤)과 경(敬) 두 글자의 뜻을 따로따로 해석하였으니, 이는 간단하고 명백하여 알기 쉽게 풀이한 것으로 보인다.[157] 그리고 시사명(視思明) 청사총(聽思聰)[158]의 주(註)에서 "가리는 것이 없으면 눈이 밝아서 보지 못함이 없고, 막는 것이 없으면 귀가 밝아서 듣지 못함이 없다.〔無所蔽則明無不見 無所壅則聰無不聞〕"라고 한 것이 명백하고도 절실한데, 참으로 몸으로 징험한 것이 아니라면 어떻게 이와 같이 말할 수가 있겠는가. 대개 시(視)는 본래 명(明)하지만 오직 가리는 것이 있기 때문에 밝게 보지 못하는 것이고, 청(聽)은 본래 총(聰)하지만 오직 막는 것이 있기

157 논어(論語)에서는……보인다 : 《논어》 〈위령공(衛靈公)〉에 "언어가 충신하고, 행실이 독경하면, 오랑캐 나라에 가서도 제대로 행할 수가 있다.〔言忠信 行篤敬 雖蠻貊之邦 行矣〕"라는 공자의 말이 나오는데, 남헌 장씨(南軒張氏) 즉 장식(張栻)이 "독경은 경에 돈독한 것이다.〔篤敬者 敦篤於敬也〕"라고 해설한 것이 소주(小註)에 보인다. 언해에서는 '행실이 두텁고 공경하면'이라고 풀었다.

158 시사명(視思明) 청사총(聽思聰) : 밝게 보기를 생각하고, 밝게 듣기를 생각한다는 뜻으로, 군자의 아홉 가지 생각하는 일〔九思〕에 속하는 것들이다. 《論語 季氏》

때문에 밝게 듣지 못하는 것이다. 그런데 가리고 막는 것은 모두 사(私)를 이기지 못하여 마음이 보존되지 못하는 데에서 연유하는 것이다.

〈악기(樂記)〉[159]에 대한 진씨(眞氏)의 주(註)에 "타만한 기(氣)는 안에서 나오는 것이고, 사벽한 기는 밖에서 들어오는 것이다.〔惰慢之氣 自內出者也 邪僻之氣 自外入者也〕"라고 하였는데, 나는 그 주장을 이해할 수가 없다.

내가 생각건대, 간성(姦聲)과 음악(淫樂)을 머물러 두지 않고 접하지 않는 것은 바로 부자(夫子)가 "예가 아니면 듣지 말라.〔非禮勿聽〕"[160]라고 말한 것이요, 난색(亂色)과 특례(慝禮)를 머물러 두지 않고 접하지 않는 것은 바로 부자가 "예가 아니면 보지 말라.〔非禮勿視〕"라고 말한 것이며, 타만(惰慢)하고 사벽(邪僻)한 기(氣)를 신체에 베풀지 않는 것은 바로 부자가 "예가 아니면 말하지 말고, 예가 아니면 동하지 말라.〔非禮勿言 非禮勿動〕"라고 말한 것이다. 이는 그야말로 정자(程子)가 "외물에 대해 제재를 가하는 것은 내면의 마음을 기르기 위해서이다.〔制於外 所以養其中也〕"[161]라고 말한 뜻이니, 굳이 내외(內外)로

159 악기(樂記) : "군자는 간사한 소리와 어지러운 색을 이목에 머물러 두지 아니하며, 음란한 음악과 사특한 예를 마음에 접하지 아니하며, 타만하고 사벽한 기(氣)를 신체에 베풀지 아니하여, 이목비구와 심지 백체가 모두 순정함을 말미암아 그 의(義)를 행하게 한다.〔君子姦聲亂色 不留聰明 淫樂慝禮 不接心術 惰慢邪辟之氣 不設於身體 使耳目鼻口心知百體 皆由順正以行其義〕"라는 《예기》 〈악기〉의 글을 가리킨다.

160 예가……말라 : 공자가 안연(顔淵)에게 말해 준 이른바 사물(四勿)의 가르침인데, 《논어》 〈안연(顔淵)〉에 나온다.

161 외물에……위해서이다 : 정이(程頤)의 〈사물잠(四勿箴)〉 서(序)에 이 말이 나온다.

나눌 것은 없다고 하겠다.

성용정(聲容靜)[162]은 단지 왝왝거리지 않는 것만이 아니라, 소리 기운을 단정히 추슬러서 경박하거나 방정맞지도 않고 지루하거나 허탄하지도 않게 하는 것을 말한다. 두용직(頭容直)[163]은 단지 기울여 돌아보지 않는 것만이 아니라, 머리를 바로 하고 몸을 곧게 하여 오만하게 쳐다보지도 않고 걱정스레 굽어보지도 않는 것을 말한다.

혹자가 말하기를 "오(敖 오만)는 흉덕(凶德)이고, 욕(欲)은 인욕(人欲)이다. 그런데 어째서 '끊으라〔絶〕'라거나 '이기라〔克〕'라고 말하지 않고, 단지 '키우면 안 된다.〔不可長〕'라거나 '제멋대로 부리면 안 된다.〔不可縱〕'라고만 말한 것인가."라고 하기에,[164] 내가 말하기를 "오(敖)는 갑자기 흉덕이 되는 것이 아니라 키운 뒤에 흉덕이 되는 것이니 《대학(大學)》의 오타(敖惰)[165]의 오(敖)와 같고, 욕(欲)은 갑자기 인욕(人欲)이 되는 것이 아니라 방종(放縱)한 뒤에 인욕이 되는 것이니

162 성용정(聲容靜) : 소리 모양은 조용하게 해야 한다는 뜻으로, 군자의 이른바 구용(九容) 중의 하나이다. 《禮記 玉藻》

163 두용직(頭容直) : 이것 역시 구용(九容) 중의 하나로, 머리 모양은 곧게 해야 한다는 뜻이다.

164 혹자가……하기에 : "거만한 마음을 키우면 안 되며, 욕심을 제멋대로 부리면 안 되며, 뜻을 가득 차게 하면 안 되며, 즐거움을 극도로 누리면 안 된다.〔敖不可長 欲不可縱 志不可滿 樂不可極〕"라는 《예기》〈곡례 상(曲禮上)〉의 표현을 문제 삼은 것이다.

165 오타(敖惰) : 《대학장구》 전(傳) 8장에 무릇 사람이란 "오만하고 태만히 하는 데에서 편벽되기 마련이다.〔之其所敖惰而辟焉〕"라는 말이 나온다.

《맹자(孟子)》의 과욕(寡欲)[166]의 욕(欲)과 같다."라고 하였다.

혹자는 여여숙(呂與叔)이 6월에 엄숙하게 무릎 꿇고 앉아 있었던 것〔儼然危坐〕[167]에 대하여 "성인(聖人)이 신신요요(申申夭夭)[168]한 뜻이 없다."라고 말하는데, 이는 그렇지 않다.

신신요요(申申夭夭)하는 것이 어찌 엄연위좌(儼然危坐)하지 않는다는 말이겠으며, 엄연위좌하는 것이 어찌 꼭 신신요요하지 않는다는 것이겠는가. 단지 성인은 엄연위좌하는 중에 저절로 신신요요하는 기상(氣象)이 있는 데 반하여, 학자(學者)는 도무지 이런 기상이 없을 뿐인 것이다.

지금 만약 엄연위좌를 버리고 신신요요를 따로 구한다면, 퇴타(頹惰)하고 방이(放弛)하는 지경에 이르지 않는 경우가 드물 것이다. 오유(吾儒)의 도(道)는 처음부터 끝까지 원래 두 가지 길이 없다. 처음에도

166 과욕(寡欲) : 《맹자》 〈진심 하(盡心下)〉에 "마음을 기르는 방법으로는 욕심을 적게 하는 것보다 좋은 것이 없다.〔養心莫善於寡欲〕"라는 말이 나온다. 448쪽 주106 참조.

167 여여숙(呂與叔)이……것 : 여숙(與叔)은 정이(程頤)의 문인인 여대림(呂大臨)의 자이다. 《심경부주(心經附註)》 권2 〈예악불가사수거신장(禮樂不可斯須去身章)〉에 "여여숙이 6월에 구지에 왔기에 한가히 거처하는 중에 내가 일찍이 살펴보건대, 반드시 엄숙히 무릎 꿇고 앉아 있었으니, 돈독하다고 이를 만하다. 그러나 학자는 모름지기 공경해야 하지만 자기를 속박해서는 안 되니, 속박하면 오래도록 유지하기 어려운 법이다.〔呂與叔六月中來緱氏 間居中 某嘗窺之 必見其儼然危坐 可謂敦篤矣 學者須恭敬 但不可令拘迫 拘迫則難久也〕"라는 정이의 말이 나온다.

168 신신요요(申申夭夭) : 《논어》 〈술이(述而)〉의 "공자가 한가히 거처할 적에는 마음이 활짝 풀어진 듯하고 즐거운 듯하였다.〔子之燕居 申申如也 夭夭如也〕"라는 말에서 나온 것이다.

단지 이와 같고 마지막에도 단지 이와 같을 뿐인데, 다만 그 안에 억지로 힘쓰는 것〔勉强〕과 절로 그렇게 되는〔自然〕 차이만이 있을 따름이다. 그래서 신신요요를 배우고 싶으면 엄연위좌하여 전긍임리(戰兢臨履)[169]하는 공부를 먼저 해야 한다고 말하는 것이다.

계고 稽古

공명선(公明宣)이 스승을 따른〔從師〕 뒤로 3년 동안 글을 읽지 않고서, 그 스승의 일용(日用) 동정(動靜)에 대해 묵묵히 기억하며 남몰래 배운 것은 위기지학(爲己之學)이라고 말할 만하니,[170] 금인(今人)이 그저 스승의 이야기만 배우려 하는 것과 비교하면 차이가 크다고 하겠다. 그러나 글을 읽는 것과 행실을 점검하는 것은 하루라도 한쪽을 그만두면 안 되는 것이니, 글을 읽어서 의리를 강명(講明)하지 않고, 한갓 응접하는 사이에 있어서만 급급해한다면, 이 또한 이루어질 수 없을 것이다.

주자(朱子)가 논하기를 "화정(和靖)이 이천(伊川)을 만나 보고 나서 반년 만에 비로소 《대학》과 〈서명(西銘)〉의 글을 볼 수 있었다."[171]라

169 전긍임리(戰兢臨履) : 조심스러운 마음으로 매사를 신중히 처리하는 것을 말한다. 《시경》 〈소아(小雅) 소민(小旻)〉의 "전전긍긍하여 심연에 임하듯 얇은 얼음을 밟듯 한다.〔戰戰兢兢 如臨深淵 如履薄氷〕"라는 말에서 나온 것이다.

170 공명선(公明宣)이……만하니 : 증자(曾子)의 제자 공명선이 3년이나 독서하지 않는 이유를 증자가 물으니, 증자가 뜰을 거닐 때와 빈객을 응접할 때와 조정에 있을 때의 거조를 보고 배우는 것만도 벅차다고 대답한 고사가 《설원(說苑)》 〈반질(反質)〉에 나온다. 위기지학(爲己之學)은 남이 알아주기를 바라면서 공부하는 위인지학(爲人之學)에 반대되는 말로, 오직 자신의 덕성을 닦기 위해서 공부하는 것을 말하는데, 《논어》 〈헌문(憲問)〉에 이에 대한 공자의 언급이 나온다.

고 하였는데, 이 뜻이 물론 좋기는 하지만 병통이 있는 것도 사실이다. 천하에 수많은 글이 있는데, 반년이 지나도록 그에게 도대체 하나의 문자도 가르치지 않았다면, 어느 때에 허다한 글을 읽을 수가 있겠는가. 그래서 언명(彦明)이 뒤에 가서 공부에 모자란 점이 있게 되었던 것이다. 그러니 반년도 오히려 안 되는데, 더군다나 3년이겠는가. 공명선이 뒤에 알려지는 일이 없었던 것도 이 때문일 듯하니, 학자는 이런 점을 알아 두지 않으면 안 될 것이다.

몸을 바쳐 신하가 되고 나서 또 그를 죽이려고 한다면 이는 두 마음을 품는 것이니,[172] 이것이 바로 왕도(王道)와 패도(霸道)가 나뉘는 갈림

171 화정(和靖)이……있었다 : 화정은 정이(程頤)의 문인인 화정 윤씨(和靖尹氏) 즉 윤돈(尹焞)을 말한다. 자는 언명(彦明)이다. 《대학장구》의 〈독대학법(讀大學法)〉에 "옛날에 윤화정은 이천을 만나 보고 나서 반년 만에 비로소 《대학》과 〈서명〉의 글을 볼 수 있었는데, 지금 사람들은 반년 동안에 많은 책을 읽으려고 한다.〔昔尹和靖見伊川半年方得大學西銘看 今人半年要讀多少書〕"라는 주희의 말이 나온다.

172 몸을……것이니 : 전국 시대 진(晉)나라의 자객(刺客) 예양(豫讓)이 자신을 국사(國士)로 대우해 준 지백(智伯)의 원수를 갚기 위해 조 양자(趙襄子)를 죽이려다 실패하자, 몸에 옻칠을 하여 나병 환자처럼 자신을 숨기고, 달군 석탄을 삼켜 벙어리처럼 목소리를 바꾼 뒤에 다시 복수를 시도하였는데, 그를 알아본 친구가 '조맹(趙孟) 즉 조 양자의 신하가 되어 가까이 섬기면 쉽게 복수할 수 있지 않겠느냐'면서 울며 호소를 하니, 예양이 "안 된다. 이미 몸을 바쳐 신하가 되고 나서 또 그를 죽이려고 한다면, 이는 두 마음을 품는 것이다. 무릇 내가 하는 것이 지극히 어려운 일이긴 하나, 이렇게 하는 까닭은 장차 천하와 후세에 남의 신하가 되어서 두 마음을 품는 자를 부끄럽게 하기 위해서이다.〔不可 旣已委質爲臣 而又求殺之 是二心也 凡吾所爲者極難耳 然所以爲此者 將以愧天下後世之爲人臣而懷二心者也〕"라고 대답하고는, 다리 밑에 숨어서 양자를 죽이려 하다가 결국에는 실패로 끝나 잡혀서 죽게 되자, 양자가 벗어 준 옷을 세 번 칼로 내리치는 것으로 위안을 삼고는 마침내 자결한 고사가 전한다. 《史記 卷86

길이다. 대개 천리(天理)는 순일(純一)하니, 언제 일찍이 허위(虛僞)가 있었겠는가. 이 때문에 사람의 마음도 역시 순일하여 허위가 없는 것이다. 왕도를 행하는 자는 이 천리와 이 마음을 좇아서 순연(純然)하고 수연(粹然)할 뿐인 반면에, 패자(伯者)는 온갖 방법으로 교묘히 속임수를 써서 허다한 기관(機關)을 설치하여 자기의 사(私)를 이룬다.

예컨대 왕릉(王陵)은 고제(高帝)와의 약속을 지켜서 여씨(呂氏)들을 왕으로 삼으려는 여후(呂后)에게 간(諫)하며 뒷날의 이해(利害)를 돌아보지 않은 반면에, 진평(陳平)과 주발(周勃)은 곧장 면전에서 여후의 말을 따랐으니, 비록 뒤에 가서 공을 이루었다고는 해도 그것 역시 행운일 따름이다.[173] 이 때문에 이천(伊川)이 "인신의 의리는 왕릉을 표준으로 삼아야 한다.〔人臣之義 當以王陵爲正〕"[174]라고 하였으니,

刺客列傳 豫讓》 녹문이 예양을 높여서 예자(豫子)라는 경칭을 쓰고 있는 점이 주목할 만하다.

173 왕릉(王陵)은……따름이다 : 왕릉은 최고 통치자의 앞에서 의리에 입각하여 적극적으로 직간(直諫)을 하며 쟁집(爭執)한다는 뜻의 '면절정쟁(面折廷爭)'의 고사로 유명한 전한(前漢)의 재상이다. 여후(呂后)가 여씨(呂氏)들을 왕으로 임명하려고 하자, 그가 우승상(右丞相)의 신분으로 "고제(高帝)가 '유씨가 아닌데 왕이 될 경우에는 천하가 다 함께 공격하라.〔非劉氏而王 天下共擊之〕' 하였다."라면서 강력히 반대하였는데, 좌승상 진평(陳平)과 강후(絳侯) 주발(周勃)이 "안 될 것이 없다.〔無所不可〕"라면서 여후의 뜻에 동의하자, 왕릉이 "무슨 면목으로 지하에서 고제를 뵈려 하는가.〔何面目見高帝地下〕"라고 그들을 면박(面駁)하니, 두 사람이 "지금 면절정쟁하는 것은 우리가 그대만 못하지만, 사직을 보전하고 유씨의 후손을 안정시키는 것은 그대가 또한 우리보다 못할 것이다.〔於今面折廷爭 臣不如君 全社稷定劉氏後 君亦不如臣〕"라고 답하고는, 그 뒤에 과연 여씨들을 멸망시킨 고사가 전한다.《史記 卷9 呂太后本紀》

174 인신(人臣)의……한다 : 정이(程頤)의 말로, 《이정유서(二程遺書)》 권19에 나온다.

왕도와 패도의 구분을 여기에서도 알 수가 있다.

가령 예자(豫子)가 신하가 되어 양자(襄子)를 섬겼다면, 혹 자기의 뜻을 이룰 수 있었다 하더라도, 그것은 또한 신하로서 임금을 시해(弑害)한 것이 될 뿐이다. 처음에 이미 자기 임금을 배반하고 원수를 섬겼을 뿐만이 아니라 뒤에 다시 임금을 시해한 것으로 귀결되고 만다면, 어떻게 오늘날의 예자(豫子)가 될 수 있겠는가.

혹자는 "몸이야 신하가 되더라도 마음은 신하가 된 적이 없을 것이다."라고 말할지도 모르지만, 나는 이런 말은 도(道)를 크게 해치는 것이라고 말하겠다. 대저 도는 내외(內外)와 은현(隱顯)이 없기 때문에, 성문(聖門)에서는 표리(表裏)가 여일(如一)한 것을 귀하게 여기는 것이다. 그런데 지금 만약 몸과 마음을 나누어 둘로 만들어서 그 공리(功利)의 사(私)를 이루려고 한다면, 이는 일신(一身)의 안에 천리(天理)가 반절을 차지하고 인욕(人欲)이 반절을 차지하게 되는 셈이다. 그러면 이른바 천리라고 하는 것도 천리가 되기에 부족해서 그것마저 따라서 잃어버리고 말 것이니, 이것이 바로 패술(霸術)의 심한 해악으로서 천리를 끊어 버리고 인륜을 어지럽히는 것이다.

적인걸(狄仁傑)이 뜻은 당(唐)나라를 되찾는 데에 있었다고 하더라도, 그의 소행을 추적해 보면 끝내는 무씨(武氏)의 국로(國老)일 따름이었다.[175] 이 때문에 《강목(綱目)》에서 그의 죽음을 졸(卒)이라고 쓰

175 적인걸(狄仁傑)이……따름이었다 : 적인걸은 지(知)와 덕(德)을 겸비하여 후대에 명재상으로 추앙을 받는 사람 중의 하나인데, 무측천(武則天)이 자기 아들인 예종(睿宗)을 폐위하고 직접 황제가 되어 국호를 주(周)로 바꾸는데도 적극적으로 배격하지 않고 도우면서 대신의 지위를 향유했다는 점에서, 이씨(李氏)의 당나라에 대해 실절(失節)했다는 비판을 받기도 한다.

지 않고 사(死)라고 씀으로써-《강목》에서는 졸(卒)이라고 썼는데, 주자(朱子)의 평일의 의논이 이와 같았기 때문에 이렇게 운운하였다.- 그의 공이 크다고 해서 그 죄를 용서하지 않았으니, 엄절(嚴切)하게 실상을 드러내 밝혔다고 말할 만하다.

그렇다면 예자(豫子)도 왕도와 패도에 대한 견해를 가지고 있어서 그랬던 것일까? 그것은 꼭 그렇다고는 할 수가 없다. 인성(人性)은 본래 선하기 때문에 지성(至誠)이 발하는 곳에 도(道)와 암암리에 합치하지 않는 경우는 있지 않다. 생각건대, 예자가 원수를 갚으려는 그 마음이 성실하고 통절(痛切)하여 조금도 허위가 없었기 때문에, 그 언어와 그 행동이 바로 이처럼 간절하고 순일했던 것이 아닐까 한다. 이는 대개 자연히 그렇게 된 것이라고 해야 할 것이니, 맹자(孟子)가 "도는 하나일 뿐이다.〔道一而已〕"[176]라고 말한 것이 어찌 더욱 믿음이 가지 않겠는가.

"경(敬)은 덕(德)의 집합체이다."[177]라고 한 이 말은 너무도 멋진 말이다. 대개 경(敬)이라는 것은 모든 선(善)의 근본이니, 이 경(敬)을

176 도는 하나일 뿐이다 : 등문공(滕文公)이 세자일 때에 다시 맹자를 찾아오자, 맹자가 자기의 말을 의심하지 말라면서 일러 준 말이다. 《孟子 滕文公上》

177 경(敬)은 덕(德)의 집합체이다 : 극결(郤缺) 부부가 서로 손님처럼 공경히 대하는 것을 구계(臼季)가 목격하고는 진 문공(晉文公)에게 극결을 천거하면서 한 말인데, 《춘추좌씨전(春秋左氏傳)》 희공(僖公) 32년에 이에 관한 내용이 상세히 나온다. 문공은 그의 말을 듣고 극결을 하군대부(下軍大夫)에 임명하였다. 진씨(陳氏) 즉 진호(陳澔)의 해설 중에 "사람이 능히 공경하면 마음이 보존되고, 마음이 보존되면 이치에 맞게 되므로, 경은 덕의 집합체인 것이다.〔人能敬則心存 心存則理得 故敬德之聚也〕"라는 말이 나온다.

하면 모든 선을 함께 얻게 되는 것이 마치 하나의 벼리〔綱〕를 들면 모든 그물코〔目〕가 펴지는 것과 같다. 경(敬)으로 존양(存養)을 하면 대본(大本)이 서고 경으로 성찰을 하면 달도(達道)가 행해지며, 경으로 어버이를 섬기면 효성스럽게 되고 경으로 형을 섬기면 우애 있게 되며, 경으로 일에 응하면 일이 이루어지고 경으로 발언을 하면 말이 간이(簡易)해지며, 이런 식으로 미루어 나가면 나머지도 그렇게 되지 않는 것이 없다. 이것을 체득하면 경(敬)이 덕의 집합체가 되는 실상을 볼 수 있는데, 진씨(陳氏)가 "마음이 보존되면 이치에 맞게 된다."라고 한 뜻도 이와 동일하다.

"자리에 있으면 사람들이 경외할 만하다.〔在位可畏〕" 이하 10구(句)[178]는 군자(君子)의 위의(威儀)를 극론한 것으로서, 도를 지닌 자의 기상(氣象)을 잘 형용하였다. 체완(體玩)하기에 가장 좋으니, 함양(涵養)하는 공부에 크게 유익할 것이다.

178 자리에……10구(句) : 춘추 시대 위(衛)나라 북궁문자(北宮文子)가 군주인 양공(襄公)에게 위의(威儀)에 대해서 설명한 내용 중에 나오는데, 관련 부분을 소개하면 다음과 같다. "그러므로 군자는 자리에 있으면 사람들이 경외할 만하고, 은혜를 베풀면 사람들이 사랑할 만하며, 진퇴하는 것은 법도가 될 만하고, 주선하는 것은 법칙이 될 만하며, 행동거지는 보고 배울 만하고, 일 처리는 본보기가 될 만하며, 덕행은 본받을 만하고, 음성은 즐겁게 여길 만하며, 동작에는 문채가 있고, 언어에는 조리가 있다. 이와 같이 아랫사람들을 다스렸기에 위의가 있다고 말한 것이다.〔故君子 在位可畏 施舍可愛 進退可度 周旋可則 容止可觀 作事可法 德行可象 聲氣可樂 動作有文 言語有章 以臨其下 謂之有威儀也〕"《春秋左氏傳 襄公31年》 여기에서 군자는 주 문왕(周文王)을 가리킨다.

가언 嘉言

"언어가 온화하고 기운이 화기로우면,……" 하고, "과오를 뉘우치고 고치기를 꺼리지 않으면,……" 하였는데,[179] 이것이야말로 진실하게 공력을 기울여야 할 곳이다. 만약 이에 대해 공부하지는 않고 그저 망상하고 기대하면서 저절로 불천(不遷)하고 저절로 불이(不貳)하게 되려고 한다면 어떻게 이루어질 리가 있겠는가. 율곡(栗谷 이이(李珥))이 말하기를 "사람들은 명도(明道)를 보고는 모두 인위적인 색채가 없이 자연스럽게 이루어진 것〔渾然天成〕을 기꺼워할 뿐 그가 필사적으로 공부한 것은 알지 못하고, 회암(晦菴)을 보고는 모두 바다처럼 드넓고 하늘처럼 드높은 것〔海濶天高〕을 감탄할 뿐 그가 조금씩 계속해서 쌓아 간 것은 알지 못한다."[180]라고 하였는데, 이는 참으로 명언(名言)이라고 하겠다.

179 언어가……하였는데 : 송나라 진관(陳瓘)의 말로, 그의 문집인 《요옹집(了翁集)》〈여동래변지록(呂東萊辨志錄)〉에 실려 있는데, 본문과 관련된 부분을 소개하면 다음과 같다. "말이 온화하고 기운이 화기로우면 안자의 불천을 점차로 배울 수 있고, 과오가 있을 때 제대로 뉘우치고 또 고치는 것을 꺼리지 않으면 안자의 불이를 점차로 배울 수 있다.〔言溫而氣和 則顔子之不遷 漸可學矣 過而能悔 又不憚改 則顔子之不貳 漸可學矣〕" 안자(顔子)는 안회(顔回)의 존칭이다. 불천(不遷)과 불이(不貳)는 불천노(不遷怒)와 불이과(不貳過)의 준말로, 《논어》〈옹야(雍也)〉의 "안회는 배우기를 좋아해서 다른 사람에게 화풀이하지 않았고 같은 잘못을 반복하지 않았다.〔有顔回者 好學 不遷怒 不貳過〕"라는 공자의 말에서 나온 것이다. 《소학》에는 진 충숙공(陳忠肅公)의 말로 나오는데, 충숙은 진관의 시호이다.

180 사람들은……못한다 : 《율곡전서(栗谷全書)》 권22 〈성학집요(聖學輯要) 4 수기(修己) 제2하(下)〉에 나온다. 대본에는 '人見明道 莫不樂其渾然天成 而不知其煞用工夫 見晦菴 莫不歎其海闊天高 而不知其銖累寸積'로 되어 있으나, 《율곡전서》에는 '人見明道 樂其渾然天成 而不知從事於煞用工夫 見晦菴 樂其海闊天高 而不知從事於銖累寸

오늘날 사람들은 하등인(下等人)을 지극히 천하게 여기면서 남이 혹 자기를 하등인으로 지목하면 매우 노여워하는데, 이른바 하등인이라는 것이 바로 언어가 충신(忠信)하지 못한 것과 행실이 독경(篤敬)하지 못한 것과 과오를 뉘우칠 줄 모르는 것과 뉘우쳐도 고치지 않는 것 등에 있다는 사실[181]은 전혀 알지 못하고 있다. 참으로 이것을 가지고 심판을 한다면 한 세상을 통틀어 하등인을 면할 자가 몇 사람이나 되겠는가.

시험 삼아 자기를 점검해 볼 적에, 몇 마디 말을 겨우 꺼냈는데도 벌써 조망(躁妄)한 것이 느껴지면 하등인인 것이요, 하나의 일을 끝내기도 전에 벌써 경솔(輕率)한 것이 느껴지면 하등인인 것이요, 오늘의 소행을 다음 날에 고치기 어렵거나 아침에는 그 행동을 뉘우쳤어도 저녁에 또 반복하면 하등인인 것이다.

그렇다면 어떻게 해야 이를 면할 수 있겠는가? 언어를 신중히 하기를 마치 남용(南容)이 삼복백규(三復白圭)[182]하듯 하면 면할 수 있을 것이

積'로 되어 있다. 뜻에는 큰 차이가 없다. 명도(明道)는 정호(程顥)의 별호(別號)이고, 회암(晦菴)은 주희(朱熹)의 자호(自號)이다.

181 하등인이라는……사실 : 역시 송나라 진관(陳瓘)의 말 중에 "언어가 충신하지 못하면 하등인이요, 행실이 독경하지 못하면 하등인이요, 과오를 뉘우칠 줄 모르면 하등인이요, 뉘우쳐도 고치지 않으면 하등인이다.〔言不忠信 下等人也 行不篤敬 下等人也 過而不知悔 下等人也 悔而不知改 下等人也〕"라는 내용이 있는데, 이것을 소위 사하등(四下等)이라고 한다.

182 삼복백규(三復白圭) : 말조심해야 하는 것을 잊지 않는 것을 말한다. 《시경》〈대아(大雅) 억(抑)〉 중에 "흰 옥돌에 묻어 있는 오점(汚點)은 그래도 깎아서 없앨 수 있지만, 말을 한번 잘못해서 생긴 오점은 어떻게 해 볼 수가 없다.〔白圭之玷 尙可磨也 斯言之玷 不可爲也〕"라는 말이 나오는데, 공자의 제자인 남용(南容)이 매일 이 구절을 세 번씩 반복해서 외우자〔三復白圭〕, 공자가 이를 훌륭하게 여겨 자신의 조카딸로 그의 처를 삼게 했던 고사가 있다. 《論語 先進》

요, 품행을 독실히 하기를 마치 안연(顔淵)이 권권복응(拳拳服膺)[183]하듯 하면 면할 수 있을 것이요, 과오를 고치기를 마치 자로(子路)가 자기 잘못을 듣고 기뻐하듯 하면[184] 면할 수 있을 것이다. 그러나 뜻을 세우지 않으면 또 근거할 기초가 없을 것이니, 이 때문에 반드시 먼저 "순(舜)은 어떤 사람이고, 나는 어떤 사람인가?"[185]라는 뜻을 지녀야만 비로소 이에 대해서 더불어 의논할 수 있을 것이다. 아, 두려워해야 할 일이다.

안자(顔子)와 맹자(孟子)를 거론한 것[186]은 또한 중등인(中等人) 이하의 사람들을 격려하기 위함이니, 만약 학자가 스스로 기약한다면 반드시 공자(孔子)를 목표로 해야 할 것이다. 예컨대 맹자가 '고사시(姑舍是)'[187]라고 말한 것이나 정자(程子)가 '제일등(第一等)' 운운한

183 권권복응(拳拳服膺) : 간절한 마음으로 신봉하며 충심으로 잊지 않는 것을 말한다. 《중용장구》 제8장의 "안회(顔回)의 사람됨으로 말하면, 중용의 길을 택하여 행하면서, 어떤 한 가지 선을 얻으면 권권복응하며 잃어버리는 일이 없었다.〔回之爲人也 擇乎中庸 得一善 則拳拳服膺而不失之矣〕"라는 말에서 나온 것이다.

184 자로(子路)가……하면 : 《맹자》 〈공손추 상(公孫丑上)〉에 "자로는 사람들이 그에게 잘못이 있다고 일러 주면 기뻐하였다.〔子路 人告之以有過則喜〕"라는 말이 나온다.

185 순(舜)은……사람인가 : "순은 어떤 사람이고, 나는 어떤 사람인가? 나도 순처럼 하면 또한 그렇게 되는 것이다.〔舜何人也 予何人也 有爲者亦若是〕"라는 말이 《맹자》 〈등문공 상(滕文公上)〉에 안연(顔淵)의 말로 인용되어 나온다.

186 안자(顔子)와……것 : 역시 윗글에 나오는 진관(陳瓘)의 말 중에 있는 내용이다.

187 고사시(姑捨是) : '우선 이들은 거론하지 말고 그냥 놔두라.'라는 뜻이다. 맹자가 자하(子夏) · 자유(子游) · 자장(子張), 그리고 염우(冉牛) · 민자(閔子) · 안연(顔淵) 등과 비교해서 그 경지가 어떠한지 질문을 받았을 때 '그 정도 수준의 인물을 가지고 어떻게 나를 비교하려 하느냐.'라는 뜻으로 자부하며 대답한 말인데, 《맹자》 〈공손추 상(公孫丑上)〉에 자세한 내용이 나온다.

것[188]은, 일부러 큰소리를 쳐서 세속을 놀라게 한 것이 아니라, 이치상 이렇게 하는 것이 원래 당연했기 때문이다.

하늘이 민중을 내어서 만백성이 천성(天性)을 모두 갖추고 있으니, 요순(堯舜)과 중인(衆人)이 언제 차이가 있기나 했던가. 안자(顔子)의 불위인(不違仁)[189]과 같은 것으로 말하면, 어찌 지고(至高)하지 않겠는가마는, 그래도 인(仁)을 어기지 않을 수 없고 보면 천리(天理) 본연의 체(體)에 완전하지 못한 점이 있으니, 이는 곧 내가 할 일이 아직 끝나지 않은 것이다. 이 때문에 뜻을 세울 때에는 곧장 공자를 목표로 해야만 비로소 구차하지 않게 될 것이요, 그렇지 않으면 끝내 구차하게 될 뿐이어서 도(道)에 나아갈 수 없게 될 것이다.

나는 도(道)의 전체(全體)에 대해서 약간은 본 것이 있다고 생각한다. 그래서 매번 깨닫는 점이 있을 때면 나도 모르게 고사시(姑舍是)의 기분을 느끼기도 하는데, 일찍이 사람들과 이를 논할 때면 나를 망녕되게 여기지 않는 자가 없었다. 그러나 뜻을 같이하는 자가 내 말을 들으면 묵은 의심이 꼭 풀리지 않는다고 할 수도 없을 것이다.

188 제일등(第一等) 운운한 것 : 정호(程顥)가 "제일등은 다른 사람에게 양보하고 자기는 제이등이나 되겠다고 말하지 말라. 이렇게 말한다면 이는 곧 스스로 포기하는 것이 된다. 비록 인에 거하지 않고 의에 따라 행동하지 않는 자와는 그 차이가 같지 않다 할지라도, 자기 자신을 작게 여기는 것은 마찬가지이다. 학문으로 말한다면 곧 도에 뜻을 두어야 할 것이요, 사람으로 말한다면 곧 성인에 뜻을 두어야 할 것이다.〔莫說道將第一等 讓與別人 且做第二等 才如此說 便是自棄 雖與不能居仁由義者差等不同 其自小一也 言學便以道爲志 言人便以聖爲志〕"라고 한 말을 가리킨다. 《근사록(近思錄)》 권2 〈위학류(爲學類)〉에 소개되어 있다.

189 불위인(不違仁) : 석 달 동안 인을 어기지 않는 것을 말한다. 424쪽 주57 참조.

사람들이 사하등(四下等)의 설[190]을 보면 지나치다고 여기는 것이 예사이지만, 깊이 생각해 보면 참으로 이와 같은 것이 사실이다. 가령 완(頑)하고 은(嚚)한 것[191]이 어찌 하등(下等)이 아니겠는가마는, 막상 그 뜻을 해석해 보면 완(頑)이라는 것은 마음이 덕의(德義)의 떳떳함을 본받지 않는 것에 불과하니, 이는 곧 "행실이 독경(篤敬)하지 못하다."라는 것이요, 은(嚚)이라는 것은 입으로 충신(忠信)한 말을 내놓지 않는 것에 불과하니, 이는 곧 "언어가 충신하지 못하다."라는 것이다. 또 걸주(桀紂)와 같은 경우는 어찌 하등이 아니겠는가마는, 막상 그 죄를 따져 보면 잘못을 꾸미고 충고를 거부하며 기탄없이 하는 것에 불과할 따름이니, 이는 곧 "과오를 뉘우치지 않고 뉘우쳐도 고치지 않는다."라는 것이다.

이 때문에 언어에 잘못이 있는데도 경계하지 않으면 끝내는 반드시 은(嚚)에 이를 것이고, 행실에 잘못이 있는데도 잘 살피지 않으면 끝내는 반드시 완(頑)에 이를 것이며, 안자(顔子)라도 불원복(不遠復)을 할 수 없으면 끝내는 그도 걸주(桀紂)로 돌아가는 것을 면하지 못할 것이다. 《서경(書經)》에서 "생각을 잘하면 성인(聖人)이 되고, 생각을 잘못하면 광인(狂人)이 된다."[192]라고 한 뜻도 바로 이와 같으니, 그

190 사하등(四下等)의 설 : 진관(陳瓘)이 하등인(下等人)을 넷으로 나눠 설명한 것을 말한다. 486쪽 주181 참조.

191 완(頑)하고 은(嚚)한 것 : 완악하고 망언하는 것을 말한다. 《서경》〈요전(堯典)〉에 순(舜)에 대해서 사악(四岳)이 제요(帝堯)에게 "그는 소경의 아들이다. 부친은 완악하고 후모(後母)는 막말을 하며 이복동생인 상(象)은 오만한데도, 효로써 잘 화합시키면서 점점 다스려지게 하여 간악한 데에 이르지 않게 하였다.〔瞽子 父頑 母嚚 象傲 克諧以孝 烝烝乂 不格姦〕"라고 설명한 내용이 나오는데, 그 주(註)에 "마음이 덕의(德義)의 떳떳함을 본받지 않는 것을 완(頑)이라 한다.〔心不則德義之經爲頑〕"라고 하였다.

기미(幾微)를 어찌 두려워해야 하지 않겠는가. 요옹(了翁 진관(陳瓘))의 이 말이 참으로 지론(至論)이니, 이 글을 읽으면 자연히 사람으로 하여금 분발하여 흥기하게 한다.

재(才)는 기(氣)이고, 성(性)은 이(理)이니, 재(才)는 국한이 있지만, 성(性)은 둘이 없는 것이다. 학문의 목적은 시행하는 것이니, 학문이란 그 성(性)을 밝혀서 그 재(才)를 넓히는 것이다. 그러나 심지(心志)가 안정(安靜)되어 침의(沈毅)하고 돈독(敦篤)하지 않으면 학문 또한 근거할 바탕이 없게 된다. 정밀하게 연구하며〔硏精〕 성질을 다스리는 것〔理性〕이 학(學)의 일이요, 방자하고 태만하며 사납고 거친 것〔慆慢險躁〕이 정(靜)의 반대이니, 연정(硏精)은 치지(致知)에 속하고, 이성(理性)은 역행(力行)에 속한다. 정(靜)은 경(敬)의 뜻으로서, 지(知)와 행(行)의 근본이 되는 것이니, 공명(孔明)은 학문을 하는 대요(大要)에 대해서 식견이 있다고 하겠다.[193]

유빈(柳玭)의 글의 제2조(條)[194]는 바로 오늘날 세상의 유속(流俗)

192 생각을……된다 : 《서경》 〈다방(多方)〉에 "성인(聖人)이라도 생각을 잘못하면 광인(狂人)이 되고, 광인이라도 생각을 잘하면 성인이 된다.〔惟聖罔念作狂 惟狂克念作聖〕"라는 말이 나온다.

193 재(才)는……하겠다 : 제갈량(諸葛亮)의 〈아들을 경계한 글〔戒子書〕〉에 나오는 내용을 녹문이 평한 것이다.

194 유빈(柳玭)의 글의 제2조(條) : 유빈은 당나라 유공작(柳公綽)의 손자이자 유중영(柳仲郢)의 아들로, 자는 직청(直淸)이다. 그는 자제를 경계하기 위해 모두 7조(條)의 글을 지었는데, 그 제2조에서 "유술을 알지 못하고, 고도를 기뻐하지 아니하여, 옛 경서에 무지하면서도 부끄러워하지 않고, 당세를 논함에 마구 지껄이고 비웃으며, 자신

의 폐해를 말한 것이니, 아, 가슴 아픈 일이라고 하겠다. 이단(異端)의 폐해가 어느 시대엔들 없기야 했겠는가. 그러나 이단이라고 하는 것 역시 각자 용심(用心 마음을 전일하게 쓰는 것)하는 곳이 있으니, 따라서 사람이 거기에 빠져드는 것도 그 용심이 달라서 그렇다고 하겠다. 대저 용심이 다른 것에 대해서는, 이를 깨닫고서 돌이킬 수 있는 여지가 있고 이를 공격하여 깨뜨릴 수 있는 방도가 있는 법이다.

그런데 지금은 그렇지가 않아서 흐리멍덩하고 제멋대로 하여 용심하는 것이 전혀 없이, 한 해가 다 가도록 서로 뒤쫓아 다니며 노닥거리는 것을 일삼을 뿐이요, 남이 글을 읽고 도(道)를 강론하며 옛날의 조행(操行)을 배우는 것을 보면, 반드시 떼거리로 비웃고 욕하면서, 저들이 거짓 행위를 하는 것이 어찌 우리가 진심에 맡기고 편안히 노니는 것만 하겠으며, 저들이 피곤하게 종사하는 것이 어찌 우리가 뜻대로 한가히 즐기는 것만 하겠느냐고 떠들어 댄다.

그리고 심지어는 선성(先聖)을 침범하고 노사(老師)를 모욕하는 등, 그 비루한 주장과 추악한 행태가 이르지 않는 곳이 없는데, 그 설이 사람들에게 쉽게 먹히는 까닭에 방사(放肆)를 좋아하고 구검(拘撿)을 꺼리는 세상의 일종(一種)의 무리가 또 서로 이끌고 향응(響應)하며 팔뚝을 걷어붙이고서 선동을 하니, 이 때문에 온 세상이 여기에 휩쓸려서 그것이 잘못된 것인 줄을 알지 못한다.

또 그 사이에 조금 문장을 꾸며서 과제(科第)를 훔친 자가 있으면, 그 기회에 마침내 이것을 가지고 입신(立身)하는 첩경(捷徑)으로 삼아

은 아는 것이 적으면서 남이 학식이 있는 것을 미워하는 것이다.〔不知儒術 不悅古道 憎前經而不恥 論當世而解頤 身旣寡知 惡人有學〕"라고 하였다.

참으로 즐길 만하다고 여기는 반면에, 군자(君子)가 의(義)에 입각해서 진퇴(進退)하는 것은 명예를 낚는 교묘한 술법이라 하여 참으로 증오해야 할 것이라고 여기고는, 마침내 종신토록 무용(無用)의 곳에 용심(用心)하면서 바른길로 돌아올 줄을 알지 못한다. 아, 이 또한 비루한 일이니, 이는 바로 자포자기(自暴自棄)하는 것이 심한 것이요, 하우(下愚)의 극치라고 해야 할 것이다.

본래는 이들도 이단이라고 할 수는 없는 것이었지만, 생민(生民)의 본연의 양심을 해치고 전성(前聖)이 면면히 이어 온 도통(道統)을 깎아내리는 것이 바로 이들의 설이요, 큰일을 하려는 인군(人君)의 뜻을 저지하고 도를 행하는 군자의 길을 막는 것이 바로 이들의 설이고 보면, 이들 역시 이단일 뿐인 것이다. 그리고 불로(佛老 불교와 도교)와 양묵(楊墨 양주(楊朱)와 묵적(墨翟))이 비록 해를 끼칠 수 있다고 하더라도 온 세상을 모두 현혹할 수는 없고, 사람이 비록 현혹한다 하더라도 그를 공격하고 그를 구해 낼 수 있는 방도가 있는 법이다. 그런데 이것으로 말하면 큰 파도가 밀려오는 곳에 사람들이 빠지지 않는 경우가 없을 뿐만 아니라, 또 직접 스스로 거절하며 기꺼이 용심(用心)하고 사량(思量)하려 하지 않아서, 공격할 여지도 없고 구해 낼 방책도 없으니, 그렇다면 이것은 또 이단 중에서도 심한 것이라고 해야 할 것이다.

옛날에 주자(朱子)가 소인이 반복(反覆)하는 정상에 대하여 "자기가 소인이면서 색성을 하지도 못한다.〔其爲小人 亦不索性〕"[195]라고 논한

195 자기가……못한다 :《회암집(晦菴集)》 권29 〈여양자직서(與楊子直書)〉에 나오는데, 이해를 돕기 위하여 관련 부분을 소개하면 다음과 같다. "세상에서 의(義)에 밝으면 군자인 것이고, 이(利)에 밝으면 소인인 것이다. 그런데 근년에 일종의 의논이 나와서 그만 이 양자(兩者) 사이에서 주선해 보려고 한다. 그리하여 회호하고 위곡하며

말을 보고는, 내가 일찍이 웃으면서 '어찌 소인에 대해서 색성(索性)을 하느니 색성을 하지 못하느니 따질 것이 있겠는가.'라고 생각하였는데, 지금 이것을 가지고 살펴보건대 참으로 명언(名言)이라는 느낌이 든다. 옛날의 이단을 보면, 그들의 도(道)에 각기 주장하는 것이 있어서 쟁변할 수가 있었는데, 지금은 전혀 주장하는 것이 없고 또 더불어 쟁변할 가치도 없다. 이보다 더 심하게 천루(淺陋)할 수가 없고 이보다 더 심하게 도를 해칠 수가 없는데, 비유하자면 참으로 진흙탕이나 두엄더미와 같아서 전혀 볼만한 것이 없이 오로지 사람을 더럽힐 뿐이니, 이것이 바로 색성을 하지도 못하는 이단이요 도적의 노예가 된다고 하는 것이다. 그런데 만약 그 근본을 파고 들어가면 소식(蘇軾)의 무리가 바로 그 괴수(魁首)가 된다고 하겠다.

뜻을 세우는 것이 크면 크게 이루고, 뜻을 세우는 것이 작으면 작게 이룬다. 이를 비유하자면, 집을 지을 때 터를 크게 잡으면 큰 집이 되고, 터를 작게 잡으면 작은 집이 되는 것과 같다. 그러나 집의 경우는 비록 작더라도 이루어지지만, 뜻의 경우에는 만약 작으면 크게 이룰 수 없을 뿐더러, 이른바 작게 이룬다고 하는 것도 진짜로 이루는 것이 아니라,

심기를 소진한 나머지, 끝내는 군자가 될 수 없음은 물론이요, 자기가 소인이면서 색성을 하지도 못하니, 이 또한 그 마음을 잘못 쓴다고 말할 만하다.〔世間喩於義者則爲君子 喩於利者卽是小人 而近年一種議論 乃欲周旋於二者之間 回互委曲 費盡心機 卒旣不得爲君子 而其爲小人 亦不索性 亦可謂誤用其心矣〕" 색성(索性)은 본색을 드러내는 것을 말한다. 색성을 하지도 못한다는 것은, 소인이 자기 본성 그대로 철저히 소인 노릇을 하지도 못한 채, 의(義)와 이(利), 군자와 소인 사이를 왔다 갔다 하며 그가 어떤 부류의 인간인지 사람들이 알지 못하도록 현혹하는 행태를 비꼬며 조롱한 말이다.

혹 이도(異道)에 휩쓸리기도 하고 혹 형기(形器)에 국한되기도 하여, 끝내는 또한 이루지 못하는 것과 같은 결과가 되고 만다. 안정(安定)이 "명도와 희문을 자기의 목표로 삼아야 한다.〔以明道希文自期待〕"[196]라고 말한 것은, 뜻을 세울 적에 응당 두 분이 각각 성인(聖人)을 배우려고 한 것과 천하를 자임한 것을 목표로 해야 함을 말한 것이지, 단지 두 분이 도달한 경지를 자기의 목표로 삼으라고 말한 것이 아니다.

사람이 천리(天理)를 회복하지 못하는 까닭은 인욕(人欲)이 해치기 때문이다. 내가 천리를 행하려고 하면 저 인욕은 그것을 저지하고, 내가 천리로 나아가려 하면 저 인욕은 그것을 막아 버린다. 그래서 공자(孔子)가 복례(復禮)를 말하면서 반드시 극기(克己)를 우선하였고, 맹자(孟子)가 "마음을 기르는 방법으로는 욕심을 적게 하는 것보다 좋은 것이 없다.〔養心莫善於寡欲〕"라고 설한 것이다.

이를 비유하건대, 도적이 나라에 가득하여 나라가 장차 전복되려 할 적에는 반드시 먼저 도적을 제거해야만 나라가 안정되는 것이요, 만약 도적을 제거하지 않고 억지로 안정시키려 하면 절대로 안정시킬 수 없는 것과 같다. 그러므로 이 장(章)의 허다한 조목(條目)들이 모두 마지막 몇 구절의 음식(飮食)과 남녀(男女)의 부분[197]으로 귀결되니, 이런 곳이

196 명도(明道)와……한다 : 호 문정공(胡文定公) 즉 호안국(胡安國)이 자기 아들에게 준 글에 나오는 내용의 일부이다. 녹문이 안정(安定) 즉 호원(胡瑗)의 말이라고 한 것은 착오이다. 명도는 정호(程顥)의 별호이고, 희문(希文)은 범중엄(范仲淹)의 자이다.

197 마지막……부분 : 호안국(胡安國)이 아들에게 준 글의 말미에 나오는 "너는 힘쓸지어다. 마음을 다스리고 몸을 닦을 적에 음식과 남녀로써 절실하고 긴요함을 삼아야

바로 결말을 짓는 긴요한 곳이라고 하겠다. 가령 호연장(浩然章)을 보더라도 먼저 집의(集義)와 양기(養氣)의 공(功)을 극론(極論)하고 나서, 필경에는 결론 부분을 바로 지언(知言)의 1구(句)에 두었으니,[198] 이것이 바로 성현(聖賢)의 긴절한 어법인 것을 특히 주목해야 할 것이다.

"다만 천하에 옳지 않은 부모가 없기 때문이다.〔只爲天下無不是底父母〕"[199]라는 이 말은 일반적으로 한 말이지, 자식의 마음이 그렇다고 설한 것이 아니다. 나씨(羅氏)의 뜻은 대개 "부모가 옳지 않다면 그것은 부모가 옳지 않아서가 아니라, 바로 자식이 어버이를 섬기는 도리를 극진히 하지 못했기 때문일 뿐이다. 자식이 만약 그 도리를 극진히

한다. 예로부터 성현이 여기에서부터 공부를 하였으니, 어찌 소홀히 할 수 있겠는가.〔汝勉之哉 治心修身 以飮食男女爲切要 從古聖賢自這裏做工夫 其可忽乎〕"라는 부분을 말한다. 음식과 남녀는 각각 식욕과 성욕을 가리킨다.

198 가령……두었으니 : 지언(知言)은 남이 하는 말의 속뜻을 정확하게 파악하는 것을 말한다. 맹자가 자신의 장점을 묻는 제자의 질문에 대해서 "나는 말을 제대로 판단할 줄 안다. 그리고 나는 나의 호연지기를 잘 기른다.〔我知言 我善養吾浩然之氣〕"라고 전제하고는, 집의(集義) 즉 도의(道義)에 입각하여 적선(積善)을 하는 공부에 대해서 설명하고 나서, 결론적으로 편파적인 말〔詖辭〕과 방탕한 말〔淫辭〕과 삿된 말〔邪辭〕과 도망쳐 숨는 말〔遁辭〕에 대해서 자세히 언급한 내용이 《맹자》 〈공손추 상(公孫丑上)〉의 호연장(浩然章)에 나온다.

199 다만……때문이다 : 순(舜)의 부친인 고수(瞽瞍)가 완악하여 순을 몇 차례나 죽이려고까지 하였으나 "순이 어버이 모시는 도리를 극진히 행하자 고수도 기뻐함에 이르렀다.〔舜盡事親之道 瞽瞍底豫〕"라는 고사가 《맹자》 〈이루 상(離婁上)〉에 나오는데, 이에 대해서 나중소(羅仲素) 즉 나종언(羅從彦, 1072~1135)이 논평한 것이다. 그는 귀산(龜山) 양시(楊時, 1053~1135)의 수제자로, 주희의 스승인 연평(延平) 이통(李侗, 1093~1163)이 그에게 배웠다.

했다면, 부모가 어떻게 옳게 되지 않을 리가 있겠는가. 그래서 고수(瞽瞍)가 비록 지극히 완악했어도 순(舜)이 감화시킬 수 있었던 것이니, 그렇다면 당초에 감화되지 않았던 것은 또한 순의 정성이 쌓이지 않았던 데에 이유가 있는 것이다. 가령 뒤에 가서도 끝내 고수가 기뻐함에 이르지 못했다면, 이것은 또한 순이 그 도리를 다하지 못한 것일 뿐이지 고수가 감화될 수 없어서가 아니다. 천하에 비록 섬기기 어려운 어버이가 있다고 하더라도 어찌 고수와 같은 자가 있겠는가. 그 어버이가 기뻐함에 이르지 못하는 까닭은 그 자식이 순처럼 하지 못하기 때문이지 그 어버이가 옳지 않아서가 아니다. 그러므로 그 자식이 된 자들은 각기 이러한 줄을 잘 알아서 열심히 효도를 하여 그 도리를 극진히 해야 할 것이니, 그렇게 하면 그 어버이 된 자들도 각기 기뻐함에 이르지 않는 자가 없게 될 것이다."라는 것이다. 그리고 요옹(了翁 진관(陳瓘))은 또 나씨의 설을 인하여 한 단계 더 나아가 마음의 측면에서 설하였으니, 이는 나씨의 언외(言外)의 뜻을 드러내 밝힌 것이다. 그런데 학자들은 나씨와 진씨(陳氏 진호(陳澔))가 설한 말뜻에 차이가 있는 것을 살피지 못하고서 진씨의 설을 가지고 나씨의 설을 해석하려다가 나씨의 본의(本意)를 놓치기도 한다. 그리고 주(註)의 설을 보면 또 흐리멍덩하고 비틀어져서 이해하기가 매우 어렵다.

"죄를 얻는 것이 도리어 중해진다.〔得罪反重〕"라는 것은, 글자를 개칠하고 긁어내는 것〔塗擦〕과 날짜를 고치고 수결을 바꾸는 것〔改易〕이 자기의 잘못을 덮어서 죄를 면하고자 하는 것이지만, 혹시라도 실패하여 탄로 나면, 죄를 얻는 것이 당초에 면하려고 했던 죄보다 도리어 중해진다는 말이다.

담(膽)과 지(志)에는 약간의 차이가 있다.[200] 담(膽) 자는 비교적 맹(猛)하고 지(志) 자는 비교적 대(大)하다.

선행 善行

"날마다 수업을 받게 한다.〔使日受其業〕"에 대한 언해(諺解)의 훈독(訓讀)이 명쾌하지 못한 것 같다.[201] 주(註)의 설과 본문의 문세(文勢)를 가지고 살펴보건대, 대개 그 뜻은 "덕을 이룬 자〔成德者〕를 가려서 그를 스승으로 삼아 '재주와 학식이 밝고 통달한 선비〔材識明達之士〕'를 가르치게 하되, 덕을 이룬 경지가 가장 높은 자는 국학(國學)에서 가르치게 하고 그다음은 외방의 학교에 나누어 가르치게 한다."라는 것이다. 그런데 《근사록(近思錄)》의 섭씨(葉氏 섭채(葉采))의 주(註)를 상

200 담(膽)과……있다 : "담은 커지려고 해야 하고 마음은 작아지려고 해야 하며, 지혜는 둥글어지려고 해야 하고 행실은 모나려고 해야 한다.〔膽欲大而心欲小 智欲圓而行欲方〕"라는 손사막(孫思邈)의 말에 대해, 주희가 담(膽)을 지(志)로 바꿔서 "뜻이 크지 않으면 비루해지고, 마음이 작지 않으면 광망해진다.〔志不大則卑陋 心不小則狂妄〕"라고 해설한 것을 녹문이 평한 것이다.

201 날마다……같다 : 문제가 되는 원문은 정호(程顥)의 주차(奏箚) 가운데 "其學行皆中於是者爲成德 取材識明達可進於善者 使日受其業 擇其學明德尊者 爲太學之師 次以分敎天下之學"이라고 하는 부분이다. 이에 대해 언해에서는 "其學行이 皆中於是者爲成德이니 取材識明達可進於善者하여 使日受其業하여 擇其學明德尊者하여 爲太學之師하고 次以分敎天下之學이니라"라고 하여, "날마다 수업을 받은 학생들 중에서 학문이 밝고 덕이 높은 자를 뽑아 태학(太學)의 스승으로 삼고, 그다음은 천하의 학교에 나누어 가르치게 한다."라고 풀었는데, 녹문은 "태학과 외방의 학교의 스승이 되는 자는, 가르침을 받은 학생이 아니라 학생을 가르치는 '덕을 이룬〔成德〕' 군자이다."라는 뜻으로 해석하며 이의를 제기하고 있다.

고해 보건대 "재주와 학식이 밝고 통달한 자를 취하여, 덕을 이룬 사람에게 수학하게 한 뒤에, 가르침이 이루어지면 그를 학관(學官)이 되게 한다.……〔取材識明達者 受學於成德之人 教成使爲學官……〕" 하였는데, 언해의 훈독은 대개 여기에 근거한 것으로 보인다. 그러나 위에서 제기한 나의 설이 명백하고 원통(圓通)한 것만은 못한 것 같다.

근면하면 직사(職事)가 폐기되지 않고, 검소하면 용도(用度)에 절도가 있게 되고, 공손하면 다툼이 없어지고, 포용하면 원망이 없어진다.-왕응(王凝)의 사교(四教)[202]에 대해서 논한 것이다.-

제오륜(第五倫)이 마음속으로 잊지 못한 것[203]은, 대개 당초에 받지 않은 것이 성심(誠心)에서 나오지 않았기 때문이다. 어떤 사람이 그에게 말을 줄 당시에, 받으면 안 된다는 것을 참으로 알았음은 물론이요 여기에 또 성심으로 그 말을 거절하면서 무슨 조그마한 의사(意思)도 이면(裏面)에 남아 있지 않게 실제로 할 수 있었다면, 그 일이 지나간 뒤에는 그만이어서 미련을 두는 것이 응당 없었을 터인데, 그렇게 하지

202 왕응(王凝)의 사교(四教) : 왕응은 수(隋)나라의 대유(大儒)인 문중자 왕통(王通)의 아우이다. 그가 "네 가지 가르침을 가지고 집을 다스렸는데, 그것은 근면·검소·공손·포용이었고, 네 가지 예절로 집을 바르게 하였는데, 그것은 관례·혼례·상례·제례였다.〔御家以四教 勤儉恭恕 正家以四禮 冠婚喪祭〕"라는 말이 《문중자(文中子)》 관랑편(關朗篇)에 나온다.

203 제오륜(第五倫)이……것 : 어떤 사람이 후한의 제오륜에게 천리마를 주었을 때 제오륜이 그 말을 받지 않았으나, 인재를 천거하는 일이 있을 때마다 마음속으로 그 일을 잊지 못하였는데〔心不能忘〕, 그러면서도 끝내 그를 등용하지는 않았던 고사를 인용한 것이다. 《後漢書 卷41 第五倫列傳》

못했기 때문에 마음속으로 잊지 못했던 것이다. 그러면서도 끝내 그를 등용하지 않은 것은 스스로 극복했다고 말할 만하지만, 단지 일을 행할 즈음에나 제어하였을 뿐이요 심술(心術)의 은미(隱微)한 가운데에서 싹터 올라 불선(不善)의 뿌리가 되는 것을 끊어 버리지 못하였으니, 이는 또한 유자(儒者)가 정밀하게 살피고 생각하는 제일(第一)의 공부는 못 된다고 하겠다. 가령 원헌(原憲)이 극벌원욕(克伐怨欲)이 행해지지 않게 한 것에 대해서, 성인(聖人)이 단지 어려운 일이라고만 하였을 뿐 그것이 인(仁)이라고는 허여하지 않은 것[204]도 대개 이 때문이니, 학자는 이 점을 알아 두지 않으면 안 될 것이다.

정자(程子)가 말하기를 "열 번 일어난 것과 일어나지 않은 것은 곧 사(私)이다. 부자(父子)가 사랑하는 것은 본래 공(公)이지만, 어떤 의도를 붙여서 행하면 곧 사(私)가 되는 것이다.〔十起與不起 便是私也 父子之愛本是公 纔著些心做 便是私也〕"[205]라고 하였다.

204 원헌(原憲)이……것 : 극벌원욕(克伐怨欲)은 각각 호승심(好勝心)과 자긍심(自矜心)과 원망하는 마음과 욕심내는 마음을 가리킨다. 공자의 제자 원헌이 '극벌원욕이 행해지지 않게 하면 인(仁)이라고 할 수 있지 않겠느냐.〔克伐怨欲不行焉 可以爲仁矣〕'라고 자부하며 물었을 때, 공자가 "어려운 일이라고 할 수는 있겠지만, 그것이 인(仁)인지는 알지 못하겠다.〔可以爲難矣 仁則吾不知也〕"라고 대답한 말이 《논어》 〈헌문(憲問)〉에 나온다.

205 열 번……것이다 : 제오륜(第五倫)이 형의 아들이 아플 때에는 하룻밤에 열 번이나 일어나서 가서 살펴보았지만〔一夜十往〕 돌아와서 편안하게 잠을 잤고〔安寢〕, 자기 아들이 아플 때에는 일어나서 가서 살펴보지 않았지만〔不省視〕 밤새도록 잠을 이루지 못했다〔不眠〕는 고사에 대해서 정이(程頤)가 평한 말인데, 《이정유서(二程遺書)》 권18에 상세한 내용이 나온다. 《소학》의 집설(集說)에서는 주희의 말로 인용하였는데, 이는 착오이다.

대개 형의 아들이 병들었을 때 일어나서 살펴보는 것은 본래 옳지 않은 일이 아니니, 참으로 그 행동이 진심에서 나온 것이라면 그 누가 사(私)라고 하겠는가. 다만 그것이 오로지 혐의를 피하려는 마음에서 나와서 어떤 목적을 지니고 한 것이기 때문에, 내(內)와 외(外), 신(身)과 심(心)이 나뉘어서 둘이 된 것이다. 그리하여 행(行)은 천리(天理)와 같았어도 정(情)은 인욕(人欲)이었으니, 이것이 이른바 "의도를 붙여서 행했다.〔著心做〕"라는 것이요, 이것이 이른바 사(私)라고 하는 것이다.

자기 아들이 병들었을 때 걱정하고 안타까워하며 잠을 이루지 못하면서도 그만 '사적으로 사랑했다〔私愛〕'는 혐의를 피할 목적으로 안배(安排)하고 계교(計較)하여 한 번도 가서 살펴보지 않았으니, 이는 사의(私意)가 주(主)가 되어 천륜(天倫)의 정(情)이 부림을 당한 것이다. 그리하여 정(情)과 사(事)가 불안해지고 내(內)와 외(外)가 서로 해를 끼치게 되었으니, 이것이 이른바 "의도를 붙여서 행했다."라는 것이요, 이것이 이른바 사(私)라고 하는 것이다.

제오륜(第五倫)은 단지 사적으로 자기 아들을 사랑하는 것을 사(私)라고 여기고서 공부를 했기 때문에, 그의 말 역시 그저 겉껍데기나 지게미처럼 추(粗)하디추한 곳에 초점을 맞추어 설할 뿐이었으니, 대개 그의 말뜻을 상세히 살펴보건대, 열 번 일어난 것〔十起〕과 가서 살펴보지 않은 것〔不省視〕을 공(公)으로 여기고 편안하게 잠든 것〔安寢〕과 잠들지 못한 것〔不眠〕을 사(私)로 여긴 것이었다.

반면에 정자(程子)는 그야말로 본원을 끝까지 궁구하여 한마디 말로 잠우(蠶牛 잠사우모(蠶絲牛毛)) 사이에서 심술(心術)의 기미(幾微)를 세밀히 분석하여 천리(天理)와 인욕(人欲)을 양단(兩段)으로 구분해 내었고 보면, 제오륜이 공(公)이라고 여겨서 힘을 쓴 것은 거꾸로 사의

(私意)를 조장하기에 충분한 것이었고, 편안히 잠을 잤느냐 못 잤느냐 하는 것도 곧장 따질 것이 없는 사소한 문제로 귀결되고 말았으니, 여기에서 의리가 지극히 정밀하고 깊은 것을 볼 수 있을뿐더러, 두 사람이 공력을 들인 정추(精粗)와 수박(粹駁)을 또한 볼 수가 있는 것이다.

그런데 평암(平巖 섭채(葉采))이 정자의 이 말을 해석한 것을 보건대, 부자가 사랑하는 것〔父子之愛〕을 오로지 자기 아들에게만 해당시키고서 그저 피상적으로만 간략하게 설명하고 말았으니, 한쪽으로만 보고〔偏看〕 천박하게 보는〔淺看〕 병통을 면하지 못한 것 같다.

도간(陶侃)이 벽돌을 옮긴 것〔運甓〕[206]은, 대개 너무 한가하게 지내다 보면 근해(筋骸 근골(筋骨))가 풀어지고 물러지며 심신(心神)이 쇠퇴해지고 방종해진 나머지, 막상 일을 당했을 적에 흥취가 없어지고 짜증이 나서 큰일을 해낼 수 없기 때문이었다. 학자가 이런 뜻을 제대로 체득하여 항상 전진하면서 일을 하려는 뜻을 보존하여, 비록 평소에 무사(無事)한 때라도 어디서나 복습(服習)하여 쇠퇴해지는 지경에 이르지 않게 할 수 있다면, 일을 당하여 거칠 것이 없어져서 방해를 받는 일이 드물게 될 것이다.

206 도간(陶侃)이……것 : 서진(西晉)의 도간이 광주 자사(廣州刺史)로 재임 중에, 고을 다스리는 일이 한가할 때면 매일 아침에 벽돌 백 장을 집 안에서 밖으로 운반하고, 저녁에는 다시 밖에서 안으로 운반하면서, 신체를 단련하고 뜻을 가다듬곤 하였는데, 누가 그 까닭을 묻자 "내가 바야흐로 중원의 통일에 힘을 기울이고 있는데, 너무 한가하게 지내다 보면 일을 감당하지 못할까 두려워서 그런다.〔吾方致力中原 過爾優逸 恐不堪事〕"라고 답변한 도간운벽(陶侃運甓)의 고사가 전한다. 《晉書 卷66 陶侃列傳》

시가(詩家)에 "게으름이 습성이 되었다.〔習懶〕"라는 말이 있는데, 이는 가장 명언(名言)이라고 하겠다. 대개 게으름이 습성이 되면 게으름이 주(主)가 되어서 부지런해지려는 마음〔勤心〕이 자연히 일어나지 않고, 부지런함이 습성이 되면 부지런함이 주가 되어서 게을러지려는 뜻이 또한 점차 줄어드는 법이다. 고인(古人)이 "습성이 오래되면 천성처럼 이루어진다.〔習與性成〕"[207]라고 말한 뜻도 이와 같은데, 이를 통해서도 피차 빈주(賓主)가 되어 서로 소장(消長)하는 기틀을 방과(放過)하여 소홀히 하면 안 됨을 알 수 있다.

글자를 쓸 적에도 매우 공경하였다면〔作字甚敬〕,[208] 경(敬)을 익히지 않는 때가 없었던 것이다.

207 습성이……이루어진다 : 《서경》 〈태갑 상(太甲上)〉에 이 말이 나온다. 참고로 정이(程頤)의 동잠(動箴) 말미에도 "습성이 오래되어 천성처럼 이루어지면, 성현과 똑같은 경지로 돌아가리라.〔習與性成 聖賢同歸〕"라는 표현이 보인다.

208 글자를……공경하였다면 : "명도(明道) 선생이 글자를 쓸 적에도 매우 공경히 하였는데, 일찍이 사람들에게 말하기를 '내가 글자를 좋게 하려 함이 아니라, 이것이 바로 학(學)이기 때문이다.'라고 하였다.〔明道先生作字時甚敬 嘗謂人曰非欲字好 卽此是學〕"라는 말이 《이정전서(二程全書)》 유서(遺書)에 나온다. 명도 선생은 정호(程顥)에 대한 존칭이다.

지은이 **임성주(任聖周)**

1711년(숙종37)~1788년(정조12). 조선 후기의 학자로, 본관은 풍천(豐川), 자는 중사(仲思), 호는 녹문(鹿門)이다. 도암(陶庵) 이재(李縡)의 문인이며, 송명흠(宋明欽)·송문흠(宋文欽)·김원행(金元行) 등과 교유하였다. 1733년 사마시에 입격하였다. 1750년 익위사 세마가 되었고 이어 익위사 시직, 공조 좌랑, 임실 현감 등을 지냈다. 1758년 공주 녹문(鹿門)에 은거하였다. 1762년 익위사 위솔이 되어 세손이었던 정조(正祖)를 보도하였다. 이후 사옹원 주부, 전주 판관, 성주 부사 등을 역임하였다. 1774년 사직하고 공주 녹문, 원주 산호(山湖) 등지에서 은거하며 학문에 전념하였다. 초년에는 스승인 이재의 인물성동론(人物性同論)에 동조하였으나, 점차 기존 학설을 비판하고 이기동실(理氣同實)의 이기론(理氣論)을 정립하여 조선 성리학 6대가의 한 사람으로 일컬어진다. 1845년 대사헌 겸 성균관좨주에 추증되었다. 저서로 《녹문집》 등이 있다. 시호는 문경(文敬)이다.

옮긴이 **이상현(李相鉉)**

한문고전번역가. 1949년 전주에서 태어났다. 본관은 경주, 초명은 거출(巨出), 호는 저곡(杼谷)이다. 친구의 죽음을 접한 뒤 생사의 문제에 빠져들어 종교에 심취했다가 1968년에 서울대 종교학과에 입학하였으며, 이후 자아의식의 기원 문제를 화두로 잡고 골몰하다가 1980년에 칠통을 깨뜨렸다. 1982년부터 동국대 불교대학원과 민족문화추진회 국역연수원을 다녔으며, 1984년에 삼계교(三界教)에 관한 논문으로 석사과정을 마치고, 국역연수원 상임연구원이 되었다. 현재 진정한 광복을 이룬다는 신념으로, 우리 고전의 번역과 교육에 힘쓰고 있다. 신문에 연재한 한국역사인물 유적탐방기행문을 묶어 《역사의 고향(상하)》를 냈으며, 〈추사의 불교관〉 등의 논문이 있다. 조선왕조실록 번역 사업에 참여한 뒤에, 한국문집총간 중 《상촌집》, 《계곡집》, 《택당집》, 《간이집》, 《목은집》, 《포저집》, 《가정집》, 《도은집》, 《고운집》, 《계원필경집》, 《죽석관유집》, 《고산유고》 등을 번역하였고, 한국불교전서 중 《원감국사집》, 《대각국사집》, 《기암집》, 《부휴당대사집》, 《침굉집》, 《사명당대사집》, 《송운대사분충서난록》, 《무용당유고》, 《청허당집》 등을 번역하였다.

녹문집 3

임성주 지음 | 이상현 옮김

2016년 10월 30일 초판 1쇄 발행

발행인 이명학 | 발행처 한국고전번역원
등록 2008. 3. 12. 제300-2008-22호
주소 (03000) 서울시 종로구 비봉길 1
전화 02-6263-0464 | 팩스 02-6339-0724 | 홈페이지 www.itkc.or.kr

번역 이상현
연구총괄 박재영 | 연구기획 박은영

책임편집 한문희 | 편집진행 박정열
편집교정 김상순 · 송숙희 | 조판 김지현 | 제작 김형석
디자인 씨디자인 | 인쇄 대한정보인쇄(주)

값 20,000원
ISBN 978-89-284-0396-7 94810
978-89-284-0317-2 (세트)
* 이 책은 2016년도 교육부 고전번역사업비로 출간한 것임.